LA 2e D.B.

DU MÊME AUTEUR

AUX PRESSES DE LA CITÉ

L'HOMME DE PRAGUE, roman, 1977 (collection Frères d'Armes).
LES SENTIERS DE LA GUERRE, roman.
Tome I : LES SENTIERS DE LA GUERRE, 1981.
Tome II : FRÈRES D'ARMES, 1982.
Tome III : LE FLAMBEAU (prix Claude-Farrère 1984).
L'HÉRITAGE, roman, 1985.
CONVOI 42 (La marche à la mort des prisonniers de Diên Biên Phu), 1986. Document.
2e CLASSE À DIÊN PHU. Roman.
SUD LOINTAIN, roman. T. 1. « Le courrier de Saïgon », 1990.
SUD LOINTAIN, roman, T. 2. « La rivière des Parfums », 1990.

Dans la collection « Troupes de Choc »

LA LÉGION AU COMBAT, 1975.
BATAILLON BIGEARD, 1977.
LES CADETS DE LA FRANCE LIBRE, 1978.
LES 170 JOURS DE DIÊN BIÊN PHU (couronné par l'Académie française), 1979.
LA 2e D.B., 1980.
LA GUERRE DES APPELÉS EN ALGÉRIE, 1981.
LA COLONIALE, DU RIF AU TCHAD, 1982.
BATAILLON DE CORÉE (Les Volontaires français, 1950-1953), 1983.
LA LÉGION AU COMBAT — II — 1984.
GENDARMES AU COMBAT (Indochine 1945-1956), 1985 (prix Moncey 1985).
11e CHOC, 1986.
LA BATAILLE DE DONG-KHÉ, 1987.
INDOCHINE 1951, L'ANNÉE DE LATTRE (Album « Troupes de Choc »), 1987.
PARAS BIGEARD (Album « Troupes de Choc »), 1988.
DIÊN BIÊN PHU (Album « Troupes de Choc »), 1989.
BIR HAKEIM, 1989.

CHEZ D'AUTRES ÉDITEURS

MOURIR AU LAOS (prix Raymond-Poincaré 1965), France-Empire, 1965. *(épuisé)*
LES PETITS SOLEILS, France-Empire, 1966. *(épuisé)*
PRENEZ-LES VIVANTS, Balland, 1973. *(épuisé)*
LES PARAS (Collection « Corps d'Élite »), Balland, 1971. *(épuisé)*
LA LÉGION (Collection « Corps d'Élite »), Balland, 1972. *(épuisé)*
L'AFRIKAKORPS (Collection « Corps d'Élite »), Balland, 1972. *(épuisé)*
VANDENBERGHE, LE PIRATE DU DELTA, Balland, 1973. *(épuisé)*
COMMANDOS DE CHOC, INDOCHINE (Les Héros oubliés), Grasset, 1975.
COMMANDOS DE CHOC, ALGÉRIE (Le Dossier rouge), Grasset, 1977.
BIGEARD, Librairie Académique Perrin, 1988.

ERWAN BERGOT a obtenu, en 1983, le Grand Prix de Littérature de la Ville de Bordeaux, pour l'ensemble de son œuvre.

ERWAN BERGOT

LA 2e D.B.

Collection « troupes de choc » dirigée par Jeannine Balland

DOCUMENT

PRESSES
DE LA CITÉ

DANS LA MÊME COLLECTION

La Bataille des convois de Mourmansk Jean-Jacques Antier.
La Bataille de Malte, Jean-Jacques Antier.
La Bataille des Philippines, Jean-Jacques Antier.
L'Aventure Kamikaze, Jean-Jacques Antier.
Pearl Harbor, Jean-Jacques Antier.
Le Drame de Mers el-Kébir, Jean-Jacques Antier.
Corsaires en béret vert, René Bail.
La Légion au combat, Erwan Bergot.
La légion au combat (2), Erwan Bergot.
Bataillon Bigeard, Erwan Bergot.
Les 170 jours de Diên Biên Phu, Erwan Bergot.
La Guerre des appelés en Algérie, Erwan Bergot.
La 2ᵉ DB, Erwan Bergot.
La Coloniale, du Rif au Tchad, Erwan Bergot.
Bataillon de Corée, Erwan Bergot.
Gendarmes au combat (Indochine), Erwan Bergot.
Les Cadets de la France libre, Erwan Bergot.
11ᵉ Choc, Erwan Bergot.
La Bataille de Dong Khê, Erwan Bergot.
Bir Hakeim, Erwan Bergot.
Les Escorteurs de la France libre, Michel Bertrand.
Commando Bergerol, Henri de Brancion.
L'Odyssée de la Colonne Alessandri, Yves Bréhéret.
Normandie-Niémen, Yves Courrière.
Panzers en Afrique, Jean-Marie Fitère.
Royal Étranger (Légion étrangère cavalerie), Alain Gandy.
Spahis, Alain Gandy.
Les Corps-francs 1939-1940, Patrick de Gmeline.
Les Commandos Paras de l'air, Patrick de Gmeline.
La 1ʳᵉ DFL, Yves Gras.
La Bataille des Ardennes, Michel Hérubel.
Ma Bataille de Midway, Michel Hérubel.
La Bataille de Guadalcanal, Michel Hérubel.
La Bataille d'Arnhem, Michel Hérubel.
Soldats perdus et Fous de Dieu, Jean Lartéguy.
Forces spéciales en Birmanie, Jean-Claude Lauret.
Les Panzers de la Garde Noire, Jean Mabire.
Les Paras du Matin rouge, Jean Mabire.
Commando de chasse, Jean Mabire.
La Crète, tombeau des paras allemands, Jean Mabire.
Les Chasseurs alpins, Jean Mabire.
La Bataille des Alpes 44-45 (1), Jean Mabire.
La Bataille des Alpes 44-45 (2), Jean Mabire.
Légion Wallonie (1), Jean Mabire.
Division Wallonie (2), Jean Mabire.
La Saga de Narvik, Jean Mabire.
Le 1ᵉʳ Bataillon de Choc, Raymond Muelle.
Le 1ᵉʳ Bataillon de Choc en Indochine, Raymond Muelle.
Bérets rouges en Indochine, Raymond Muelle.
Le Grand Commando, l'île d'Elbe, Raymond Muelle.
Bataillon R.A.S. (Algérie), Jean Pouget.
Le Corps expéditionnaire français en Italie (43-44), Jacques Robichon.
La Légion saute sur Kolwezi, Pierre Sergent.
Paras-Légion (Le 2ᵉ B.E.P. en Indochine), Pierre Sergent.
2ᵉ R.E.P., Pierre Sergent.

ISBN 2-258-00651-1

PREFACE

Erwan Bergot vous propose une histoire passionnante.

Comme il a su le faire dans les 170 jours de Diên Biên Phu, *il vous plonge dans l'ambiance de la bataille, avec une telle vérité que la lecture se poursuit au galop, au rythme des charges de la division Leclerc, sur Alençon, sur Paris, sur Strasbourg, sur Berchtesgaden. Les principaux acteurs sont campés avec exactitude, mais surtout se retrouveront, nommément désignés, les équipages des chars, des tank-destroyers, automitrailleuses, les fantassins, artilleurs, sapeurs, etc., dans les combats de corps à corps qu'ils livrèrent successivement depuis la Normandie jusqu'à Berchtesgaden.*

Jamais plus bel hommage n'a été rendu aux soldats de Leclerc, sans flagornerie ni emphase, mais avec la simplicité et l'objectivité auxquelles était attaché notre chef.

Pourquoi cette réussite ?

L'auteur n'avait que quatorze ans en 1944. Plus tard officier d'active, il n'a connu que les missions ingrates. Fort de l'expérience suprême de Diên Biên Phu où la puissance de leur artillerie a permis le succès de nos adversaires, plus tard grièvement blessé en Algérie dans les rangs des parachutistes de la Légion étrangère, il a souffert de ne jamais se trouver du côté des vainqueurs. Son talent d'écrivain, appuyé sur son acquis militaire, s'est épanoui dans la vivifiante évocation de cette campagne de France 1944-45, où ses anciens ont eu l'insigne bonheur de connaître la Victoire.

Les survivants de la 2e D.B. le remercieront d'avoir fait revivre leurs camarades disparus : c'est avec émotion que j'ai vu réapparaître les miens sous sa plume.

Erwan Bergot comptera au nombre des amis de la 2e D.B.

Jacques MASSU.

Ce livre est dédié à la mémoire du lieutenant Henri Leclerc de Hauteclocque, ancien du IIe R.M.T. de la 2e D.B., tombé le 4 janvier 1953 à Trung Khu (Tonkin).

I

SABRATHA

Libye, 28 juin 1943.

Avec les minutes qui s'étiraient, longues, dans la nuit tombante, les conversations mouraient à petit feu devant les verres que personne ne songeait à remplir. Accoudés à la table, bancale sur ses tréteaux, les officiers fixaient, sans la voir, la paroi de la tente battue par les rafales de sable, et que la brise de mer tendait comme une voile.

Rogier, l'ancien fonctionnaire de l'agriculture au Cameroun, prenait des notes sur un carnet qu'il traînait avec lui depuis près de trois ans, couverture râpée, pages jaunies, écornées, usées par le sable et l'aventure. En face, Langlois de Bazillac, l'aristocrate, visage long et fin au menton pointu, méditait, le nez posé sur l'extrémité de ses doigts, joints en voûte gothique, Eggenspiller, l'Alsacien, son œil bleu perdu au loin, vers la flèche unique de la cathédrale de Strasbourg, brassait machinalement un jeu de cartes avec des gestes de prestidigitateur. Tout au fond, près de Dio, qui rallumait une cigarette au mégot de la précédente, Massu étendait ses jambes interminables en fourrageant dans ses cheveux, noirs et drus.

Ils se connaissaient trop pour avoir encore quelque chose à se dire. Il y avait longtemps qu'ils avaient les mêmes souvenirs. Le Tchad, Koufra, le Fezzan, Tripoli, Ksar Rhilane, Tunis...

Le capitaine Troadec s'était levé, sa silhouette d'échassier maigre se courbant tandis qu'il franchissait le seuil de la tente. Il n'avait pas prononcé un mot. D'ailleurs, il parlait peu, se bornant à tout observer, d'un œil gris et aigu, aussi coupant que son profil d'oiseau de proie. Troadec n'était pas un militaire. Administrateur colonial, jeté dans l'aventure tchadienne par refus d'une discipline qu'il assimilait à de la lâcheté, il parcourait l'Afrique depuis trois ans. Tanné, recuit, desséché par tous les vents, tous les soleils, tous les sables, du Congo au Tibesti, il n'avait pas d'impatience. Sa certitude d'avoir raison lui tenait lieu de philosophie, et sa froideur de Breton du Nord se retranchait derrière un humour acide, forme extrême de la pudeur.

Pipe au bec, adossé au tronc torturé d'un petit olivier, il regardait au loin. En face, vers la mer, les derniers feux s'éteignaient, par pans entiers, renvoyant au néant frontons et colonnades des ruines romaines de Sabratha. Seul encore l'amphithéâtre où les officiers du régiment de chars s'étaient réunis restait en pleine lumière. Vu de la colline, projetant vers le ciel, hors de ses murs noirs percés de voûtes claires, un halo de poussière nimbée d'or, il évoquait quelque gigantesque chaudron de sorcière d'où s'échappaient des flammes.

Troadec avait soudain l'impression étrange d'être projeté deux mille ans en arrière : Sabratha brûlait. Les légions romaines et les mercenaires germains, en fuite, avaient abandonné leur ville et les vainqueurs dansaient dans les ruines à la lueur des bûchers.

A vingt siècles de distance, l'événement se répétait. Italiens et Allemands avaient été chassés de Libye.

Pour ajouter à l'illusion barbaresque, la brise de mer apportait par bribes emmêlées l'écho des chants guerriers, ponctués, sur un rythme différent, par le tempo métallique des jerrycans frappés comme des tams-tams par quelque tirailleur sahra ou adjaraï.

Troadec tournait la tête. Venues de la route, des voix excitées montaient vers lui.

— Il paraît qu'on retourne en Egypte pour être équipés à l'anglaise dans le cadre de la VIIIe armée...

Troadec avait reconnu la voix du lieutenant Gauffre. Une voix profonde, aux intonations méridionales. Gauffre faisait partie de ces sous-officiers de la Coloniale, qui avaient gagné l'épaulette à la force du poignet. Piaffant d'impatience en 1940, il s'était jeté avec rage dans la dissidence pour n'avoir pas compris les raisons de l'armistice. Loin de l'Europe, loin des tentations de l'abandon, il n'était nourri que de l'espoir tenace et fou de la revanche, prêt à tout, même à combattre en loques, la faim au ventre, pour témoigner. Ce qu'il avait fait, avec ses camarades, des rives du lac Tchad aux plages de la Méditerranée.

— Moi, répondait une autre voix, plus claire, plus posée, celle du lieutenant Sorret, j'ai entendu dire au contraire que nous allions percevoir du matériel américain.

Sorret était le camarade inséparable de Gauffre. Grand, blond, l'œil bleu, le charme abrupt d'un sportif, d'un réalisme placide, il ne montrait son véritable personnage qu'au combat. Rien alors ne l'arrêtait et, à son sujet, Troadec avait souvent eu à l'esprit cette définition de Marbot : « Un des plus grands défauts des Français quand ils font la guerre est de passer sans raison des précautions les plus minutieuses à une confiance sans borne... » Mais Sorret avait de la chance — cette baraka à laquelle il fallait croire si l'on voulait que les tirailleurs vous suivent sans rechigner — et jusqu'ici, sa chance ne l'avait jamais abandonné.

Ils avaient aperçu la silhouette de Troadec, qu'ils saluaient avec déférence et amitié :

— Drôle de journée, mon capitaine ? De Gaulle est venu, et nous ne sommes pas plus avancés qu'avant.

Drôle de journée en effet. D'autant plus ratée que tous ici, dans cette villégiature forcée de Tripolitaine, à Sabratha, palmeraie adossée à l'infini des sables pour regarder l'infini de la Méditerranée, tous en avaient espéré des miracles. Et principalement la fin d'un exil qui leur paraissait injuste et immérité.

Ils étaient des milliers, parqués de part et d'autre de la route de Tripoli, dans un campement de nomades dont la pauvreté s'étalait comme un défi ou comme une dernière manifestation d'orgueil. Sur tous ces hommes disséminés au hasard des dunes ou des collines d'oliviers, certains avaient galopé depuis les sables du Tchad, horde famélique et enthousiaste, chassant les Italiens du Fezzan et les raccompagnant, au canon, jusqu'à Tunis. D'autres, rejoints à Tripoli, étaient venus de Syrie et d'Egypte pour participer au sein de la VIIIe armée de Montgomery à l'ultime chevauchée qui avait contribué à rejeter les Germano-Italiens à la mer. Vainqueurs, tous avaient espéré goûter l'ivresse du succès et savourer enfin les vivats de Tunis libéré.

Espoirs déçus. La présence exubérante de ces Français libres dérangeait sans doute la conscience de ceux qui avaient attendu dans la discipline et la passivité que les événements les dispensent du choix. Aussi, d'ordre de l'état-major d'Alger — dont les F.F.L. se demandaient s'il obéissait encore à Vichy, aux Américains ou à Giraud qu'ils appelaient l'Ambigu — ceux de la force « L » avaient été refoulés hors des frontières d'A.F.N. vers l'est, au bord du désert de Tripolitaine. Le prétexte officiel était de former au calme la 2e division des forces françaises combattantes, sœur cadette de cette 1re division française libre — la D.F.L. — qui s'était couverte de gloire à Bir Hakeim et à El Himmeimat.

Cette 2e division — on disait aussi 2e D.F.L. — se composait uniquement d'un régiment d'infanterie, le R.M.T. [1], constitué à partir des anciens du Tchad, d'un régiment d'artillerie qui, pour l'instant n'existait que par bribes, d'un régiment de reconnaissance, les spahis de Syrie et d'Egypte et, enfin, d'un bataillon de chars à trois compagnies dont la première, échappée de Narvik en 1940 avait sillonné l'Afrique, du Gabon à Alexandrie.

Il y avait déjà deux mois que les volontaires de cette 2e division attendaient, avec cette impression désagréable d'être condamnés à l'exil, éloignés de la perspective même de reprendre un combat quelconque. Rien ne changeait. Ceux du Tchad demeuraient toujours aussi pauvres, vêtus de défroques épiques ou de surplus britanniques

1. Régiment de marche du Tchad.

qu'ils trimbalaient sur leurs camions, carcasses bosselées, rouillées, percées de balles, griffées par tous les rochers, les sables, les vents depuis Koufra jusqu'à Mourzouk et Carthage.

Les spahis de Syrie et d'Egypte, à peine moins misérables, faisaient illusion avec leurs uniformes couleur de terre sèche, leurs calots rouges et leurs turbans, leurs véhicules de combat aussi, automitrailleuses britanniques, ou bien cette étonnante autocanon réalisée à partir d'éléments disparates — un Ford de trois tonnes, une tourelle de blindé italien et un 75 français — par le lieutenant Conus, un bricoleur de génie.

Les hommes du bataillon de chars n'avaient que leur béret noir, et, pour les plus chanceux, quelques Crusaders britanniques.

Tirailleurs du R.M.T., spahis de Syrie, blindés de Narvik, tous formaient une troupe hautaine et miséreuse, joues creuses, dents aiguës et regards de loup, défiant le monde entier, avec cet enthousiasme, cette foi, mais aussi cette intransigeance de minoritaires certains d'avoir raison. Ils attendaient, aiguisant leur appétit d'action dans des marches épuisantes, en bord de mer, sur les sables où grouillaient des petits crabes, agiles comme des moineaux.

Ce 28 juin 1943, troisième anniversaire de leur entrée en dissidence, ils avaient accueilli le général de Gaulle, ce chef auquel ils s'étaient donnés et qu'ils suivaient aveuglément, espérant de lui la parole qui les réintégrerait dans l'univers combattant.

Tout ce qu'il leur avait apporté, à l'exception de quelques vagues mots de circonstance, c'était Germaine Sablon, une chanteuse venue de Londres leur interpréter *Lily Marlène,* cette « Madelon » internationale qu'avaient chantée indifféremment Allemands, Anglais ou Français en Libye.

Une drôle de journée en effet. Troadec, souriant, dents serrées sur sa pipe éteinte, se remémorait avec humour les détails de la prise d'armes qui avait accumulé les incidents comme autant de séquences d'un film burlesque.

De Gaulle arrivant, impérial et lançant, d'une voix tonnante :

— Clairon, heu... non, trompette ! Sonnez « aux champs » !

Il n'y avait pas de trompette.

— Tirez une salve d'honneur !

Une salve ! Il n'y avait qu'un malheureux spahi, ému ou intimidé, qui avait oublié d'approvisionner son mousqueton et s'empêtrait dans son levier de culasse.

Une grimace impatientée. La voix de De Gaulle bémolisait, un ton plus bas :

— Cela ne fait rien. Envoyez les couleurs !

Lentement, le pavillon tricolore glissait le long du mât. Et puis, le vent du sud, brusquement levé, s'amusait à tordre la flamme bleue de la division dans l'étamine tricolore, qui achevait sa course au tiers du mât, entortillé comme un méchant paquet, drisse bloquée. En berne.

Plus tard, au cours de la remise de décorations, le vent, à nouveau, arrachait des mains du capitaine Burin des Roziers, l'aide de camp du général, quelques-uns des petits papiers portant le nom et le fait d'armes du récipiendaire. Course éperdue, en partie vaine. Et, faute de motifs, certains tirailleurs n'avaient pu recevoir la Croix de guerre.

Plus tard, dans l'après-midi, de Gaulle s'était enfermé dans la caravane du général Leclerc. Puis il était parti, sans apporter aux questions les réponses souhaitées. De ce silence étaient nés, près des cuisines de l'état-major, des bouthéons les plus invraisemblables qui, tout au long de la route côtière, avaient déferlé sur les tentes alignées à l'infini :

— Il paraît que nous allons participer au débarquement en Italie.

Le débarquement était proche, en effet. Il n'était pas pour eux.

— Penses-tu, la Turquie a déclaré la guerre à l'Allemagne. On va aller à Istambul et, après, direction Berlin par Sofia et Budapest...

— Mais non, on va en Grèce et de là, par Vienne, jusqu'au Rhin.

— Ce serait formidable, on arriverait directement à Strasbourg.

Strasbourg ! Pour ceux du Tchad c'était l'essentiel de leur mission. Leur but. Sacré. Ils vivaient, ils souffraient, ils étaient prêts à mourir pour tenir le fameux serment, lancé à Koufra par le patron, le général Leclerc :

— Jurons de ne déposer les armes que lorsque nos couleurs, nos belles couleurs, flotteront à nouveau sur Strasbourg.

Depuis ce 1er mars 1941, ceux des rescapés de l'épopée tchadienne rêvaient de la flèche unique de la cathédrale. Ils avaient expliqué à leurs hommes la portée de ce symbole. Ils évoquaient les neiges d'Alsace. Les Toubous de Bardaï, les nomades du Borkou, les Sahras du Chari écoutaient sans comprendre, eux qui, jusqu'ici, n'avaient même jamais vu la mer.

Le capitaine Troadec avait remis sa pipe dans sa poche. Derrière lui, des pas, sur le sable, quelques saluts brefs. Les capitaines se souhaitaient une bonne nuit, avant de regagner les guitounes de leurs compagnies.

— Bonsoir Langlois, bonsoir, Eggenspiller, bonsoir, Rogier.

— Bonsoir, mon colonel.

Dio, bougonnant sur son éternel mégot, s'éloignait en direction de la petite ferme de colonisation italienne, piquée au bord de la route à l'abri de son éolienne grinçante, P.C. de l'état-major de la division.

— Venez-vous, Troadec ?

Sous les doigts, massant le menton, le sable crissait, accroché aux poils de la barbe naissante. Dio marchait devant appuyant chacun de ses pas, démarche lourde de paysan muré dans son silence de vieux blédard, et Troadec, qui le suivait, appréciait une fois encore la silhouette massive de son chef qui recelait une puissance de buffle sauvage au service d'une opiniâtre fidélité.

Une fidélité qui datait, Troadec s'en souvenait avec précision, du 27 août 1940. Dans la nuit, une petite équipe de vingt-trois hommes avait débarqué clandestinement dans la ville, venant de Tiko, au Nigeria britannique. A leur tête, un jeune commandant inconnu, arrivé quelques jours plus tôt, de Londres, pour rallier le Cameroun à la France libre. Il se faisait appeler Leclerc et, dans la nuit, avait fait découdre l'un des galons de sa manche gauche pour l'ajouter à ceux qui ornaient sa manche droite. Ce qui allait l'obliger à conserver son bras gauche dans son dos.

« Colonel, cela fait plus sérieux », avait-il expliqué sans rire.

Troadec faisait partie de cette maigre cohorte qui s'était glissée dans Douala endormi, à l'intérieur d'une villa isolée appartenant à un exploitant forestier, rallié clandestin à de Gaulle. Là d'autres conjurés attendaient.

Un peu à l'écart, un grand capitaine de la Coloniale, l'œil plissé par l'attention et par la fumée de sa cigarette collée à ses lèvres, écoutait le plaidoyer passionné de Leclerc pour l'insurrection immédiate et le ralliement à de Gaulle, appuyant son argumentation de grands gestes du seul bras portant les cinq galons.

A trois heures du matin, la plupart des conjurés semblaient décidés à passer à l'action en occupant casernes et bâtiments publics. Seul Dio, le grand capitaine de la Coloniale, n'avait toujours rien manifesté. Sans dire un mot, d'un geste brusque, il s'était détourné, gagnant la sortie à grandes enjambées.

— Où allez-vous ? avait demandé Hettier de Boislambert inquiet.

La moindre opposition, le plus léger bavardage pouvait faire échouer toute l'opération. Dio s'était borné à hausser les épaules, consentant à jeter, sans retirer sa cigarette de ses lèvres :

— J'ai compris. Je suis d'accord. Je vais chercher ma compagnie.

Tel était Dio. Un abord rugueux, un caractère d'une loyauté absolue. Et depuis ce 27 août 1940, Dio avait suivi sans une hésitation celui qu'un soir il s'était donné pour chef.

— Je vais me coucher, disait-il maintenant, sans se retourner. Bonne nuit, Troadec.

— Bonne nuit, mon colonel.

Le capitaine de Douala avait gagné du galon ; Leclerc venait de lui confier le commandement de ce R.M.T., colonne vertébrale de la 2e division qui voyait péniblement le jour.

A son tour, Troadec se dirigeait vers sa guitoune, au bord de la route côtière, cette ancienne « Via Balbia » qui reliait Tunis à Alexandrie. Une route intimement liée à l'histoire de ces trois dernières années, qui avait vu passer divisions italiennes, Panzers de l'Afrikakorps, blindés d'Auchinleck ou de Montgomery. Aux panneaux de contre-plaqué timbrés du célèbre palmier à croix gammée, indiquant « le Caire » objectif final des colonnes de Rommel avaient succédé d'autres panneaux, moins ambitieux, sinon plus réalistes :

« *Have you killed your ten flies to day ?* »

Aujourd'hui, à défaut d'autre chose, on tuait des mouches.

***

Le ciel rosissait à l'est. Il était cinq heures du matin. Comme les vieux blédards, Troadec se levait tôt. Sa toilette expédiée, un quart de café bouillant à la main, il regardait l'amas de tentes réparties à l'infini. Déjà les premières fumées s'élevaient ici ou là, près des cuisines des unités. Dans moins d'une heure, par sections, les hommes iraient au bord de l'eau pour la séance quotidienne de décrassage.

On reconnaissait les bataillons aux silhouettes de leurs campements. Les tentes individuelles ou collectives s'alignaient avec une certaine fantaisie, ordonnancée autour de l'abri du commandant de compagnie. Mais les spahis cultivaient jalousement la différence et les marabouts, enroulés autour des automitrailleuses, se voulaient semblables à ces villages de nomades tournés vers l'intérieur.

Les spahis n'étaient pas les moins jaloux de leur passé de Français libres. Leurs chefs étaient de ceux dont on colportait la légende, aux bivouacs. Et celle du capitaine Jourdier n'était pas la moins exaltante.

Cela s'était passé en Syrie, le 30 juin 1940. Le 1er groupe d'escadrons du 1er régiment de spahis marocains, appartenant à l'armée du Levant avait, la veille, reçu l'ordre de rentrer de Rachaya où il cantonnait, en plein bled, au camp de Karoune, près de Beyrouth. Mesure de sécurité imposée par les chefs, compte tenu de la présence anglaise en Palestine toute proche, jugée menaçante par l'état-major du général Dentz, respectueux d'un armistice signé à des milliers de kilomètres de là.

A un carrefour, Jourdier s'était arrêté, et, sans descendre de cheval, avait ordonné au brigadier-trompette :

— Sonne « aux officiers » et « aux sous-officiers » !

Lorsque tous les gradés du groupe d'escadrons l'avaient rejoint, Jourdier avait pris la parole :

— Messieurs, voici, devant vous, deux routes. Celle de droite mène à Beyrouth, vers vos habitudes, vos routines, vers la vie facile. Vers le déshonneur. Celle de gauche mène en Palestine, vers l'inconnu, vers l'exil, mais vers le combat. Vers l'honneur. — Il s'était tu une seconde, puis avait lancé, en tournant bride : — En ce qui me concerne, j'ai choisi !

Puis il était parti, au trot, vers le sud, sans un regard derrière lui. A la frontière, il s'était arrêté. Là seulement il avait fait face à ceux qui l'avaient suivi. Ils étaient exactement cent vingt hommes et gradés. Les deux tiers de l'effectif. Et, parmi eux, l'officier en qui il avait le plus confiance, le lieutenant de Gavardie.

Quelques mois plus tard, en Erythrée c'est encore à cheval que l'escadron Jourdier, utilisé par les Anglais pour des reconnaissances à longue distance, avait chargé au sabre un important bivouac italien. Sans doute la dernière charge de la cavalerie française.

En trois ans, l'escadron Jourdier s'était étoffé et, aujourd'hui, aux ordres du commandant Rémy, il avait fièrement pris le titre de régiment de marche de spahis. Le R.M.S.M.

Un brouhaha, amplifié par le vent, remontait vers Troadec, qui descendait lentement de sa colline. Hurlements des chefs de section, appels des adjudants de semaine, rassemblement des corvées et des permissionnaires.

Les permissionnaires. Troadec secouait la tête avec un sourire léger. Une satanée invention, façon, pour les F.F.L. minoritaires de gonfler leurs effectifs. Ils partaient quinze, ils revenaient trente. C'étaient les meilleurs propagandistes que puisse envoyer la 2e division dans les territoires « giraudistes » pour récupérer les hommes dont le nombre faisait défaut. Il leur suffisait d'arpenter les villes de Tunisie ou de l'Est algérien en racontant l'épopée africaine de la « colonne Leclerc », pour donner à rêver à ceux des conscrits qui avaient soif de combats ou de gloire.

Sans doute les arguments employés n'étaient-ils pas d'une indiscutable loyauté, et, aux indécis, l'on faisait miroiter — un comble — des avantages matériels considérables, naturellement démentis par les faits...

Les volontaires étaient nombreux, et tel capitaine « ancienne mode » portant leggings et baudrier se retrouvait, un matin, seul représentant de son unité, gradés et soldats ayant joyeusement balancé calots à pointes et bandes molletières aux orties pour rejoindre les exilés de Sabratha.

Pratiques discutables et auxquelles, bien vite, avaient tenté de faire échec les officiers de la division. A l'usage en effet, il s'était avéré que beaucoup de ces recrues étaient poussées par des motivations incompatibles avec l'idéal que cherchait à imposer Leclerc.

Les arrivistes étaient d'ailleurs rapidement découragés par l'austérité du vivre et du coucher, les rêveurs, les inadaptés chroniques, jamais contents de leur sort, les compromis de Vichy soucieux de se refaire une virginité à l'ombre de la Croix de Lorraine, tous ceux-là ne demeuraient pas longtemps dans les rangs.

Ce que souhaitaient recevoir les officiers, c'étaient des jeunes appelés, Français ou musulmans, des évadés de France, des volontaires purs et patriotes, ou, à la limite, des unités constituées, déjà instruites et formées, solidement encadrées et affectées le plus régulièrement du monde.

Seulement il y avait loin des souhaits à la réalité même si parmi les militaires « débauchés » par des zélateurs enthousiastes, arrivaient des guerriers indiscutables, ou des garçons sincères, piaffant d'impatience devant l'inactivité dans laquelle ils avaient été plongés depuis 1940 et qui ne demandaient qu'à en découdre.

— L'avenir tamisera les bons des mauvais, disait le colonel Dio avec une saine vision des choses.

Troadec partageait cette façon de voir. Pour lui, appartenir à la « boutique » Leclerc était avant tout un honneur dont il fallait se montrer digne. Il se rappelait ce vieux proverbe breton, hérité d'ancêtres bagarreurs mais réalistes :

« *Goude en emgan, e n'emgav tud dispount.* » Après la bataille viennent les braves...

Ceints de lauriers durement gagnés, les hommes de Leclerc n'avaient que faire pour l'instant de ces nouveaux venus simplement appâtés par une gloire dont ils se paraient d'autant plus âprement qu'ils n'en étaient en rien les artisans.

Troadec était arrivé sur la route. A une cinquantaine de mètres, sur sa gauche, la caravane du patron mettait une note rassurante dans cette marée de tentes battues par le vent.

La « caravane » était le centre nerveux du camp de Sabratha. Plus encore, lorsque Leclerc l'habitait, elle en était le pôle d'attraction et pas un gradé, pas un homme ne passait à proximité sans y porter ses yeux, dans l'espoir d'y apercevoir le général et de lui dire, de loin, son espoir et sa confiance.

Cette caravane était un cadeau de Montgomery, au moment de la liaison historique du mois de janvier, quand les avant-gardes de la VIIIe armée venues d'Egypte avaient rencontré celles de la « colonne Leclerc » débouchant du Fezzan. Emu de la précarité des moyens que possédaient les Français, le généralissime britannique avait voulu, au moins, que leur chef ait un abri convenable. Rien de luxueux. La caravane était constituée d'une pièce unique, deux mètres sur trois mètres cinquante, montée sur le plateau d'un camion. Le mobilier en était des plus succincts, un lit-divan et un bureau. Cela faisait penser davantage à une cellule de moine qu'à un bureau confortable, le seul avantage résidant sans doute dans le fait qu'elle mettait son occupant à l'abri des mouches et du vent.

Une silhouette familière descendait les degrés de la petite échelle menant à la roulotte. Troadec l'identifiait sans peine, c'était celle du père Houchet. Une figure déjà légendaire parmi les Forces françaises libres. Missionnaire du Moyen Congo en 1940, désigné comme aumônier militaire, Jean-Baptiste Houchet avait allégrement délaissé ses ouailles et ses travaux linguistiques, pour joindre sa destinée à celle des tirailleurs du 1er bataillon de marche. Infatigable, d'une humeur toujours égale, il pouvait indifféremment assurer des évacuations sanitaires parfois sous le feu de l'ennemi, rédiger les lettres des soldats, disserter sur Léon Bloy dont il emportait les œuvres dans sa modeste cantine, ou prier, avec une telle ferveur que les incroyants, les sceptiques, voire les communistes qui le côtoyaient se taisaient, impressionnés.

Sa journée commençait de bonne heure, ordinairement après une visite dans la caravane du patron. Une façon, pour les deux hommes, tous deux vibrant d'une foi profonde, d'élever leurs âmes avant les tâches quotidiennes.

Troadec aimait bien le père Houchet autant pour sa simplicité que pour sa bravoure tranquille et cette façon souriante d'exécuter les tâches les plus humbles, voire les plus rebutantes. Comme il le disait parfois :

— Soigner les blessés n'est pas seulement veiller à la cicatrisation des plaies. Cela consiste aussi à vider les bassins...

Un petit salut de la main, qui ressemblait à une bénédiction. Houchet s'éloignait à grands pas, dans sa tenue de toile que l'on eût dit taillée pour un autre. Du pantalon trop court, flottant sur des mollets maigres aux godillots mal ficelés par des lacets toujours cassés, au calot de toile qui faisait penser à un bonnet normand, le père Houchet correspondait tout à fait à la définition qu'avait donnée des hommes de Leclerc un officier britannique qui ressemblait à une gravure de mode :

— Vous êtes des clochards, mais des clochards de l'espoir et de la victoire.

Troadec l'avait suivi du regard. Puis à nouveau ses yeux se portaient vers la caravane. Une seconde d'hésitation. D'ordinaire, personne ne prenait le risque d'aller déranger le patron sans y avoir au préalable été invité par Girard, l'aide de camp. Seuls quelques rares fidèles pouvaient se permettre une dérogation. Troadec était de ceux-là. Prédécesseur de Girard comme aide de camp, sa relève ne datait que de quelques semaines.

Déjà, il escaladait l'échelle de fer, s'immobilisait une seconde et frappait. Il n'avait rien à demander, pratiquement rien à dire. Simplement témoigner, d'un regard, d'un simple « bonjour », son respect, son dévouement, sa fidélité.

— Entrez !

Le général est assis, le buste rejeté en arrière, le poing droit sur la cuisse, le coude gauche sur une liasse de papiers. Il s'est légèrement tourné vers son visiteur qu'il reconnaît et qu'il salue, d'un sourire.

Avec une sorte de tendresse de frère cadet, Troadec constate que Leclerc est toujours aussi maigre, d'une maigreur accentuée par l'uniforme de toile, un autre cadeau de Montgomery, largement échancré, ample et vaste. Le regard attire par sa force, bleu aux reflets sombres que l'on dirait venus de l'âme. A la commissure des paupières, de petites rides en patte d'oie trahissent la fatigue, tout en fournissant des indications sur l'humeur du général, rieuse et ironique parfois, impatiente et volontaire souvent, préoccupée et tendue la plupart du temps. Sous la courte moustache, la bouche se devine, fine et volontaire, qui se relève en un sourire chaleureux et timide :

— Tiens, dit le général, je vous attendais.

Troadec ne s'étonne pas. Il se place de biais, cherchant le meilleur angle pour caser en entier sa grande carcasse. Puis il s'immobilise, attentif, son visage anguleux fendu d'amitié.

— Café ?

— Avec plaisir, mon général.

Deux quarts de zinc. Quelques secondes de silence. Puis Leclerc montre d'un geste vague la liasse de feuillets dactylographiés émergeant à demi d'un épais porte-documents.

— Des paperasseries, encore des paperasseries. Rien n'est simple, il paraît. Alger semble nous donner à contrecœur les moyens dont nous avons besoin.

— Tout le monde s'interroge, mon général. Quand allons-nous enfin reprendre notre place au combat ?

Un éclair d'impatience passe dans ses yeux. Leclerc n'aime pas qu'on doute.

— Allons, un peu de confiance, Troadec. Je progresse. Le principe de la division blindée est déjà acquis, en dépit d'une certaine lenteur que je n'ose, pour le moment, qualifier de mauvaise volonté. Mais cela aussi se fera... comme le reste.

Un bref sourire :

— Un exemple. Le général Leyer, le nouveau chef d'état-major de l'armée devait nous faire affecter une unité de chars. Il m'a proposé le 12e régiment de cuirassiers. Et puis j'ai appris de son chef, le colonel de Langlade, que cette unité était en réalité un régiment « double ».

— Un régiment « double » ?

— C'est vrai, vous êtes un polytechnicien « civil ». En termes militaires, un régiment « double » est une unité formée à partir d'une unité d'active déjà existante dont on gonfle les effectifs avec des recrues sans formation et de cadres prélevés arbitrairement. Cela fait, on « dédouble » le régiment.

Troadec hoche la tête :

— Autrement dit, avec un litre de vin et un litre d'eau, on prétend faire deux litres de vin ?

— Si vous voulez, à ce détail près que le second « litre », pour reprendre votre comparaison, ne contient pratiquement pas de vin.

— Qu'avez-vous fait ?

Leclerc esquisse une petite moue amusée :

— Je me suis arrangé pour récupérer en même temps le régiment de base et le régiment « double ». Le 12e Chasseurs d'Afrique et le 12e Cuirassiers.

— Les chasseurs d'Afrique ? Des giraudistes ?

Troadec a marqué une réticence. Leclerc s'en est aperçu.

— Giraudistes ? corrige-t-il. Pas même. Le 12e R.C.A. provient de l'armée de l'Armistice. Il a passé trois ans au Sénégal, puis, par l'un de ses escadrons interposés, a participé et fort bien, à la campagne de Tunisie. C'est un beau régiment, techniquement apte à la guerre des blindés.

— Vous avez sans doute raison, mon général. Il n'empêche que les gens du Sénégal n'ont pas très bonne réputation parmi les F.F.L. Personne ici n'a oublié l'accueil réservé en 1940 par Dakar au général de Gaulle. Il y aura de sacrées réticences, je le crains.

Leclerc tranche l'argument, d'un geste vif du poing droit martelant la paume opposée :

— Il faudra que les réticences disparaissent. Nous ne pouvons pas, en même temps, nous battre contre l'Allemand et continuer à nous déchirer entre nous. Pour l'instant, un seul but, la victoire. Tous ensemble. Et puis après, il y a la France, cette France qu'il faudra reconstruire, dans l'unité. La 2e division blindée, que je m'efforce de rassembler, doit donner l'exemple de l'union de tous les Français, quel que soit leur passé, leurs origines, leurs convictions. Je suis même prêt, moi que l'on qualifie de « calotin », à accueillir parmi nous des communistes.

« Une fois la victoire acquise, la division restera l'exemple à suivre.

Le général s'est enflammé. Il s'interrompt, reste silencieux quelques secondes puis reprend, d'un ton naturel :

— Je repars tout à l'heure pour Alger. Dites à vos camarades d'être patients. Je travaille pour eux. Pour former cette division blindée, il faudra consentir des sacrifices, et, notamment, nous séparer des Africains. Les Américains, qui vont nous équiper redoutent en effet que ces braves tirailleurs n'aient pas les compétences requises pour utiliser et entretenir le matériel moderne qu'ils vont nous confier...

« Dites surtout que votre mission nouvelle sera d'être l'âme et le ferment de cette 2e division blindée. Je compte sur vous. Sur vous tous.

2

TEMARA

Maroc, septembre-décembre 1943.

— Nom ? Age ? Profession ? Services militaires ? Grade ?

— Duc, Raymond. Etudiant. Evadé de France, classe 44. Deuxième classe.

— Sais-tu piloter un char ?

Le visage du jeune engagé s'arrondit d'étonnement. Un char ?

— Vous savez, explique-t-il, en France occupée, ce n'est pas un sport tellement pratiqué...

— Parfait, affecté IIe R.M.T. Au suivant !

La voix de l'adjudant Quentin, chargé de l'un des bureaux d'incorporation de la 2e D.B. est neutre, volontairement officiel. Il faut bien se garder de toute connivence, surtout vis-à-vis de ces évadés de France qui ont surmonté un passage acrobatique des Pyrénées dans le froid ou la soif pour échouer des mois durant au sinistre camp de Miranda. Ils sont tous semblables, joues maigres, cheveux taillés à la chien, yeux brillants de fièvre et d'excitation. Ce sont des purs, des irréductibles qui ne viennent pas à la division pour s'y planquer ou s'y refaire une virginité politique, mais pour combattre. S'ils se montrent parfois impressionnés par la jeune gloire des vieux de l'unité, ils se font fort d'égaler en bravoure les plus chevronnés des baroudeurs du désert.

Il faut donc les ajuster au moule des unités, guider leur fougue, ne pas céder aux encouragements. Le capitaine Troadec, venu ce matin suivre les opérations de sélection pour étoffer sa compagnie d'accompagnement du premier bataillon, apprécie la technique de l'adjudant Quentin. Du coin de l'œil, il jauge les recrues, intervenant parfois pour faire affecter tel ou tel d'entre eux dans son unité.

— Nom ? Age ? Profession ? Services militaires ? Grade ?

— Arnaud, 19 ans, commerçant. Classe 43, mobilisé. Deuxième classe.

C'est un pied-noir, récemment mobilisé, comme naguère son père ou son grand-père, pour combattre en France. Le seul voyage qu'ils aient jamais effectué vers la mère patrie.

— Savez-vous piloter un char ?

— Non. Mais j'ai mon permis de conduire : je suis boulanger et j'allais livrer le pain...

— Parfait. Affecté Ier R.M.T. On te donnera un half-track.

— C'est quoi, un half-track ?

— Une camionnette blindée, avec des chenilles, explique brièvement l'adjudant Quentin.

— Ça sert à transporter l'infanterie, ajoute Troadec.

Le nommé Arnaud s'en va, indécis, ne sachant encore ce qu'il doit penser de son affectation. Déjà s'avance le nouvel engagé, visage buriné, cheveux grisonnants aux tempes.

— Fleith. 26 ans. Quartier-maître de réserve.

— Quartier-maître ? Qu'est-ce que tu fabriques dans une division blindée ?

— Je n'en sais rien. C'est à Rabat qu'on m'a dit de venir ici. Je sais piloter un char.

Troadec et Quentin arrondissent les yeux, étonnés à leur tour.

— Où as-tu appris ?

— Dans la Wehrmacht. Je suis Alsacien. On m'a mobilisé de force en 1941 dans un Panzerregiment. A Stalingrad, j'ai rejoint les lignes russes. Et ils m'ont expédié en Afrique du Nord.

Troadec dévisage le marin, essayant d'imaginer, à travers son maintien placide, la somme d'aventures que recèle ce visage prématurément vieilli, la sobriété des gestes, l'extraordinaire calme de la voix.

— Parfait, dit Quentin, qui abandonne un instant le ton officiel pour dire, comme une confidence : tu vas être affecté au régiment blindé de chasseurs de chars. Il est constitué de fusiliers marins. Tu ne seras pas dépaysé... Au suivant.

— Bellatrèche, Mohammed. Mobilisé...

— Affecté R.M.S.M. Au suivant.

— Rey, Christophe. Ouvrier. Evadé de France...

— Affecté IIe R.M.T. Au suivant...

Quentin relève la tête et se tourne vers le capitaine Troadec :

— J'en ai ma claque. C'est tous les jours comme ça. Quand j'ai déserté l'armée Dentz, à Damas, je n'imaginais pas qu'on me ferait faire ce boulot de scribouillard. C'est la troisième fois que je demande ma mutation en unité de combat.

— Allons, mon vieux, restez calme. Votre boulot est utile. Comme combattant, vous n'avez rien à apprendre, au contraire, et votre expérience vous sert pour diriger les recrues vers l'unité la plus adaptée à leurs compétences. Pour l'instant, ce dont la division a le plus besoin, c'est de volontaires. On vous récupérera si le combat s'engage.

Troadec a raison. La division a avant tout besoin d'hommes. A Sabratha, voici deux mois, elle ne comportait que quatre milliers d'hommes à peu près. Elle en a perdu le quart, les tirailleurs africains, au moment où elle s'apprêtait à partir pour le Maroc afin d'y être définitivement constituée, et équipée par les Américains. Or, une division blindée de type U.S. comporte un effectif d'environ quinze mille officiers, sous-officiers et soldats. Les portes sont donc largement ouvertes, tant aux unités déjà constituées, qu'aux mobilisés d'Afrique du Nord, Français de souche, musulmans ou israélites, ou qu'aux volontaires de toutes provenances, évadés de France, déserteurs de régiments réguliers, engagés ou rengagés pour la durée de la guerre. Leclerc encourage cette affluence :

— Plus il y aura de candidats, plus la sélection va jouer. Il faudra se débarrasser des indésirables, des inaptes physiques ou moraux...

— Il y aura du « déchet », a prophétisé Troadec.

C'est vrai, mais, au fil des semaines, la menace de l'exclusion va accroître la qualité de l'ensemble, en mettant le culte de l'effort au premier rang des qualités individuelles.

— Et puis, a constaté le capitaine Langlois de Bazillac, cette crainte contribue à la cohésion de l'ensemble.

Langlois de Bazillac vient à son tour d'arriver au P.C. de la division, chercher la quote-part des recrues affectées au IIe R.M.T. Il interroge Troadec :

— Quel est le niveau d'ensemble ?

— Satisfaisant, je crois. Beaucoup d'évadés de France, quelques rengagés de la vieille armée d'Afrique. De bons éléments.

Sur l'aire de stationnement, près de l'ancien casino de Temara aux murs noircis par les embruns d'un océan d'hiver, les hommes se sont agglutinés près des véhicules qui doivent les conduire aux cantonnements de leurs unités. Déjà, Duc et quelques autres du IIe R.M.T. font le siège du chauffeur, un « ancien » du Tchad :

— Dites, caporal, c'était comment, à Koufra ?

Gachan, le caporal, répond avec le sourire. C'est un excellent conteur et, dans sa bouche, la prise du fort italien prend les proportions d'une bataille titanesque.

— Et le général Leclerc ? interroge, timidement, Christophe Rey, un autre évadé de France.

Le caporal Gachan plisse ses lèvres, cherchant une exacte définition. Puis il lâche, avec une brusque simplicité :

— C'est simple. Si l'on me dit qu'il faut mourir pour le patron, je me mets au garde-à-vous et je demande : à quelle heure ?

Les recrues accueillent la réponse avec un silence impressionné. Mais déjà, le caporal a repris ses distances :

— Allez, ordonne-t-il, embarquez, bande de bleus...

— Moi, déclare un peu plus tard Christophe Rey à son voisin Duc, j'ai quitté la France parce que j'en avais assez de me faire traiter de bon à rien par mon père. Un héros de 14-18. Il a gagné onze citations au feu. J'en veux douze, histoire de lui prouver que je suis plus capable que lui.

— J'ai seulement passé les Pyrénées parce que je ne pouvais plus supporter de voir les Boches chez nous, répond Duc, avec sérieux. Je me fiche des galons ou des citations. Et d'ailleurs, je n'aime pas l'armée. Les Boches m'obligent à me battre, mais quand tout sera rentré dans l'ordre et qu'on les aura raccompagnés de l'autre côté du Rhin, je reviendrai chez moi, à Saint-Jean-de-Luz.

Le lieutenant Sorret s'est accoudé à la rambarde du Dodge 6x6 chargé des bleus du IIe R.M.T. Il a entendu la dernière phrase, lancée par Duc avec un peu de flamme.

— Les Boches ne sont pas encore de l'autre côté du Rhin, observe-t-il avec un sourire. N'oubliez pas, n'oubliez jamais que ce sont de bons soldats. Pour les vaincre, vous devrez les surpasser car la victoire ne se donne qu'au meilleur. Il n'y a jamais de miracle. La recette ? Du travail, encore du travail, de la sueur, encore de la sueur. Et vous verrez, bientôt, que la victoire se cimente aussi avec du sang.

Il s'interrompt et corrige ce que ses paroles auraient de dur :

— Dites-vous bien que les soldats mal instruits se font toujours tuer bêtement. La victoire se forge à l'instruction. Vous n'êtes pas là pour vous faire tuer, mais pour vous battre, le plus longtemps possible, jusqu'à la victoire. Après, vous pourrez rentrer à Saint-Jean-de-Luz...

Un jeune au regard assuré prend le risque d'interrompre le lieutenant Sorret :

— Excusez-moi, mon lieutenant, qu'est-ce que ça veut dire exactement toutes ces initiales, R.M.T., R.M.S.M., R.B.F.M. et je ne sais quoi encore ?

— Première leçon, réplique Sorret avec un sourire ambigu : comment s'adresser à un supérieur. Présentez-vous d'abord...

Le jeune rougit un peu et corrige :

— Je vous demande pardon. Deuxième classe Legendre, évadé de France.

— Pour répondre à votre question, il faut d'abord vous expliquer les missions et la structure d'une division blindée. C'est une notion nouvelle, basée sur l'emploi du moteur. Donc, son efficacité est fonction de sa vitesse, et sa vitesse, de sa sécurité de marche. Compris ?

Quelques « oui » timides. Sorret enchaîne :

— Dans le cadre d'une guerre de mouvement, il s'agit moins de conquérir le terrain que de rompre le front ennemi. Pour cela nous disposons de trois régiments de chars : le 501e régiment de chars de combat, R.C.C., familièrement appelé « Royal Cambouis » ; le 12e régiment de chasseurs d'Afrique et le 12e régiment de cuirassiers.

« Pour nettoyer et occuper le terrain, la division dispose des trois bataillons du régiment de marche du Tchad, appelés, pour simplifier, 1, 2, 3 R.M.T. Vous appartenez au 2 R.M.T.

« La sécurité avancée est assurée par une unité de reconnaissance, le 1er régiment de marche de spahis marocains. Vous les verrez bientôt, ce sont les « calots-rouges » qui sont équipés d'automitrailleuses et de chars légers.

« La sécurité antichar est réservée, en partie aux unités de canons des fantassins, mais surtout aux tank-destroyers du régiment blindé de fusiliers marins, le R.B.F.M. dont vous parliez il y a un instant.

« Les appuis sont fournis par trois groupes d'artillerie : le 1er groupe du 3e régiment d'artillerie coloniale, vous direz le 1/3e R.A.C., le 1er groupe du 40e régiment d'artillerie nord-africain — le 1/40e R.A.N.A. — et le 11e groupe du 64e régiment d'artillerie — le 11/64e R.A.

« Je vous parlerai pour mémoire des canons antiaériens, destinés, comme leur nom l'indique, à nous protéger de l'aviation ennemie. Cela s'appelle les F.T.A.

Sorret ouvre les mains :

— Cela fait beaucoup d'initiales, il faudra vous y habituer.

Quelqu'un demande :

— Si je comprends bien, tout le monde a des chars ou des canons. Mais nous, les fantassins ? On va suivre à pied ?

— Vous combattrez à pied, mais vous vous déplacerez sur des véhicules blindés, les « half-tracks ».

— L'infanterie, reine des batailles, lance Legendre.

— Vous n'êtes pas des fantassins comme les autres. Vous êtes des « Marsouins ». Des soldats de la Coloniale. Et vous appartenez au régiment de marche du Tchad. Vos anciens n'ont pas craint de traverser le désert, parfois en voiture, souvent à pied. Vous devrez vous en montrer dignes.

« D'ailleurs, conclut-il, vous marcherez... ou vous serez vidés.

La perspective sinistre souffle dans le camion comme un vent mauvais.

— On marchera, mon lieutenant, promet Legendre.

Le convoi de camions s'est mis en route, se dispersant au premier carrefour. Spahis et cavaliers s'enfonçant dans la forêt de chênes verts qui surplombe la mer, de l'autre côté de la route de Rabat, artilleurs filant vers le sud, en direction d'une portion de lagune désolée où sont parqués leurs automoteurs.

Les Marsouins du R.M.T., pour leur part, roulent encore quelques kilomètres sur la nationale et bifurquent à droite, sur un mauvais chemin boueux semé d'ornières. Au bout, l'océan. A droite et à gauche, des tentes, grises et tristes sous le ciel bas qui suinte une bruine tenace comme l'ennui.

— Là, commente Gachan, le chauffeur, c'est l'emplacement du IIIe R.M.T. Des Espagnols, presque tous des communistes... Nous, c'est plus loin, au bord de la plage.

Les bleus regardent l'enclos des « communistes ». Apparemment rien n'indique une quelconque particularité.

— Des pirates, ajoute le caporal : vous aurez intérêt à planquer vos affaires.

Les Espagnols du IIIe R.M.T. ont une réputation de sauterelles dont ils ont en effet l'allure efflanquée, l'œil acéré, la griffe preste. Républicains rescapés de la guerre civile, ils se sont retrouvés internés dans les camps du Sud algérien par les autorités de Vichy. Libérés par l'administration Giraud, ils se sont engagés dans une unité spécialement créée pour les recevoir, le corps franc d'Afrique.

Instinctivement méfiants à l'égard de tout ce qui touche à l'armée régulière, leurs rapports avec la hiérarchie de la 2e D.B. où ils ont été versés, en bloc, au mois de septembre, sont fondés sur un consensus mutuel, la haine des nazis.

Putz, leur commandant, est lui-même un ancien général républicain de la guerre d'Espagne. On le dit communiste et Leclerc qui se disait prêt à combattre avec n'importe quel Français, lui a spontanément tendu la main. Au fil des jours, les deux hommes vont apprendre à s'estimer et à se respecter, sans renier pour autant leurs convictions personnelles.

Les Espagnols ont amené avec eux des mœurs nouvelles, directement puisées à leur expérience de la guerre civile. Ils élisent leurs chefs de section, règlent entre eux les problèmes de discipline et, comme les bandes d'autrefois, mettent d'abord leur chef à l'épreuve avant d'accepter de le suivre, les yeux fermés.

Car Leclerc, qui entend donner cohésion et esprit à sa division, ne pouvait laisser s'installer une sorte d'Etat dans l'Etat. Aussi a-t-il envoyé au 3e bataillon quelques-uns de ses « anciens » parmi les plus solides, pour entraîner les compagnies. Sarrazac, l'ancien commandant du groupe nomade du Tibesti, compagnon de la première heure, a pris en main la 10e compagnie. Dronne, autre ancien de l'épopée tchadienne, la 9e. La « Nueve » comme disent les hommes.

Grâce à ces officiers, les Espagnols du 3e bataillon ne font pas trop bande à part. Certes, leur parc automobile s'est enrichi de quelques véhicules surnuméraires, mais les spoliés n'appartiennent pas à la division. Ce sont généralement des Américains de Rabat, considérés, avec juste raison, comme des riches auxquels on peut tout prendre.

— Nous sommes arrivés, annonce le caporal Gachan.

Les « bleus » sautent du Dodge, leur sac sur l'épaule. Immédiatement reçus par leur patron, le commandant Massu.

— Attention, les a prévenus le caporal, le commandant n'est pas un rigolo. Faut que ça marche droit et, pas la peine d'essayer de le doubler. Il a un nez fantastique pour repérer les embrouilles. Ici, on l'appelle « le roi des nazes ». Au bataillon, on considère les galons comme du provisoire : le « père Massu » casse autant de gradés qu'il en nomme.

Rendus inquiets par ce portrait terrifiant, les bleus s'alignent devant la guitoune du commandant, intimidés et gauches dans des uniformes trop neufs, dans lesquels ils se sentent mal à l'aise.

Massu émerge de sa tente, déplie sa stature imposante. D'emblée, il statufie les recrues. Un visage impossible, tout en creux et en bosses, que l'on dirait buriné par tous les vents sahariens, une bouche au pli mauvais accentué par une moustache taillée en brosse, un nez tourmenté qui semble ne plus rien avoir à redouter. Lentement, il dévisage chacun des nouveaux qui sent peser sur lui un regard de plomb.

— Je vous souhaite la bienvenue au 2e bataillon, dit-il d'une voix aussi rugueuse que le personnage. J'espère que vous aurez à cœur de vous montrer à la hauteur de ceux qui vous ont précédés ici. N'attendez de moi, ni d'aucun de vos officiers la moindre indulgence. Appartenir à la 2e division blindée est un honneur qui se mérite tous les jours. Rien, jamais, ne sera acquis. Vous voulez la bagarre ? Vous l'aurez. En son temps. Mais, auparavant, il vous faudra apprendre votre métier.

Un argument que reprendront, quelques minutes plus tard, les commandants des compagnies où sont affectés les bleus. Si la forme est différente, l'esprit reste le même :

— Rien ne s'improvise, surtout pas le métier de soldat, explique Rogier, le commandant de la 5e compagnie.

— Entraînement, entraînement, enchaîne Langlois de Bazillac, commandant la 6.

— Et discipline, conclut Fonde, commandant la 7. Si vous n'obéissez pas, vous serez vidés...

Puis il ajoute :

— Il ne vous reste plus qu'à dresser votre tente. Les chefs de section vous diront où vous devez faire votre trou.

Un trou ! Les bleus vont vite comprendre la nécessité d'une tranchée clayonnée de branchages, protégée du vent et des embruns par la toile de tente individuelle, boutonnée à celle du camarade qui partagera la couche. Le sol est humide, et, sous une mince couche de sable gris, l'eau de mer s'infiltre, par gros temps.

Ceux qui croyaient qu'être « équipés à l'américaine » était synonyme de vie facile doivent déchanter. Le matériel n'arrive qu'au compte-gouttes et encore priorité est-elle donnée aux chars et autres engins blindés. Pour le reste... en attendant les mirifiques paquetages américains, chaque jour promis puis retardés, les uniformes sont encore des rebuts de l'intendance française, stocks de la mobilisation de 1939, récupération des armées en déroute, italienne ou allemande. L'armement individuel est de la même provenance. Les jeunes font la grimace :

— Ce sont les réflexes qui comptent, lance Guigon, un lieutenant de la 7e compagnie. Pour l'exercice, tous les fusils se valent. D'autant que nous n'avons pas de cartouches !

Il rit, comme d'une bonne plaisanterie, et les hommes de sa section l'imitent. Comme beaucoup de cadres et de soldats de la 7e compagnie, Guigon vient du 7e bataillon de corps francs d'Afrique, unité spontanément créée en Algérie à la fin de 1942 pour aller combattre aux côtés des Américains contre les Allemands de Tunisie.

A l'issue de la campagne, au moment où la querelle gaullistes-giraudistes prenait un tour aigu, ceux du 7e bataillon ont opté pour la Croix de Lorraine, puis, après maintes démarches de leur patron le capitaine Fonde, pour la 2e division blindée. La 7 est donc arrivée, déjà soudée par les épreuves, précédée d'une réputation de bagarreurs non conformistes que les cadres, le lieutenant Guigon notamment, s'efforcent de maintenir.

Si la discipline y est aussi rigoureuse qu'ailleurs, elle repose davantage sur un esprit, une foi, un enthousiasme communs que sur une notion abstraite de devoir.

Comme partout à la division, la seule sanction connue et appliquée est l'exclusion, à ce détail près que ce sont bien souvent les hommes eux-mêmes qui, d'instinct, isolent et éloignent celui d'entre eux qui triche ou se refuse à jouer le jeu. Le maître mot est : solidarité.

— Au combat, explique Guigon, un homme seul est un homme mort. Quand vous vous déplacez en zone d'insécurité, vous devez pouvoir compter sur l'arme du copain, du groupe, de la section.

La section. Pour tous ces isolés, ces orphelins, coupés de tout, souvent à des milliers de kilomètres de chez eux, c'est devenu leur unique famille. Leur copain du groupe, celui qui partage leur guitoune est presque leur frère. Ils découvrent l'esprit de corps à la base. Leur chef est à la fois leur idole et leur nounou. Comme Guigon, dont ils évoquent avec admiration les faits d'armes :

— Il faisait partie des conjurés qui devaient faciliter le débarquement américain en Afrique du Nord.

— Un garde mobile lui a tiré dessus...

Chaque lieutenant est apprécié, tel qu'il est. Comme Sorret ou Gauffre, ou Bâtiment, tous anciens de l'épopée tchadienne. Leurs hommes sont fiers de leurs exploits, fiers d'être de ceux dont ils défendent la gloire. Il n'est pas rare de les entendre dire :

— Nous, du Tchad...

Ils affectent du dédain pour leurs camarades dont l'unité n'a pas les mêmes titres F.F.L. Les clivages restent marqués, hérités des origines. Gaullistes, giraudistes n'ont rien abdiqué encore de leurs fidélités. L'esprit de la division reste à naître.

— Pétain ? Un traître, bon à fusiller !

Le lieutenant Michard ne mâche pas ses mots. Officier de réserve, ce Père Blanc du Gabon a rallié très tôt la 1re compagnie de chars de la France libre. Visage carré, épaules carrées, gestes carrés. On l'imagine très bien bénissant d'une main l'ennemi qu'il abat de l'autre. Son amour des hommes, il le réserve aux équipages des chars de sa section, *Champaubert, Montmirail, Romilly* [1]. Quant à la charité chrétienne, on verra cela après la victoire. F.F.L. farouche, volontiers sectaire, il fait penser à quelque moine-soldat en train de réduire par le feu l'hérésie cathare.

Ses diatribes trouvent des échos favorables au sein de son unité, le 501e régiment de chars, constitué principalement de F.F.L. indiscutables et dont l'état d'esprit est inscrit dans sa devise « En tuer ».

Elles agacent en revanche ses voisins, les chasseurs du 12e R.C.A.

1. Ces trois Shermans seront les premiers à entrer dans Paris le 24 août 1944.

qui n'ont rien renié de leur passé de discipline. Issus de l'armée de l'Armistice, ils se sont préparés à reprendre les armes au Sénégal, fidèle à Vichy. Puis, dans le cadre de l'armée d'Afrique du général Giraud, ils ont combattu en Tunisie, et fort bien, aux ordres de Gribius, un capitaine dont personne à la division ne conteste ni le courage, ni les qualités d'homme et de chef.

Seulement, au 12e R.C.A., on reste sensible aux nuances et le label F.F.L., ostentatoire à leurs yeux, commence à porter sur les nerfs.

Ce jour-là, le lieutenant Michard a mal choisi son auditoire. Et son couplet sur la nécessité de fusiller ce « traître de Pétain » tombe dans un silence hostile comme une provocation.

Quelques chasseurs l'entourent et lui font repasser, sans aménité, le petit chemin de terre qui sépare les cantonnements des deux régiments, véritable frontière idéologique.

Quelqu'un entonne, goguenard :

— Maréchal, nous voilà...

Michard est furieux. Il en bégaie et cherche l'injure suprême :

— Vous n'êtes qu'une bande de Nazis !

L'épithète va faire son chemin et, bientôt, le 12e R.C.A. ne sera plus connu que sous le nom de « 12e Nazis ». Ce titre se voulait offensant. Les chasseurs vont en faire un signe distinctif de qualité et, en Normandie, il n'aura plus qu'un sens folklorique.

Leclerc n'apprécie pas ces heurts, mais il attend. Il a lui-même fait preuve de discrétion en n'imposant pas encore la Croix de Lorraine comme insigne de la division.

Si Leclerc n'aime pas ces règlements de comptes et reste le champion de l'union des cœurs et des esprits, il ne mâche pas ses mots quand il s'agit de stigmatiser l'attentisme ou l'opportunisme de certains. Son acrimonie se porte volontiers vers la Marine à laquelle il reproche sa neutralité qui a privé la flotte alliée de beaux bâtiments, bloqués à Alexandrie ou sabordés à Toulon. C'est ce qu'il explique à sa façon, brutale, aux fusiliers marins du R.B.F.M. à leur arrivée à Temara :

— Je ne vous ai pas demandés, leur lance-t-il. Pendant que d'autres se battaient, vous ne faisiez rien. Souvenez-vous qu'il ne s'agit plus de servir la Marine, mais de servir la France. Vous avez à vous réhabiliter.

Aux fusiliers marins figés de stupeur sur leurs tank-destroyers flambant neufs, Leclerc jette, comme une gifle :

— Il faudra combler par des cadavres le fossé que vous avez creusé entre le pays et sa Marine ! Cette fourragère rouge, gagnée par vos anciens à Dixmude, vous ne la porterez que lorsque vous en serez à nouveau dignes.

Puis il fait demi-tour et s'éloigne, à grands pas, dans un silence épais. A Gribius, son chef du 3e bureau, qui l'accompagne ce matin-là, il explique, satisfait :

— Il fallait leur faire comprendre ces choses... Je leur ai bien parlé, n'est-ce pas ?

Gribius, lui, a saisi dans le regard des fusiliers marins cette détresse née d'un sentiment d'injustice. La plupart d'entre eux, mis à terre après la tragédie de Mers el-Kébir, ont spontanément repris les armes et constitué un bataillon de marche qui a participé courageusement à la campagne de Tunisie. D'ailleurs, leur présence à la 2e D.B. ne reflète que leur désir de combattre encore.

Gribius n'a pas cette sensibilité F.F.L. Au contraire, son unité d'origine est le « 12e Nazis », et il ressent mieux et plus profondément cet antagonisme, bien qu'il sache que sa désignation pour ce poste à l'état-major de la division soit motivé, précisément, par son passé.

— Mon général, répond-il avec sincérité, je crois plutôt que vous leur avez fait de la peine.

— Allons, Gribius, vous êtes sentimental. Oubliez-vous Dakar ? Et Toulon ? Et Alexandrie ?

— Mais vous ne pouvez imputer ces fautes à ces garçons, les seuls qui se soient battus !

Leclerc ne dit rien. Puis, avec cette franchise qui est l'un des traits de son caractère, il admet :

— En effet, vous avez sans doute raison. J'arrangerai cela un de ces jours.

3

LE GRAND VOYAGE

Temara, janvier-mai 1944.

A la fin du mois de janvier, une brève note de l'état-major américain fait savoir qu'une commission viendra, le 13 février prochain, inspecter hommes, armes et matériels, afin de décider si la 2e division blindée est apte à faire campagne dans le cadre des armées alliées.

— C'est l'examen de passage, commente le lieutenant Sorret.

— Normal, ajoute Gauffre, les Américains veulent savoir ce que nous avons fabriqué depuis trois mois que nous avons perçu leur matériel.

Sorret n'est pas inquiet. Ces trois derniers mois n'ont laissé aucun répit aux unités. C'est peut-être la raison pour laquelle, en cette fin de janvier 1944, la 2e division blindée a acquis son visage définitif. Efficacité, vitesse d'exécution, cohésion et surtout, résultat non négligeable, esprit de corps. Les différences ont été limées, laminées plutôt par la vie infernale qu'elle a menée, les antagonismes ont fondu au feu de l'entraînement.

— La haine vient souvent d'une méconnaissance que les gens ont les uns des autres. C'est une forme de peur, a conclu Guigon.

— En tout cas, Marsouins, ou cavaliers, bien malin qui pourrait faire la différence, ajoute Gauffre.

Mais ces questions sont balayées par la perspective de l'inspection. Pour les gradés, les hommes de la D.B. c'est au-delà d'une question d'orgueil national, la perspective du brevet de campagne qui les stimule.

— Ils ne nous passeront rien, affirme encore Guigon : les Ricains sont déjà tatillons quand il s'agit de leurs propres troupes, alors, pensez, quand il s'agit de Français. Nous n'avons pas très bonne réputation.

— Ils nous prennent pour des nègres, ou, en tout cas pour des gens pas très sérieux. Alors, on va leur montrer.

Les deux semaines qui suivent l'annonce de l'inspection sont passées dans la fièvre. Astiquage des véhicules, démontage et remontage des moteurs, des armes, des matériels, revues de paquetages, rien n'est laissé au hasard. Les officiers eux-mêmes planchent sur les mystères du crabotage de la jeep, les sous-officiers sur les arcanes du ressort récupérateur de la 30. Beaucoup font du zèle et Eggenspiller, le commandant de la compagnie d'appui du IIe R.M.T. exige que les matériels optiques soient démontés et remontés par les pointeurs, ce qui étonnera bientôt les experts américains dont la compétence ne va pas jusque-là...

Personne ne rêve. Aucun ne veut être la cause de l'échec.

La date fatidique arrive enfin. Tôt, le 13 février, la Commission américaine débarque à Temara. A sa tête, un général au visage aigu, à l'air sévère. Il s'appelle Klingman et passe pour le plus coriace des officiers du matériel.

— Une vraie terreur, confirme Guignon, et pas enclin à la rigolade...

En effet. Dans leurs souvenirs, les Français se rappelaient les inspections des intendants, plus intéressés par les registres que par la connaissance des matériels. En France, du moment que le nombre y est...

Les Américains, en combinaison de mécaniciens, n'hésitent pas à ramper sous les chars, dans la boue, pour détecter la plus minuscule tache de rouille. Ils décortiquent moteurs, boîtes de vitesses, mécanismes des canons, interrogeant sans cesse pilotes, aide-mécaniciens, opérateurs de radio, tireurs ou canonniers.

Rien ni personne n'échappe à leur vigilance. Pas même les chefs de bataillon, qui en sont réduits à passer une fois de plus leur permis de conduire.

Les Américains se comportent en techniciens, en professionnels froids et impersonnels ne se livrant à aucun commentaire, mais consignant toutes leurs observations sur un carnet qui ne les quitte pas et dont ils conservent jalousement le secret. Ils ne sont pas pressés, rien ne les influence. Ni la propreté évidente d'un véhicule, ni le galon de l'interlocuteur.

L'inspection dure quarante-huit heures. Dans la division règne l'angoisse. L'atmosphère s'alourdit. Et puis, le 14 février au soir, les Américains repartent, sybillins, laissant sans réponse la question que tous se posent :

— Gagné ? Perdu ?

Quelques jours plus tard, un télégramme laconique du haut commandement U.S. informe le général Leclerc que sa division est désormais apte à faire campagne. Un gigantesque hourra salue cette décision, largement méritée.

— Apte à faire campagne, grogne le capitaine Rogier, le soir, à la popote. C'est bien joli, mais où ?

L'hypothèque de l'inspection levée, l'incertitude et l'impatience reprennent droit de cité. Le corps expéditionnaire français de Juin a été engagé en Italie. Son intégration dans le dispositif allié laisse penser qu'aucune autre unité n'y aura sa place. Les cadres de la D.B. supputent donc les chances de leurs camarades d'arriver les premiers en France. Car, pour eux, c'est finalement cela qui compte ; d'ailleurs les bruits d'un prochain débarquement sur les côtes françaises circulent à Temara avec une insistance accrue. Mais où aura-t-il lieu ? En Provence ? Dans le Pas-de-Calais ?

L'instruction a repris, mais les unités sont conscientes qu'elles mettent les derniers détails au point. L'outil est affûté, d'un tranchant de plus en plus aigu. La division a d'ailleurs pris son visage définitif, celui qu'elle aura au combat. L'attelage chars-infanterie est maintenant chose acquise, et les manœuvres qui les mettent en action prouvent chaque jour la souplesse et l'efficacité d'emploi de la méthode. Déjà se profile la prochaine articulation, trois « combat-commands » à l'américaine, chacun étant une véritable petite armée en réduction. Organisés à partir du jumelage bataillon d'infanterie-régiment de chars, ils comportent un escadron de reconnaissance, un escadron de chasseurs de chars, un groupe d'artillerie, une compagnie du génie, une compagnie médicale, un élément de réparation et de train.

Ces « combat-commands » peuvent ainsi manœuvrer, attaquer, se déplacer, se protéger eux-mêmes, soit d'une façon indépendante, soit au contraire dans une opération d'ensemble.

Chaque « combat-command » comporte environ quatre mille hommes et près de huit cents véhicules.

Le printemps qui s'annonce réveille les ardeurs, aiguise les impatiences. Par roulement, les hommes partent en permission ; le départ n'est pas pour demain. Et puis, brusquement, tout se précipite. Les permissionnaires sont rappelés, les astiquages reprennent :

— Le général de Gaulle viendra en inspection le 7 avril.

Dans deux jours.

A part les anciens du Tchad ou d'Egypte, peu d'hommes ont eu l'occasion de voir le général de Gaulle. La perspective de lui être présenté attise les ardeurs, même chez ceux qui, quelques mois plus tôt, ne juraient que par Giraud. Ce 7 avril, la 2e division blindée bat d'un seul cœur.

La prise d'armes est impressionnante. Toute la division est alignée, formidable d'aciers, les canons formant une voûte qui s'étend à l'infini. La mer est bleue, le ciel dégagé, le vent nul. Les commandements portent loin et, d'un bout à l'autre, ce ne sont que des silhouettes figées, visages tendus vers l'horizon.

De Gaulle passe lentement devant les formations, cherchant à capter les regards.

Douze mille hommes, trois mille véhicules défilent. Pendant près d'une heure, half-tracks du R.M.T., automitrailleuses des spahis,

Shermans ou chars légers des blindés, R.C.A. du 12e Chasseurs, du 12e Cuirs, du 501, tank-destroyers du R.B.F.M., automoteurs des groupes d'artillerie passent devant la tribune d'honneur, chaque équipage fier de montrer aux chefs qu'il s'est donnés l'outil forgé pour la victoire.

Les fanions claquent au vent de la vitesse, les chenilles ferraillent, les moteurs grondent, fracas guerrier qui transporte, et fait vibrer.

Mais de Gaulle n'est pas seulement venu pour assister au défilé. Quelques heures plus tard, il rassemble dans la grande salle du Casino la plupart des commandants des grandes unités. Le colonel de Langlade, du 12e R.C.A., Malagutti, du 501, Warabiot, du 12e Cuirs, Rémy, des spahis, Maggiar, des fusiliers marins. A côté d'eux, les artilleurs, Mirambeau du 1/40, Tranié, du 11/64, Fieschi, du 2/3e R.A.C. Plus loin encore, Gravier, du génie, Richer, du bataillon médical et, insolite dans ce rassemblement d'hommes, la « commandante » Florence Conrad, une Américaine qui a constitué un groupe de conductrices-ambulancières auquel elle a donné, symbolique, le nom de « Rochambeau ». Un mot que les hommes de la division ont féminisé en adoptant les « Rochambelles » comme des sœurs d'armes.

De Gaulle passe devant chacun d'eux. Un mot aimable pour les visages qu'il reconnaît, ceux des vieux compagnons. Une lueur d'intérêt dans les yeux quand il se fait présenter les autres. A tous, une poignée de main franche et solide.

Puis il prend la parole, affirmant avec solennité sa certitude dans la victoire, la nécessité de l'union des Français et l'indispensable participation de la nation à l'effort de libération. Un instant de silence. De Gaulle ménage ses effets avant de donner sa conclusion que personne n'attendait plus :

— La 2e D.B. débarquera bientôt en France aux côtés des Alliés. Elle y vaincra. Puis elle portera le fer de l'autre côté du Rhin.

Un immense soupir salue la nouvelle. De Gaulle sourit. Mais son sourire ne donne pas compte des efforts qu'il a dû déployer pour arracher cette décision du commandement allié. Pas plus que des démarches qu'a dû accomplir Leclerc pour enrayer un processus, déjà fortement engagé par les autorités d'Alger afin d'intégrer la D.B. au corps d'armée « B » du général de Lattre, prévu pour débarquer en Provence au milieu du mois d'août prochain.

Parallèlement, de Gaulle, acquis à l'idée de faire participer une grande unité française à la future ouverture du second front à l'ouest, a usé de toute son influence, pesé de tout son poids auprès du seul allié qu'il possède, Winston Churchill.

Mais, ni de Gaulle, ni Leclerc ne se font d'illusion. Eu égard à la gigantesque force nécessaire pour enfoncer les défenses allemandes, l'apport d'une division blindée française, fût-elle la meilleure du monde, n'est qu'une goutte d'eau dans la mer. Compte tenu des plans, dressés de longue date par le grand état-major allié, son insertion dans un corps de bataille élaboré dans ses moindres détails peut poser des problèmes.

— Nous ne devons pas être exigeants, explique de Gaulle. Dans cette assemblée où toutes les places sont attribuées il faudra nous contenter d'un strapontin.

Leclerc approuve, bien décidé, si l'occasion s'en présente — et il fera tout pour la susciter —, à donner à son modeste « strapontin » les dimensions d'un fauteuil d'orchestre, si possible au premier rang.

Si Leclerc pense en termes tactiques, de Gaulle pour sa part raisonne en termes politiques. Il sait que, sous l'impulsion de Roosevelt qui veut « punir la France », les Américains ont prévu d'installer dans les territoires français libérés une administration militaire, l'AMGOT, chargée de gérer le pays en attendant le retour à la normale, au-delà même de la victoire. Cette administration était initialement prévue pour les pays ennemis, l'Allemagne, l'Autriche, le Japon.

Pour de Gaulle, ce principe est inadmissible. Incarnant la légitimité française, il ne peut tolérer l'idée même d'une légalité concurrente, de type colonial, qui ignore le gouvernement d'Alger.

Son attitude est ferme. Tout territoire français libéré passera automatiquement sous son autorité. Des commissaires de la République, des préfets ont d'ailleurs été prévus. Ils sont déjà nommés. Encore faut-il qu'au sein des éléments alliés se trouvent des unités françaises qui facilitent les choses.

D'autant qu'un autre péril se profile à l'horizon. Du chaos qui inévitablement suivra la déroute allemande et l'effondrement du régime de Vichy peut surgir une force organisée, révolutionnaire, et pour tout dire communiste dont le but avéré est d'instaurer en France un régime marxiste.

La présence de la 2e D.B., au dévouement aveugle, permettra de lever cette nouvelle hypothèque.

Mais, ce 7 avril 1944, les officiers de la division ne pensent qu'à une seule chose. A leur engagement prochain.

Les choses se précipitent. Deux jours plus tard, le 9 avril, le premier détachement s'embarque, à Casablanca. Direction l'Angleterre. Dans les semaines qui suivent, par éléments successifs, le reste des unités va prendre la mer à son tour. C'est l'ultime étape avant le grand rendez-vous que tous se sont fixé avec le sol de France.

4

FIMBER STATION

Angleterre, juin-juillet 1944.

Il pleut. Jour et nuit. Comme si le ciel n'achevait jamais de dégouliner, le jour sur les hommes qui peinent dans la boue et les bois de la campagne anglaise au pied des fameux « Hauts de Hurlevent », la nuit sur les toiles de tente qui résonnent comme jadis à Sabratha voici un an elles résonnaient sous le crépitement du sable.

La division peine, elle piaffe aussi.

Le 5 juin, les Alliés sont entrés à Rome. Le lendemain, 6 juin, les Anglo-Américains ont débarqué sur les côtes de Normandie.

Une gigantesque rumeur a déferlé sur Fimber Station où campe la division. Un cri dominait le brouhaha :

— Et nous ?

— La première phase de l'opération était prévue et organisée depuis longtemps. Nous n'appartenions pas au scénario, expliquent, sans convaincre, les capitaines. — Mais, patience, ce sera bientôt notre tour...

— Quand je pense qu'ils arrivent « chez nous » et qu'il n'y a même pas un Français dans toute cette armada, grogne un pied-noir qui n'a jamais encore foulé le sol de la mère patrie.

A partir du 6 juin, malgré son laconisme, la radio est religieusement écoutée et commentée. Mais, sans doute à la différence du monde entier, les hommes de la 2ᵉ D.B. sont sûrement les seuls à se féliciter d'une avance aussi lente.

— Nous arriverons peut-être à temps pour les guider dans Paris ?

C'est dans le même état d'esprit qu'ils accueillent l'annonce de l'échec de l'attentat du 24 juillet contre le Führer ; les Espagnols surtout.

— Pas de blagues, protestent-ils : c'est à nous de pendre cet « encoulé » de Hitler...

Et, très sérieusement, le lieutenant Guigon propose d'envoyer un télégramme de félicitations au chef du IIIe Reich.

Le 17 juin, Leclerc organise un briefing général, réunissant les commandants des grandes unités, colonels et commandants :

— A partir d'aujourd'hui, les « combat-commands » que nous avions ébauchés au Maroc vont être définitivement constitués. Nous utiliserons désormais ces formations au cours des mois à venir. J'ai seulement décidé de leur donner une appellation française ; ce seront des « groupements tactiques ».

« A tout seigneur, tout honneur, le colonel Dio prend le commandement du groupement tactique qui portera son nom : ce sera le G.T. « D ».

« Le colonel de Langlade commande le G.T. « L ».

« Le colonel Warabiot, le G.T. « W » [1,2].

Ce 17 juin constitue pour la D.B. une date importante. Elle a enfin trouvé son visage définitif. Les trois groupements tactiques conserveront jusqu'au bout leurs initiales, même si, comme ce sera le cas pour le G.T. « V », ses chefs changent.

Trois jours plus tard, l'occasion est donnée aux cadres et aux hommes de se familiariser avec la nouvelle structure de la division. Une manœuvre de quarante-huit heures l'oppose à une division polonaise, chargée de faire le « plastron ». Pour les commandants de G.T. c'est un moyen de mettre en pratique le schéma d'ordres en trois points qui résume la pensée du général Leclerc. Il contient en substance toute la campagne à venir :

— 1° Déborder toute résistance organisée, la contourner et pousser vers l'objectif désigné sans plus s'en inquiéter.

2° En cas d'impossibilité : découvrir la partie la plus faible du dispositif adverse en la tâtant sur un large front ; provoquer la fissure et s'y engouffrer.

3° Pénétrer au plus profond des arrières ennemis et détruire toutes les réserves rencontrées.

— Si j'ai bien compris, dit Massu : tout cela peut se définir en trois mots. Premièrement, vitesse ; deuxièmement, vitesse ; troisièmement, vitesse...

C'est à peu près le même langage que tient, devant la division rassemblée en son honneur, le général Patton commandant la IIIe armée américaine, sous les ordres duquel elle va servir :

— Attrapez l'ennemi par le nez avec votre feu et bottez-lui la fesse à coups de feu par votre manœuvre.

C'est le 28 juin. Exceptionnellement, il fait beau. Plus exactement, il ne pleut pas trop.

Le général Patton a débarqué sur le front des troupes, aussitôt accueilli par le général Leclerc. Il fait sensation. De grande taille, le teint rouge, le cheveu rouge, les mains parsemées de taches de

1. On dira bientôt G.T. « V » par simplification.
2. V. p. 278 l'organigramme des groupements tactiques.

son, il a revêtu une tenue qui suscite une certaine admiration :

— Il faut oser s'habiller comme ça, murmure Sorret.

Il porte un battle-dress de l'armée anglaise, des culottes de cheval couleur ventre-de-biche aux plis étranges, des bottes canari à éperons à roulette, à la mexicaine. La taille est ceinte d'un ceinturon clouté supportant une paire de pistolets chromés. Les doigts sont couverts de bagues.

— Il n'y a que sa casquette qui soit à peu près réglementaire, répond Guigon.

Tout autre que Patton serait sans doute ridicule dans un tel accoutrement. Pas lui. Est-ce sa grande taille ? Son regard d'un bleu intense, se plantant hardiment dans les yeux de l'homme qu'il interroge ? La force, le dynamisme naturels qui se dégagent de lui ? En tout cas, en quelques minutes, en quelques mots, il conquiert les hommes de la division :

— Tout à l'heure, leur dit-il, j'ai demandé à beaucoup d'entre vous quelle était leur arme préférée. Ils ne m'ont pas donné la réponse que j'attendais de la part de Français. Je vais vous dire quelle est l'arme préférée de Patton : c'est la baïonnette parce que lorsque l'on s'en sert, cela veut dire que l'assaut final est donné et que le Boche dans le ventre de qui vous l'avez plantée est mort !

En partant, il laisse aux officiers l'une de ses directives, son « catéchisme » comme il le définira avec humour. Les principes qu'il y développe vont exactement dans le même sens que ceux voulus par Leclerc.

« Au combat, les pertes varient en proportion directe du temps pendant lequel vous êtes exposé au feu de l'ennemi. La rapidité de l'attaque réduira le temps pendant lequel vous y serez exposé : un quart d'heure de sueur économisera cinq litres de sang. »

Ou bien encore, ce paragraphe, qui comble d'aise le commandant Massu :

« L'infanterie blindée ne doit pas attaquer sur ses voitures. Elle doit utiliser ses véhicules pour se déployer ou pour se rassembler lorsqu'elle est déployée. »

Et enfin :

« La mission principale des unités blindées est l'attaque de l'infanterie et de l'artillerie. Les arrières de l'ennemi sont le terrain de chasse rêvé pour elles. Employez tous les moyens pour les atteindre. »

Le même soir, la B.B.C. diffuse une nouvelle qui provoque une intense émotion. L'annonce du massacre d'Oradour-sur-Glane. Les poings se crispent. Dents serrées, voix rauques, les hommes jurent :

— Oradour sera vengé !

Pour beaucoup de fantassins ou de cavaliers originaires d'Afrique, d'Algérie ou du Maroc, qui n'ont connu la France et la campagne de 40 que par ouï-dire, les Allemands étaient restés tels qu'ils leur étaient apparus dans les récits de la guerre de 14 racontés par leurs pères, leurs oncles, leurs grands-pères. Ils ne soupçonnaient pas la barbarie nazie et n'étaient pas loin de tenir pour exagération les récits faits par les évadés de France, résistants obligés de fuir la Gestapo. Ils ne croyaient pas non plus à la collaboration, pas plus qu'ils ne pouvaient imaginer que des Français puissent pactiser avec l'ennemi, l'occupant, jusqu'à en revêtir l'uniforme.

Ils le découvriront peu à peu, mais, ce 24 juin, à la stupeur provoquée par la destruction d'un petit village de France va succéder une haine farouche contre le « Boche » et singulièrement le SS, instrument du massacre.

La radio n'apporte pas que des nouvelles tragiques. En Normandie, il devient clair que l'offensive piétine, en dépit de l'effort allié. Toutes les nuits, ceux qui sont cantonnés à Fimber Station entendent passer au ras des arbres les formations de bombardiers qui s'envolent plein sud, vers la Normandie.

A Londres, les premiers V1 sèment chaque nuit la mort et la destruction.

Le 3 juillet, sous un ciel bas distillant une pluie fine et pénétrante (« *it's very nice weather, isn't it ?* ») une nouvelle prise d'armes rassemble la totalité de la division. Le général Kœnig remet à chaque régiment, chaque bataillon, chaque groupe d'artillerie un drapeau ou un étendard à son chiffre.

— C'est une consécration, dit le lieutenant Guigon.

— Non, c'est une résurrection, réplique le lieutenant Briot de la Crochais, du 12e Cuirs, « Dauphin-Cavalerie », l'un des plus anciens régiments de France.

L'ultime drapeau vient d'être remis. Le général Leclerc s'avance. Dans sa main, un petit écusson doré et bleu, brillant faiblement.

— Voici l'insigne de la division choisi par vous, dit-il. Il est à l'image de la France, marquée de la Croix de Lorraine. Chacun d'entre vous en recevra un exemplaire, numéroté. Je réserve le numéro 1 pour le capitaine Divry qui nous a déjà précédés, parachuté sur le sol de la Patrie. Je m'attribue le numéro 2. Prenez soin du vôtre. Portez-le toujours...

Une France timbrée de la Croix de Lorraine... Leclerc a attendu l'Angleterre et l'approche des combats pour concrétiser ainsi l'union, enfin réalisée ; désormais, quels que soient son origine, son passé, ses convictions, chaque soldat, chaque gradé sait qu'il est membre à part entière, sans aucune restriction, d'une même famille. D'un clan.

Les jours passent, tous semblables, indifféremment noyés de crachin ou nimbés d'un soleil qui ne se veut jamais estival. Manœuvres ultimes, derniers préparatifs. La tension monte. Les régiments sentent que l'heure « H » sonnera bientôt. Entre Londres et Dalton Hall, siège de l'état-major les aller et retour se font fréquents. Dans les unités, les hommes règlent la hausse de leurs fusils Garant.

Le 14 juillet arrive, le cinquième depuis la débâcle de 1940. Le 15, les inspections de détail commencent. Le général Leclerc se fait présenter les compagnies, une par une, en ordre de bataille, véhicules parés, armes approvisionnées, paquetages arrimés sur les carrosseries.

Trois jours encore, et, le 18 juillet, tous les commandants d'unité sont convoqués à Dalton-Hall. Ils sont à bout de patience, frémissants d'espoir. Leclerc arrive, le visage tendu, mais rayonnant.

— La division doit se tenir prête à faire mouvement vers les ports d'Angleterre à partir d'après-demain, 20 juillet. Son embarquement suivra dans des délais très brefs.

— Grouillez-vous ! On embarque tout de suite !

Dans la nuit, les caporaux réveillent leur groupe, à grandes bourrades dans les côtes, braquant le faisceau des lampes électriques sur les visages bouffis de sommeil.

Des protestations s'élèvent :

— C'est une blague ! On nous avait donné « une nuit de repos » !

— Quel jour sommes-nous ?

— Le 31 juillet, une heure du matin !

— La barbe !

On crie, on grogne. On se bouscule. Une fois de plus, la panique s'installe dans les tentes, sous une pluie diluvienne qui achève de dissoudre toute pensée cohérente. Voici dix jours maintenant que les hommes de la division, pris en main par l'organisation américaine, vivent, mangent, marchent et dorment comme des zombis ou des robots.

Ils sont arrivés près des ports d'embarquement le 23 juillet après deux jours de voyage où le « grand cirque » avait pu faire admirer ses chars et ses canons à une population anglaise étonnamment enthousiaste. Et puis, dès le 24, a commencé une semaine de folie.

En effet, l'impression d'être entrés dans un univers mécanique, déshumanisé, chronométré où chaque geste, sans doute étudié par des spécialistes du *taylorisme,* doit être exécuté dans les délais voulus sous peine de désorganiser toute la machine. Le principe, tout soldat destiné à débarquer sur le continent doit correspondre au gabarit strictement défini par le planning.

Ils entraient, un par un, dans un enclos étroitement surveillé par des sentinelles à l'air farouche. Puis, de baraque en baraque, ils étaient pris en charge, à tous points de vue, depuis le paquetage.

Franchie la porte barbelée de la « Marshalling Area », ils cessaient d'être des individus pour devenir des matricules, passant, un par un, de baraque en baraque suivant un itinéraire, le même pour tous. Dans la première, ils se débarrassaient de leurs objets personnels, soigneusement rangés et étiquetés à leur nom. Puis, à poil, ils se présentaient à la visite médicale. Certains se retrouvaient projetés sur le fauteuil d'un dentiste, immédiatement débarrassés de leurs dents cariées.

— Pas le temps de « peaufiner », boys, expliquait le stomato, sorte d'Hercule jovial, pas peu fier d'exhiber son français de carabin.

La grande revue terminée, habillés, casqués, harnachés de neuf, les hommes ont été rassemblés, par équipages, près de leurs véhicules pour l'ultime toilette « waterproof » afin de limiter les dégâts de l'eau de mer. Ensuite, instruction pratique de désinfection contre les gaz, à grands coups de jets d'une eau laiteuse, sur les vêtements étanches et les masques à gaz.

Le supplice a pris fin à la nuit tombée. Les hommes se sont répartis dans les tentes, laissant à des équipes de débardeurs spécialisés le soin d'embarquer les chars et les automoteurs sur les transports prévus.

Après une rapide soupe chaude, les hommes se sont laissés tomber sur leurs lits de camp, tellement fatigués, abrutis, hébétés qu'il leur a semblé que jamais ils ne pourraient se réveiller. Ils avaient accueilli par un soupir reconnaissant la promesse, transmise par les gradés :

— Il fait trop mauvais, on n'embarquera pas cette nuit. Roupillez tranquilles.

Et voilà. La pluie a cessé, l'embarquement est pour tout de suite. Et dans le noir ; si près des côtes, le black-out est sévèrement observé.

— Où est mon masque à gaz ?

— Mon casque !

— Et ces vacheries de guêtres qui se font la valise !

Ils se bousculent, s'invectivent, s'appellent. Dans le brouhaha qui s'amplifie, les chefs de section ont du mal à se faire entendre :

— Allez, dehors ! Rassemblement !

Une longue colonne d'hommes perdus, piétinant dans les flaques d'eau, s'étire, en accordéon, sur les allées traversières. La pluie repart. Sous les bâches tirées de certains half-tracks, quelques bonnes volontés ont fait chauffer un peu de café soluble. Les quarts brûlants passent de main en main.

Enfin, moteurs en route, la longue chenille reconstituée se met en marche, prise en main par des spécialistes à brassards, qui inscrivent sur les blindages des signes cabalistiques qu'interprètent, plus loin, d'autres spécialistes.

Et puis, à l'aube, les portes des bateaux se referment sur les derniers camions. La 2e D.B. est prête pour la traversée.

Le jour apparaît sur un ciel dégagé. Un miracle. Les hommes lèvent le nez, des sourires naissent sur les visages, mats d'une barbe naissante. Par escouades, il procèdent à une toilette approfondie. Ils veulent se faire beaux pour retrouver la France.

Les bateaux somnolent, tirant mollement sur leurs amarres. Et puis, vers huit heures, comme s'ils s'éveillaient à leur tour, les moteurs commencent à respirer, en cadence. A l'arrière, l'eau bouillonne.

C'est maintenant un ballet bien réglé. Un par un, les Liberty-ships quittent l'abri des ballons antiaériens et s'engagent bientôt dans une sorte de boulevard maritime. D'un côté ceux qui montent vers la Normandie, de l'autre, ceux qui en reviennent. La mer est d'un bleu profond et le ciel, sans un nuage, laisse au soleil le soin d'évaporer les miasmes de la nuit. Les hommes parlent peu. Ils savourent. A l'excitation a succédé une sorte de ferveur impatiente.

Certains « vieux » du Tchad n'ont pas revu la métropole depuis 1938. D'autres, parmi les plus jeunes, ont franchi les Pyrénées voici tout juste un an. Beaucoup, parmi les Marocains, les pieds-noirs, n'ont jamais connu leur pays. Ils n'en ont qu'une série d'images héritées des récits de leurs pères, de leurs grands-pères, ou des évadés de

France. Ce ne sont pas les moins attentifs. Ils disent : « Nous rentrons chez nous », avec naturel. C'est leur premier rendez-vous, mais c'est un rendez-vous.

La bagarre, ils y pensent. Quelques-uns, comme à une nécessaire revanche, ce sont ceux qui ont encore en mémoire les journées tragiques de juin 1940. Pour les autres, ceux qui vont pour la première fois au combat, comme à une croisade salutaire. Le mot de libération a son sens le plus précis : il faut rompre les chaînes qui entravent leur patrie.

Au loin, comme une voûte de lianes, les câbles des saucisses dessinent un tunnel qui s'enfonce vers la côte. A l'horizon, on la devine, falaise découpée et abrupte dominant des plages encombrées d'épaves noires, informes, mangées d'algues et de rouille.

Au fur et à mesure que les bateaux s'approchent, les passagers peuvent se faire une idée plus juste de la fureur des combats qui se sont déroulés ici, sur Utah-Beach, voici moins de deux mois. Les ouvrages de la Pointe du Hoc semblent avoir été dévastés comme par un cyclone et, cependant, ils ont encore un air formidable. Il est facile d'imaginer la somme de détermination et de courage qu'il a fallu pour s'y attaquer, à poitrine nue, et vaincre.

Toute la nuit, les bateaux tournent en rond, attendant leur tour de s'approcher des débarcadères. A l'aube, le convoi se regroupe au large de Cherbourg, puis redescend vers le sud. Au milieu de l'après-midi du 1er août, enfin, les Liberty-ships mettent en panne. Aussitôt, les marins jettent par-dessus bord des sortes de filets, le long desquels les hommes doivent se laisser descendre jusqu'aux cuves des petits L.C.M. à fond plat qui les achemineront jusqu'aux plages.

Ailleurs, les L.C.T. vomissent, portes ouvertes, engins chenillés, chars, half-tracks, automoteurs.

L'adjudant Quentin est l'un des premiers à poser le pied sur le sable. Il a finalement obtenu d'être reversé en unité de combat et commande maintenant en second l'une des sections de la 6e compagnie, celle du capitaine Langlois.

Quentin accélère la cadence. Il ne se retourne pas. Il se sent ému, bizarrement intimidé. Alors, il se baisse, furtivement et ramasse une poignée de sable, qu'il presse contre sa poitrine. Un geste que répètent ses hommes, échelonnés sur ses talons. Moins complexés sans doute, ils portent cette poignée de sol de France jusqu'à leurs lèvres.

Dans les half-tracks et les véhicules d'accompagnement, chauffeurs et chefs de voiture offrent leurs paumes aux copains à terre pour qu'ils y déposent un peu de sable. Un rite, presque religieux. Aucune parole n'est échangée. Gorge nouée, personne ne pourrait prononcer un mot. Un silence impressionnant plane sur les colonnes de Marsouins qui remontent vers la route.

Un half-track dérape, ses chenilles patinent en soulevant une poussière grise.

— Alors, quoi, t'es miro, demande la voix agacée de l'adjudant Legrand (alias Jean Nohain).

— Excusez-moi, mon adjudant. Une poussière dans l'œil.

Legrand observe qu'en effet, son chauffeur a les yeux rouges. Une poussière, vraiment ?

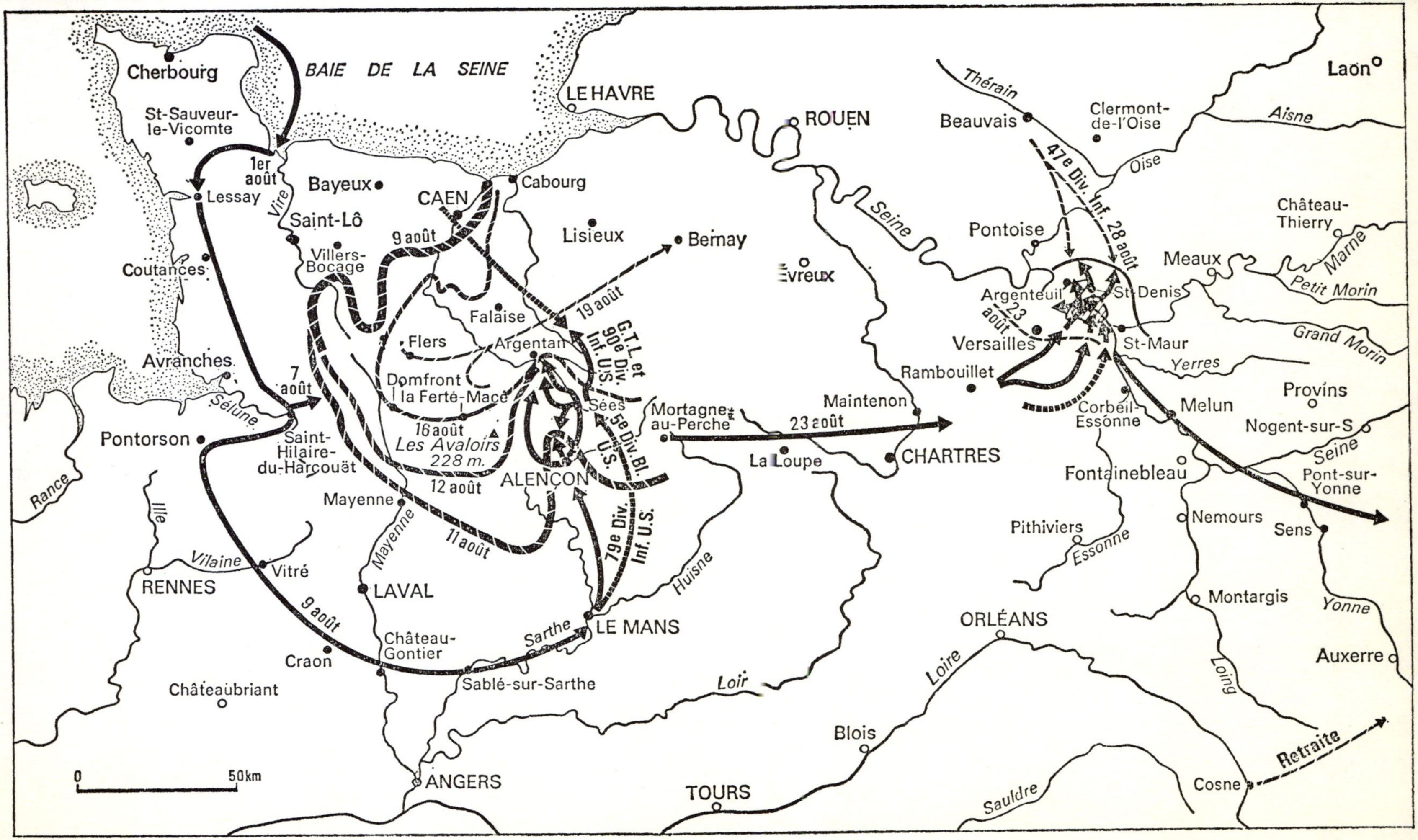
BAIE DE LA SEINE
Cherbourg
St-Sauveur-le-Vicomte
1er août
Lessay
Coutances
Avranches
Sélune
Pontorson
Rance
Ille
Vilaine
RENNES
Vitré
Châteaubriant
Craon
9 août
7 août
Saint-Hilaire-du-Harcouët
Mayenne
LAVAL
Château-Gontier
Sablé-sur-Sarthe
ANGERS
Vire
Bayeux
Saint-Lô
Villers-Bocage
CAEN
9 août
Cabourg
LE HAVRE
Lisieux
Bernay
19 août
Falaise
Flers
Argentan
Domfront
la Ferté-Macé
16 août
Les Avaloirs
228 m.
12 août
11 août
ALENÇON
Sées
G.T.L. et 90e Div. Inf. U.S.
5e Div. Bl. U.S.
79e Div. Inf. U.S.
LE MANS
Sarthe
Huisne
Loir
Mortagne-au-Perche
23 août
La Loupe
Maintenon
CHARTRES
ROUEN
Évreux
Seine
Rambouillet
Versailles
Argenteuil
23 août
Pontoise
Beauvais
Thérain
47e Div. Inf. 28 août
Clermont-de-l'Oise
Oise
St-Denis
St-Maur
Yerres
Corbeil-Essonne
Melun
Fontainebleau
Pithiviers
Essonne
ORLÉANS
Loire
Blois
TOURS
Sauldre
Cosne
Retraite
Montargis
Loing
Nemours
Sens
Pont-sur-Yonne
Yonne
Auxerre
Nogent-sur-S
Seine
Provins
Grand Morin
Petit Morin
Meaux
Château-Thierry
Marne
Aisne
Laon
0
50km

5

LE BAPTEME

Normandie, 7-9 août 1944.

— A tous les « Verts » de Vert. Dans l'ordre, répondez.

Un par un, les « Verts » s'annoncent, à leur tour. La procédure radio n'est pas propice aux épanchements, mais on sent, au son des voix, l'excitation qui étreint les chefs de char. Le sous-lieutenant Nouveau, lui-même chef du peloton « Vert » du 3/1° Chasseurs, n'est pas insensible à l'ambiance. Pour la première fois depuis son arrivée en Normandie, voici déjà huit jours, la division a reçu l'ordre de se préparer au combat et l'avant-garde du G.T. « Langlade » va démarrer, en tête, dans quelques minutes.

Dans la nuit finissante, les soldats qui n'ont pas encore reçu l'ordre de mise en route regardent, bras ballants, mais avec des lueurs d'envie dans les yeux, leurs camarades harnachés, casque en tête, qui se rangent en colonne de route.

L'atmosphère s'emplit de l'odeur de l'essence, violente, grisante même, qui chasse la puanteur de charogne jusque-là maîtresse du terrain. On s'est beaucoup battu là, dans les derniers jours de juillet, au moment où Patton et sa IIIe armée réussissaient à crever le front ennemi, à Avranches. La percée réalisée, Patton s'est rué dans le créneau, balayant tout sur son passage.

De l'armée allemande qui lui était opposée ne restent aujourd'hui que les carcasses tordues des panzers et des véhicules de combat, et, de-ci, de-là, des cadavres pourrissant au soleil du mois d'août. Et des mines, que Marsouins et cavaliers, à la suite des sapeurs de la division ont contribué à neutraliser. Et puis, le 6 août, hier, les ordres sont venus de faire mouvement, vers le sud.

A peine le convoi — 4 000 véhicules, 50 kilomètres de long — était-il arrivé au terme de sa première étape, Saint-James, entre Avranches et Fougères, qu'un contrordre l'a stoppé.

Hier 5 août, en effet, le maréchal allemand Von Kluge a lancé une offensive en direction d'Avranches afin de colmater la brèche, en coupant à sa base la presqu'île du Cotentin. La menace a été jugée sérieuse par les Américains, d'autant plus sérieuse que les renseignements font état de plusieurs Panzerdivisions fraîches, comme les 1re et 2e SS, la *Leibstandarte*[1] et la *Das Reich.*

Alors, Patton, qui exploite sa percée dans deux directions, l'ouest, vers Saint-Malo et Brest, le sud vers Fougères et Le Mans, a décidé de faire opérer une conversion à ses troupes, face à l'est.

C'est le rôle dévolu à la 1re armée américaine et, pour une part plus modeste, à la 2e division blindée. Elle est en effet à pied d'œuvre, à moins de vingt kilomètres de Mortain, point extrême de l'avance allemande.

Le sous-lieutenant Nouveau exulte. Il est fier d'être à l'avant-garde, lancé, presque seul, à la rencontre de l'ennemi. Nouveau n'est pas un vieux briscard. Jamais encore il n'a entendu d'autre coups de feu que ceux que l'on distribuait généreusement, à l'Ecole ou à la manœuvre. Son galon unique lui a en effet été remis voici tout juste un an, le jour du baptême de la promotion « Fezzan-Tunisie », la troisième de l'Ecole des cadets de la France libre. Nouveau a eu de la chance, pour aller à la D.B., les places étaient chères. Il croit en sa chance, et c'est sans doute pourquoi il fonce, ce matin du 7 août, droit devant, face au soleil levant. Il est six heures du matin.

A l'horizon, les toits groupés d'une petite ville, Saint-Hilaire-du-Harcouët.

— Ça va ? demande Nouveau à son tireur, Vautravert, un « vieux » chasseur, qui a naguère participé à la campagne de Tunisie.

— Les Italiens n'avaient jamais vu de chars « Somua », raconte-t-il souvent. Ils n'étaient pas loin de les prendre pour des nouveaux modèles américains ! On les faisait fuir avec notre ridicule canon de 37...

Vautravert n'avait pas de complexes. Au Pont du Fahs, il n'a même pas hésité à engager le combat avec un Tigre !

— Je ne savais pas, plaide-t-il.

Mais, aujourd'hui, il sait, et n'a cette fois plus aucune raison d'avoir de complexe. Son char le *Champagne* est équipé d'un canon de 76.2, le même que celui qui est monté sur les tank-destroyers, seul capable de percer les blindages des Panzers.

Les cinq Shermans du peloton Nouveau traversent sans s'arrêter les rues paisibles du village, puis, sans ralentir, s'engagent sur la N 177, à la suite du peloton de spahis qui les précède et ouvre la route.

Une route où, déjà, se voient les débris de l'armée allemande qui a été percutée de plein fouet, voici dix jours, par le poing blindé de

1. Voir *les Panzers de la Garde noire,* de Jean Mabire, même collection.

Patton. Les abords de l'itinéraire, même les champs sont jonchés de débris épars parmi lesquels il est parfois difficile d'identifier le véhicule auxquels ils appartenaient. On dirait des épaves rejetées à la côte par un typhon.

Parfois surgit une image étrange, presque surréaliste, une chenille pendant comme une guirlande à la branche d'un chêne ou bien encore une tourelle que l'on dirait tranchée net, comme une tête, fichée en terre par son canon. La déroute ennemie en évoque une autre, vieille de quatre ans déjà.

— Juin 40 est effacé, disent les anciens de la « drôle de guerre ».

Tout d'un coup, les canaux de la radio se peuplent de mots, d'interjections, d'appels, d'ordres.

— Tiens, observe Vautravert, les Ricains ?

Ce sont les Américains, en effet. Ils avancent eux aussi vers l'est, en longues colonnes qui convergent vers Mortain.

« Ils vont nous voler notre bataille », pense Nouveau.

Cette crainte doit également habiter les spahis. Poco, le lieutenant qui commande le peloton de calots-rouges fait forcer l'allure.

La nationale est droite, déserte maintenant. Les Américains qui se sont déployés dans la campagne ont été laissés loin derrière. Les bornes défilent, annonçant Mortain de plus en plus proche. Au loin, résonne sourdement le roulement du canon.

Spahis et chasseurs ont pris leurs dispositions de combat, volets rabattus, tourelleaux verrouillés. Les pilotes avancent à l'épiscope ; l'allure est maintenant tombée à vingt à l'heure.

— Vert, à tous les Verts, ouvrez l'œil !

Conseil inutile. Au loin, les maisons de Mortain disparaissent dans la fumée et, à droite et à gauche, les bois et les vergers s'empanachent de la poussière des explosions. On se bat, deux kilomètres devant.

Les spahis avancent au pas, comme des voltigeurs prudents qui redoutent d'être tirés par surprise. Quelques-uns se montrent impressionnés, c'est la première fois qu'ils voient la guerre, en vraie grandeur, avec sa fureur et ses orages. Derrière eux, les Shermans ont pris leurs distances, parés à manœuvrer au moindre incident. Les tourelles pivotent, comme à l'affût d'un objectif.

Un friselis courbe les blés noircis, presque rien, comme le passage d'un oiseau rapide et invisible, mais ce friselis est mortel. Il s'achève sur une flamme orange qui s'empanache de gris bleuté. Un 88, le premier 88 de la bataille vient de se dévoiler à plus de quinze cents mètres. Tout cela n'a duré que le temps d'un éclair, mais tous ici savent ce que cela signifie. Ils sont repérés et, même à cette distance, un antichar ennemi ne pardonne pas.

Prudentes, les automitrailleuses s'effacent. La parole est aux chars. Le sous-lieutenant Nouveau fait déboîter son peloton, qui s'engage dans les prairies. Il laisse derrière lui la carcasse disloquée d'une jeep, écrasée et retournée par l'impact ennemi.

En formation de combat, les Shermans de « Vert » galopent à l'attaque. Au centre, le *Champagne* du chef de peloton, le plus solidement armé pour faire face, à droite, le *Bourgogne* équipé de son seul 75 court. Plus en retrait, le *Valois*. Ils roulent, écrasant les blés que personne n'a pu encore moissonner. On dirait des mastodontes aveugles, filant vers l'infini.

— Vautravert, à dix heures, sur la transversale, une voiture boche !

Le coup est parti, dans la seconde. Au bout, une longue flamme d'un rouge de sang. Vautravert a fait mouche. Les radios s'animent :

— Ça y est ! On l'a eu...

Les cinq Shermans poursuivent leur avance. Ils atteignent la petite route blanche qui serpente d'un champ à l'autre. Sur leur gauche, la voiture allemande achève de brûler. Les chasseurs n'ont qu'un regard distrait pour les cadavres qui gisent autour, pantins disloqués et sanglants. Leurs premiers tués.

Une seconde voiture se profile au sommet d'une crête. D'un coup de 75, le *Valois* l'immobilise ; elle roule au fossé. Les Allemands s'éjectent, poursuivis par la mitrailleuse de tourelle qui lève sous leur nez de petits geysers de poussière blanche. Un mouchoir s'agite. Le peloton Nouveau vient de faire les dix premiers prisonniers de la campagne.

Mais la radio crépite :

— Vert ? Arrêtez la progression et retournez sur la route...

Les « Verts » sont consternés. En maugréant, ils font demi-tour, persuadés qu'on les prive de leur première victoire. La plupart des chasseurs étaient persuadés qu'ils étaient capables, seuls, de bloquer l'offensive ennemie. Ils sont fiers, enthousiastes. Pour leur baptême du feu, ils ont l'impression de s'être comportés comme des vétérans.

— Pourquoi devons-nous revenir ?

Le lieutenant Poco, des spahis, leur tend un message.

— Pas de chance, laisse tomber le sous-lieutenant Nouveau. La division est relevée de cette mission. Ce sont les Américains qui vont prendre notre suite...

Poco sourit, avec malice. La façon dont Nouveau a prononcé ces deux mots, notre suite, pourrait laisser croire que les Américains engagent deux divisions à la relève de son peloton.

— Rendez-vous à « La Rencontre », ajoute le message.

La Rencontre, la bien nommée, se trouve au sud de Mortain, à une vingtaine de kilomètres. Le détachement précurseur s'y dirige. Il y arrive au milieu de l'après-midi, et y retrouve la tête du G.T. « L », arrêtée là pour permettre au reste de la colonne de se regrouper.

Déplacer une division blindée sur une route n'est en effet pas une mince affaire, et même si, comme c'est le cas aujourd'hui pour gagner du temps les distances ont été réduites entre les véhicules, l'ensemble de la chenille blindée atteint 35 kilomètres de longueur. Lorsque le G.T. « L » est à La Rencontre, la queue de la colonne n'a toujours pas quitté son point initial, Saint-James.

A la nuit, tout le « Cirque » redémarre. Pour des raisons de sécurité, l'emploi des phares a été proscrit et chaque conducteur doit se fier aux « yeux de chat », les cataphotes bleutés de l'engin qui le précède. Il faut conserver une attention de tous les instants et posséder des réflexes rapides, sans écouter les protestations que soulève chaque coup de frein un peu trop brutal.

— Tu n'es pas très populaire, jette Denniel à Fleith, le chauffeur du *Fantasque*.

— Vous inquiétez pas, chef, j'ai l'habitude. C'était pareil en Russie.

Pour éviter que la poussière ne s'accumule dans les tubes, les tank-destroyers roulent tourelle inversée, le canon tourné vers l'arrière :

— C'est au suivant de faire gaffe s'il ne veut pas se faire embrocher, poursuit Fleith, imperturbable.

Les suivants, ce sont les T.D. *Malin, Audacieux* et *Terrible*. Pour marquer leur appartenance à la « Royale », les fusiliers marins du R.B.F.M. ont donné à leurs engins les noms des destroyers de la flotte.

La longue file de blindés poursuit son avance, réveillant les villages endormis, s'arrêtant parfois sur un ordre venu de l'arrière :

— Stop ! Regroupement !

Parfois, un volet, poussé avec précaution livre une silhouette indistincte, alertée par des mots français :

— Vous n'êtes pas américains ?

— Non, on est de la division Leclerc.

Alors, la nouvelle se propage instantanément et, en dépit de l'heure tardive et des obligations du couvre-feu, des gens se rassemblent, des mains se tendent, parfois prolongées de quelques bouteilles de calva.

— Vive la France ! Vive de Gaulle !

Des femmes pleurent, des vieux essuient furtivement leur moustache. Des gamins quêtent du chewing-gum...

Depuis quatre ans, la propagande officielle dépeignait les Français libres comme un ramassis de nègres, de juifs, de communistes. Une horde que l'on imaginait lancée, furieuse et hystérique, sur des villages sans défense. Les villageois apprécient l'allant, la bonne humeur, le sérieux de ces soldats qui s'arrêtent pour une courte halte.

— On dirait des gars de par chez nous, observe une voix.

— Je pense bien, renvoie Dronne de sa voix de stentor : je suis de la Sarthe !

— Moteurs en route, lance un officier.

— C'était trop beau, on commençait à fraterniser...

Prudents, les capitaines ont préféré prendre la fuite devant les flots de calva brusquement déversés dans des gosiers à sec. Ils ne tiennent pas à aggraver les dangers réels de la conduite nocturne.

Le « Cirque » repart. Aux carrefours, les orienteurs motocyclistes du peloton Peschaud règlent la circulation, en moulinant de grands gestes avec leurs lampes-torches camouflées au bleu.

En dépit des conditions difficiles dans lesquelles va se dérouler ce parcours, et malgré les Américains qui déboulent parfois sur l'itinéraire, sans aucune considération pour les Français, l'avant-garde du G.T. « L » parvient à destination à l'aube du 9 août. Une performance.

Au milieu de la matinée, l'ensemble de la division arrive à son tour à Sablé.

Dans Sablé, c'est le grand embouteillage. Les formations sont déroutées vers les villages environnants, les vergers, les prairies. Le « grand Cirque » commence à s'installer. Ce sont les corvées habituelles : construction des abris individuels, nettoyage des armes, principalement des mitrailleuses de 12.7 placées sur le toit de chaque véhicule pour la défense contre avions. Çà et là, quelques fumées s'élèvent. Rares. A part certains irréductibles, Bretons pour la plupart, adeptes inconditionnels du feu de bois, presque tous les feux d'escouade sont faits de pastilles d'alcool solidifié.

Dans les quarts, le café chauffe.

A l'écart, roulés dans des toiles de tente, vautrés sur leurs sièges, les conducteurs, épuisés par dix heures de conduite, les yeux rougis et larmoyants, la bouche sèche, les épaules douloureuses, tentent de s'assoupir un moment.

Par petits groupes, les chefs de section bavardent. Tous envient la chance du sous-lieutenant Nouveau en souhaitant que leur tour ne tarde pas trop.

— J'ai eu une tentation, tout à l'heure, j'ai failli poursuivre vers l'est, dit Sorret en riant. C'était presque grisant de rouler avec la section de reconnaissance. Personne devant. La route libre. Peut-être jusqu'à Paris...

— C'est vrai, approuve Guigon ; Paris n'est plus guère qu'à deux cents kilomètres... Depuis notre dernière étape, nous avons presque fait la moitié du chemin.

— Avant la guerre, lance Zagrodski, je mettais à peine deux heures pour faire la route, quand j'allais assister aux 24 heures du Mans...

— Avec tes Ml, tu mettrais davantage, réplique d'Arcangues.

Zagrodski, d'Arcangues, deux lieutenants du 12ᵉ Chasseurs. Ils commandent deux des pelotons de chars légers du 4ᵉ escadron, éléments de reconnaissance souvent accolés à la section Sorret. Le premier, grand, blond, fin, avec un visage énergique. Le second brun, l'œil de velours, l'élégance discrète, d'une décontraction de bon aloi. Avec un léger accent basque qu'il cultive comme signe de ses origines.

— J'ai compté, reprend Zagrodski : à l'allure à laquelle nous avons roulé cette nuit, vingt à l'heure, nous pourrions être sur les Champs-Elysées pour le thé...

Guigon rêve, un sourire béat étirant son visage triangulaire :

— Moi, dit-il d'un ton extasié, ce n'est pas de thé dont j'ai envie, mais d'un magnum de champagne, à la terrasse du Fouquet's...

Le lieutenant Sorret émet un petit rire. Le Fouquet's fait partie d'un pari qu'ils ont engagé. C'est à celui des deux qui s'y assoira le premier. Il douche pourtant les enthousiasmes :

— Avant d'arriver à Paris, je crains que nous n'ayons d'abord à liquider quelques Panzers ici ou là...

La conversation est interrompue par une estafette qui galope dans leur direction :

— Embarquement dans une demi-heure.

— Où allons-nous, cette fois ?

— La division se rassemble près du Mans, à Rouillon.

— Tu vois, glisse Zagrodski à Sorret, nous allons vers Paris. On grignote la distance, peu à peu... J'ai regardé la carte, Rouillon est à quelques kilomètres à l'ouest du Mans.

Réveillés en sursaut, les pilotes grognent :

— Encore ? On n'aura jamais le temps de dormir un peu.

— Une autre fois.

La colonne se reforme, tandis que les commandants des grandes unités, partis devant, sont en train de se regrouper à La Chapelle-Saint-Aubin où le général a installé son P.C.

— Le général Patton a reçu tout à l'heure le général Leclerc, explique le capitaine Gribius, qui « planche » devant les cartes punaisées sur un panneau de contre-plaqué. — Patton a demandé si la division était en état d'être engagée tout de suite. Sinon, personne ne peut dire quand nous le serions.

« Naturellement, le général n'a pas hésité. Il a répondu "oui", bien qu'il n'ignore pas la fatigue des hommes, des pilotes et des chefs de voiture qui ont roulé toute la nuit dernière et vont encore rouler une partie de la nuit prochaine.

Gribius se tourne vers sa carte, zébrée de traits verticaux, délimitant des couloirs orientés sud-nord. Perpendiculairement à ce tracé s'étend une zone hachurée en rouge.

— Point initial, reprend Gribius, Le Mans. Premier objectif, Alençon. Puis, par Argentan, tenter d'effectuer la liaison avec les troupes britanniques qui sont devant Falaise.

« Nous allons donc progresser vers le nord. A notre gauche, le 106e groupe de cavalerie américaine, élément avancé de la Ire armée. A notre droite, la 5e division blindée U.S. qui appartient au 5e corps du général Gerow.

« Nos limites sont, à l'ouest, le lit de la Sarthe. A l'est, grosso modo le méridien qui passe à Marolles. Le général insiste beaucoup sur ces limites, elles sont intangibles, sous peine de confusion avec nos voisins.

« Pour cette première phase de l'action, deux groupements tactiques seulement seront engagés. Le G.T. « D » et le G.T. « L ».

« Le G.T. « V » suivra le G.T. « D » sur son itinéraire tant que la zone ne permettra pas son déploiement.

Billotte approuve. Il vient seulement de prendre le commandement du groupement tactique Warabiot, appelé par simplification G.T. « V ».

A l'écart, assis sur le capot de sa jeep, Dio trace des repères sur sa carte. Une malencontreuse entorse le tient cloué à son véhicule et son mégot n'a jamais eu l'air d'aussi mauvaise humeur. Gribius reprend :

« Le génie américain est actuellement en train de jeter des ponts sur la Sarthe de façon à vous permettre la mise en place avant la fin de la journée. Mise en place sur vos bases de départ terminée à 10 heures, demain matin.

Le général Leclerc arrive. Il se plante devant la carte et, sur le ton de la conversation, mais en martelant le sol de sa canne, il rappelle à ses colonels les principes qu'il entend voir appliquer :

— Ne vous attardez pas sur les résistances rencontrées. Manœuvrez-les si vous ne pouvez les réduire du premier coup. Votre premier souci, votre souci constant est celui de la vitesse. Au-delà des simples objectifs tactiques, souvenez-vous que le but stratégique consiste à faire au plus tôt liaison avec les Britanniques.

Le général laisse s'écouler quelques secondes, puis il conclut, d'un ton chaleureux :

— Allez-y messieurs, mettez-en un bon coup... et bonne chance !

6

LA SAUNERIE

10 août 1944.

— Stoppez les moteurs. Vous pouvez dormir.

Hagards, les pilotes abandonnent leurs sièges et se laissent tomber dans l'herbe, roulés dans leur toile de tente. Il est six heures du matin. La progression jusqu'à La Trugalle, où s'effectue le regroupement du G.T. « L » a été un véritable cauchemar. Il n'a pas fallu moins de neuf heures pour effectuer les quelque quinze kilomètres séparant Rouillon des ponts sur la Sarthe. Jamais encore les blindés n'avaient connu un tel embouteillage. Il semblait aux chefs de convoi que toute l'armée américaine s'était donné rendez-vous dans le coin. Les colonnes se croisaient, se coupaient, les tronçons ainsi formés s'égaillaient dans toutes les directions et, dans le noir, commandants d'unité, chefs de section en étaient à rechercher leurs ouailles éparpillées sur tous les chemins creux, engagées tous feux éteints dans des prairies, bloquées au fond de culs-de-sac.

La 7e compagnie du capitaine Fonde est enfin arrivée, bonne dernière, au moment où Langlade, le patron du G.T. « L », désespérait jamais de la récupérer.

Fonde est de mauvaise humeur. L'œil gonflé d'insomnie, le menton bleu de barbe, l'estomac vide, il n'a même pas eu le temps de souffler. A peine arrivé, il a dû se rendre au briefing préparatoire.

Il y retrouve ses homologues du G.T. « L », les capitaines Rogier, Langlois de Bazillac et Eggenspiller, du bataillon Massu, les capitaines de Bort, Coupé et Hargous du 12e Chasseurs de Minjonnet.

— A l'intérieur du compartiment qui est imparti à la division, explique le colonel de Langlade, nous allons progresser sur deux itinéraires sensiblement parallèles, situés dans la partie ouest du couloir.

« C'est la raison pour laquelle le groupement tactique va être scindé en deux sous-groupements. Massu prend le commandement du premier, Minjonnet, du second. Vous vous répartirez les moyens : un escadron de Shermans en appui des Marsouins, une compagnie d'infanterie — la 7e de Fonde — en soutien des chars de Minjonnet. Vu ?

Les intéressés acquiescent, d'un signe de tête.

— D'après les renseignements que nous possédons, nous allons affronter la 9e Panzer, distraite depuis avant-hier de l'offensive sur Mortain pour couvrir le flanc sud de la VIIe armée allemande. Elle doit impérativement nous empêcher de couper l'axe Falaise-Argentan-Alençon.

« C'est une division fraîche, qui est récemment arrivée en Normandie, venant de Nîmes où elle était à l'instruction.

« Je vous rappelle les ordres du général : écraser toute résistance dès qu'elle se manifeste, en la manœuvrant. Le facteur vitesse est le seul garant du succès.

Il lève son poignet, consulte sa montre.

— Mettez vos montres à l'heure, dit-il. Il est exactement sept heures douze minutes. Départ à huit heures.

Commandants et capitaines se retirent, afin de donner leurs derniers ordres et mettre leurs sous-groupements en ordre de route. Massu grimace :

— Vous avez vu le terrain ? demande-t-il au commandant Minjonnet, patron de l'autre sous-groupement. — Des chemins creux qui se lovent et se délovent entre des champs clos sertis de haies. Impossible de manœuvrer dans ces conditions. Nous allons être rivés aux axes. Les Boches auront beau jeu de nous bloquer aux points de passages obligés.

Minjonnet, surnommé le « père Mégot » par ses hommes, bougonne entre ses dents, les lèvres déjà jaunes de nicotine :

— Vous avez raison. C'est du boulot pour l'infanterie.

Massu ne répond pas. Il réfléchit. Pour lui, les situations militaires se traduisent en données simples. Jusqu'ici, la théorie en usage à la division voulait que les chars soient utilisés en élément de rupture du front, tandis que l'infanterie débordait pour réduire les résistances rencontrées.

— Seulement, explique-t-il à Sorret, patron de la section de reconnaissance, si nous respectons les distances de sécurité entre les véhicules, l'infanterie portée sur ses half-tracks va se trouver à des kilomètres des Shermans de tête. Le temps qu'ils débarquent et qu'ils se déploient, il y a longtemps que les chars seront détruits, ou que l'incident sera réglé. Il va falloir trouver autre chose.

Massu a raison. Et la journée du 10 août va le confirmer dans ses réticences.

— Embarquez ! Moteurs en route !

— Déjà ? protestent les pilotes, mal réveillés, les paupières gonflées, les yeux rougis de fatigue. — Quand va-t-on pouvoir dormir ?

— Tout dépend de l'heure à laquelle le soleil se couche, réplique Guigon, en riant.

Guigon est en pleine forme. Il n'a pas plus dormi que ses hommes, mais il a le teint frais, le regard brillant, les gestes assurés. Rasé de près, le battle-dress impeccable, le brodequin ciré, il a l'air de sortir d'un magasin de l'intendance. Jamot, son camarade de la 3e section, observe qu'il ressemble à un chevalier au moment du tournoi.

— Ça fait des mois que vous vouliez la bagarre, reprend Guigon, nous y voilà. A vous de prouver que vous en êtes dignes.

Les Marsouins de la 1re section redressent la tête. Ils sourient ; c'est leur réponse.

Le capitaine Fonde remonte lentement sa colonne. Il défile devant les half-tracks de sa compagnie qui portent les noms des combats du corps franc d'Afrique : *Bizerte, Tébessa, Tabarka, Kasserine...* Il a retrouvé sa bonne humeur et salue, un par un, ses chefs de section, Guigon, Maret, Jamot.

— Jamot, dit-il au chef de la 3, vous serez en soutien du peloton de tête du lieutenant Zagrodski.

— Bien compris.

A huit cents mètres de là, sur sa gauche, le sous-groupement Massu aligne aussi ses véhicules au bord de la route. En tête, l'escadron Coupé, du 12e Chasseurs. Massu le connaît bien. Ce n'est pas un débutant. Avec ses deux chefs de peloton, Titeux et Douboster, ils ont durement combattu en Tunisie au sein de l'escadron Gribius. Grand, sec, autoritaire, le lieutenant Coupé est le prototype du cavalier d'antan. Le profil acéré, le geste cassant, c'est un chef qui ne montre jamais la moindre émotion. Douboster et Titeux ont plus de rondeur, plus d'humanité. Comme le dit Sorret, qui fait souvent équipe avec eux :

— Vous êtes presque dignes d'être des Marsouins !

Sorret est là, d'ailleurs. Mécontent. Comme le redoutait Massu tout à l'heure, les nécessités du terrain et l'organisation de la colonne l'ont rejeté loin en arrière, à la suite des véhicules du commandement.

— Vous qui rêviez de chevauchées sauvages, vous n'êtes pas gâté, lui dit Titeux en riant.

— En avant, ordonne Massu après un coup d'œil sur sa montre.

Les Shermans s'ébranlent. Il est huit heures du matin, ce 10 août 1944. Sur un front de six kilomètres, avançant sur quatre itinéraires parallèles, la 2e division blindée part au combat.

Ceux qui avaient espéré pouvoir débouler sans problèmes vers la bataille sont déçus. Il ne s'est pas écoulé un quart d'heure que les embouteillages commencent. Avançant sans visibilité dans des chemins creux qui tous se ressemblent, les sous-groupements zigzaguent, manquent leurs carrefours, s'empêtrent les uns dans les autres. Massu, le premier, en fait l'expérience, à Souligné-sous-Ballon où le peloton de tête percute l'élément P.C. du groupement Dio. Massu se porte à la hauteur du bouchon. Il y retrouve le général Leclerc, furieux, qui est en train d'invectiver le lieutenant Douboster. Il se retourne, et sa colère se porte sur le commandant :

— Revenez sur votre axe, rugit-il, canne levée, pointée vers l'est. Vous allez tout faire louper ! Vous prenez trop de retard !

Massu ne répond rien. Sourcils froncés, front buté, il se jure que jamais plus, le général ne lui fera pareil reproche.

— Je ne veux plus recevoir désormais qu'un seul ordre, grogne-t-il à l'intention de Douboster, celui de ralentir parce que je vais trop vite !

Moins d'une heure plus tard, il a repris sa place, à l'alignement des autres sous-groupements.

Sur sa droite, le sous-groupement Minjonnet fonce vers le nord. A 9 heures, il a traversé Courcebœufs, sans marquer le moindre arrêt, semblant ignorer les acclamations des villageois, sidérés par le déboulé de cette colonne ferraillante qui transforme le calme de ce matin d'été en un véritable orage d'acier.

En tête, Zagrodski et son peloton, suivi d'Arcangues et de la section Jamot. Les trois officiers ont le buste sorti des véhicules, et, jumelles aux yeux, scrutent le paysage. Où se cache l'ennemi ? Derrière ces meules de paille ? En bordure de bosquet ? Au coin de cette haie ? Près de ce carrefour, à l'ombre du mur de la ferme ? Il y a tellement de cachettes possibles et ils ont si peu d'expérience.

Sur les tourelleaux des chars légers M1, ou des half-tracks de Jamot, les tireurs à la 50 ont l'œil collé au viseur, le doigt sur la détente. L'attention est entière ; elle fige les visages qui s'empoussièrent. La matinée s'avance et la chaleur monte.

Un hameau est traversé, en trombe. Les Marsouins notent machinalement son nom, à la sortie. Le Jarossay. Dans les cours des fermes, les paysans, bras ballants, pensent qu'il vaut mieux remiser les outils pour la journée. Il est 9 heures.

Zagrodski aborde la départementale 6 qui relie Ballon à Bonnétable. Quelques maisons. Le hameau du Sablon.

— Tu vires à droite et c'est le premier chemin à gauche, dit-il au pilote.

— Bien reçu !

L'air vibre, agité par un invisible maelström horizontal. Un craquement, sec comme celui d'une branche morte. Au bout, l'éclatement d'un impact. Le char de Zagrodski hoquette. Il semble se cabrer en secouant sa poussière. Puis il s'immobilise, empanaché de fumée grise. Le chargeur s'éjecte, roule dans la poussière. Zagrodski s'assure d'abord qu'il ne peut rien pour son pilote. Puis il s'extrait à son tour de son panneau. Il se laisse glisser le long du blindage, déjà brûlant, dont la peinture s'écaille en brunissant. Il pose les pieds par terre. Il parcourt un mètre, prend son élan pour se jeter au fossé. Il n'y arrive pas. Une mitrailleuse griffe l'asphalte devant lui. Les impacts se rapprochent, ils escaladent les jambes, percutent la poitrine. Zagrodski boule et roule, sur le dos, l'œil fixe regardant le ciel sans ciller.

Les deux chars qui suivaient n'ont pas eu le réflexe de stopper à temps. Invisible, camouflé dans le bosquet, juste en face, un Jagdpanther est embusqué, fauve à l'affût. Il ne leur laisse aucune chance. Par deux fois, son canon aboie. Par deux fois, touchés à mort, les deux Ml s'ébrouent sous ce coup de poing imparable.

D'Arcangues a compris. Il déboîte sur la gauche, cherche un passage dans les haies et aborde prudemment la nationale. Mais que peut son misérable canon de 37 contre le 75 PAK de l'automoteur allemand ?

— Autant se servir d'une sarbacane, grogne le tireur qui voit avec rage les éclats rouges de ses obus traçants qui ricochent, dérisoires, sur la carapace du monstre placide et inquiétant.

Le 75 pivote lentement. Puis il s'immobilise. Dans sa lunette, le tireur voit exactement en face de lui le trou noir du long tube qui le vise. Il n'a même pas le temps de prononcer la moindre syllabe. La tourelle ne vibre même pas. Elle explose disloquée par l'obus perforant qui l'a percutée à une vitesse prodigieuse. D'Arcangues est éjecté. Il se retrouve, allongé dans une haie, à une dizaine de mètres de là, la cuisse éclatée, son sang jaillissant par saccades de l'artère fémorale déchiquetée.

Mais d'Arcangues est conscient. Lucide. Il dégrafe son ceinturon, confectionne un rapide garrot. Il le sait inutile, mais il veut vivre quelques minutes, pour commander encore. Il est responsable de son peloton :

— Reculez, hurle-t-il. Restez à défilement de haie. Préparez-vous à appuyer les Marsouins...

Jamot est là, sa 3e section sur ses talons :

— Je t'évacue, dit-il à son camarade.

— Pas la peine, je suis foutu. Mais j'ai vu le Boche, à trois cents mètres, à gauche du gros chêne. On le devine à peine, il est bien camouflé. Tu dois pouvoir le manœuvrer mais fais gaffe...

Jamot rampe jusqu'à la haie, s'infiltre. Jumelles aux yeux, il repère le blindé, puis, en avant, les postes de mitrailleuses, les trous individuels de quelques fantassins.

— Premier groupe, préparez-vous à traverser la nationale. Regroupement au fossé, en face. Manœuvrez largement par la gauche. On vous appuie d'ici.

Le premier groupe s'aligne au bord de la haie.

C'est alors qu'un feu d'enfer se déchaîne. Les Allemands ont bien aménagé leur traquenard. Les tireurs d'élite, planqués dans les pommiers, ont attendu que les fantassins soient groupés sur leur base d'attaque pour intervenir. Leurs salves, bien ajustées avec une diabolique précision, sont meurtrières. En quelques minutes, la section Jamot est clouée au sol.

— On va se faire déquiller pour rien, lance Jamot, la rage au cœur. Repliez-vous à l'abri du remblai du chemin.

Par petits groupes, ses hommes décrochent, emmenant leurs blessés. Au bord de la haie, d'Arcangues a cessé de parler. Il agonise, sans une plainte, le regard tourné vers l'ennemi.

Un fracas de branches froissées. Guigon arrive avec sa 1re section, fonçant à travers champs comme un troupeau de buffles. Il atterrit près de Jamot :

— Sale coin, on dirait.

— Impossible de déborder. J'ai deux tués et quatre blessés.

Au-dessus de leurs têtes, l'air est plein du claquement des balles de tous calibres qui les cherchent. A cent mètres, le toit de chaume d'une ferme s'enflamme et flambe, crachant des torrents d'étincelles brasillantes.

Et puis, soudain, un sifflement. Des obus passent au-dessus des têtes et vont exploser dans le bois, en face.

— Pas trop tôt, soupire Jamot.

L'artillerie du sous-groupement se déclenche enfin. Elle pilonne les positions allemandes, guidée par l'officier de tir qui s'est glissé parmi les éclaireurs de la section Guigon. Les Allemands s'accrochent pourtant. En dépit des 105, ils ripostent à chaque tentative de démarrage de l'infanterie.

Dans le ciel apparaissent de petits points brillants qui virevoltent dans le soleil. Les Thunderbolts. Ils piquent, hélices au petit pas, rameutés par radio. Un passage pour rien, puis un second, au ras de la route. Les bombes dégringolent. Elles explosent, aspergeant les Marsouins de terre et de gravats :

— Bande de c... ! rugit le capitaine Fondo, surgi en tête. Vous avez oublié de placer vos panneaux d'identification !

En rampant, les pilotes se replient et vont chercher les carrés de tissu de couleur orange et rouge cerise. Au troisième passage, les Thunderbolts balancent leurs ailes et, cette fois, placent leurs bombes exactement sur l'objectif.

— A nous de jouer, hurle Guigon en se dressant.

La 7e compagnie s'élance. Guigon à gauche, Jamot au centre, Maret à droite. Les Marsouins galopent, lançant leur cri de guerre.

— Pour Oradour !

Ils sautent de haie en haie. Grenades. Rafales. Les Garant tonnent, les Thompson jappent. Les W.P. [1] s'ouvrent, comme des fleurs, dans un panache d'un blanc immaculé traversé d'éclairs éblouissants.

Impressionnés sans doute par les Thunderbolts, contrés sur leurs flancs par les sections Maret et Guigon, les Allemands commencent à décrocher. A trois cents mètres, au-delà du Sablon, un Jagdpanther détale, en griffant l'asphalte de ses chenilles.

— Il fout le camp, le salaud, grogne le caporal Duc qui braque son bazooka impuissant à pareille distance.

Maintenant, les chars des chasseurs peuvent prendre pied sur la route. Ils sont dépassés par les Shermans, qui n'ont pu participer à la bataille. Au passage, ils rendent les honneurs au lieutenant Zagrodski qui gît à l'endroit où il a été touché. Son visage est serein.

1. White phosphore.

On dirait qu'il dort. Près de lui, agenouillé, un jeune aspirant. Il se lève au passage de son capitaine :

— Je demande l'honneur de prendre la place du lieutenant Zagrodski. Je suis son frère.

Il est 13 h 30. A deux kilomètres à l'ouest, le sous-groupement Massu poursuit sa progression. A la différence des autres sous-groupements, qui, tous, ont été accrochés en fin de matinée, il est le seul à n'avoir pas encore trouvé le contact.

— Déboîtez sur la droite et dégagez le pont de la Saunerie, ordonne Langlade : Minjonnet est encore stoppé au Sablon. Prenez provisoirement sa mission à votre compte.

L'avant-garde a atteint la crête qui domine la vallée de l'Orne. Massu s'y porte et, à la jumelle, détaille le panorama.

— Si les Allemands nous attendent, murmure-t-il, c'est là, sur le pont.

C'est là en effet.

Massu ne disposait pas d'une importante marge de manœuvre. Le terrain commande et il n'y a d'autre dispositif possible que le colonne par un. Pourtant, en pénétrant au fond de la vallée, il parvient à faire déboîter ses fantassins. Les abords du pont sont reconnus par la 6e compagnie, envoyée en avant-garde. Bien lui en a pris. A peine Langlois a-t-il coiffé l'objectif que le feu se déclenche. L'embuscade était montée pour résister à des chars et les torpilles des Panzerschreck passent en vrombissant, au-dessus de la tête des Marsouins de la section du lieutenant Bâtiment, prise à flanc de colline. Mais les dégâts sont insignifiants. Les Thompson ripostent, taillant dans les avant-postes ennemis des sillons sanglants.

Le lieutenant Bâtiment, un Alsacien, vieux colonial qui a déjà participé à la campagne du Fezzan, n'est pas intimidé. Calmement, il organise son décrochage, se repliant sur la rive sud de l'Orne, mieux protégée des attaques ennemies. Sur sa gauche, la section du lieutenant Cafaxe tente de s'infiltrer, à travers haies et prairies. Mais elle est stoppée à son tour par un tir nourri venu de la rive opposée. Des MG 42 à cadence rapide tissent devant elle un rideau meurtrier de balles.

Sur le pont, les half-tracks de Langlois sont aux ordres de l'adjudant-chef Quentin. Il est là, l'ancien « scribouillard » du Maroc. Et heureux d'être là. Ses mitrailleuses de 50 prennent la route sous leur feu et empêchent les Allemands de se regrouper pour contre-attaquer Bâtiment ou Cafaxe.

En quelques minutes, Quentin parvient à équilibrer le combat. L'avantage n'est plus à personne.

Plus tard, quand ils le raconteront, les Marsouins de la 6e compagnie donneront l'impression que tout va vite, que les décisions se prennent à la minute, qu'un assaut passe comme un rêve. Ils se trompent. Un accrochage, même violent, même au corps à corps c'est une improvisation au cours de laquelle les temps morts sont nombreux, dans le silence et l'incertitude. On attend, on épie, on écoute. L'ennemi se déplace et l'on se déplace aussi, pour parer sa manœuvre.

De temps à autre, le feu se rallume, monte très vite jusqu'au paroxysme, puis s'apaise sans qu'il soit possible de dire pourquoi et sur qui l'on tirait. Le silence revenu, on guette à nouveau.

Les minutes s'ajoutent aux minutes, l'angoisse cède la place à l'impatience. On s'interroge :

— Mais qu'est-ce qu'ils foutent ?

Ils, ce sont aussi bien les adversaires que les copains, appelés en renfort.

Une rafale. Des cris. D'autres rafales. Les mortiers entrent dans la danse, avec une détonation sourde, comme un bouchon de champagne qui sauterait.

— Ils s'infiltrent par la rivière !

L'adjudant-chef Quentin a jeté l'alarme. Des Allemands se sont laissés tomber dans l'eau et, en rampant le long des berges, sont arrivés à portée de grenades des half-tracks. L'atmosphère explose. Et le feu recommence. Les Marsouins repoussent de justesse une première attaque, menée dans leur dos par des éléments qui les ont encerclés. La section Bâtiment s'efforce d'appuyer la 3e section, en rafalant les lisières d'en face pour interdire aux mitrailleuses de tailler les amis en pièces. A droite, Cafaxe commence à se replier. Il a des morts et des blessés. Il est déjà trois heures de l'après-midi.

Massu a capté l'appel du capitaine Langlois. Il rameute Eggenspiller et sa compagnie d'appui :

— Filez pleins gaz vers le pont de la Saunerie, et tâchez de dégager Langlois. Je récupère aussi Rogier et sa 5e compagnie.

Eggenspiller place en tête ses obusiers de 75, les « lance-patates » comme on les appelle familièrement. A leur tête, un Breton gigantesque, à la voix puissante ; une figure de la division. Toujours tête nue — une tête ronde, sans un cheveu, que l'on dirait poncée à la cire — le lieutenant François Podeur déplace autant d'air que ses obus. A ses côtés, la section du lieutenant Gauffre, avant-garde de la 5e compagnie. Gauffre progresse, à pied, à l'ombre des obusiers qu'il éclaire, sur les flancs.

Ils dévalent la côte, arrivent au fond de la vallée, noyée de fumées et d'explosions. La bataille fait rage. Les Marsouins veulent assurer leur mainmise sur le pont, les Allemands entendent bien ne rien céder, ou bien alors au prix fort.

Gauffre arrive et prend contact avec Langlois. Celui-ci, imperturbable, appuyé à son half-track de commandement, micro aux lèvres, passe ses ordres à ses sections. Sa voix reste égale et l'on croirait assister à quelque conversation mondaine :

— Ah ? C'est vous, Gauffre ? Je suis bien content de vous savoir ici...

Au-dessus, les « lance-patates » de Podeur, en batterie, commencent à arroser les bosquets, en face. Mais ils sont pris aussitôt à partie par des armes automatiques allemandes. Il en faut plus pour impressionner le grand Podeur qui passe ses commandements sans avoir besoin du secours de la radio.

— Plus à gauche dix ! Par six, tir d'efficacité !

Peu à peu, sous les efforts conjugués de la section Gauffre qui épaule la section Bâtiment, l'appui direct des 75 qui débouchent à zéro sur les Allemands encore accrochés à la rive d'en face, la résistance faiblit. Cafaxe peut alors repartir en avant, et procéder au nettoyage des derniers îlots ennemis. Il est 18 heures.

Massu est là, avec les derniers éléments de la compagnie Rogier. Il a compris et va appliquer la méthode qui lui semble la plus adaptée au terrain sur lequel il se bat.

— A partir de maintenant, décide-t-il, il y aura toujours une section d'infanterie grimpée sur les chars de tête. Et devant, la section de reconnaissance de Sorret, sur jeeps, pour réduire les antichars.

— Et les half-tracks ? demande Langlois.

— En queue de convoi, ce sera en quelque sorte la base arrière. Ils transporteront les sacs et les munitions de réserve.

Rogier sourit. L'avantage de la formule est double. Les fantassins seront désormais à pied d'œuvre pour intervenir ou pour éclairer la colonne, et dans une tenue allégée, ne portant que leur arme et une unité de feu.

Mais Massu est impatient de repartir. Le pont de la Saunerie est pris. Il est intact. La mission est remplie, il s'agit de rejoindre l'axe de progression initial. D'autant plus vite que Minjonnet, enfin libéré de son engagement du Sablon, vient d'arriver et ses véhicules, embouteillés sur la route, offrent une cible bien trop belle et trop statique pour d'éventuels tireurs ennemis.

Le sous-groupement repart. Sur le pont, morts et blessés commencent à être regroupés. Les ambulanciers, des Quakers britanniques, affectés au G.T. « L » sont déjà là et prodiguent les premiers soins.

Massu dévisage ses hommes, allongés sur leurs brancards, leurs pansements de fortune déjà souillés de sang. Certains sont morts. D'autres vont mourir.

— Mon commandant...

Massu se penche. L'adjudant-chef Quentin esquisse un vague sourire, mais son visage est crispé de souffrance :

— Mon commandant, répète-t-il, c'est idiot de mourir le premier jour mais je ne regrette rien... — Quentin prend sa respiration et, voulant chasser d'une boutade le tragique de la situation, il soupire : — La Saunerie... Une belle « saunerie ». Mais pourquoi y a-t-il une cédille [1] ?

Massu repart, à la suite de son sous-groupement. Il remonte la colonne, constate bientôt qu'elle est stoppée, à nouveau.

— Il y a du « gros » au carrefour, annonce la radio.

Massu s'y porte. Sur la gauche, il aperçoit des épaves de blindés. Il s'informe.

— Ce n'est pas à nous, le rassure Langlois. Des Américains de la 5e D.B. sortis de leur « compartiment ». Ils se sont fait allumer il y a un quart d'heure. Ils se sont repliés sans demander leur reste.

---

1. L'adjudant-chef Quentin a été fait Compagnon de la Libération.

Massu arrive auprès des Shermans, à défilement de tourelle au ras des haies.

— Des automoteurs juste en face, annonce le lieutenant Coupé. Douboster et Titeux les ont allumés, mais la riposte a été immédiate. Nous avons eu de la chance de ne pas avoir de casse. Les Shermans ont compris, ils changent d'emplacement à chaque obus...

Massu opine.

— Assez perdu de temps pour aujourd'hui. Ramières ?

Ramières est le commandant de la batterie d'artillerie du sous-groupement. Vif comme une anguille, l'œil malin, il s'arrange pour être toujours avec l'élément de tête et, pour l'instant, galope avec la section du lieutenant Gauffre.

— Oui, mon commandant. Bien compris...

Massu rit.

— Mais je ne vous ai encore rien demandé.

— Je sais, mais j'ai compris. Tout est prêt : je me suis infiltré jusqu'au carrefour et j'ai pris mes repères. Ma batterie a reçu ses coordonnées. J'attendais les ordres.

— Allez-y.

Quelques secondes plus tard, la salve des 105 passe, en ronflant, au-dessus de l'avant-garde.

— Augmentez 50 pour toute la batterie, lance Ramières dans son combiné téléphonique. Passons au tir d'efficacité...

Soixante coups arrivent presque aussitôt, amputant haies et bosquets avec une précision chirurgicale.

Aussitôt le tir levé, la 6e compagnie repart à l'assaut. Des Allemands s'enfuient. Les autres restent là, réduits en bouillie par les 105 près de deux batteries de 88 hors d'usage.

Massu est satisfait. Comme à son habitude, il se garde bien de le montrer :

— Bien, se borne-t-il à dire. Le début de notre axe de demain est dégagé...

Car il est huit heures du soir et il reste à peine deux heures de clarté pour installer le bivouac défensif, lancer les patrouilles de liaison, panser les plaies, prévoir l'ordre de route pour le lendemain.

— Pourvu que les Boches nous laissent dormir, espèrent les chauffeurs.

A droite, le sous-groupement Minjonnet, qui a terminé le nettoyage de Dangeul, son objectif intermédiaire, se prépare, lui aussi, à camper sur place. Les chars se postent aux coins des prairies, à l'abri des vues et des surprises, tandis que les fantassins creusent leurs abris, un peu à l'écart. Là aussi, après une dure journée, le moment est à l'installation pour la nuit.

— Guigon, ordonne le capitaine Fonde, envoyez une patrouille de sécurité aux lisières est de la prairie d'à côté...

Le sergent Guichard se présente et Guigon transmet. La nuit commence à tomber, douce, claire. Les étoiles font des clins d'œil amicaux.

— Sergent, murmure une voix, y a quelque chose de suspect devant...

Guichard se baisse, finit par admettre que cette forme massive, aux angles carrés, est effectivement bizarre.

— C'est trop petit pour être une maison, trop long pour être un char... Duc ? Envoie un coup de bazooka, on verra bien.

Duc ajuste le long cylindre métallique sur l'épaule droite, colle son œil dans l'appareil de visée. Derrière lui, Yzquierdo, son chargeur, branche les fils de la fusée. Une petite tape dans le dos. L'engin est prêt. Duc appuie sur le levier de contact.

La déflagration qui s'ensuit n'était pas prévue au programme. Le souffle d'Apocalypse balaie la patrouille comme des quilles, et Guichard, qui n'y comprend rien, ne peut que répéter :

— Eh bien... Eh bien...

Les hommes se remettent sur pied, en s'époussetant. On aide l'un des hommes, blessé, à reprendre ses esprits.

— On rentre, dit Guichard, vaguement inquiet quand même.

Devant lui, un bruit de branches cassées, le souffle rauque d'un homme paniqué :

— *Kamerad,* murmure-t-il... Pas tirer, pas tirer.

Il a les vêtements roussis et roule des yeux égarés. Il semble sortir de l'enfer.

— Gros camion, 20 tonnes de bombes d'avion, explique-t-il bientôt. Moi, garder... Et puis, poum-poum !

7

ALENÇON

11 août 1944.

A genoux, seul devant sa caravane, le général Leclerc reçoit la communion des mains du père Houchet, l'aumônier de la division. A quelques mètres de là, observant un silence religieux, les cuirassiers de l'escadron Noël préparent leurs chars pour la journée. Toiles de tente, sacs, filets de camouflage sont arrimés le long des blindages, mais, cette fois sans les plaisanteries qui animent généralement cet exercice. Croyants ou non, les cuirassiers apprécient que leur patron montre sa foi avec autant de conviction et de simplicité. Tout en menant pour sa part une vie monacale, tous ici savent qu'il tolère certaines incartades à condition qu'elles ne gênent pas le service.

Hier soir, lorsqu'ils ont vu la caravane se glisser au milieu du bivouac, les hommes ont été secrètement flattés.

— Si le général est là, note le lieutenant Krebs, l'un des chefs de peloton de l'escadron Noël, c'est que la bagarre va être pour nous.

Le général a en effet la réputation d'avoir un flair infaillible pour se trouver au point le plus chaud.

Le lieutenant Krebs ne se trompe pas. Ce n'est pas par hasard que Leclerc a choisi de suivre aujourd'hui le 12e Cuirs, ossature de l'un des deux sous-groupements du G.T. « D ». Il lui a suffi d'un regard sur sa carte pour deviner où les résistances de la 9e Panzerdivision ont le plus de chances de se manifester.

La première, vraisemblablement à La Hutte, au carrefour de la Nationale 138 Le Mans-Alençon, et de la Nationale 805 qui mène à Mamers. La seconde, sans doute plus étalée en largeur, s'appuyant aux lisières de la forêt de Perseigne, se situera entre Rouessé-Fontaine et Louvigny.

La Hutte se trouve sur l'itinéraire du Ier R.M.T., Rouessé-Fontaine, sur celui du 12e Cuirs.

Les consignes adressées à l'aube au colonel Dio sont précises :

— N'essayez pas de forcer le passage, bornez-vous à fixer l'attention de l'ennemi.

En revanche, à Noiret, il a recommandé d'étudier les itinéraires de dégagement de façon à pouvoir tourner toute résistance, où qu'elle se présente. Il pense, et il a raison, que les Allemands ne s'accrocheront pas à une ligne défensive dès l'instant où elle aura été percée, à n'importe quel endroit.

Le général s'est relevé. Rapidement, il a avalé un quart de café brûlant et, sa canne à la main, il arpente la prairie où commence à se constituer la colonne du 12e Cuirs. Il ne dit rien, mais il a le visage tendu d'impatience. La paix intérieure est chez lui tout à fait compatible avec la hâte d'agir.

Un kilomètre à l'ouest, Dio et l'autre sous-groupement constitué par le gros du Ier R.M.T. ont déjà entamé leur progression vers Alençon. Ils roulent sur la Nationale 138. En tête, les Shermans du peloton Briot de la Crochais, du 12e Cuirs. Etonnant personnage que le lieutenant Briot de la Crochais. Grand, fin, distingué, élégant même, c'est un guerrier qui se dissimule derrière une apparente désinvolture. Ce neveu de La Varende cultive avec soin le culte du beau geste et du bon mot. Fervent lecteur de Giraudoux, il a comme lui cette sorte d'humour glacé et ses hommes redoutent toujours ses boutades et ses formules à l'emporte-pièce.

Son char, le *Lisieux*, a d'ailleurs failli s'appeler *Amphitryon 38*.

Il roule, attentif au paysage, d'un calme assoupi de matin du mois d'août. Le soleil, déjà haut, pèse sur les vergers et les prairies. Et le fracas des Shermans ne suscite d'autre écho que le sien. Tout est paisible. Trop paisible.

Derrière le *Lisieux*, les cinq Shermans roulent, en perroquet, étagés à distance de combat, de part et d'autre de la nationale, bondissant d'arbre en arbre. *Djemila, Evreux, Oran, Rouen, Cherbourg.*

Plus en arrière, le Ier R.M.T., sur ses half-tracks. C'est une colonne blindée de près de quatre kilomètres de long qui s'étire, toutes armes braquées.

Au milieu du bataillon, à la tête de sa compagnie d'appui — la C.A. 1 — le capitaine Troadec hume l'atmosphère avec une grimace dubitative. Il est aux aguets, mal à l'aise, le cœur serré d'un étrange pressentiment. Il a peu changé depuis l'an passé, sinon dans le sens prévisible. Le profil toujours aussi aigu, l'œil toujours aussi gris, le caractère peut-être un peu plus trempé. Troadec a trop le sens de l'équipe pour s'épanouir au sein de cette foule que représente la division. Ses vieux camarades du Tchad et du Fezzan ont été dispersés dans les autres G.T. D'ailleurs, hormis Dio, lui-même, Sanmarcelli qui commande la 3e compagnie, le bataillon comporte peu d'anciens. Ce ne sont, pour lui, que des têtes nouvelles.

Il lui reste sa compagnie, cette C.A. qu'il a formée au Maroc avec les lieutenants Py, Kirsch et Maurel. Ce sont eux qui constituent maintenant sa « maffia » comme ils disent.

Ce matin, Troadec flaire le pépin. Comme Leclerc, il a étudié la carte. Comme lui, il est persuadé que si les Allemands les attendent, c'est au carrefour de La Hutte, à six kilomètres devant. La Hutte, qu'il faudrait aborder avec prudence, ce qui ne semble pas le cas. Farret, qui commande le bataillon, a au contraire décidé de s'engager à fond, persuadé de crever le rideau défensif ennemi avec le poing blindé du peloton Briot.

Briot est sceptique. Vétéran de la campagne de 40, il sait, pour les avoir éprouvées en Artois, la puissance destructive des antichars et la qualité des servants de batteries allemands.

— La Hutte est en vue, annonce la radio. Ça sent le piège, à plein nez...

— Foncez, ne vous occupez pas du reste !

Briot passe les consignes de combat, tourelleaux et volets verrouillés, canons approvisionnés et armés. Les tireurs ont l'œil collé à la lunette. Dans le croisillon défilent les haies, les buissons, et, droit devant, les murets de pierre des maisons qui forment le hameau. Il est dix heures et demie.

Une flamme jaune prend naissance à l'orée de La Hutte. Un Sherman est touché presque aussitôt. De plein fouet. Dans la seconde qui suit, un second stoppe, percé par un 75 qui se dévoile à son tour, sur la gauche. Dans les minutes qui suivent, ce sont quatre 75 et au moins deux 88 qui vont ainsi réduire à néant les espérances du « poing blindé ». Farret doit se rendre à l'évidence, il va lui falloir manœuvrer. Déjà, les Marsouins de la 1re compagnie quittent leurs half-tracks et galopent, de part et d'autre de la route. A leur tête, le capitaine Grall. Cet ancien du corps francs d'Afrique a, en peu de jours, conquis une certaine célébrité au Ier R.M.T. C'est une sorte de condottiere au gabarit de rugbyman, visage taillé à la serpe, verbe haut, gestes abrupts. On le dirait brûlé de l'intérieur par un feu intense, toujours prêt à l'action, l'appétit sans cesse aiguisé. Il mène sa compagnie comme autrefois ses ancêtres menaient leurs équipages à l'assaut des frégates anglaises. A l'abordage.

Mais, ce matin, la chance n'est pas avec lui. Ses half-tracks, vulnérables sur ce glacis qui constitue la nationale, sont sans défense face aux PAK ennemis. Deux d'entre eux sont incendiés d'un seul coup au but, et, près du carrefour, les fantassins sont à l'affût, dans leurs tranchées invisibles, à ras de terre. A peine la 1re compagnie est-elle déployée qu'elle est clouée au sol par les MG 42 et les redoutables mortiers de 81 qui ont exactement repéré les tirs d'interdiction. Le sous-groupement Farret est stoppé dans les pires conditions, en colonne sur une route qu'il est impossible de déborder.

— Tenez bon, fait dire Dio. Rappelez-vous les ordres. Fixez la résistance sans chercher à la réduire...

La compagnie d'appui de Troadec a remonté le convoi pour prêter main-forte aux Marsouins en difficulté. Les obusiers arrosent les avant-postes allemands, les mitrailleuses triples de Kirsch ripostent aux MG.

Troadec lui-même, escorté de son seul radio, est parti en avant avec la section Léon, de la 2e compagnie du capitaine de Perceval. Il veut être au plus près pour passer d'utiles corrections de tir à ses pointeurs.

— Il y a au moins deux bataillons en face, grogne Léon, qui n'a pu déborder à travers les vergers.

Ses groupes de voltigeurs sont égaillés un peu partout, silhouettes en vert allongées au hasard, pris sous le feu des tireurs d'élite dissimulés dans les arbres ou sous les toits des maisons dont ils ont simplement déplacé quelques ardoises.

A midi, le sous-groupement est toujours stoppé. Des deux côtés, on se fusille, sans répit.

Troadec a voulu rejoindre le capitaine de Perceval au moment où celui-ci attaquait une ferme où un groupe ennemi s'était retranché. Il n'arrive pas à destination. Il est grièvement blessé par l'explosion d'un obus.

A la même heure, sur l'axe voisin, le sous-groupement Noiret progresse en direction du carrefour de Rouessé-Fontaine. En tête, l'escadron Gaudet, du 12e Cuirs, escorté de la compagnie Sanmarcelli du Ier R.M.T. L'élément de tête est suivi de l'escadron Noël, en réserve de manœuvre.

Fermant la marche, immédiatement après les automoteurs de 105 de la batterie Demarle, les tank-destroyers du peloton Josse. Denniel et Fleith, l'ancien de Stalingrad, n'ont guère le moral. Ils regrettent leur position, alors que des chars ennemis sont signalés, en lisière de la forêt de Perseigne.

Leclerc aussi est là, près de Noiret auquel, sans cesse il prodigue encouragements et conseils. On dirait presque qu'il lui tarde de voir l'ennemi. Il ne supporte pas d'attendre. Noiret fonce sur les petits chemins blancs qui serpentent, de hameau en hameau.

Il atteint Chérancé à dix heures du matin.

Au moment de s'engager sur la route de Grandchamp, Leclerc fait découpler le sous-groupement et envoie un élément de reconnaissance vers la gauche à Coulombiers entre La Hutte et Rouessé-Fontaine. Son intuition lui a dicté cette disposition nouvelle : l'escadron du capitaine Noël sera à pied d'œuvre pour épauler indifféremment le sous-groupement Farret à gauche, ou le sous-groupement Noiret, à droite.

L'artillerie colle au plus près. Crépin, le patron de l'ensemble, qui participa naguère à la « Colonne Leclerc » s'est souvenu de Koufra où le canon avait été le « Poing » décisif.

Et la progression reprend, rapide. A midi, Leclerc apprend que les éléments de tête de Farret sont stoppés durement à La Hutte. Le carrefour est solidement tenu, il n'y a aucune possibilité de débordement.

— Tenez bon, fait-il dire à Farret.

Son effort, il le sait, portera sur Rouessé-Fontaine. Là encore, comme prévu, le bouchon ennemi se dévoile, pratiquement à bout portant. L'escadron Gaudet est arrêté. Il essaie de déborder par la droite, mais les haies et la végétation ralentissent sa progression. Deux heures d'un combat opiniâtre n'amènent aucun changement.

Les maisons flambent, mais elles n'empêchent pas les Panthers de prendre en enfilade la route qui mène au cœur du village. Et les Shermans sont des jouets pour les terribles 75 PAK.

— Noël ? A vous de jouer.

L'escadron Noël attendait, depuis midi, à Coulombiers, en réserve. Indifférents aux paysannes en larges jupes fleuries qui assiégeaient les chars, bouteilles de cidre ou flacons de calva à la main, les « cuirs » n'attendaient que l'ordre d'intervenir.

— Krebs ? En route...

Le lieutenant Krebs commande le 1er peloton. Il était déjà posté à la sortie de Coulombiers. Son bras s'élève, mouline avec autorité :

— Moteurs en route !

Il déboîte, s'engage dans la descente, file bon train vers la départementale 310 presque parallèle à sa direction. A droite et à gauche, rien de suspect. Derrière, s'élançant comme une colonne de bisons chargeant, le reste de l'escadron, soulevant une poussière qui se teinte d'or aux rayons du soleil.

L'allure est folle. Krebs roule à près de quarante à l'heure. S'il y a un bouchon au carrefour...

Il n'y a pas de bouchon. En revanche, deux kilomètres à l'est, un autre sous-groupement fonce à la rescousse. C'est Massu, détourné de son axe et qu'un ordre a envoyé déborder Rouessé-Fontaine par la droite.

— Plus vite, jette Krebs à son chauffeur.

Il redoute d'être pris de vitesse.

— Krebs ? Ici Noël. Débordez Rouessé et filez sur le nord...

Krebs pousse un juron bien senti. Le baroud s'éloigne à peine entrevu. Un ordre de Leclerc a modifié sa mission, in extremis. En effet, l'effort du sous-groupement Noiret, au centre, conjugué avec celui de Massu, à l'est, a eu raison des défenses allemandes. Les rues étroites de Rouessé-Fontaine sont maintenant envahies de carcasses fumantes près desquelles commencent à s'aligner prisonniers et blessés.

Massu ne s'arrête pas longtemps dans le village. Il lance aussitôt les pelotons Titeux et Douboster en direction d'Ancinettes, plus au nord.

Leclerc, qui arrive, trace de sa canne des signes dans la poussière. Une croix, en haut. C'est Alençon devenu l'obsession du jour. Noiret repart aussi. Direction Bourg-le-Roi.

Bourg-le-Roi, c'est précisément le village où la charge des bisons de Krebs est en train de dérouler son cirque ferraillant, au nez des habitants, médusés.

— Encore des Boches, dit quelqu'un.

— Penses-tu, ce sont les Américains.

Pas le temps d'expliquer que les « Américains » sont des Français.

Krebs veut son baroud. Il dédaigne de s'arrêter quand, au détour du chemin, il aperçoit le bouclier d'un canon de 88. D'instinct, le pointeur a fait pivoter la tourelle et, pratiquement dans la même seconde, les deux canons ont tonné. L'obus allemand passe au-dessus, le pointeur a sans doute été troublé par le mastodonte qui fonçait sans complexe, droit devant. En revanche, le 88 vole en éclats. Mais Krebs n'a pas le temps d'aller aux résultats. Dans le village, quelques voitures allemandes tentent de fuir. Menu fretin. Quelques obus de 76 les réduisent à l'état de ferraille.

— Regroupement à la sortie du village, grésille la radio.

Une jeep zigzague, remonte la colonne. Leclerc est déjà là, avec le dispositif de pointe. Il a dépassé la colonne Noiret et, de sa canne, montre l'horizon :

— Poussez jusqu'à Champfleur.

Champfleur, c'est à moins de quatre kilomètres. Mais c'est loin en avant du dispositif ami.

— Cuirassiers, chargez ! hurle Krebs, au comble du bonheur.

Il sort de Bourg-le-Roi :

— Mon lieutenant ! Regardez !

Sur la crête, en face, des silhouettes massives se profilent un instant, puis se perdent sur l'autre contre-pente.

— Noël ? Ici Krebs ! Trois Panthers à midi, en route pour Champfleur !

Noël partage à moitié l'enthousiasme de son adjoint. Il se doute, lui, que les Allemands ne permettront pas aussi facilement la ruée de la division sur Alençon. D'autant qu'à mi-parcours maintenant, la forêt de Perseigne étire son bouclier de verdure où l'avantage est à la défense. Mais comment l'expliquer à Krebs dont le char tente de rattraper, à la course, les Panthers entrevus tout à l'heure ?

— Allô ? Krebs ? En avant sur Goutel ! L'escadron suit.

— Allô ? Desforges ? Ici Noël. Vu le chemin de terre à la sortie du bois, orienté sud-est, nord-est ?

— Vu, répond le sous-lieutenant Desforges, commandant le 2e peloton, et que l'enthousiasme de Krebs a fini par gagner.

— Prenez ce chemin et débordez Champfleur par l'ouest.

Le réseau transmissions se calme un peu, il est difficile de parler, sinon d'être entendu, au cours de la progression. Les moteurs tournent à plein régime. Dans les postes de pilotage, l'atmosphère pue le gasoil et l'huile chaude. Sur le torse nu des conducteurs, la sueur trace des sillons de poussière grasse. Il fait quarante-cinq degrés à l'intérieur.

Desforges roule, parallèlement à Krebs, mais hors de sa vue. Les Shermans pénètrent sous la voûte d'un petit bois. Il ferait si bon y faire un somme...

La radio hurle soudain :

— Poulet ! A droite ! Vu ? A toi Patier, celui qui se tire, à droite. C'est ça ! Allez, Robinet, le dernier !

Noël suit dans ses écouteurs les hurlements excités de Desforges, puis entend le compte rendu :

— Ça y est, Noël ! En plein dedans ! Trois A.M. et un camion de biffins !

Si Krebs a entendu, il n'est pas jaloux. Il fonce toujours, sur la route qui mène directement à Champfleur. Derrière lui, ses trois autres chars et, loin derrière, à deux ou trois cents mètres, le reste de l'escadron, les artilleurs, etc.

Champfleur est atteint. Krebs ralentit, essaie d'estimer l'effectif ennemi. Impossible, les rues sont dans l'ombre et tournent très vite, masquant la suite à ses vues.

— Doucement ! lance-t-il dans l'interphone.

Le Sherman a vibré, longuement, comme s'il avait été heurté par un monstrueux poing d'acier. Ebranlé, Krebs a juste le temps de penser : « Nous sommes touchés. »

Il se rend compte aussi qu'en dépit de tout, son Sherman peut avancer encore. Il se retourne et, là, il reçoit un choc. Ses trois chars, tirés à bout portant, sont en train de brûler, leurs fanions rouges émergeant seuls de la fumée épaisse qui s'échappe des moteurs détruits.

— En avant, hurle Krebs ! Mets toute la sauce !

Le conducteur appuie à fond et le char bondit, s'engouffre dans la rue principale. Le mitrailleur lâche de longues rafales, tandis que Krebs, buste sorti, balance toutes les grenades sur les silhouettes entrevues au passage.

L'équipage démoniaque déboule en trombe dans Champfleur, semant le feu et la terreur chez les fantassins ennemis, égarés dans les ruelles.

— Derrière !

C'est le chargeur qui a poussé un cri d'alerte. Krebs ne se retourne pas, mais sa tourelle a fait un demi-tour complet. En face, se profilant, monstrueux, dans le soleil qui inonde la rue, un Panther. Il devait être planqué dans une rue transversale, en embuscade, mais le passage éclair du Sherman ne lui a pas permis de l'ajuster. Alors, il lui donne la chasse. Il est à peine à 20 mètres en arrière.

— Feu ! hurle Krebs.

Il n'entend pas le coup de départ de son propre canon. En revanche il voit la flamme rouge du 75 PAK. L'obus arrive, droit sur la tourelle... et ricoche, avec comme un ululement de rage. Alors que le perforant du Sherman perce le Panther de part en part. Trois autres obus suivent jusqu'à ce que des volutes de fumée annoncent que l'ennemi est touché à mort.

— Continue, ordonne le lieutenant.

Le Sherman a traversé Champfleur. Prudent, comme un chasseur à l'affût, il pointe doucement son museau hors de l'abri des maisons. Un second Panther est là, qui le guette.

— Déboîte à gauche, dans le sentier, sous la haie !

Krebs se glisse ainsi jusqu'à bonne portée. Quand il s'estime prêt, il effectue un « à droite » et, surgissant de la haie comme un fauve, il abat le Panther de trois coups au but.

— Allô Noël ? Ici Krebs ! Suis à Champfleur. Ai détruit deux Panthers, je cherche le troisième...

L'avant-garde du sous-groupement Noiret est déjà aux lisières de Champfleur dont la gare, un instant, se peuple d'infanterie, progressant le long des voies. L'heure n'est plus aux combats de chars. En face, les Panthers, les Jagdpanthers et des dizaines de Mark IV s'échappent vers l'est et à l'abri de la forêt de Perseigne.

La batterie Demarle s'en donne à cœur joie et matraque les lisières, annihilant les repaires des Panzergrenadiers avant même qu'ils ne soient achevés. Avant le soir, dans le soleil couchant, arrivent à leur tour Thunderbolts et Typhoon qui dessinent dans le ciel des arabesques argentées. Ils voltent, tournent, piquent, achevant de désorganiser le front ennemi, transformant en débandade ce qui jusque-là était un repli en ordre.

Les Marsouins du capitaine Sanmarcelli débordent le village, se glissent dans les vergers, s'y établissent en bivouac, face à toutes les directions. Le sous-groupement est en effet largement en pointe par rapport au reste du dispositif. Sur la gauche de l'axe, Farret n'a pu finalement arriver qu'à Fyè après des combats longs, difficiles, acharnés. Il se trouve donc à près de cinq kilomètres au sud-est. De même Massu, à droite, qui a pris pied à Ancinnes, à la lisière sud de la forêt de Perseigne. Ses patrouilles commencent prudemment à reconnaître les abords, et poussent même jusqu'à Saint-Rigomer.

Champfleur, en revanche, sur la face ouest de la forêt est le point de départ idéal pour foncer sur Alençon. C'est d'ailleurs l'intention de Leclerc, surgi dans le pré où, enfin regroupés, les P.C. du sous-groupement ont été rejoints par le P.C. du colonel Dio. En un instant, ce qui n'était qu'un bivouac de quelques véhicules prend l'apparence d'un état-major de campagne. Les half-tracks radio se planquent à l'abri des haies, tandis que sous une tente, rapidement montée, les officiers se rassemblent auprès du général.

— Envoyez avant le jour des reconnaissances sur Alençon, ordonne Leclerc à Noiret.

Noiret transmet à Rouvillois, son adjoint, qui aussitôt met en alerte l'escadron de reconnaissance, automitrailleuses et chars légers.

— Départ, quatre heures du matin.

A l'écart, des colonnes de prisonniers stationnent devant la tente hâtivement dressée du colonel Repiton-Préneuf, l'omniprésent chef du 2e bureau de la division, arrivé dans la foulée du général. La nuit tombe quand il sort, une liasse de notes à la main :

— La 9e Panzer évacue cette nuit la forêt de Perseigne, explique-t-il bientôt. Prochain rassemblement, la forêt d'Ecouves, au nord-ouest d'Alençon.

Leclerc jette un œil sur la carte. La forêt d'Ecouves barre sur toute sa largeur l'axe de la progression de la division. Il grimace, sans autre commentaire. Repiton-Préneuf poursuit :

— Autre mauvaise nouvelle, les avant-gardes de la 116e Panzer ont rejoint cet après-midi l'aile droite de la 9e. Von Kluge a manifestement renoncé à l'offensive sur Mortain et la Bretagne et va désormais se borner à maintenir une ouverture vers l'est. Il bénéficie tout au long de son parcours de protections naturelles, la forêt d'Andaines, puis le bastion de la forêt d'Ecouves. Entre ces deux forêts, le couloir de Ciral qui mène vers l'éperon de Carrouges dominant tout le pays.

« La seule trouée possible est le passage de Sées vers Argentan. »

Repiton-Préneuf sourit à moitié et ajoute, comme s'il s'agissait d'un détail :

— Seulement, l'axe Sées-Argentan est en dehors de notre « compartiment » de terrain.

Leclerc n'a toujours rien dit, mais on sent, à la lente décontraction de son visage, que son choix est fait. Il va déborder de son secteur. Il n'y a pas d'autres solutions. Déjà s'esquisse sa manœuvre ; ne pas aborder de front la forêt d'Ecouves, morceau trop gros pour la D.B. qui s'y trouverait confrontée avec deux Panzerdivisions ennemies, organisées en défensive, mais au contraire la contourner, à gauche, par la trouée de Ciral vers Carrouges, à droite, par Sées et Mortrée.

Cela implique donc qu'il sorte de ses limites, mais sans gêner la manœuvre de la 5e D.B.U.S. qui se trouve à l'est. D'où la nécessité de se trouver devant elle, donc d'aller vite et de bénéficier d'un axe de progression rapide. Cet axe, ce sont les ponts d'Alençon qui les lui livreront.

En un instant, il a pris sa décision :

— Envoyez de petites patrouilles vers Alençon. Tout de suite, elles devront s'assurer que les ponts sont intacts.

Il est déjà minuit.

Depuis un quart d'heure, un mortier ennemi a pris pour cible la prairie où campe l'état-major, et lance ses torpilles un peu au hasard, escomptant sans doute atteindre un véhicule au milieu de l'entassement général. Il y parvient et, durant une partie de la nuit, un half-track de la section de protection brûle pendant des heures, ses munitions crépitant comme un feu d'artifice.

Il est une heure du matin.

Tout dort dans la prairie. Sous la protection des chars du 12e Cuirassiers, les sections, les équipages, roulés dans leurs toiles de tente, se reposent, par grappes, sous les haies ou les pommiers.

Une silhouette marche d'un pas décidé vers le camion P.C. où dort le lieutenant-colonel de Guillebon, sous-chef d'état-major. Guillebon est une célébrité de la division. Il n'exerce aucune fonction précise, mais il est partout, voit tout et l'on murmure qu'il est un peu l'éminence grise du général.

Les deux hommes ont en effet plus d'un point en commun. Picards et gentilhommes tous les deux, ils ont la même passion de la chasse et le culte de la France. Compagnons de la première heure, Guillebon et Leclerc ont réalisé une équipe soudée, homogène, avec une complicité qui va bien plus loin que les soucis stratégiques.

Grand, blond, le nez bourbonien se plissant dans un sourire ironique, Guillebon, artilleur polytechnicien est un taciturne. On le redoute un peu pour son esprit caustique, ses mots à l'emporte-pièce et sa façon parfois hautaine de ne pas voir son interlocuteur. Il est redoutable d'intelligence et, l'on mettra du temps à s'en apercevoir, de lucidité.

— Où en sont les reconnaissances ?

Guillebon dormait d'un œil. La question ne le surprend pas. Connaissant le général, il savait bien que son impatience ne s'apaiserait pas. En fait et c'est un de ses travers, Leclerc agit souvent ainsi, chargeant ses subordonnés de missions urgentes qu'il prend finalement à son compte, les devançant au dernier moment :

— Les reconnaissances ne sont pas encore parties !

— Mais que peut bien faire Noiret ? Je lui avais dit d'aller vite. — Il se décide : — Allez, venez, nous allons voir cela de près.

Guillebon était déjà prêt. Il boucle son ceinturon, réveille son chauffeur, rameute deux chars légers, un half-track et saute en voltige dans la jeep où le général bougonne.

La jeep démarre en trombe, dépasse les avant-postes sidérés et fonce vers La Chaussée franchie dans le noir. Voici Saint-Paterne, faubourg d'Alençon. S'il y a des Allemands, ils ne réagissent pas. Pourraient-ils s'imaginer que le commandant de la division ennemie est en train de défiler sous leur nez ? Dans le sillage de la jeep, les deux chars et le half-track de la compagnie Sanmarcelli déboulent, leurs équipages aux aguets, le doigt sur la détente des armes, grenades prêtes, aux ceinturons.

Dans la rue principale le chauffeur hésite. Du char qui suit, un homme saute à terre, galope jusqu'à la jeep. C'est un civil d'Alençon qui a rallié, en début de soirée, le cantonnement du 12e Cuirs.

— Prenez à droite, dit-il, par l'avenue de la République.

Tout au bout, à huit cents mètres, un pont. Intact.

Peut-être est-il gardé ? Leclerc s'en moque. Il fait arrêter sa voiture en plein milieu du pont qu'il martèle avec sa canne, manifestement très satisfait.

— Nous y sommes, murmure-t-il à Guillebon.

Les chars ont suivi.

— Allez occuper les autres ponts, ordonne Leclerc qui confie au half-track le pont dont il vient de s'emparer.

— Maintenant, nous rentrons.

Son inquiétude s'est apaisée. Il sait qu'il possède son axe, en état et bien dégagé. Il sait aussi que les Allemands ne pourront plus emprunter les ponts d'Alençon pour pouvoir retraiter vers la Seine.

— Nous avons fait coup double...

Tourné vers l'arrière où Guillebon est assis, il ne surveille pas la route. Il ne remarque pas qu'au lieu d'emprunter la départementale 19 menant à Champfleur, le chauffeur poursuit sa route sur la D 311 vers Mamers. Il file, allégrement, en plein cœur des lignes allemandes. Il croise bientôt l'itinéraire emprunté par la 9e Panzer en cours de repli vers le nord. Un véhicule de liaison allemand arrive, pleins gaz, fonçant vers Alençon. Il stoppe au vu de cette voiture, manifestement ennemie.

Dans le petit jour, cette rencontre présente quelque chose d'étrange, d'irréel. Pendant quelques secondes, les occupants se dévisagent, plus surpris qu'adversaires. Plus rapide, le général a sauté de sa jeep et, de sa canne, invite fermement les Allemands à se rendre. Ceux-ci hésitent et font rapidement le décompte des « forces » en présence. Ils sont quatre, tous bien armés contre trois hommes dont l'un ne possède de toute évidence pas le moindre canif.

Heureusement, au premier signe hostile, Guillebon a dégainé son colt et abat l'un des Allemands. Les autres, tous officiers, lèvent les bras...

Leclerc affecte de ne pas réaliser le danger auquel il vient d'échapper. Il lance :

— Nous avons la *baraka*...

Ce qui renforce sa conviction que la guerre, comme le reste, est avant tout l'affrontement de deux volontés. Seule la plus forte triomphe. C'est tout ce qu'il s'est efforcé d'inculquer à sa division.

Les officiers allemands sont aussitôt conduits chez Repiton-Préneuf. Ce qu'ils disent confirme les informations reçues. La 9e Panzer a rejoint la 116e en forêt d'Ecouves. Une indication cependant, l'état-major ennemi ne suppose pas un instant qu'Alençon puisse être menacé dans les vingt-quatre heures à venir.

— Si nous allons vite, en déduit Leclerc, nous pouvons les surprendre avant qu'ils n'aient achevé leur organisation.

Il réveille tout le monde, actionne les membres de son état-major :

— Gribius, dit-il à son chef du 3e bureau, dispatchez au plus vite les ordres pour aujourd'hui !

« Dio, à gauche, sur l'axe initial, par la nationale, nettoiera Alençon et se portera au plus vite vers l'est, dans la direction de Ciral.

« Langlade s'occupera du nettoyage du nord d'Alençon et entamera sa progression vers Cuissai-Chahains.

« Pour Billotte et son G.T. « V », c'est maintenant qu'il va nous être utile : qu'il traverse Alençon et se porte vers le nord, en direction de Sées-Argentan.

« Constituez un nouveau groupement avec les escadrons de spahis disponibles et un escadron de T.D. Il sera aux ordres de Roumiantzoff. Qu'il se porte en avant, entre la sortie de la forêt de Perseigne et la route de Mamers pour faciliter le débouché de Langlade.

Gribius s'éloigne, traduisant rapidement en ordres détaillés les intentions du chef. Celui-ci a déjà quitté le P.C. et s'intègre à la colonne de Noiret qui repart occuper Alençon, en avant du groupement Dio.

Il est à peine 5 h 30 du matin.

8

TANVILLE

12 août 1944.

Assis sur une chaise de paille, sur le trottoir, au milieu du pont de la rue Aux Sieurs, le général Leclerc, une tasse de lait à la main, regarde passer l'avant-garde de Noiret qui déboule vers les faubourgs ouest d'Alençon.

Les petits fanions des Shermans claquent au vent, timbrés du célèbre Dauphin du 12e Cuirs, dont la devise « Pericula ludus [1] » pourrait être, en ce 12 août, repris par l'ensemble de la D.B. Cette avant-garde est emmenée par Rouvillois, l'adjoint, un homme fin et svelte, visage d'intellectuel au nez chaussé de lunettes à fine monture d'or, mais, au combat, d'une adresse et d'une virtuosité qu'apprécie le général au point qu'il ne s'adresse plus guère qu'à lui. Le regard sévère dont il a, ce matin, enveloppé Noiret en disait long sur les reproches informulés qui pourraient se traduire par une question :

— Pourquoi n'avez-vous pas occupé les ponts d'Alençon hier soir ?

Leclerc aime qu'on exécute ses ordres, même — et surtout — si on les devance. C'est précisément ce que sait faire avec maestria le lieutenant-colonel Rouvillois.

Leclerc est entouré à distance respectueuse par quelques habitants d'Alençon, qui regardent, impressionnés, le défilé impromptu des chars et des véhicules de combat, blancs de poussière, engoncés dans leurs filets de camouflage, hérissés d'antennes, encombrés de paquetages.

1. Au danger, mon plaisir.

Leclerc, lui, rayonne. Il aime bien capter le regard de ses hommes qui le saluent ou, simplement, relèvent le menton. « Ses » garçons.

D'une jeep, stoppée sur le bas côté, surgit Billotte, qui a pris le 9 août le commandement du G.T. « V ». Depuis le début de l'offensive vers Alençon, attendant avec impatience l'heure d'être engagés eux aussi, ses hommes se sont bornés à suivre, de loin, la progression du groupement Dio. Les Espagnols républicains du commandant Putz, les blindés du 501 dont la devise « En tuer » résume l'état d'esprit, tout concourt à faire du G.T. « V » un outil offensif puissant.

Billotte a appris à l'aube que son tour était enfin venu. Il s'approche, aux ordres. Leclerc l'accueille, dispose sur le parapet du pont une carte renseignée et, de l'index, montre l'itinéraire à suivre :

— Objectif : Sées. Puis, si possible, Argentan. Faites vite, il faut éviter de vous heurter avec les Américains. Arrangez-vous pour les précéder. Un sous-groupement par la N 138, par Vingt-Hanaps et La Chapelle. Un sous-groupement par Larré, Ménil-Erreux et Neauphe.

— Compris, répond Billotte.

Il saute dans sa jeep et s'éloigne vers la sortie de la ville où l'attendent Putz et Warabiot, ses commandants de sous-groupement. Putz reçoit l'itinéraire ouest, par la N 138, Warabiot, la D 31 qui lui est parallèle, à l'est, jusqu'à Sées. L'un et l'autre empiètent carrément dans la zone impartie à la 5e D.B.U.S. Ils le savent, mais comme le dit Putz avec une robuste philosophie :

— La guerre est une chose assez tragique comme ça sans qu'en plus on doive sacrifier aux bonnes manières...

En fait, tout est une question de rapidité et c'est sur elle que compte Leclerc pour éviter les rencontres aussi gênantes qu'inextricables entre deux divisions blindées. Or, pour la rapidité, il convient que l'ensemble de ses G.T. aient franchi au plus tôt les ponts de la Sarthe. Billotte vient d'achever son mouvement, faisant trembler la ville du fracas de ses Shermans et de ses chars. L'avant-garde de Dio se présente, les Marsouins du Ier R.M.T. en tête, dans leurs half-tracks qui portent encore les marques des combats de la veille, devant La Hutte.

Dio arrive :

— Et Langlade ? demande le général.

Dio fait la moue. Le visage de Leclerc se crispe. Si tout s'était déroulé dans l'ordre prescrit, Dio aurait dû arriver en dernier, sa mission ne comportant qu'un nettoyage d'Alençon, qui peut attendre. En revanche, le G.T. « L » devait traverser Alençon et aborder, pour la boucler au plus près par le sud et l'ouest, la forêt d'Ecouves. Or Langlade n'est pas là.

Ce qu'ignore le général, qui a volontairement rompu les liaisons avec son échelon supérieur le 5e corps du général Gerow, c'est qu'en ce moment Langlade est stoppé au sud de la forêt de Perseigne. Devant les difficultés rencontrées par la 5e D.B.U.S., les Américains ont décidé un bombardement massif de la zone par une formation de mille forteresses volantes ! Gribius, informé et dans l'impossibilité d'alerter Leclerc, a décidé de prévenir Langlade dont l'itinéraire passe exactement sous la « bombing-line ». A son tour, Langlade a dérouté Minjonnet et Massu en leur conseillant d'effectuer un demi-tour immédiat et de se rabattre sur la nationale au sud d'Alençon.

Massu a fait répondre qu'il était déjà hors de portée, ayant atteint Le Chevain, à la périphérie immédiate d'Alençon. En revanche, en dépit de sa rapidité à exécuter les ordres, Minjonnet, qui a bifurqué vers l'est avec le P.C. du G.T. « L », vient buter, à Arçonnay, dans le gros du G.T. « D » qui achève son mouvement vers Alençon.

C'est l'embouteillage, d'autant plus inextricable qu'il n'est pas question de dérouter personne, ni même d'envisager un demi-tour sur les petits chemins, ou entre les façades des maisons, étroitement serrées dans les hameaux. La seule solution est d'attendre que tout le trafic se soit écoulé.

Il est presque 11 heures du matin quand Langlade, finalement satisfait d'avoir rallié Alençon, franchit le pont sur la Sarthe. Il y est accueilli par Leclerc furieux qui douche son euphorie :

— C'est vous ? Enfin !

Langlade essaie de se justifier. Leclerc lui coupe la parole :

— Je sais ! Gribius m'a déjà expliqué. A vous comme à lui je ne réponds qu'une chose, on n'a pas à exécuter un ordre idiot. Vous nous avez fait perdre trois heures !

Comme par un fait exprès, une estafette apporte un message :

— Les Américains font savoir qu'ils ont finalement renoncé au bombardement de la forêt de Perseigne.

Langlade maudit la coïncidence, redoutant qu'elle ne relance la colère du patron, mais celui-ci est calmé. D'un ton ironique, il jette :

— Vous voyez bien...

Et il s'en va rejoindre son Sherman de commandement, *Tailly*. Extérieurement, ce char ressemble à n'importe quel autre si l'on excepte la floraison d'antennes qui garnissent la tourelle et l'arrière. En réalité, le canon de 75, pointant fièrement son museau n'est qu'une pièce de bois peinte en vert olive, permettant ainsi d'aménager à l'intérieur de la tourelle une sorte de petit bureau, à partir duquel le général est en liaison radio constante avec ses G.T. A gauche, un panneau supporte les cartes annotées au crayon rouge ou bleu.

C'est dans cet équipage que le général se prépare à rejoindre Putz qui fonce pour l'instant sur la route de Sées.

Tout s'est à peu près bien passé pendant la première partie de son parcours. Dès la sortie d'Alençon, les chars de l'escadron de tête — la 3e compagnie du 501 — allument un char allemand qui s'enflamme, bloquant le passage. La colonne se déroute par les Vignes et, sur la droite, l'escadron de spahis du lieutenant Vézy qui assure la flanc-garde se fait allumer par une batterie de 88.

— Laissez tomber et filez vers Congé ! ordonne Putz.

Six kilomètres plus loin, Branet et sa 3e compagnie traversent Vingt-Hanaps, en trombe, suivis du gros du sous-groupement lancé à quarante à l'heure sur ses talons.

Médusés, les chars allemands qui arrivaient de la forêt d'Ecouves pour bloquer la route n'ont pas le temps de réagir.

Seuls quelques fantassins, dissimulés dans les trous creusés de cinquante mètres en cinquante mètres sur les bas-côtés, tentent vainement au fusil de freiner la charge des blindés vers Sées.

Il est dix heures et demie du matin.

Branet arrive devant Sées. Il s'y engouffre.

— Des Panthers, à droite !

Les tourelles pivotent, se rabattant dans la direction ennemie...

— Halte au feu. Ce sont des Shermans !

Les Américains sont là. Leur avant-garde vient d'entrer dans la ville. Un officier de liaison, congestionné de fureur, invective les resquilleurs :

— *Get out, bloody Frenchmen !*

— Il a raison, glisse le sous-lieutenant Mulsant à son chef. On est en train de piétiner leurs plates-bandes.

— Mais aussi, quelle idée de foncer comme des dingues, intervient le lieutenant Christen, qui commande le peloton de tête. Pouvaient pas nous laisser tranquilles !

En fait, les Américains, stoppés hier devant la forêt de Perseigne, se sont aperçus, très tôt ce matin, qu'elle n'était plus tenue. Ils ont débordé dans les limites de leur « compartiment » de terrain et les voici, longue colonne de chars, immobilisée au carrefour central qui devient, d'un seul coup, le point géographique d'un embouteillage monstre, s'étendant sur des kilomètres. Les radios crépitent, véhiculant les mots aimables.

Il y est question d'indiscipline congénitale des Français. On y évoque le spectre des conseils de guerre. Les Américains sont offusqués par la décontraction de leurs voisins.

Et même le cidre, qui coule à pleins tonneaux, servi par une population qui ne s'attendait pas à être libérée, en même temps, par autant d'armées, n'arrange rien. Surtout pas l'adresse des conducteurs, assoiffés dans leurs postes de pilotage, et qui se trouvent à portée de goulot.

Un Sherman remonte la colonne, suivi d'un half-track.

Leclerc est là, suivi de Putz, l'un et l'autre d'une humeur de dogue. Ils vont affronter les Américains.

Prudents, les chars de la 3e compagnie prennent la première rue à gauche et se glissent sur la Nationale 808 qui s'infléchit vers l'ouest, vers Carrouges. Il s'agit de réintégrer l'axe prévu.

— De toute manière, constate Christen, le but est atteint, nous avons débordé la forêt d'Ecouves.

Leclerc revient. Il grogne :

— Si on nous avait laissé poursuivre, dit-il à Guillebon, nous pouvions prendre Argentan dans la journée et nous aurions fermé la poche de Falaise avec quarante-huit heures d'avance ! — Puis il ajoute : — l'Histoire jugera.

Furieux, amer, Leclerc donne l'ordre de se rabattre dans les limites de son terrain de chasse. Une mission importante certes, mais qui n'exigeait pas d'être menée dans l'heure. Il eût été plus valable de bloquer l'issue de secours des Panzerdivisions qui vont ainsi pouvoir se replier jusqu'au 20 août, vers l'est pour se reformer ailleurs. Ce sera le cas de la 1re SS Panzer, la *Leibstandarte* qui franchira de justesse le goulet de Trun, celui de la SS *Hitlerjugend,* qui se battra pour maintenir ouverte la route de Chambois-Laigle, route qu'auraient pu boucler, dès le 15 août, Polonais venant du Nord avec l'armée anglaise, et XVe corps américain, 2e D.B. en tête.

Il s'en est fallu de très peu, de deux heures peut-être, pour que Leclerc puisse franchir avant la 5e D.B.U.S. le carrefour de Sées qui lui ouvrait la porte d'Argentan.

— Maintenant, direction l'ouest !

Putz repart, la 3e compagnie du 501 en ouverture, sur la Nationale 808.

A sa droite, Warabiot, qui a buté dans la colonne américaine devant Sées, a réussi à se sortir du conglomérat de camions et de chars amis, et à reprendre sa progression. Il remonte lentement, par des petites départementales, en direction du nord, vers Ecouché, par Montmerrei et Saint-Christophe-le-Jajolet.

A quelques kilomètres à l'est, sur la RN 138, les Américains défilent vers Argentan. Avant la nuit, ils sont durement stoppés à Mortrée.

En revanche, Putz amorce l'encerclement par le nord de la forêt d'Ecouves. Une forteresse naturelle, seize mille hectares de bois et de taillis, traversés de sentiers rectilignes sc coupant à angle droit, passages obligatoires pour des blindés d'attaque, guettés par des antichars dissimulés dans les buissons. Un véritable coupe-gorge, occupé par deux Panzerdivisions, la 9e et la 116e, arrivées dans la nuit.

En fait, les Allemands ne pensaient pas être talonnés d'aussi près par leurs ennemis. Ils se sont seulement gardés solidement face au sud, direction d'où viendront, ils le pensent, les premières attaques. Ils ne croyaient pas surtout qu'ils seraient aussi rapidement débordés par leur flanc est, leurs blindés, envoyés au jour pour barrer la direction de Sées, sont arrivés trop tard pour couper la Nationale 138.

Au même moment, en couverture face au nord, le 156e Panzergrenadierregiment, de la 116e Panzer, est en train de se mettre en place.

Il est presque midi.

— Plus vite en tête !

A bord de son Sherman *Hartmannswillerkopf,* le lieutenant Christen hausse les épaules. Plus vite !

— Ma parole, Putz se croit aux 24 heures du Mans !

Et pourtant, le peloton Christen fonce, sur la Nationale 808, vers l'ouest. Il doit tout à la fois ouvrir la route, guetter à droite et à gauche l'éventuel bouchon ennemi. Il doit aussi repérer le carrefour de Tanville où, quittant la nationale, il devra bifurquer à droite, vers le nord, par le Cercueil et Boucé pour marcher parallèlement à Warabiot, vers Ecouché.

La voix hargneuse de Putz résonne encore dans les écouteurs.

— Je voudrais bien le voir, à ma...

Christen n'achève pas sa phrase. Un bruissement d'abeilles en folie environne le tourelleau où il s'était appuyé. Réflexe, il se laisse tomber et hurle :

— On se fait allumer !

Le canon a fait un quart de tour et arrose un buisson d'où sortaient les rafales de mitrailleuse.

Christen est passé, mais, derrière, dans un crissement de chenilles malmenées, les half-tracks de la 9e compagnie se sont garés sur les bas-côtés. En criant, les fantassins s'éjectent.

Leurs véhicules portent les noms de leurs combats : *Madrid, Guadalajara, Albacete, Brunete, Guernica.* Leurs chefs sont comme eux, secs, l'œil de feu, le geste précis, la haine au cœur. Ils étaient autrefois capitaines, commandants. A la 2e D.B., ils sont sous-lieutenants. A leur tête, Dronne, l'ancien du Tchad, surnommé « El Capitan » ou « Le chasseur de buffles ». Il est toujours massif, tête ronde encadrée d'un collier de barbe blond-roux, la voix forte qui roule. Il a pris comme adjoint le plus ardent des « Cosaques », ceux de la section d'accompagnement, le sous-lieutenant Granell, Catalan aux joues bleues, au regard sombre.

La « Nueve » s'élance au combat. Elle percute de plein fouet le 156e Panzergrenadierregiment.

Derrière la 9 arrive la 11 du capitaine Dupont. Une unité aussi ardente, si son style est différent. Cela tient à la personnalité de son capitaine, formé aux chasseurs alpins, ancien de la campagne de Narvik, volontaire de la France libre dès la première heure. Avec lui, d'anciens chasseurs récupérés en Angleterre, quelques pieds-noirs et une « harka » d'Arméniens apatrides aux longs visages couleur d'olive mûre.

La 9 à droite, la 11 à gauche. Putz, qui commande, ne finasse pas. On cogne d'abord, on manœuvre ensuite.

Les Espagnols bondissent au-dessus des haies. Grenades, rafales. Un canon de 88 est aperçu, à l'angle d'une maison. Par gestes, Montoya le désigne à Jésus Zoreilla, le tireur au bazooka. Zoreilla hoche la tête, lève le pouce. Il a vu.

Il se penche pour permettre à Urgoïti, l'ancien contrebandier d'Oyarzun, d'introduire la roquette, puis il fonce, se plante, droit, au milieu du chemin. Il appuie sur la détente. Rien. En revanche, le 88 a fait feu. L'obus passe, en ronronnant au-dessus de la haie.

— Ça ne marche pas, grogne Zoreilla.

— C'est *souramente* les saloperies de piles, explique Urgoïti.

— Change-les.

Quelques secondes s'écoulent puis le chargeur donne une tape sur l'épaule de Zoreilla. Il bondit, reprend sa position. Le 88 tonne à nouveau, le bazooka aussi et fait mouche.

Au-dessus des fantassins, les canons des Shermans allument les haies. Parfois, les explosifs vont se perdre dans les champs, incendiant les meules de paille. L'air est saturé de bruits, de fumée, de chaleur. Les Espagnols rampent dans les fossés, cueillant à la grenade les pièces de mitrailleuse. Les Panzergrenadiers sont de solides combattants, aguerris par des années de lutte. Ils plient pourtant, surpris par la soudaineté de l'attaque. On leur avait expliqué que les fantassins américains étaient mous et qu'ils se repliaient sitôt les premiers coups de fusil, laissant la place à l'artillerie, toujours longue à se mettre en route.

Or ils sont accrochés sitôt détectés par des fauves qui ne les lâchent pas. Quelques groupes, encerclés, lèvent les mains. Pas assez rapidement. Les rafales partent vite :

— Pour Guernica ! hurlent les Espagnols.

Le combat dure quatre heures. La totalité des 1er et 2e bataillons du 156e régiment de Panzergrenadiers est tuée ou prisonnière. Seul le 3e bataillon, en retrait, échappe à la destruction en rebroussant chemin à travers les premiers couverts de la forêt.

— Poursuivez-les ! hurle Putz.

Protégés par les Shermans de Christen et les T.D. du peloton de l'enseigne de vaisseau Bernard, les Espagnols se ruent sur le sentier hasardeux qui mène plein sud, à la Croix de Médavy, au cœur de la forêt d'Ecouves.

Leclerc est là. Il a installé son P.C. au cœur de la bataille, au carrefour de Tanville.

— Il avait besoin de venir, celui-là, grogne Christen avec un sourire affectueux à l'intention de Hail, son radio-chargeur.

A pied, Leclerc remonte la colonne des Shermans, donnant de la canne. Branet, le capitaine, prend le gros de la tempête pour lui seul :

— C'est de la folie, vos chars sont alignés, à la queue leu leu : il suffit d'un antichar pour causer le désastre de la journée ! Dégagez !

Les spahis du lieutenant Vézy ont progressé à travers les fourrés, à la protection des fantassins. Ils débusquent en effet un canon de 75, planqué derrière un tas de bois.

— Vous voyez bien !

Une estafette rejoint le général. Le message qu'il apporte émane du colonel de Langlade. Il rend compte que sa progression initialement prévue à travers la forêt s'est heurtée, aux lisières, à une très forte résistance. Il se bat dans Cuissai, avec Minjonnet, tandis que Massu, qui s'est rabattu sur lui, est sévèrement contenu à Colombiers, tout à côté de Cuissai.

Leclerc n'hésite pas à modifier l'idée de manœuvre. Il sait que la forêt d'Ecouves n'est pas un terrain idéal pour une attaque de blindés. Elle se prête en revanche assez bien à la manœuvre d'infanterie.

— Putz, dit-il, infiltrez-vous au plus loin vers le sud, essayez de tendre la main à Langlade ; à défaut, soulagez la pression qu'il subit.

Puis il se tourne vers Branet, ayant déjà oublié l'algarade de tout à l'heure :

— Poursuivez seul la mission initiale, atteindre Ecouché par Le Cercueil, La Bellière et Francheville. Si la nuit vous surprend, enfermez-vous dans un village... Renseignez-moi. Faites au mieux.

— Comptez sur moi...

Mais Leclerc :

— Allez, vite, vite !

Il est dix-huit heures. Branet galope jusqu'à son char de commandement, *Argonne*. Par radio, il donne aux pelotons l'ordre de faire demi-tour. Son chauffeur, Jourdain, dit « Le Red » à cause de ses cheveux carotte, embraye joyeusement.

— Comment ? tonne une voix, venue de la route : vous n'êtes pas encore parti ?

Leclerc s'impatiente. Dans un fracas de tonnerre, Christen débouche du sous-bois, fait une apparition fracassante, ses chenilles chassant les gravillons. Dans la poussière des quatre chars qui le suivent, Branet emboîte le pas. Il est parti.

Il rallie au plus vite le carrefour de Tanville. Là, il stoppe, le temps d'organiser sa colonne. Il jubile, c'est une mission typiquement de cavalerie. En élément de reconnaissance, il place un peloton de spahis aux ordres du lieutenant Vézy. Lui-même prend place derrière, à bord de sa jeep. Suivent les cinq Shermans de Christen, *Hartmannswillerkopf*, *Yser* (Duten), *Grand-Couronné*, *Mort-Homme* (Bernard) et *Douaumont* (Bizien). En appui, le peloton Davreux de la 4e compagnie de chars légers du 501. En surnombre, Gavardie, le commandant de la compagnie, s'intègre au convoi.

Branet lance sa colonne. Pour le guider, un jeune garçon du pays, nanti pour tout signe distinctif d'un brassard de F.F.I. C'est un « cadeau » du colonel Repiton-Préneuf.

Le jour est déjà très avancé et le soleil accroche la cime des arbres. Il faut faire vite : la distance à parcourir représente en ligne droite un peu moins de vingt kilomètres... si l'on ne compte pas les virages d'un chemin au caractère indépendant.

Haut dans le ciel, les avions passent, disparaissent vers le nord. La poussière de la route et la fumée des échappements piquent les yeux. Halte brusque. Coups de feu. Branet se hisse sur le pare-brise. C'est seulement un convoi hippomobile sanitaire allemand, rattrapé par les A.M. de Vézy, et qui s'est rendu à la première semonce.

— Poursuivez, hurle Branet.

Deux kilomètres plus loin, à la sortie du hameau portant le nom pittoresque de « Le Cercueil », nouvel arrêt, nouvelles explosions. Encore un convoi ennemi qui remontait vers Argentan par les chemins de traverse. Des ambulances, deux ou trois cents fantassins à l'air harassé, et des véhicules divers.

— Davreux ? Détachez un Ml pour escorter les prisonniers vers Tanville...

A droite et à gauche, encore des bois, qui masquent l'horizon. Chaque virage risque d'apporter des surprises, ne serait-ce que les arrêts brusques des A.M. de tête. En voici un. Branet se penche essayant de voir. Un Allemand a surgi du fossé. Peut-être voulait-il se rendre ? On ne le saura pas, une rafale l'a couché. Derrière le cadavre, soudain, Branet distingue des masses sombres, trop régulières pour n'être que les buissons auxquels elles essaient de ressembler. Les 37 des A.M. crachent le feu.

De partout maintenant sortent des Allemands, bras levés haut. Quelques spahis sautent à terre et crèvent les pneus des automitrailleuses ennemies. A grands gestes du bras, ils intiment aux prisonniers l'ordre de rejoindre seuls le carrefour de Tanville.

— En avant !

Branet craint d'être surpris par la nuit dans cette forêt. Il ne sera en sécurité, du moins le pense-t-il, qu'une fois franchie la crête qui surplombe Francheville. Toujours roulant, la colonne passe La Bellière. Francheville est en vue, à l'abri derrière ses haies et ses vergers. Personne dans les rues. Et soudain, à gauche, dans la rue transversale surgit le mufle jaune d'un engin de combat. C'est l'avant-garde d'une colonne allemande qui, sans doute, refluait de Carrouges sur Argentan. Branet n'a même pas le temps de donner un ordre. Tous les canons de Christen abattent à gauche ou ouvrent le feu, ensemble.

C'est le massacre. Les Allemands, surpris au repos, sont hachés par les canisters des automitrailleuses, tandis que les Mark IV sont troués par les perforants des Shermans. Comme dans toutes les actions brutales, le fracas, la fureur ne durent que quelques secondes qui semblent des heures.

Et puis, d'un coup, le calme revient. Assommés de terreur, quelques équipiers des blindés détruits, la combinaison noire fumant encore, lèvent les bras et se pressent, en flots clairsemés, le long des façades.

Christen a sauté de son char. Il revient, triomphant :

— On s'est payé dix-sept blindés !

Il entame une sorte de danse du scalp, avec Bernard et Bizien. En queue de colonne, quatre Panthers achèvent de se consumer. Ils s'étaient arrêtés, capot levé, pour réparer quelque avarie.

Branet ne s'attarde pas. La nuit commence à tomber. Ne possédant aucune infanterie, il constitue des patrouilles à pied avec les aides-chargeurs, les radios et les officiers en surnombre. Il les expédie tenir les issues. Il redoute moins une contre-attaque ennemie que l'irruption d'une colonne égarée, cherchant sa route dans le noir. Les Shermans appuient les bouchons.

— Mon capitaine, impossible d'obtenir le général.

Rendre compte faisait aussi partie de la mission de Branet. Il s'impatiente :

— Passez-moi une jeep, je vais effectuer la liaison, propose le sous-lieutenant Herry, de la 4e compagnie, venu « en touriste » avec les chars légers de Davreux.

Leclerc, toujours installé avec son P.C. au carrefour de Tanville, peut faire le point de cette journée du 12 août. Son dispositif est étalé dans un triangle dont la médiane fait plus de quarante kilomètres : au nord, Warabiot a rencontré un petit obstacle à Montmerrei, qu'il a fait sauter. Au carrefour de la D 219, il a croisé une colonne allemande refluant vers Argentan. Il l'a détruite après un bref engagement des compagnies Buis du 501e et Sarrazac, du IIIe R.M.T. La nuit l'a trouvé au nord-est de Loucé, à six kilomètres d'Argentan.

Au sud, à droite, Langlade et les sous-groupements Massu et Minjonnet stoppés à la lisière de la forêt d'Ecouves. Ils y ont été rejoints par le groupement Roumiantzoff après une vaine tentative de pénétration en force du dispositif allemand. Roumiantzoff y a perdu un char et un officier, le sous-lieutenant Rémy, le propre fils du colonel commandant le régiment de spahis de la division.

A gauche, Dio et ses sous-groupements ont achevé le nettoyage d'Alençon dans la matinée et se sont avancés, par la route de Pré-en-Pail, jusqu'à Saint-Denis-sur-Sarthon. Putz est à la Croix de Médavy, au cœur de la forêt. Lui non plus n'a pas pu déboucher et s'est installé en « hérisson » face au sud.

— Rude journée, dit-il au général.

— Rude journée, Putz. — Un sourire, un geste de la canne montrant les bosquets et les futaies : — Demain sera encore plus rude. Ce sera une vraie chasse à courre.

9

CARROUGES

13 août 1944.

Le capitaine Grall relève son casque en un geste familier, et s'installe sur son siège, une jambe repliée sur le garde-boue de sa jeep. Du bras gauche, il lance sa compagnie en avant, sur la route de Ciral. Il est six heures du matin et déjà, le soleil perce au-dessus de quelques nuages bas qui s'enfuient vers l'est. Sur la route, les grands peupliers étendent leur ombre interminable.

Sur la gauche, de l'autre côté du Sarthon, sur l'autre versant de la forêt de Multonne, un roulement continu de canon jalonne la progression des Américains. La 3e D.B.U.S. avance vers Pré-en-Pail.

— Tout va bien, jette Grall dans son poste radio.

Ce matin, le G.T. « D » a la mission la plus délicate. Il s'agit de prendre Carrouges en contournant par l'ouest la forêt d'Ecouves où se terrent deux Panzerdivisions. C'est d'ailleurs l'objectif de Putz.

Grall est optimiste. L'accrochage de La Hutte, deux jours plus tôt, a fait réfléchir Farret qui, ce matin, engage ses chars en second échelon, en appui direct de l'infanterie.

— Marson ? Eclairez-vous largement en avant.

Marson commande la première section de la compagnie Grall, de jeunes vétérans qui pour la plupart ont fait leurs premières armes au corps franc d'Afrique. Musulmans, juifs ou pieds-noirs composent une troupe haute en couleur, le verbe truculent, le bavardage intarissable.

Ils ont mal dormi la nuit précédente. Les Allemands ont lancé sur Alençon, d'ailleurs vide de troupes, un important raid aérien. Des représailles qui sentent la colère et le dépit. Ils n'ont fait qu'ajouter des ruines aux ruines, et raviver la haine des hommes du G.T. « D » qui découvrent le visage hideux de la « guerre totale ».

Bien calé contre le dossier de sa jeep, Grall inspecte le paysage au calme trompeur. On dirait un fauve à l'affût, rassemblant son énergie avant de bondir. Avec son large torse, ses membres longs et son regard filtrant entre ses paupières fermées, il donne une impression de force brutale.

A deux kilomètres en avant, éclairées de face par un soleil direct, apparaissent les premières maisons de Gandelain, sur la gauche. En avant, un calvaire de pierre étend ses bras nus.

Le premier coup de feu ne surprend les fantassins qu'un quart de seconde. La route, animée l'instant d'avant est soudain déserte, uniquement peuplée du bourdonnement agressif des balles de mitrailleuse. Derrière les Marsouins, les Shermans du peloton Plusquellec s'écartent des trajectoires et s'embusquent au long des haies.

— C'est du gros, annonce le lieutenant Marson. En plus d'éléments enterrés, j'ai noté l'arrivée d'au moins un bataillon qui manœuvre à découvert à l'ouest de Gandelain.

— C'est bien notre veine, gronde Grall : nous sommes tombés sur l'infanterie qui devait arrêter Rouvillois !

En effet, le second sous-groupement avance à droite du Ier R.M.T., sur un axe parallèle, et Rouvillois vient d'annoncer que sa route était libre.

— Maintenez le contact, ordonne Grall à Marson.

Il n'est pas question aujourd'hui de rééditer l'erreur du 11 août ; la résistance peut être tournée, inutile de prendre des risques.

Chez Rouvillois, le peloton Desforges ouvre la route. Le sous-lieutenant fonce, insensible au paysage. Il jette un regard distrait sur le calvaire de pierre qui jalonne le carrefour de Gandelain, mais son attention se porte au-delà, vers les premières maisons du village.

— Attention aux lisières, lance Noël, à la radio.

Desforges hausse les épaules. Les lisières, il a le nez dessus et elles grouillent d'Allemands. Il stoppe ses chars, s'embusque à l'affût sur les bas-côtés, laissant la place à l'infanterie.

Sautant à bas de ses half-tracks, la compagnie Sanmarcelli galope tout en prenant ses dispositions de combat. Par gestes, le lieutenant Djambekoff indique le dispositif à adopter. Ses hommes obéissent, comme à la Légion. Djambekoff l'exige ainsi. Ex-cadet de l'Ecole d'officiers de Petrograd, émigré en France dans les années 20, engagé à la Légion, Djambekoff y a gagné, un à un, ses galons. C'est un grand diable de Tcherkess à l'accent dans lequel roulent des orages. Les Marsouins progressent de haie en haie à la mitraillette et à la grenade, appuyés par les Shermans de Desforges qui tentent de neutraliser mitrailleuses et mortiers.

Dio est tout proche. Par des chemins de traverse, il a rejoint Rouvillois, auquel il a ordonné de déborder sur la gauche et de se rabattre sur la nationale :

— Vous prendrez à revers le bouchon qui arrête Grall.

Rouvillois lance l'escadron Gaudet qui, d'entrée de jeu, neutralise les canons qui appuyaient la résistance ennemie.

Derrière Gaudet, la compagnie d'appui du Ier R.M.T. passée aux ordres de Lavergne, commence à matraquer les fantassins, pris à revers.

En moins d'une heure, le bouchon est enfoncé, par le nord. Tirés dans le dos, à bout portant, les Allemands qui stoppaient Grall choisissent la fuite en avant et, soudain, les Marsouins de la 1re compagnie voient déboucher un flot de soldats en feldgrau qui jettent bas les armes en agitant leurs mouchoirs.

Grall les fait approcher et les compte... Plus de deux cents !

Sans perdre de temps, il fait jonction avec l'escadron Noël et entre, avec eux, dans Ciral. Ciral où, surpris, le gros du bataillon ennemi s'est retranché, dans les maisons, les édifices publics, barrant les rues avec des charrettes renversées.

— C'est du western, jette Briot de la Crochais, méprisant.

En queue de colonne, Dio s'ennuie. Il aimerait être présent sur les lieux du combat pour pouvoir se faire une idée précise de ce qui se passe à Ciral. Mais ses subordonnés ont autre chose à faire qu'à parler à la radio. Et Dio ne peut aller jusqu'à eux ; son entorse le cloue toujours au siège de sa jeep. Il s'impatiente.

— Le nettoyage de Ciral est bien trop long, grogne-t-il, sa mauvaise humeur augmentant de minute en minute.

Corlu lui a rendu compte qu'il ne pouvait pour l'instant rien distraire de ses éléments, imbriqués dans le dispositif ennemi. Quant à Rouvillois, essayant de se dégager, il amorce un demi-tour pour prendre les départementales menant à La Bellière et rejoignant la Nationale 809 à cinq kilomètres au nord.

— Allez, dit Dio à son chauffeur, on y va.

A travers champs, Dio rallie la nationale au nord de Ciral. Il rameute au passage un peloton, quatre Shermans de l'escadron de commandement Thomas, du 12e Cuirs. Fantou le commande. Dio lui demande de foncer jusqu'à Carrouges, en suivant une nationale dont il est évident qu'elle est encombrée d'unités ennemies qui refluent, cherchant une issue vers Sées et Argentan.

Et Dio s'en va, sa jeep encadrée par les quatre Shermans. Pour une fois, il a troqué son képi bosselé contre un casque, non moins bosselé. A la bouche, son éternelle cigarette. Sur le siège arrière, le tireur à la 12.7 et le chargeur, responsable aussi du contact radio avec les avions, rameutés au-dessus.

— Ne vous arrêtez sous aucun prétexte, lance Dio à Fantou.

Recommandation superflue. Les Shermans seront moins vulnérables s'ils roulent à tombeau ouvert.

Passé le premier virage, la nationale s'offre aux vues, sur près de deux kilomètres. Malgré son sang-froid légendaire, Fantou ne peut réprimer un mouvement de surprise.

— Nous ne sommes pas tout seuls !

En effet, des éléments allemands, surpris avant Ciral, refluent vers Carrouges en espérant pouvoir atteindre la route qui mène à Sées, vers l'est. Fourgons surchargés de fantassins ou de blessés, tractés par des chevaux, batteries d'artillerie, hommes à pied suivant ou escortant quelques blindés, automitrailleuses, chars moyens « Mark IV », automoteurs, semi-chenillés transports de troupes. Le convoi roule sagement à droite.

Fantou fonce, à gauche. Son canon aboie, ses mitrailleuses crachent, imitées par celles des trois autres Shermans et celle de la jeep de Dio dont le servant n'a jamais été à pareille fête.

Les avions piquent, en avant, détruisant le gros gibier dont les équipages sautent et courent se réfugier dans les bois ou bien restent, accablés, sur le bord de la route pour regarder passer, l'œil vide, la patrouille démente.

Pour sa part, Dio, olympien, allumant une cigarette au mégot de la précédente, s'oblige à conserver un maintien sérieux, partagé entre deux sentiments contradictoires, l'inquiétude du « pépin » et la jubilation. Il y avait longtemps qu'il ne s'était autant amusé.

Carrouges se profile à l'horizon. Sur la route, c'est toujours la même affluence. Des gradés gesticulent, dont il est difficile de juger s'ils prennent les Shermans pour des Panzers en folie qu'ils veulent ramener à la raison, ou s'ils encouragent leurs hommes à résister à l'ennemi identifié. Les mitrailleuses les percutent, les déchiquettent. Parfois, bloquant une chenille, le Sherman de queue effectue un dérapage qui expédie une voiture dans le décor.

Carrouges est là, le panneau indicateur percé comme une écumoire. Fantou ralentit à peine. Il s'engouffre dans la rue principale, effectue, tonnant de toutes ses armes, un slalom épique autour de la place principale et revient sur ses pas, semant le tonnerre et la désolation. Sur la place, il allume, pêle-mêle des camions bâchés, des tracteurs, des voitures de liaison, des side-cars et même une cuisine roulante qui crache son charbon.

Dio et les autres Shermans ont suivi.

— On rentre ? demande Fantou.

— On va chercher les autres, répond Dio.

Voici la nationale, à nouveau. Cette fois, les Français ont une vue précise des ravages causés à l'aller. Il ne subsiste rien de l'ordonnancement qui présidait tout à l'heure à la marche du convoi. Des débris jonchent le goudron qui fond et brûle en dégageant des torrents de fumée noire. La fumée règne partout du reste, faisant cabrer les chevaux qui parfois cassent leurs attelages et s'enfuient, en hennissant à travers la campagne. Au milieu de ce désastre, des hommes errent, fous de terreur, accablés de fatigue.

Fantou fonce, en zigzaguant entre les carcasses des voitures, les débris de toute sorte, mitraillant de loin pour dégager les passages. Pourtant, ici et là, quelques Allemands se sont repris et arrosent au passage la colonne en furie. Grenades à manche répliquent aux coups de canon, MG 42 miaulent, rageuses, en réponse aux 12.7. Les feuillages sont hachés, les troncs d'arbres vibrent comme des gongs, le bitume se lézarde, blessé par les ricochets.

C'est l'enfer, dans la fumée, l'odeur âcre de la poudre ou des incendies, les hurlements, le rugissement des moteurs, les explosions des bombes d'avion, le craquement sec des 75.

Neuf kilomètres, c'est long quand la mort est en embuscade à chaque mètre. Et pourtant, les cinq véhicules à croix de Lorraine se ruent en avant. Rien ne les arrête jusqu'à Ciral où le Ier R.M.T. achève le nettoyage et reforme sa colonne. Dio effectue un demi-tour devant le half-track de commandement et, se dressant à moitié :

— Ça pète de tous les bords ! Suivez-moi, on retourne !

Il repart, suivi comme son ombre par les chars de Fantou, précédant maintenant le sous-groupement Rouvillois, le sous-groupement Noiret, et Grall qui a abandonné à regret ses prisonniers.

Pour la troisième fois, les blindés de Dio remontent la colonne allemande qui n'est plus, maintenant, face aux cent Shermans, qu'une épave agonisante qu'achèvent de crever les canons qui s'épuisent à trouver des cibles encore intactes.

A Carrouges, rayonnant, Dio passe un message à Leclerc pour lui annoncer sa position. Il ajoute :

— On continue...

Il est onze heures et demie.

Laissant Corlu achever le nettoyage de la ville, Dio lance Rouvillois vers le nord-est, par la D 2.

Debout sur son char, le lieutenant-colonel Rouvillois inspecte le terrain. La D 2 s'infléchit au cours d'une légère descente qui l'amène vers l'Etre-Gautier dont le château, environné de verdure, constitue un petit éperon boisé d'où sortent des fumées. D'autres fumées, à l'ouest, et surtout des colonnes de poussière, en lignes parallèles, se dessinent au loin. Selon toute évidence, les routes qui convergent vers Argentan sont encombrées d'engins ennemis. La partie va être dure à jouer.

L'escadron Noël, reparti en tête, se cogne, dès Sainte-Marguerite, à un bouchon ennemi qui ne lui donne aucune chance. Deux chars brûlent, sans laisser le temps de la riposte.

— Il y a du Panther dans le coin, confirme Krebs.

Rouvillois fait alors avancer les T.D. de l'enseigne de vaisseau Villarem. En tête, le *Dunkerque*, mené par le second maître Caja, pied-noir d'Oran, le verbe haut et assuré, l'œil infaillible, presque aussi sûr que celui de Jaouen, le tireur. Très vite, les deux hommes repèrent la masse jaune d'un char ennemi, à l'angle d'un mur. Le 76.2 tonne. L'ennemi disparaît.

Caja avance alors, prudemment. Il débouche au moment où l'ennemi fait demi-tour et repart sur un chemin de traverse. Pan ! Pan ! Cette fois, Jaouen ne lui a laissé aucune chance.

— On l'a eu, ce bâtard ! clame Caja.

— Pouah, ce n'est qu'un Mark IV, crache Jaouen, dédaigneux.

Le reste du peloton progresse sur la route. Les jeeps de la reconnaissance, *Impétueuse* et *Dédaigneuse*, abordent le carrefour de la Druitière, au pied d'un calvaire couvert de mousse. Deux coups au but les incendient, sans rémission. Le *Richelieu* du second maître Francheschi subit le même sort et prend feu.

En pestant, Francheschi s'éjecte, suivi de Mothe, son tireur ; le conducteur et l'aide-chargeur parviennent aussi à sortir des écoutilles avant. Du fossé, Francheschi inspecte le paysage. Il aimerait bien découvrir l'ennemi qui l'a touché. Mais rien. Ne seraient les jeeps et le T.D. qui brûlent, on pourrait croire à une hallucination.

— Il ne bouge pas, ce coulo, râle Mothe en vouant l'ennemi aux gémonies.

— Ça y est, souffle le second maître. Regarde, c'est un Panther. Il est planqué derrière une meule, à gauche du bouquet de saules...

— Chef, réplique Mothe, les extincteurs se sont déclenchés d'eux-mêmes ! Un miracle !

Un miracle en effet. Sous l'effet de la chaleur, les valves ont dû sauter et le moteur se couvre de neige carbonique. L'incendie faiblit, s'étouffe. Du T.D. ne sort plus qu'une épaisse fumée blanche. D'un même regard, les deux hommes se sont compris. Francheschi rampe sur la route, Mothe sur ses talons, et, par l'arrière, parvient à regagner sa tourelle. A petit coups sur le bouton de commande, Mothe essaie la tourelle. Elle fonctionne.

— S'agit pas de se faire repérer, murmure Francheschi, à voix basse comme s'il redoutait d'être entendu de l'Allemand dont on devine mieux le canon, toujours braqué sur le carrefour.

La tourelle progresse, sans à-coups. Le canon s'oriente, Mothe prend la mire. Il ne se presse pas, il ne veut tirer qu'à coup sûr.

— Il va être drôlement surpris, gronde-t-il.

— Paré, chef. D'ici, je lui mets trois pélots dans la caisse avant qu'il ait eu le temps d'appeler sa mère !

— Feu, ordonne Francheschi, sans sourire.

Trois obus partent, en quelques secondes. Deux perforants, un explosif. En face, rien. Pas la moindre réaction. La meule de paille empêche même de voir l'éclatement du perforant.

— Tu lui mettais trois pélots, hé ?

Ebahi, yeux ronds, Mothe regarde maintenant le canon ennemi qui pivote lentement, les prenant dans son angle de tir.

— Sainte Vierge...

Le temps est suspendu et, incapables de bouger, les deux marins attendent le coup de grâce.

Et soudain, le paysage explose. La meule de paille se volatilise, soufflée par une gigantesque déflagration. Dans la fumée grise que dissipe le vent, Mothe aperçoit le Panther, un énorme trou à l'arrière, exactement sous la tourelle qui a pris une inclinaison bizarre.

L'affaire n'a duré que quelques minutes, mais tous ont l'impression d'être restés là une éternité. Déjà le carrefour est franchi. La colonne repart, protégée par les deux T.D. restants, *Strasbourg*, de Le Roux et *Jean-Bart* de Passaquet.

Caja, Francheschi, Jaouen et Mothe embarquent à bord des automitrailleuses du peloton de protection de l'aspirant Molle.

Le Ménil-Scelleur est en vue, et Rouvillois, soucieux de sécurité, déploie son infanterie pour en aborder les lisières. L'apparition des half-tracks déclenche le feu de blindés légers, embusqués dans les jardins des faubourgs.

Bien placé, en flanquement, le *Jean-Bart* surveille inlassablement le paysage. Soudain, à quatre cents mètres à gauche, une masse carrée bardée de feuillage. Un char ? Non, c'est un camion. Passaquet ne finasse pas. Il donne les éléments à son tireur, observe le coup.

Déception. L'obus traverse le véhicule de part en part, sans exploser. Passaquet soupire, va donner des corrections quand, à sa grande stupeur, il voit, loin en arrière du camion et dans l'axe du canon s'élever un énorme champignon de fumée jaune. L'obus a achevé sa course dans le flanc d'un Panther qui passait malheureusement dans sa trajectoire. Hilare, Passaquet peint un cercle blanc sur son canon.

Débordant largement le village, l'aspirant Molle et son A.M. *Lorraine* tombent par hasard sur une section ennemie. Au bilan, sept automitrailleuses et leurs équipages. Ce sont des SS. Interrogés, ils se bornent à décliner leurs noms et grades.

En réalité, Dio l'apprendra au soir, l'avant-garde de Rouvillois s'est heurtée, durement, aux éléments qui gardent la progression de la 2e division de Panzers de la SS.

— Notre « homologue » de l'armée allemande, diront quelques garçons, sans rancune.

Car ce soir, ils ignorent — et ils ignoreront longtemps — que l'unité à laquelle ils ont été confrontés, le régiment n° III *Der Führer,* appartient à la SS Division *Das Reich,* la division d'Oradour. Ce 13 août, peut-être a-t-il mieux valu pour l'ennemi que les garçons de la 2e D.B. ne le sachent pas.

La journée est maintenant très avancée. En avant de Rouvillois, les résistances sont nombreuses, de même qu'à l'est de Carrouges. Farret, qui s'est aventuré vers l'est, avec l'intention de réaliser la liaison avec Leclerc, toujours au carrefour de Tanville, a dû y renoncer : La Lande-de-Goult, au milieu de l'itinéraire, grouille de blindés. Ce sont les flancs-gardes de la 116e Panzer qui protègent le créneau par lequel la 9e Panzer va tenter d'évacuer la forêt d'Ecouves.

Car la forêt a cessé de jouer un rôle quelconque. Dans la journée, Putz l'a traversée, du nord au sud, à la rencontre de Roumiantzoff. Tous moyens réunis, les deux colonnes sont remontées vers la Croix de Médavy où ils se sont solidement ancrés.

Par ailleurs, le groupement tactique Langlade a lui aussi rempli sa mission et traversé l'ouest du massif boisé, du sud au nord.

Au matin, Massu, à gauche de l'itinéraire, s'est porté sur Livaie, puis sur Rouperroux. La progression était si rapide que les Allemands, débordés une fois de plus, s'en sont pris à l'arrière-garde.

— Seulement, constate Massu, avec une moue ironique, ils se sont trompés de clients, en face d'eux, il y avait les T.D. de l'enseigne de vaisseau Durville.

Ceux-ci ont fait un massacre. Le *Siroco* du second maître Krokenberger a riposté et le Mark IV qui l'attaquait a été réduit à l'état de ferraille. Du fossé où il était posté, Durville a dirigé le tir de ses autres canons sur le reste de la formation. Au bilan, trois Panzers IV.

Un peu plus loin, grâce à l'aviation, une autre colonne a été surprise en rase campagne et anéantie.

Mais l'exploit de la journée reste sans conteste à l'actif de l'escadron Coupé du 12e Chasseurs.

Peu après Rouperroux, le Sherman de tête aperçoit l'arrière d'une colonne ennemie. Massu, qui suit, accroché à son char de commandement, fait accélérer l'allure, et l'inévitable se produit. Les chasseurs doublent par la gauche la colonne ennemie, la mitraillent sans ralentir à bout portant.

— Je garderai longtemps l'image de la voiture de queue, raconte Massu : c'était une traction peinte en camouflé. Sur le siège arrière, voisinant avec une casquette multigalonnée, il y avait des raquettes de tennis...

La « corrida », comme dit le lieutenant Coupé, se prolonge jusqu'à Chahains. Au bilan, plus de vingt voitures détruites, près de six cents tués dénombrés, cent trente prisonniers.

A Chahains, arrêt forcé. L'avant-garde du sous-groupement bute dans les éléments du sous-groupement Noiret qui attaque La Lande-de-Goult.

Massu salue Dio, toujours bloqué dans sa jeep, qui lui raconte la ruée sur Carrouges.

Une jeep arrive. Le lieutenant de Valence, officier de liaison du P.C. du groupement tactique Langlade, s'approche de Massu :

— Impossible de vous joindre par radio. Voici les ordres pour ce soir : portez-vous à Montmerrei.

Tandis que Massu se penche sur la carte pour y trouver son objectif désigné, le lieutenant de Valence observe les combats qui font rage, deux cents mètres en avant.

Il n'a poussé qu'un léger cri avant d'être jeté à terre. Les infirmiers se précipitent. Valence se relève, un peu pâle et regarde son côté droit. Un obus de 88 lui a tranché le bras, au ras de l'épaule.

— Eh bien, dit-il, désinvolte, ce n'est pas mal, pour un officier d'état-major ?

Il sourit aux fantassins du Tchad qui le regardent, ébahis :

— Allez, faites-leur payer ce bras...

Puis il remonte dans sa jeep.

10

ARGENTAN

13-15 août 1944.

La jeep effectue un virage serré, en dérapant sur les graviers de la route d'Ecouves. Elle soulève un épais nuage de poussière, mordorée par les derniers feux du soleil couchant. Le colonel de Langlade lève un sourcil mécontent. Il n'aime pas que ses chauffeurs se prennent pour des cascadeurs de cinéma, et rien, jamais, n'a valu que l'on prenne le risque d'un accident de conduite.

Il n'a d'ailleurs pas le temps de s'attarder. Quelques minutes plus tôt un ordre de Leclerc lui enjoint de rallier avant la nuit le village de Montmerrei, à vingt kilomètres au nord, de l'autre côté de la forêt d'Ecouves. Langlade a transmis l'ordre de mouvement à Massu, toujours empêtré au milieu du G.T.« D » près de Chahains, et à Minjonnet qui est en train de tenter d'ouest en est la traversée de la forêt.

— Mon colonel, c'est un général américain.

Langlade fait demi-tour et attend. Il voit surgir de la poussière pas encore retombée un officier en battle-dress vert olive et pantalon réséda qui fonce dans sa direction le visage convulsé de fureur :

— Où est votre général ? demande l'Américain.

Langlade n'aime pas les complications. Il s'esquive, avec une moue d'ignorance.

— Il est sans doute avec le sous-groupement le plus exposé, hasarde-t-il, diplomate.

Le général hoquette de stupeur outragée. Il fulmine :

— Je n'ai plus le temps de le chercher ! A vous de le trouver et de lui porter, de ma part, l'ordre formel de stopper ses combat-commands engagés sur des axes qui ne sont pas les leurs ! *It is an order ! I repeat, it is an order !* Je suis le général Gerow et je commande le 5e corps. Vous êtes sous mes ordres[1].

Gerow tourne les talons, se rue sur sa jeep et disparaît, comme il était venu, dans un panache de poussière. Langlade est perplexe. Sachant d'avance quel accueil Leclerc va réserver à ce message, il cherche à se débarrasser de la corvée. Il respire. Il a trouvé :

— Verdier, allez donc dire au général Leclerc...

Le chef d'état-major secoue la tête et refuse la mission, avec un sourire entendu.

— Arnaud, appelle Langlade, allez trouver le général...

Arnaud est l'officier du 2e bureau du G.T. « L ». Il fait la grimace. Mais, officier le moins élevé en grade, force lui est d'obéir.

Il revient, moins d'une heure plus tard.

— Alors ? demande Langlade.

— Conforme aux prévisions. Le général m'a écouté, puis il a rugi : « Dites à Langlade que si cet Américain est un c..., ce n'est pas une raison pour qu'il en soit un aussi ! » Puis il m'a flanqué dehors.

En fait, si Gerow n'avait passé sa journée à galoper à la poursuite de Leclerc, il saurait que la 2e D.B. a réintégré depuis cet après-midi les limites qui lui sont attribuées. Exactement après que la compagnie de chars du capitaine Buis du 501, a réussi à prendre Ecouché.

Un exploit. Tout a commencé par un extraordinaire coup de chance. Au moment où il arrivait au sommet de la crête qui domine la vallée de l'Orne et la ville d'Ecouché, Buis a éprouvé la plus grande surprise de sa carrière. Un embouteillage monstre de véhicules ennemis qui s'entassaient sur tous les chemins menant à l'unique pont encore en état.

Les Shermans se sont aussitôt déployés et ont ajouté la fureur de la destruction à la panique de la fuite. Quelques minutes plus tard, Buis déboulait sur la ville. Son objectif, traverser en trombe la rue principale, même au prix d'une bousculade où les véhicules légers n'ont aucune chance de rivaliser avec les chars moyens, et tenir le pont.

Le peloton du lieutenant Robert Galley démarre, en tête. A l'orée d'Ecouché, un obus de 75 le manque de peu. Sa riposte est foudroyante, le canon et ses servants sont balayés.

Voici le pont. Galley s'y rue, s'y embusque. Les Allemands ne pourront plus l'emprunter.

Dans l'après-midi, une patrouille de Thunderbolts attaque à la bombe et aux roquettes les Allemands toujours empêtrés sur les chemins d'accès au village. Au tableau de chasse, plus de quatre cents véhicules détruits.

Ayant réalisé une tête de pont sur l'Orne, Leclerc n'a plus de raison d'empiéter sur le territoire des voisins. Il stoppe Buis et

1. Depuis le 10 août, la 2e D.B. est rattachée à la Ire armée U.S.

décide de rameuter ses groupements tactiques au-delà de la route Carrouges-Sées.

Au soir du 13 août, la division, qui a ouvert ses mâchoires à Carrouges à l'ouest, à Ecouché à l'est, n'a plus qu'à les refermer pour broyer, entre elles, toutes les unités allemandes qui vont y être incluses. Ce sera l'essentiel de l'activité des deux prochaines journées.

Pendant ces deux jours, tandis que deux divisions américaines, la 79ᵉ et la 90ᵉ parachèvent le nettoyage de la forêt d'Ecouves, les groupements tactiques se livrent, au sud de l'Orne, à une gigantesque partie de chasse avec les unités allemandes qui refluent vers l'est. En fait, l'interpénétration des dispositifs est telle qu'à l'intérieur du triangle Ecouché, Carrouges, Sées, 260 kilomètres carrés, vont cohabiter, circuler, se chercher ou se fuir quinze mille Français et au moins le double d'Allemands.

Certains, parmi ces derniers, se rendent au premier coup de feu, des Panzergrenadiers pour la plupart. D'autres, SS ou blindés, livrent ici ou là des combats d'autant plus féroces qu'ils sont marqués au coin de la rage ou du désespoir.

Au P.C. du général Leclerc, installé dans un verger, près de Fleuré à quelques kilomètres au sud-ouest des lisières d'Argentan — ville « interdite » à la 2ᵉ D.B. et « réservée » à la 5ᵉ D.B. U.S. — le colonel Repiton-Preneuf lui-même, l'inestimable chef du 2ᵉ bureau, n'arrive pas souvent à se faire une idée juste des activités de ses unités.

Les groupements tactiques éclatent en effet, dispersant les compagnies et les escadrons dans des embuscades, des patrouilles, des raids de surveillance ou de nettoyage des axes, des hameaux, des bosquets. De ce fait, les surprises sont nombreuses.

Le 13 août au soir, imprudemment engagée sur la route de Mortrée, théoriquement tenue par le G.T. « L », un petit convoi sanitaire conduit par la lieutenante Suzanne Torrès, appartenant au groupe Rochambeau, du G.T. « V », se trouve nez à nez, dans le noir, avec une colonne blindée de la 2ᵉ SS Panzer. Le Hauptsturmführer exige en premier lieu la reddition du convoi d'ambulances. Et puis, peu à peu, grâce à l'opiniâtreté de Suzanne Torrès, convaincu de n'avoir affaire qu'à des femmes, de la Croix-Rouge de surcroît, il se laisse fléchir.

— On vous laisse sur place, à condition que vous vous engagiez à rester ici sans bouger, pendant deux heures.

Suzanne Torrès n'hésite pas. Elle donne sa parole, mais lorsque les Allemands sont partis, redoutant qu'ils ne tombent sur le P.C. du général Leclerc installé sur l'itinéraire, elle fait alerter au plus vite le colonel de Langlade.

A l'aube, repérée par un Piper-Cub, la colonne blindée est détruite à coups de canon.

A l'autre bout du dispositif, chez Dio, au Vieux-Pont, la 2ᵉ compagnie du R.M.T. capture trois Panthers intacts, dissimulés dans les bois. Plus tard, une compagnie d'infanterie, débusquée par la section du sergent-chef Léon, accepte de se rendre. Puis elle change d'avis :

— Nous sommes plus nombreux que vous, observe l'officier allemand. C'est vous qui êtes nos prisonniers...

Quelques rafales de Thompson ont tôt fait de rétablir le sens de l'Histoire.

C'est toujours par surprise que le tank-destroyer *Siroco* va inscrire à son palmarès le premier de la série de Panthers qu'il abattra au cours de sa campagne.

Tout commence par une méprise. Au petit matin, le 15 août, le sergent-chef Waltzer, du sous-groupement Massu, va s'isoler dans les bois.

Soudain, il se fige. A quelques mètres de lui, deux formes allongées au pied d'un blindé se dressent à son approche.

— Tiens, dit une voix allemande, un Américain.

— Mais non, affirme le second, tout aussi placide, c'est un Français.

— Foutez-nous la paix, intervient avec mauvaise humeur la voix d'un troisième homme, installé à l'intérieur du char. Il n'y a personne. Laissez-nous dormir.

Waltzer recule, sort du champ de vision des Allemands et en courant, va raconter sa mésaventure à Krokenberger, un compatriote, chef du T.D. *Siroco.* Quelques minutes plus tard, en sortant du bois, le Panther est détruit, d'un coup au but.

Durant ces deux jours, il y aura ainsi, un peu partout, des accrochages brefs, parfois de véritables steeple-chases derrière cours de ferme et meules de foin. Certains tragiques, d'autres cocasses.

Guigon capture dans une ferme un Allemand isolé, menant en laisse un Américain prisonnier. Tous deux sont fatigués, assoiffés, affamés. En quelques secondes, Guigon règle tous les problèmes à la fois. L'arme change de mains, l'axe de marche aussi. A ce détail près : traités par Guigon au camembert et au calva, les deux hommes s'en vont, d'un pas incertain, devenus les meilleurs amis du monde.

Tout au nord de la zone d'action de la D.B., non loin du P.C. de Fleuré dont il assure la protection éloignée, le colonel Roumiantzoff s'ennuie. Il piaffe. Un ordre l'a stoppé alors qu'il galopait vers les faubourgs ouest d'Argentan. Depuis, installé en point d'appui sur un pont, il contemple une rivière dont le nom fait sourire tous ceux qui connaissent les goûts du colonel russe à la flamboyante chevelure rousse, pour la vodka et les jolies filles. La rivière s'appelle « la Baize ». Ce n'est pas suffisant pour le distraire ; il n'a aucun sens de l'humour. En revanche, le panorama qu'il a en permanence sous les yeux l'agace, cette ville d'Argentan qu'il aperçoit en entier et qui semble le narguer, zone interdite à son sous-groupement.

Toute la journée, des tirs d'artillerie s'abattent sur les faubourgs, faisant planer un nuage, poussière et fumées mêlées. Les Américains piétinent.

Ils ont fort à faire, ne pouvant ni progresser dans la plaine qui s'étend au sud, ni contourner l'obstacle. Car Argentan est flanqué d'un autre massif boisé, la forêt de Gouffern, tendue comme un rempart devant Chambois et Trun par où s'évacuent les restes de la VIIe armée allemande de Von Kluge.

Roumiantzoff, lui, a le nez sur Argentan, pratiquement à portée de fusil, à moins de deux kilomètres, tout comme l'Orne dont les méandres argentés s'écoulent, six cents mètres sur sa gauche.

— On est comme des chiens tenus en laisse, grogne-t-il.

Et puis, il se décide. Il n'oublie pas qu'il a naguère mené des charges, à cheval, à la tête d'escadrons montés du 1er étranger de cavalerie, dans les plaines de Syrie.

— Je demande volontaires, clame-t-il.

Des volontaires ? Il s'en présente trop. Roumiantzoff, « Le Roum » comme l'appellent les spahis, en choisit quelques-uns et constitue une patrouille légère, trois automitrailleuses bourrées d'hommes décidés, armés jusqu'aux dents. A midi, ce 14 août, il fait enlever les défenses qui barrent son point d'appui, face à l'est.

Les trois A.M. démarrent, accélérateur au plancher. La route s'incurve à gauche, se glisse sous le pont du chemin de fer. Au-delà, c'est l'aventure. L'itinéraire de la patrouille croise les arrières ennemis ; camions de munitions, caissons, fourgons encombrent les bas-côtés. Des pourvoyeurs vaquent d'un P.C. à l'autre, parfois, une batterie antiaérienne, en position à un carrefour.

Les spahis, dédaigneux du port du casque, exhibent leur calot rouge, comme un défi. Ils passent, en mitraillant, semant la panique. Voici le centre de la ville, à droite, l'église et son clocher ajouré. En face, la mairie, sur le foirail, encombrée de matériel, camions, side-cars, voitures légères, ambulances, caravanes de transmissions. Des tankistes approvisionnent leurs chars. Des fantassins, en colonnes, remontent vers les faubourgs, d'autres en reviennent, ramenant leurs blessés. A l'écart, par escouades débraillées, des hommes mangent la soupe.

Les A.M. stoppent devant la mairie. Grimpé sur la tourelle, un spahi accroche au balcon du premier étage un immense drapeau tricolore.

Mais déjà, les Allemands réagissent. Des chars convergent vers la place, canons pointés. Les obus passent trop haut, les pointeurs ne voulant pas prendre le risque d'arroser leurs propres troupes. La chasse s'organise. Trop tard, les A.M. se sont repliées. Leur cavalcade a duré moins d'une demi-heure. Roumiantzoff, hilare, agite son calot rouge, en un dernier geste de bravade.

En apprenant cet exploit, le général Leclerc n'a fait aucun commentaire. Cela dénote, redoute-t-il, un mépris de l'adversaire, faute qu'il estime impardonnable. Telle qu'il la conçoit, la guerre est une chose sérieuse, demandant une vigilance de tous les instants, menée par des chefs courageux, capables d'initiative, hardis même. Mais responsables. Prendre des risques inutiles, même pour le beau geste, sous-estimer l'ennemi n'est pas une attitude responsable.

— La VIIe armée n'est pas vaincue, dit-il. Ne relâchez pas votre attention.

En homme de chasse, il pense que le sanglier est encore plus dangereux lorsqu'il est blessé. Bien sûr, jusqu'ici, l'élan irrésistible de la division, bousculant tout sur son passage a empêché les Panzers de se reprendre. Aujourd'hui que le dispositif redevient statique, certaines unités de la 116e ou de la 9e Panzer qui se terrent encore dans les bois, les fermes, à l'ombre des haies peuvent souffler, s'organiser et, pourquoi pas ? porter encore des coups sévères aux Français.

Et puis, il y a aussi le déferlement venu de l'ouest, cette marée de la VIIe armée de Von Kluge ignorante de la situation exacte qui vient buter sur les points d'appui. La plupart du temps, les Allemands sont fourbus, harassés, sans moral. Mais, parfois aussi, certains chefs dynamiques entraînent leurs hommes à l'attaque. Carrouges, Ecouché, Boucé vont être ainsi sévèrement tâtés.

D'autres éléments, regroupés dans la nature, vont soudainement surgir des bois.

Le 14 août, à midi, des messages urgents parviennent au P.C. de la division. Ils émanent d'unités éparses, cantonnées depuis La Lande-de-Goult, jusqu'à Fontenai, sur l'Orne. Tous signalent le passage d'une colonne blindée qui mitraille tout devant elle.

— Il y a au moins quatre chars et une dizaine de semi-chenillés et d'automitrailleuses, disent les messages.

La surprise est totale pendant les premières heures. Pour Leclerc, ce n'est qu'un incident prévisible, sinon attendu. Sans doute un jeune officier allemand a-t-il patiemment rassemblé des véhicules de combat, plus patiemment encore réussi à faire ses pleins et il charge, avec la furie d'un frelon enfermé dans une maison.

Cet officier est le Hauptmann Jess, commandant une compagnie de reconnaissance de la 116e Panzerdivision. Il était chargé de maintenir ouvert le passage sur la N 808 pour laisser aux Panzers la possibilité d'évacuer la forêt d'Ecouves. Il a mené sa mission jusqu'au bout. Puis, constatant que son itinéraire était définitivement coupé, il s'est réfugié dans les bois de la Perdrière d'où il surgit, comme un diable sortant d'une boîte.

Toute la journée, il fonce, écornant le point d'appui de Boucé, se rabattant sur l'Orne où il engage le fer avec les sapeurs qui reconnaissent les ponts sur la rivière. Défilant sur les arrières du sous-groupement Rémy, il reflue vers le sud, en empruntant la nationale 158, à portée de canon des éléments de Massu, cantonné à Saint-Christophe-le-Jajolet.

Le détachement de spahis du G.T. «L» lui donne la chasse. Il essuie des pertes, mais, peu à peu, arrive à le contrer. Le Hauptmann Jess essaime quelques chars et ses semi-chenillés dans les champs. Mais il passe, fond sur un convoi de ravitaillement du G.T. « L » qu'il mitraille. Puis, à court d'essence, il se rassemble et « fait le carré ». Il faut, pour le réduire, toute l'artillerie de Mirambeau, appuyée par les 155 américains du 250e groupe d'artillerie tractée qui lui est accolé.

Le 15 août est célébrée à Montmerrei une messe d'action de grâces à laquelle assistent au premier rang Leclerc et son état-major, en arrière, les chefs des sous-groupements, artisans des succès de ces quatre jours.

Il y a seulement quatre jours que la 2e D.B. a été engagée. En quatre jours, elle a rempli toutes ses missions, bousculé un ennemi, parfois mordant, souvent débordé, toujours supérieur en nombre. Le bilan est d'ailleurs éloquent[1].

A la sortie de la messe, estafettes et plantons attendent les officiers. Tous ont la même nouvelle à la bouche :

— Les Français ont débarqué en Provence...

Tous les regards se tournent vers le général Leclerc, lourds d'une question :

— Allons-nous les laisser arriver avant nous à Paris ?

Paris ! Ce n'est pas seulement l'obsession des garçons de la 2e D.B. C'est également celle de son patron. Lèvres serrées, il regagne son P.C., à Fleuré, sur une petite colline d'où l'on découvre, comme sur un diorama, tout le paysage environnant, y compris le clocher d'Argentan. C'est de là qu'un observateur allemand dirige les tirs de son artillerie sur ce rassemblement insolent de camions et de half-tracks surmontés d'antennes nombreuses.

Cela ne gêne pas le général. Il ne redoute pour le moment, qu'une seule chose, ne pas recevoir à temps l'ordre de foncer sur la capitale. Il estime que sa mission est remplie. Le verrouillage de la poche de Falaise n'est plus qu'une question de jours, sinon d'heures. Anglais par le nord, Américains par le sud, sont en vue de Chambois et de Trun, ultimes passages encore libres aux Allemands.

Déjà, des liaisons britanniques ont franchi les lignes et pris contact avec les Français.

Ce 15 août, la division n'a plus d'autre objectif que de panser ses plaies, se recompléter en effectifs et en matériels, avant d'être totalement disponible pour la plus exaltante des missions : libérer Paris.

1. *Pertes amies :* 133 tués, 648 blessés, 85 disparus. 76 engins blindés, 7 canons, 27 half-tracks et 133 véhicules détruits.

Pertes ennemies : 4 500 tués, 8 800 prisonniers. 117 chars, 79 canons et 750 véhicules à roues détruits.

11

FEU VERT

18 août 1944.

C'est à Paris que pense Leclerc. C'est à Paris que pense Massu, convoqué à l'aube du 18 août au P.C. de Langlade. Déception ! Il apprend que le G.T. « L » vient d'être mis à la disposition du 5ᵉ corps. Mission, flanc-garder l'unité américaine dans sa progression vers Chambois et Omméel.

— C'est une formalité, dit Langlade.

En effet la retraite de la VIIᵉ armée allemande s'accélère, tournant à la déroute, et la fermeture de la poche est imminente. Le général Von Kluge a été relevé de son commandement. Son successeur, le général Walter Model est arrivé ce matin, par avion. Ses consignes passées, Von Kluge a rédigé une longue lettre pour le Führer, qui se termine par ces mots :

« Le peuple allemand a souffert a un tel degré que le moment est venu de mettre un terme à son martyre. Ayez la grandeur d'âme nécessaire pour renoncer à une lutte qui est désormais sans espoir. »

Puis il s'est tiré une balle dans la tête.

Mais il reste encore des unités farouchement décidées à ne pas se laisser enfermer dans la nasse, bien que désormais l'issue de la bataille de Normandie ne fasse plus de doute.

Le général Leclerc ne m'a pas caché que cette nouvelle mission ne devait pas nous engager outre mesure. Pour lui, le but à atteindre dans les jours qui suivent est Paris. « Donc, ne vous laissez pas accrocher, ayez à l'esprit que vous devez rester disponibles. »

Le 18 août, le G.T. « L » s'ébranle. Pendant quarante-huit heures, il va fournir à la 90e division américaine l'appui blindé demandé.

Entre-temps, la 80e division a finalement pris Argentan.

A 16 heures, le 20 août, Massu apprend que la cote 262 qui était son prochain objectif, est occupée par la division polonaise, en pointe de l'avance britannique. La jonction est faite.

Le lendemain, le G.T. « L » arrive à Chambois, impressionné par l'extraordinaire spectacle qui s'offre à sa vue. Chambois est en effet l'ultime goulet par lequel se sont engouffrés, jusqu'à la dernière minute, les débris de la VIIe armée. Un goulet qui, maintenant, ressemble à un monstrueux cimetière où véhicules et cadavres s'entassent à l'infini. L'odeur est atroce. Dans la rue du village, des bulldozers, en ligne, repoussent les morts pour dégager la voie.

Les anciens de la campagne de France regardent, immobiles, le visage de leur revanche. Pour eux 1940 est effacé.

Le lendemain, 21 août, le G.T. « L » est ramené sur sa base arrière de Saint-Christophe-le-Jajolet. En arrivant, les hommes de Langlade trouvent une ambiance à la fois nerveuse, excitée, inquiète :

— Paris est entré en insurrection !

— Et nous ? Que faisons-nous ici ?

— On attend. Le général fait tout ce qu'il peut pour obtenir le feu vert des Américains... On raconte qu'il est parti voir Bradley. S'il le faut, il est décidé à forcer la porte d'Eisenhower.

— Du reste, ajoute un officier de l'état-major, il a pris les devants : un groupement léger est déjà parti pour Paris, sous les ordres de Guillebon [1].

— S'il l'apprend, le général Gerow va être furieux !

— Gerow ? On s'en fout !

Dans tous les cantonnements, c'est la fièvre. Les hommes fourbissent leurs armes et, dès qu'ils en ont le temps, lavent et repassent leur tenue numéro 1. Pour eux, aucun doute, la prochaine étape les conduira dans la capitale.

Mais rien n'est encore joué. Au contraire.

Dès qu'a été élaboré le plan visant à la reconquête de l'Europe, des directions ont été assignées aux diverses armées. Sur son tracé, aucune ne comporte Paris ; pragmatiques, les Américains du S.H.A.E.F.[2] ont estimé avoir suffisamment de servitudes matérielles avec les hommes dont ils doivent assurer la subsistance sans avoir la responsabilité d'une agglomération de sept millions d'habitants qui vont poser des problèmes insurmontables, tant au plan administratif que matériel.

De plus, ils escomptent des pertes élevées si d'aventure les Allemands s'accrochent à la capitale. Les combats de rue sont en effet les plus meurtriers qui soient. Aussi ont-ils prévu deux grands axes de progression qui contournent Paris par le nord et le sud, l'objectif,

---

1. Le détachement Guillebon comporte :
— La 2e compagnie du Tchad (Cne de Perceval) ;
— Deux escadrons du Ier R.M.S.M. (chef d'escadron Morel-Deville).
2. Commandement supérieur interallié.

après la Lorraine, étant d'atteindre au plus court l'Allemagne et la Ruhr, par Metz-Nancy et Sarreguemines.

Le groupement d'armées du général Omar Bradley a atteint la Seine en deux points. Au nord, le général Hodges est à Mantes, au sud, Patton est à Melun.

Pour leur part, les Britanniques ont repris leur avance et Montgomery progresse vers Rouen.

Ce 20 août, le général de Gaulle a débarqué à Cherbourg. Sa première visite a été pour Eisenhower, à son P.C. près de Granville. Il espère enlever la décision de dérouter une partie de l'armée alliée sur Paris dont il possède, sur la situation, des nouvelles alarmantes. Elles lui ont été transmises, via Kœnig, patron désigné de l'ensemble des F.F.I., par Chaban-Delmas, infiltré depuis une semaine dans la capitale.

A la fin de juillet, lorsque les Américains ont crevé le front à Avranches, les Parisiens s'attendaient à être libérés d'un jour à l'autre. Et pourtant, les jours passent qui n'apportent rien de nouveau. La population remue, l'ambiance s'alourdit, aggravée encore par la pénurie de ravitaillement, pratiquement inexistant depuis le début d'août ; les rares camions envoyés au-dehors par la ville ont été stoppés par les Allemands, interceptés par les maquis extérieurs, ou bien souvent pris à partie par l'aviation alliée. Paris a faim, Paris s'énerve. Et depuis le 15 août, les agents se sont mis en grève. Paris n'a plus de police.

Les Allemands non plus ne sont pas insensibles à la dégradation du climat. Pour eux, une seule chose compte, conserver la libre circulation dans les rues de la capitale dont les ponts sont les seuls à pouvoir encore être utilisés par les troupes qui refluent de l'ouest.

Ce déferlement, qui prend lentement l'aspect d'un exode et montre aux civils le spectacle d'une armée défaite, donne du courage aux Parisiens. Les escarmouches d'abord peu nombreuses se multiplient au fil des jours. La répression, menée souvent par des troupes étrangères à la garnison, fatiguées par les durs combats de Normandie, exaspérées aussi par l'intervention de civils armés, est sauvage. Le 16 août, dénoncés par un provocateur, une quarantaine de jeunes, communistes ou chrétiens mêlés, sont fusillés par des SS à la Cascade du Bois de Boulogne et achevés à la grenade.

Boulevard Saint-Michel, une patrouille, agacée par des quolibets, tire sur les passants.

D'heure en heure, l'insurrection se précise, spontanée dans les quartiers périphériques, organisée ailleurs, par un Comité parisien de libération dont l'âme militaire est un jeune colonel des F.T.P., Rol-Tanguy.

Le 19 août, prenant de vitesse les ordres du Comité, les policiers investissent la préfecture de Police, la transforment en redoute et engagent aussitôt le combat contre les formations de la Wehrmacht, qui tentent à plusieurs reprises de les en déloger.

Pour les « modérés » du Comité, cette occupation est prématurée. Il ne fait pas de doute que, si les Allemands mettent en œuvre les moyens lourds qu'ils possèdent, la préfecture ne sera bientôt qu'un tas de ruines, et ses défenseurs des cadavres.

C'est d'ailleurs ce qu'envisage de faire le général Von Choltitz, gouverneur du *Gross-Paris*. Le 19 au soir, il donne ses ordres, la préfecture sera attaquée à l'aube du 20 août, à la fois par terre et par l'aviation.

L'annonce de l'occupation de la préfecture galvanise les Parisiens. Un peu partout, F.F.I., F.T.P., voire civils inorganisés, sommairement affublés d'un élément d'uniforme, s'emparent des bâtiments publics. Le plus souvent sans que les Allemands, proches, interviennent.

Ici et là commencent à fleurir les drapeaux tricolores.

Inquiet de la tournure que prennent les événements, soucieux surtout du sort de la capitale à laquelle il veut éviter le sort de Varsovie, le consul général de Suède, Raoul Nordling prend sur lui d'assumer le rôle d'intermédiaire entre la Résistance et Von Choltitz.

Le 19 au soir, il fait admettre par les deux parties le principe d'une trêve. Cette trêve, que Rol-Tanguy et les partisans de l'insurrection à tout prix vont ignorer et combattre, va tout de même offrir un sursis aux assiégés de la préfecture.

Entre le 20 et le 22 août, d'escarmouches en guets-apens, de démarches en compromis, Allemands et Français se livrent une sorte de guerre des nerfs. Pour Raoul Nordling, l'important est de gagner du temps. Il n'ignore pas que Von Choltitz a reçu du Führer des ordres précis, quant aux mesures militaires à appliquer :

« Apporter sur le territoire dépendant du commandement du *Gross-Paris* les destructions les plus importantes possibles et principalement détruire les soixante-deux ponts qui s'y trouvent. Exercer les représailles les plus étendues et les plus sanglantes si des coups de feu sont tirés sur des troupes allemandes. »

Heureusement sans doute pour les Parisiens, Von Choltitz n'est pas un nazi farouche et ce n'est pas non plus un homme qui perd facilement son sang-froid. On raconte qu'après avoir reçu cet ordre, il a eu ces réflexions :

— Si je fais cela, je n'aurai plus qu'à me mettre sur le soixante-deuxième pont comme monument aux morts...

Puis il a ajouté, mi-désabusé, mi-ironique :

— Depuis que nos ennemis ne veulent plus écouter notre Führer, toute cette guerre va de travers...

Von Choltitz n'a pas l'intention de mettre Paris à feu et à sang. Mais c'est un officier allemand et, comme tel, la sécurité de ses troupes, la vie de ses soldats lui importent avant tout. C'est pourquoi, durant toutes ces journées, il fait en permanence planer la menace de représailles terribles qui aggraveront l'inquiétude des responsables de la Résistance.

Mais l'insurrection, proclamée le 22 août, s'étend rapidement à la capitale. Des barricades s'élèvent, bloquant les rues des quartiers populaires, de Belleville au boulevard Saint-Michel.

Malheur aux groupes isolés qui s'aventurent dans ces rues. Ils sont abattus ou faits prisonniers. Un Allemand ébahi s'excuse :

— Messieurs, dit-il aux F.F.I., personne ne m'avait prévenu qu'il était interdit de traverser Paris...

D'autres rencontres se déroulent plus mal. Pris par une arme automatique tenant le quai des Grands-Augustins sous son feu, des Allemands s'éjectent de leur voiture, escaladent le parapet... et croyant plonger dans la Seine, s'écrasent sept mètres plus bas, sur la voie sur berge.

En revanche, dans d'autres quartiers de Paris les accrochages ne tournent pas à l'avantage des F.F.I. Un groupe d'entre eux, qui a pris d'assaut la mairie de Neuilly, s'en voit déloger par des automitrailleuses. Il faudra l'intervention d'un fonctionnaire de Vichy pour qu'ils évitent, in extremis, d'être passés par les armes.

La même colonne de blindés, qui descend les Champs-Elysées, essuie des coups de feu, venus du commissariat du Grand-Palais. Les Allemands ripostent, mettant le feu à l'édifice. Les pompiers arrivent, les SS les accueillent à coups de mitraillette, crèvent les tuyaux...

Alerté, Von Choltitz se met en colère :

— Les Français ne respectent pas la trêve, tant pis pour eux...

Il s'agit bien de trêve ! Ce 22 août, tout Paris est dans la rue, l'insurrection est générale. Parfois, des fusillades font place nette et tous, hommes, femmes, enfants cherchent refuge dans les portes cochères, pour resurgir une fois l'alerte passée. C'est une kermesse, à la fois patriotique et guerrière, avec ses enthousiasmes et ses bassesses, ses faits d'armes et ses lâchetés. Un peu partout, on commence à tondre les filles. On acclame n'importe qui, on conspue aussi des inconnus. Des suspects sont mis à mal, des miliciens sont abattus en réponse à des exécutions sommaires.

Pourtant, pour les esprits lucides, ceux qui savent que Paris n'est inclus dans le programme des Alliés qu'à partir du 9 septembre au plus tôt, il ne fait pas de doute que les Allemands ont les moyens d'écraser l'insurrection. Les Parisiens ne disposent en effet que d'armes légères, disparates, dont les munitions leur permettent tout juste d'espérer une heure de feu, face à des Panzers et des blindés qui, eux, peuvent réduire n'importe quelle barricade en dix minutes. De plus, retranchés dans des bâtiments publics, mairies, ministères, commissariats, voire préfecture ou hôtel de ville, ils se désignent d'eux-mêmes aux coups de l'aviation de bombardement.

Les forces de Von Choltitz, en revanche, tiennent solidement quelques bastions dont on imagine mal qu'ils pourraient en être expulsés : l'hôtel Meurice, siège de l'état-major, les Tuileries, le ministère de la Marine, le Luxembourg et le Sénat, le Champ-de-Mars et l'Ecole militaire, le quadrilatère du Majestic-avenue Kléber, siège de la Gestapo, la caserne de la République, Vincennes et son fort.

Alors, de Paris, les chefs de l'insurrection ont expédié à travers les lignes des émissaires divers, chargés d'alerter le P.C. des forces américaines, situé près de Chartres. La plupart du temps, ces émissaires, quand ils ne tombent pas aux mains des Allemands, sont gardés aux avant-postes américains.

Un homme, pourtant, va réussir à passer et sans doute son intervention va-t-elle hâter la décision. Il s'agit d'un jeune industriel, officier de réserve appartenant à l'état-major du colonel Rol-Tanguy, chef militaire de l'insurrection : Roland Cocteau, mais son pseudonyme de Résistance est commandant Gallois. C'est lui qui, après des péripéties sans nombre, aboutit, le 21 au soir chez le général Patton qui l'expédie aussitôt à Laval, auprès de Bradley.

Gallois est un homme pondéré, précis, et qui, de plus, parle remarquablement l'anglais. Les renseignements qu'il apporte, tant sur la situation dans Paris qu'autour de la capitale, où la Ire armée allemande assure la couverture face au sud, sont énoncés sans passion. Gallois a compris qu'avec les Américains, il fallait avant tout se montrer positif, sans mettre en avant des arguments sentimentaux. Rol-Tanguy peut se féliciter d'avoir désigné Gallois.

A l'aube du 22 août, convaincu de l'urgence et de la nécessité d'envoyer au plus vite des éléments sur Paris, Bradley saute dans son avion de liaison et se fait conduire au P.C. d'Eisenhower, seul habilité à modifier les ordres initiaux.

Bradley vient à peine de partir que Leclerc se présente à Laval. Leclerc est de mauvaise humeur.

Quand, hier 21 août, il a expédié vers Paris le détachement Guillebon, appelé à dessein « patrouille » pour ne pas froisser Gerow, il estimait anticiper simplement les ordres qu'il recevrait, il n'en doutait pas. Malheureusement, cette « patrouille » a déplu au commandant du Ve C.A.U.S. qui, déjà agacé par les incidents de Sées-Argentan du 13 août, a explosé devant cette nouvelle manifestation d'indiscipline.

Il a, vainement comme d'habitude, tenté de joindre son subordonné. Puis, de guerre lasse, il a fait expédier une lettre comminatoire, enjoignant à Leclerc de rappeler aussitôt Guillebon et sa « patrouille ».

Naturellement, Leclerc a feint d'ignorer cet ordre. Du reste il a fait répondre qu'il était « introuvable ». En fait, il veut seulement gagner quelques heures pour sauter la voie hiérarchique et s'adresser directement au patron de Gerow, le général Bradley.

Il arrive trop tard à Laval. Bradley est déjà parti. Leclerc décide d'attendre sur place. Il emploie toute sa journée à discuter avec le commandant Gallois de la situation à Paris. Ce qui lui permet d'élaborer la manœuvre de sa division en vue de détruire au plus tôt les bastions ennemis.

En fait, la démarche de Bradley s'avère inutile. Depuis hier soir, 21 août, Eisenhower a pris sa décision, sans doute à la suite des pressions exercées par Churchill et de la visite que lui a rendue de Gaulle, la veille.

L'entrevue entre Bradley et Eisenhower va leur donner la possibilité de mettre au point les modifications indispensables en vue d'accord sur la désignation de la 2e D.B. pour la mission principale.

Pour les Américains, cette décision est plus que la constatation d'une évidence tactique. C'est à l'égard de la France et de son chef, le général de Gaulle, une marque de courtoisie. Elle est à mettre au crédit d'Eisenhower, qui, cette fois au moins, a bravé les directives du président Roosevelt pour lequel la France et surtout Paris devaient être du ressort des commissions alliées, excluant toute participation française.

Il est sept heures du soir à Laval lorsque l'avion qui ramène le général Bradley est annoncé. Il se pose, roule sur la piste et s'immobilise, bientôt rejoint par une jeep de liaison dans laquelle se trouve Leclerc.

— Ah ! dit Bradley, en sautant à terre. Je suis bien content de vous voir. J'allais justement vous envoyer l'ordre de partir pour Paris...

En un instant, tous les arguments, tous les griefs, toutes les justifications que le commandant de la 2e D.B. avait peut-être l'intention de développer sont balayés.

Quelques secondes plus tard, le Piper-Cub de liaison décolle du terrain de Laval et file plein nord dans le soleil couchant.

Sur la piste en herbe de l'aérodrome improvisé de Fleuré, les officiers de l'état-major guettent leur général. Un ronronnement leur fait dresser la tête. Ils se précipitent quand le petit avion se pose. Sans attendre l'arrêt du moteur, la petite portière latérale est poussée par une main énergique.

Le chef du 3e bureau est là, le sourcil levé.

— Gribius ! jette un Leclerc rayonnant. Mouvement immédiat sur Paris !

12

RAMBOUILLET

23 août 1944.

Tout a commencé à minuit. Çà et là, des clameurs ont accueilli la nouvelle du grand départ. Avec ces gestes rapides et précis de gens du voyage, les hommes ont replié les tentes, escamoté les matériels, bâché dodges et half-tracks, arrimé les paquetages aux flancs des chars, roulé les filets de camouflage. Les moteurs se sont mis à gronder et, sans un regard pour la prairie normande, labourée une dernière fois par le soc des chenilles, ils ont tourné leurs yeux vers l'est. Déjà partis.

A quatre heures du matin, le G.T. « V » a franchi en tête la ligne de départ. Ce n'est pas une décision due au hasard. Billotte, le commandant du groupement tactique est désigné pour entrer le premier dans Paris.

Au début du mois d'août, de Gaulle aurait bien voulu qu'il soit envoyé en précurseur dans la capitale pour l'y représenter auprès du « Comité de libération » afin de ne pas se faire coiffer au poteau par quelque extrémiste. Les Anglais ont refusé, Billotte était trop au courant des plans alliés pour que l'on prenne le risque de le voir tomber aux mains de la Gestapo, Chaban-Delmas a donc pris sa place, et Billotte, imposé à Leclerc, a reçu mission de commander l'unité française qui pénétrera la première dans Paris.

Les deux hommes ne se connaissaient pas : évadé d'Allemagne par l'est, Billotte a effectué un long périple à travers la Russie, d'abord interné jusqu'à l'invasion allemande, puis assigné à résidence avant d'être libéré, et de regagner Londres via Arkhangelsk. A Londres, il a servi à l'état-major des F.F.L. où ses facilités d'adaptation, son entregent, son dynamisme en ont fait un personnage en vue. Et, quand Leclerc l'a vu arriver, « parachuté » directement de Dolphin-Square, il ne l'a pas accueilli d'enthousiasme. Il se méfie des politiques. Il se méfie aussi des « Londoniens » aux dents longues. Récemment en effet, il a ainsi dû se débarrasser d'un adjoint encombrant, devenu une menace pour son propre commandement.

Et Leclerc entend être le seul patron de sa « boutique ». Toutefois, les ordres étant les ordres, il a désigné Billotte pour être son avant-garde à Paris. Finalement, entre deux subordinations, la première — politique — envers de Gaulle, la seconde — tactique — à Gerow l'Américain, Leclerc a choisi. Ou plutôt, il choisira si d'aventure il y avait dilemme.

Le G.T. « V » a quitté Boucé, traversé une dernière fois la forêt d'Ecouves, puis, par Alençon, Mamers, Bellême et Nogent-le-Rotrou, s'est dirigé vers Chartres.

A six heures, le G.T. « L » se met en route. Son itinéraire, nettement plus au nord, passe par Sées, Mortagne, Châteauneuf-en-Thymerais et le mène à Rambouillet. Derrière lui, le Q.G. et le G.T. « D » défilent, en colonne.

La grande migration vers l'est commence. Dans le ciel du mois d'août, des nuages venus de l'Atlantique suivent le même chemin.

La bataille de Normandie, qui se déplace rapidement vers la Seine, a épargné villes et villages du Perche et de l'Eure. La fureur et les destructions de la guerre n'ont pas douché l'enthousiasme des populations. La présence ou le passage des armées n'a pas émoussé leur curiosité et la richesse américaine n'a pas entamé leur capacité à s'émerveiller. Avant d'être routine, le bruit des armes est enivrant.

Surpris au point du jour au milieu de leurs corvées matinales, paysans et villageois ont entendu le tonnerre qui roulait vers eux en faisant vibrer la terre. Réflexe de prudence, ils sont rentrés dans les maisons, portes closes, volets tirés. Seuls quelques gamins, plus intrépides ou plus inconscients, ont regardé, yeux ronds, les « tanks », jouets grandeur nature, montés par de vrais soldats qui leur lançaient des bonbons.

— Des Américains ! Ce sont des Américains.

Les volets se sont ouverts, les portes ont dégorgé les adultes, hommes, femmes, vieillards en habits du matin, chemises ouvertes et tabliers. Quelques gestes, intimidés ; l'allégresse est comme un moteur, il faut la laisser chauffer longtemps.

— Vive l'Amérique, ont crié quelques audacieux.

— Français, on est Français !

Les gens se sont enhardis. Les villageois ont agrippé des mains, ils ont stoppé un char, la bouteille à la main. Ils ont posé des questions :

— D'où venez-vous ?

Et les jeunes, volontaires d'Afrique du Nord, engagés de Normandie répondaient avec assurance :

— On vient du Tchad, on est chez Leclerc...

Indulgents, les anciens, les vrais, laissaient dire.

Une colonne de dix mille véhicules est comparable à un accordéon. Elle s'allonge à l'infini, se resserre aux passages délicats pour s'étirer à nouveau. Quelquefois, la radio donne l'ordre de ralentir en tête. Ou de s'arrêter. Alors, les chars se couvrent instantanément d'une foule immense. Des gosses escaladent les tourelles, des jeunes filles se hissent jusqu'aux postes des conducteurs, s'installent sur les marchepieds des G.M.C. Les pilotes, les aides-chargeurs, les ambulanciers s'usent les lèvres à rendre les baisers.

Il faut repartir et, à chaque départ, se défaire des grappes humaines, dénouer les bras, décramponner les mains.

A la halte suivante, ce sera la même chose.

La journée s'avance. Le téléphone fonctionne d'un village à l'autre, et, d'heure en heure, l'avant-garde se heurte à un barrage humain clamant son exaltation, drapeaux claquant au vent d'ouest.

Pour les jalonneurs du peloton Peschaud, la tâche est rude et les gestes se font de moins en moins sûrs ; leur malchance est d'être accessibles, installés dans leurs jeeps à portée de bouteille...

De Fleuré à Rambouillet, arrivée de l'étape intermédiaire, il y a un peu moins de deux cents kilomètres. La colonne du G.T. « L » met dix heures pour la couvrir.

Un peu avant quatre heures, entre Epernon et Gazeran, les hululements d'une sirène impérative font rabattre les blindés sur le côté droit de la route. Un petit convoi, surgi en trombe de l'arrière, remonte la colonne à toute allure. Quelques jeeps encadrent des voitures noires, officielles.

— C'est de Gaulle, affirment les anciens, du ton définitif de ceux qui savent.

Les radios de bord ont fait circuler l'information et, du haut de leurs tourelles, les chefs de char se penchent pour essayer d'entrevoir la silhouette historique.

— Il va chez le patron, espèrent les jeunes, qui se plaisent à imaginer le tête-à-tête des deux généraux, mettant au point ensemble les ultimes détails de la marche sur Paris.

En fait, de Gaulle a bien d'autres préoccupations et quand Leclerc, déférent, voudra lui soumettre son idée de manœuvre, il ne recueillera qu'un commentaire distrait :

— Vous avez de la chance...

En effet, Leclerc est déjà arrivé à Rambouillet avec son état-major réduit. Repiton-Préneuf a installé son bureau sous les arbres du parc et interroge, inlassable, les informateurs bénévoles, les agents de liaison divers qui apportent des renseignements, souvent confus, parfois contradictoires, tous évidemment marqués au coin de l'amateurisme.

A en croire certains, le dispositif allemand qui couvre Paris par le sud est fragile, lâche et perméable.

Repiton-Préneuf est sceptique.

— La preuve, nous avons réussi à passer.

A quoi bon expliquer que le cheminement d'un homme seul n'est pas nécessairement aussi praticable à toute une division blindée ? Du reste, ces informations optimistes sont démenties par ceux qui affirment qu'une artillerie nombreuse, disséminée dans la ceinture de forêt environnant Paris, rend aléatoire toute progression vers la capitale. Pourtant, peu à peu, Repiton-Préneuf se fait une idée du dispositif allemand.

Le général Model, qui avait laissé les blindés de reconnaissance américains arriver aux portes de Versailles, s'est ressaisi et amorce une parade. En particulier tout au long de la vallée de Chevreuse. Ses points d'appui forts sont vraisemblablement Montfort-l'Amaury, Trappes-Saint-Cyr, Saclay-Palaiseau et Orly.

Ces évaluations se confirment bientôt. Guillebon, qui avait reçu, la veille, l'ordre de prendre contact « par le feu » avec l'ennemi afin de jauger sa puissance, commence à rendre compte :

— La compagnie Perceval, partie de Dampierre ce matin en direction de Versailles, a réussi à forcer le passage dans la « côte des dix-sept tournants » qu'elle a pu déminer. Mais elle a été durement contrée aux abords de Voisins-le-Bretonneux où elle a subi des pertes[1].

— Et Morel-Deville ?

Morel-Deville commandait l'ensemble des éléments blindés de reconnaissance des spahis. Il a escadronné toute la journée en direction de Neauphle-le-Château, Coignières.

L'un de ses chefs de patrouille, le lieutenant Bergamain, s'est heurté devant Trappes à une très forte réaction de chars ennemis. Lui-même a été blessé au cours de l'accrochage, et le compte-rendu qu'il en fait laisse penser qu'il est en état de choc.

Guillebon a poussé personnellement une reconnaissance sur la route d'Orléans, en direction d'Arpajon :

— Il m'a semblé que la résistance ennemie se diluait vers l'est.

Leclerc prend note. C'est dans cette direction qu'il décide d'envoyer Billotte pour lui offrir toutes les chances d'arriver au plus vite, et en tête, dans Paris.

Par radio, il oriente les colonnes des groupements tactiques, un instant arrêtées à Chartres et à Rambouillet.

Billotte doit se porter au plus loin vers l'est, si possible jusqu'à Limours. Langlade poussera vers Dampierre. Quant à Dio, il s'engagera derrière Billotte et s'arrêtera un peu avant Limours, à Saint-Arnoult-en-Yvelines.

Puis, à grands traits, il dicte à Gribius, son chef du 3e bureau, le schéma des ordres d'opérations pour le lendemain.

A la tombée de la nuit, alors qu'éclate un gros orage, l'ordre d'opérations est prêt, chaque exemplaire acheminé à ses destinataires. Il deviendra légendaire :

---

1. Le sergent-chef Vourc'h, qui sera fait Compagnon de la Libération.

ORDRE D'OPÉRATIONS POUR LA JOURNÉE DU 24 AOUT 1944

I. — *Mission :*

1°) S'emparer de Paris.

2°) Tenir Paris en occupant les routes entre Ivry-sur-Seine et Neuilly-sur-Marne :

— en poussant des éléments dans la région nord-est de Paris ;

— en maintenant un élément réservé dans Paris.

II. — *Renseignements :*

L'ennemi dispose d'un certain nombre de points d'appui sans liaison les uns avec les autres. Ces points d'appui sont plus denses dans la région sud-ouest de Paris.

III. — *Dispositif :*

Mission principale

G.T. « V » a) Pousser sur l'axe Arpajon, Sceaux, Paris où se fera l'effort principal, en utilisant les petites routes et évitant les grands axes.

b) Pénétrer dans Paris en direction du Panthéon, puis franchir la Seine et sortir par la région Vincennes, Charenton et tenir les ponts de la Marne entre Ivry-sur-Seine (inclus) et Neuilly-sur-Marne (inclus).

c) S'éclairer ensuite à distance utile.

P.C. en fin de mission : porte de Vincennes.

Mission secondaire de diversion

G.T. « L » a) Pousser sur l'axe Dampierre, Chevreuse, Châteaufort, Toussus-le-Noble, Les Loges, Jouy-en-Josas, Villacoublay, bois de Meudon, pont de Sèvres.

b) Tenir Sèvres et pousser deux S/Grpts sur Versailles et en direction de Paris.

c) En fin d'opérations et après relève par éléments réservés à Versailles, pousser l'ensemble de son Grpt au centre de Paris (place de la Concorde) en réserve mobile.

P.C. : initialement pont de Sèvres ; ultérieurement : hôtel Crillon, Paris.

G.T. « D » a) Mettre le 3e R.A.C. à la dispositon du G.T. « V ».

b) Progresser derrière le G.T. « V », prêt :

— soit à appuyer ce groupement de tous ses moyens ;

— soit à appuyer le G.T. « L » en poussant un S/Grpt en direction du pont de Sèvres.

c) Nettoyer centre de Paris.

d) En cas de réussite immédiate des différentes opérations des G.T. « V » et G.T. « L », pousser des éléments dans la région de Pantin, au nord de Paris.

P.C. : Mairie de Pantin.

Eléments Morel-Deville : se maintenir à leurs emplacements actuels et faire le maximum de volume pour simuler une attaque directe en direction de Saint-Cyr. En fin de journée, en réserve aux ordres du colonel Rémy.

F.T.A. : les batteries suivront initialement la progression des Grpts auxquelles elles sont affectées, prêtes à s'organiser en D.C.A. au centre de Paris, dès la chute de Paris.

Génie : les éléments réservés du Génie, sous les ordres du chef de bataillon commandant le Génie divisionnaire, resteront initialement à Rambouillet et se tiendront prêts à déminer l'axe Rambouillet, Versailles, Paris en fin de journée sur nouvel ordre.

Grpt REMY et éléments réservés : sous les ordres du colonel Rémy, pousseront sur Versailles dès sa libération et déminage des axes, prêts à recevoir toute mission de contre-attaque. Pousseront ultérieurement sur Paris (Longchamp).

IV. — *Différents P.C. :*

— P.C. avancé : derrière G.T. « V », puis hôtel Crillon, Paris.

— P.C. principal : Rambouillet, Versailles (lycée Hoche), Longchamp.

— Base : Rambouillet.

V. — *Circulation :*

— Un D.C.R. à disposition du G.T. « V ».

— Un D.C.R. à disposition du G.T. « L ».

En fin d'opération, deux D.C.R. à disposition du général : place de la Concorde.

VI. — *Air-support :*

— Détachement principal avec G.T. « V ».

— Détachement secondaire avec G.T. « L ».

VII. — *Heure du début des opérations :* 7 heures.

P.C. Rambouillet, 23 août 1944, 18 heures.

Signé : le général Leclerc, commandant la 2e D.B.

13

VERS PARIS

24 août 1944.

« S'emparer de Paris... »

Cette petite phrase danse dans les têtes, au rythme de l'averse d'orage qui claque en rafales, sur les toiles de tente que les fantassins du Tchad ont arrimées aux flancs de leurs half-tracks.

Ceux des chars, acagnardés sous les blindages, réfugiés entre les chenilles, la repassent également en esprit, comme la plus belle des promesses. C'est sans doute la plus exaltante des missions données à une troupe victorieuse. Paris...

Peu nombreux sont ceux qui connaissent la capitale.

— Mon grand-père, mon père y sont passés en 14, disent quelques pieds-noirs.

Pour les Parisiens, ceux qui se sont évadés de France quelques mois plus tôt, l'angoisse reprend ses droits. Ils s'inquiètent pour leurs familles, à la fois si proches et si éloignées, dans le temps, hors de portée, de l'autre côté des Panzers, des canons, des Allemands.

— Demain, peut-être ?

Et l'aube est venue. Ceux qui avaient réussi à trouver un sommeil agité n'ont pas dormi longtemps. L'eau de pluie, s'insinuant sous la toile, se coulant entre col et peau, imbibant pantalon et battle-dress les a jetés sur la route, s'ébrouant comme des chiens mouillés, s'agglutinant sous la bâche des G.M.C. où quelques débrouillards ont réchauffé un peu de café. Silhouettes difformes, engoncées dans les toiles de tente couleur gris terre, laquées de pluie.

— Enlevez-moi ça, fantassins 39 !

« Fantassins 39 ». L'injure suprême, celle que naguère, au Tchad,

Leclerc utilisait pour cingler les tièdes, les timorés. Le lieutenant Sorret l'a faite sienne et, pour ne pas ressembler aux vaincus de la débâcle, les fantassins de sa section marcheraient à poil à la bataille. Les toiles de tente se roulent, regagnent les sacs.

— Nous partons dans dix minutes, reprend Sorret. Prêts à gicler au moindre signe. Vu ?

Avec une hâte accrue les hommes opinent et prennent leurs dispositions. Ils ont en effet compris que la section Sorret, élément de la reconnaissance, marchant en avant-garde du groupement tactique Langlade, avait ses chances d'entrer la première à Paris. Leurs camarades de la 5ᵉ compagnie, relégués en seconde position, avec les T.D. de la marine et les 105 de l'artillerie, affectent l'ironie :

— On n'a pas choisi les plus beaux !

— Pour des vainqueurs, vous avez plutôt l'air de chiens mouillés !

Il est presque sept heures. Le ciel reste bouché et si le vent d'ouest est un peu tombé, les averses d'orage se sont changées en une pluie fine et régulière qui crépite sur le feuillage des arbres du bord de route.

— Moteurs en route !

Suivant les jeeps de la section Sorret, les Shermans grondent, crachant une fumée bleue qui stagne au ras de l'asphalte. Dans les rues de Dampierre, prudemment abrités sous des parapluies ou sous les porches des maisons, quelques lève-tôt agitent la main :

— Allez-y les gars !

Le sergent Garcia leur adresse un geste obscène :

— C'est ça. On y va, comme vous dites. Et vous, surtout, restez bien planqués, n'attrapez pas froid !

— Qu'est-ce que vous foutiez en 40 ? ajoute un jeune engagé de Normandie.

La colonne s'élance sur la D58, vers Chevreuse. Une route à flanc de colline, dominée à gauche par des taillis et des bosquets. Le coin rêvé pour du harcèlement. C'est d'ailleurs ce qui se produit. Quelques coups de feu visent les jeeps de tête.

Sorret s'éjecte, et, certain d'être suivi, envoie, à grands gestes du bras, ses groupes déborder la résistance. Grenades, rafales. Cris :

— Ils n'étaient que quatre. Ils foutent le camp...

La section rallie la route, grimpe dans ses jeeps, l'œil braqué sur la forêt.

— Si c'est comme ça jusqu'à Paris, grogne Garcia, on n'est pas arrivés.

Par radio, les ordres fusent :

— Ne vous laissez pas stopper par des harcèlements !

— Compris, répond Sorret.

Chevreuse est en vue, dans son nid de verdure, vidée de ses habitants. Ou bien la pluie a découragé ceux-ci, ou bien les Allemands sont là, tout proches prêts au combat. De fait, quelques coups de feu claquent aux oreilles des fantassins. Ils rentrent le cou dans les épaules, cherchant à percer la masse sombre du feuillage pour entrevoir les snipers. Les Shermans défilent, méprisants.

Trois kilomètres plus loin, jeeps et chars virent à gauche et entament la montée vers Châteaufort. Il est déjà huit heures du matin. Un instant apaisée, la pluie repart, en rafales, cinglées par un vent qui balaie le plateau de Toussus-le-Noble. A l'orée de Châteaufort, les Shermans aperçoivent, à leur gauche, les hangars d'aviation qui rouillent sous l'averse.

Quelques coups de feu, plus denses, semble-t-il. La section Sorret débarque, s'égaille au long des haies.

— Plus vite, en tête !

Massu s'impatiente. Il sait que tôt ou tard, il faudra aborder la ceinture des 88 et des 75 antichars qui font écran au sud de Paris et il ne veut à aucun prix se laisser distraire par quelques snipers dont la mission, évidente, est de freiner aussi longtemps que possible l'avance du sous-groupement.

Sorret n'est pas remonté sur ses véhicules. Il a été rejoint par la section du lieutenant Bâtiment qui galope, en ligne, sur sa droite, en avant des premiers Shermans.

Comme Chevreuse, comme Châteaufort, Toussus-le-Noble est désert. Se glissant le long des murs, les hommes de Sorret éclairent l'avance. Puis se déploient, face au nord. Un cri :

— « Ils » ont démoli la route !

En effet, des destructions importantes rendent l'axe impraticable aux véhicules. Le terrain est dégagé, montant en pente douce vers Les Loges.

Les Shermans déboîtent à droite, commencent l'escalade, en formation déployée, un « V » renversé. Dans les labours détrempés, la progression est lente. Très lente. Ils font des cibles magnifiques, se détachant en noir sur le fond gris du ciel.

Sorret à gauche, Bâtiment à droite, lancent leurs groupes reconnaître les limites des champs, sur la ligne de crête, coiffée de bosquets.

Ils vont y parvenir...

Le feu ennemi se déclenche, brutal, dense. Les Allemands ont attendu la dernière minute pour se dévoiler. Tirés à découvert, les fantassins n'ont aucune possibilité de manœuvre. Ils plongent dans les sillons, ripostant au hasard sur des cibles invisibles. Les MG 42 hachent les chaumes, à longues rafales au son clair, au milieu desquelles s'entendent les « plom-plom » des départs de mortier.

Les Shermans avancent avec une désespérante maladresse, troupeau d'éléphants englués dans la boue.

Ils tirent pourtant, de toutes leurs armes, essayant de venir en aide aux fantassins cloués au sol. Trois détonations. Cette fois, l'affaire est sérieuse. Trois obus de 88 déchirent l'air, suivis d'une traînée rouge vif. Le premier passe nettement au-dessus du char de tête. Les deux autres mettent au but. Le Sherman *Ardennes* prend feu. Son équipage s'extrait en catastrophe, se dilue dans les labours. Mais le blindé, un instant stoppé, commence à glisser en arrière et dévale en sens inverse la pente qu'il a eu tellement de mal à grimper. En flammes, il recule, en plein dans la masse des autres véhicules engagés à sa suite sur l'itinéraire. Il peut exploser d'une seconde à l'autre au milieu de la colonne. L'instant est dramatique. Le lieutenant Baillou intervient alors et fait canonner à bout portant l'épave roulante qui consent enfin à s'arrêter, un barbotin cassé.

Les fantassins de Sorret et de Bâtiment commencent à manœuvrer pour décrocher, sous la protection des tirs de la batterie automoteur de 105, et les mortiers de 81 de Quilichini qui dressent un rideau fumigène entre eux et les Allemands. Mais Massu grimace. Il va être bien difficile de venir à bout de ce bouchon. Il faut d'abord faire déboîter sa colonne, la regrouper à l'abri des vues avant d'entamer une manœuvre de débordement. Sur un tel terrain, cela peut demander des heures.

Il rend compte et Langlade prend la seule décision qui s'impose :

— Minjonnet, ordonne-t-il, débordez largement par la droite, vers Jouy-en-Josas.

En queue du G.T. « L », le sous-groupement Minjonnet était loin en arrière, stoppé à Saint-Rémy-lès-Chevreuse. Il vient de faire ses pleins d'essence. Les chasseurs du capitaine Hargous poussent un « hourra » en apprenant qu'ils vont maintenant se porter en tête de la progression.

— A nous de jouer !

Fonde, le commandant de la 7e, et Hargous, le commandant du 4e escadron, se concertent rapidement. Instruits par l'expérience, ils dédoublent leur unité, une section de fantassins jumelée à un peloton de chars. Le lieutenant de Miscault avec la 2e du lieutenant Maret, le peloton Zagrodski avec la 1re de Guigon.

Zagrodski-Guigon, un tandem de fonceurs. Le premier tient à venger la mort de son frère tué voici deux semaines au Sablon, le second est un baroudeur. Le reste du sous-groupement n'a qu'à suivre.

— Direction le Christ de Saclay !

La route est dégagée, les vues, lointaines. A deux kilomètres, sur leur gauche, la bataille fait rage, et les échos qui en parviennent aux deux officiers amènent un sourire :

— Qui arrivera le premier à Paris ?

Au fond, le combat du sous-groupement Massu les arrange. Ils avancent toujours. Et puis, soudain, un ordre :

— Stoppez ! En protection, face au carrefour !

Le carrefour du Christ de Saclay est constitué en point d'appui solide et Minjonnet ne tient pas à y engluer ses avant-gardes. Depuis Saint-Rémy, venus à travers bois malgré la pluie et le froid, de nombreux civils ont rallié sa colonne et le renseignent.

— Sortez de la route ! Filez directement sur Jouy-en-Josas au plus court !

Guigon et Zagrodski se lancent un clin d'œil. A leur gauche, Maret et Miscault commencent à se déployer, en ligne de front, les cinq chars et les dix half-tracks prêts pour la charge, au milieu d'un champ de betteraves.

Zagrodski s'aligne sur son camarade. Guigon aussi.

— En avant !

Le canal de Saclay, premier obstacle, est rapidement franchi. Il est à sec. Le carrefour dangereux est abandonné, à droite. Passé le pont, la progression se poursuit, à cheval sur la route de Jouy. A droite, Zagro et Guigon, à gauche, Miscault et Maret.

— A tous ! Feu à volonté !

Zagrodski exulte. Le buste sorti, encourageant ses tireurs de la voix et du geste, il semble commander à un troupeau de bisons en furie. Les canons tonnent, crachant leurs obus à cadence maximale, les mitrailleuses dévorent bande sur bande. Devant, aux limites du village, de petits geysers de terre boueuse s'élèvent, en peuplier, au coin des haies de buis, à l'angle des murs de pierre, à l'orée des couverts, le long de la colline d'en face. De loin, des silhouettes sombres s'esquivent vers la forêt, en tiraillant au hasard. A distance d'assaut, Guigon jette son cri de guerre :

— La « Une », à terre !

Les hommes s'éjectent des half-tracks et se répartissent dans le fossé. A droite et à gauche, les Shermans peinent dans les cultures. Une mitrailleuse s'allume, à partir d'un enclos situé à gauche de la route, en avant de Jouy. Les balles miaulent sur l'asphalte.

Le char *Zagrodski II* de l'aspirant entame le duel. Une grange s'enflamme, de l'autre côté du mur le long duquel galope Guigon, sa section sur les talons. Ils courent, ripostant à l'estime sur des Allemands qui tentent de les arrêter et qui décrochent, de l'autre côté de la voie ferrée Paris-Versailles.

— Guichard, à droite !

Le sergent-chef adjoint traverse en oblique, se porte au premier croisement. Quelques chargeurs de mitraillette, le groupe franchit le passage en trombe, atteint le passage à niveau, s'allonge le long des rails, armes braquées. Le paysage est vide. Surpris par la rapidité de l'attaque, l'ennemi, une poignée d'hommes, s'est égaillé dans les rues, se repliant vers le nord.

Quelques détonations, loin en avant. Des balles passent au-dessus. Les Allemands tirent, des premières hauteurs au-delà du village. Guigon est arrivé. Du bras, rapidement, il organise son point d'appui autour du passage à niveau. Le groupe mitrailleuse s'installe, face à la rue qui monte, en pente douce, vers la droite.

Une galopade, derrière, et la section Maret débouche, au pas de charge, et défile, en remontant la rue principale. Le combat de rues est une de ses spécialités. Les voltigeurs avancent, dos courbé, surveillant les maisons d'en face. Une grenade à la main, la mitraillette dans l'autre. Pas de surprise possible.

Au passage, Maret lance à Guigon :

— Tu passes à gauche. Jusqu'à la halte du « Petit-Jouy » !

Guigon agite la main, rameute ses hommes. Il abandonne la voie ferrée, en déblai, trop exposée à son goût et emprunte la rue qui plonge, passe en dessous et remonte à travers bois en direction de la route de Versailles au Petit-Clamart.

Guichard, son sous-officier adjoint, est en tête. Il aborde prudemment le ponceau, avance la tête et lance ses voltigeurs, des Marocains de l'Atlas.

— Gaffe ! Au-dessus !

Des Allemands sont installés sur la voie. Guichard lance ses Marocains à l'assaut. Trois sont touchés en escaladant le ballast et lui-même reçoit une balle dans la poitrine. Les autres continuent à grimper, la rage au cœur. Mais impossible d'arriver jusqu'en haut. Des mitrailleuses, dissimulées derrière, dans les arbres, au-dessus, les fusillent dans le dos. La mort dans l'âme, Guigon fait replier sa section.

Un bruit de ferraille, le peloton du lieutenant Miscault arrive, enfin. Les fantassins bondissent sur les plages arrière et repartent, à l'attaque. Cette fois, ils dominent la situation. Les trois mitrailleuses allemandes sont tirées à bout portant, à la grenade et à la mitraillette ; il n'y a pas de prisonniers.

— C'est pour Guichard, lancent les hommes du sergent Duc.

L'élan est donné. Miscault fonce, hors du village, vers le carrefour du Cerf-Volant. Deux kilomètres d'une montée sur une route droite, véritable fossé taillé dans la forêt.

— C'est risqué, mais on y va quand même, annonce Miscault.

La section s'agrippe aux tourelles, armes braquées.

« Ça sent le traquenard », songe Guigon qui s'étonne encore de n'avoir rencontré aucun de ces fameux 88 dont, paraît-il, la route de Paris est truffée.

Ils sont là, ces 88. A moins de cinq cents mètres, camouflés au-delà du coude de la route qu'ils prennent en enfilade. Ils tirent les chars au débouché. Le *Gascogne* flambe et stoppe. Les autres se camouflent dans la tranchée de la voie ferrée, à gauche.

Guigon enrage. Il n'est pas question de passer et, avec sa huitaine de tués et de blessés, il se sent étrangement démuni face aux canons allemands. Par radio, il rend compte au capitaine qui répond :

— Revenez sur Jouy : nous tentons le passage par la forêt de l'Homme-Mort.

En fait, le hasard a décidé. Guigon et Maret ont traversé Jouy-en-Josas à toute allure. Derrière eux, la population, calfeutrée depuis l'aube, a soudainement compris que les Allemands étaient partis. La vague de fond de l'enthousiasme populaire a raté les sections de tête. Elle a percuté le capitaine, qui suivait, en deuxième échelon. Mais lui, préoccupé par son axe, avait autre chose à faire qu'à se laisser porter en triomphe :

— Avez-vous des renseignements sur les Boches ?

Un homme s'est approché. Un pompier :

— Les Allemands sont en train de planquer leurs canons antichars, tout en haut de la forêt, au carrefour de l'Homme-Mort.

Le capitaine Fonde ne perd pas une minute. Il n'a pas le temps de récupérer Maret, ni Guigon. Il leur fait donner l'ordre de le rejoindre. Pour sa part, immédiatement derrière les deux chars du peloton Zagrodski, stoppé à l'entrée de Jouy, il fonce.

— Les Boches n'ont pas encore achevé leur installation, a affirmé le pompier.

Pour plus de sécurité, Fonde l'a embarqué dans sa jeep, et un voltigeur lui a donné le Garant d'un blessé.

Jouy est traversé, au milieu d'une haie de spectateurs en liesse, cheveux collés par la pluie. Voici les dernières maisons. La route s'élargit à peine le temps d'un virage pour remonter sur la route de Versailles. A droite, le bois de l'Homme-Mort :

— Espérons que ça ne portera pas la poisse !

Fonde espère. Une chance, la route zigzague, diminuant ainsi les risques d'être tiré de loin. S'il y a surprise, elle sera des deux côtés. Le plus rapide aura raison.

— Ils sont là, s'exclame le pompier, montrant une direction, devant lui, à moins de cent mètres.

Puis il s'éjecte et disparaît. On ne le reverra pas.

— Stop ! hurle Fonde.

Les Allemands sont là en effet. Et le 88, mal camouflé sous les branches est en batterie, le trou noir de sa gueule méchamment pointé dans sa direction.

Zagrodski a vu le danger. Sa tourelle pivote, son canon tonne, en premier. Le 88 riposte, au jugé, sans avoir eu le temps d'ajuster son tir. Les quelques fantassins du groupe de commandement giclent dans les bois. On crie, on tire.

Fonde s'était approché du *Zagrodski II*. Il tombe, blessé par les éclats d'un obus qui a percuté le sol, derrière lui. Beaucoup d'éclats, dont un, sérieux, au creux de la cuisse.

— Ivanoff, dit-il, prends la compagnie.

Sur la route de son évacuation, Fonde croise Maret qui accourt, au canon :

— Grouillez-vous, ça chauffe dur à deux cents mètres au-dessus. Et foncez sur Paris, avec Zagro !

Maret approuve, sans ralentir. Il trouve le peloton Zagrodski accroché dans le virage. Les fantassins se sont déjà infiltrés et allument les premiers servants allemands accroupis derrière le bouclier des pièces. Maret lance ses hommes dans la bagarre. C'est maintenant une lutte de vitesse. Il ne faut pas que les Allemands aient un instant de répit.

Zagrodski tire toujours et finit par toucher le 88. La route est dégagée.

Maret à droite et à gauche de la route, Shermans au centre, les Français repartent. Voici le carrefour où la fusillade se rallume. Les canons ennemis semblent concentrés au-delà, ils prennent l'axe en enfilade. Ivanoff hurle :

— Maret, essaie de repérer les batteries !

Maret fait la moue. Il y en a trop. On dirait que toute l'artillerie allemande s'est terrée dans le secteur. Au « pompom » des 88 s'ajoute le « tacata » des antiaériens de 20 Flak tirant à l'horizontale.

— Peux pas franchir la route, hurle l'adjudant-chef Rolland bloqué dans le fossé, au débouché de la forêt.

Zagrodski a fait avancer son char. Buste sorti, dominant la nationale, il scrute les fourrés d'en face, essayant de repérer les départs des coups.

Il s'effondre soudain. Il a reçu un obus de 20 mm dans la tête. Sur son char, le *Zagrodski II*, on relèvera quarante-deux impacts...

Du peloton Zagro il ne reste que deux chars. Ils débordent et prennent la place du *Zagrodski II.* Guidés par Maret, ils ripostent maintenant aux Allemands qui interdisent toujours le franchissement de la route.

C'est alors que l'adjudant-chef Rolland se décide.

— J'en ai marre de jouer au lapin, grogne-t-il. Je vais un peu changer les rôles. A mon commandement, vous rafalez tant que ça peut...

Ses hommes obéissent, tandis que d'un bond fantastique, Rolland traverse et plonge au fossé, en face. Il est seul. Personne ne l'a suivi. Mais il s'en moque, il aime bien de temps en temps jouer les voltigeurs. Sa carabine au creux du bras, il rampe dans le fossé, s'éloignant des trajectoires d'un canon de 20 qui arrose les alentours, bloquant la section à dix mètres en arrière, au bout du monde.

Prudemment, il relève la tête et, toujours rampant, se coule dans les taillis. Il sourit, pour lui-même ; à une vingtaine de mètres, des SS, vareuse verte à collet noir, s'affairent autour d'un bitube de 20.

Rolland prend sa respiration, ajuste sa carabine à la fourche d'un arbuste. Il vise et, posément, l'un après l'autre, abat le tireur, puis le pointeur, le chargeur et le premier pourvoyeur. Les autres s'enfuient.

Sa section peut traverser et liquider, une à une, trois autres batteries de 20 mm.

— Cette fois, grogne Rolland, on a gagné notre billet pour le défilé sur les Champs-Elysées !

Le carrefour est finalement nettoyé, et Ivanoff, pressé, accélère le regroupement de l'avant-garde :

— On nous attend pour le thé ! lance-t-il.

Les chars dérapent en direction du carrefour du Petit-Clamart, canons braqués sur la gauche d'où peut se produire encore une ultime tentative ennemie. Rien ne se passe. Il semble bien à Ivanoff que la ceinture défensive de Paris a été crevée et qu'aucun obstacle ne pourra plus arrêter la charge sur Paris.

A droite, l'aérodrome de Villacoublay, vide comme un désert. A gauche, une forêt qui s'éclaircit.

— Plus vite, Bon Dieu ! Plus vite...

C'est le vœu de tous les fantassins. La journée qui s'étire leur fait craindre d'arriver trop tard...

Voici le carrefour du Petit-Clamart.

— Stop devant !

L'ordre est arrivé, brisant net l'élan de l'avant-garde. Guigon arrive, hors d'haleine et apostrophe Ivanoff :

— Pourquoi ?

Ivanoff hausse les épaules, manifestant son ignorance. Et puis, il comprend et montre, d'un geste résigné, la colonne de chars qui est en train de leur couper la route, venant de Villacoublay :

— Massu nous a rattrapés, dit-il, écœuré.

La radio grésille :

— Assurez protection autour du carrefour, ordonne Minjonnet. On signale encore des canons dans le secteur.

— C'est ça, râle Guigon : on se crève à ouvrir le passage et les autres en profitent...

La foule, qui surgit de partout et qui transforme le carrefour en un gigantesque meeting patriotique où dominent les drapeaux tricolores, arrive à peine à le dérider. Il est déçu. Il se fait voler son entrée victorieuse, son rêve.

Une explosion, toute proche ; une autre encore. La foule s'égaille, à grands cris, va s'aplatir dans les caniveaux, sous les chars, les half-tracks. Au milieu du carrefour, griffé d'acier, une petite fumée bleue subsiste encore.

— Il y a un 88 dans les fourrés, crie quelqu'un.

Le sergent Duc saute de son half-track. Lui aussi est écœuré. Comme un enfant injustement privé de dessert. Tant pis pour les Boches, ce sont eux qui vont payer.

— Schmidt, hurle-t-il, viens avec moi.

Son bazooka sur l'épaule, Duc traverse la rue, escalade le remblai et galope sous les arbres, suivi par son chargeur qui trimbale les roquettes, en containers de deux. Duc baisse la tête, comme le ferait un chien de chasse sur la trace du gibier. Et soudain, il s'arrête, il les a vus. Il s'accroupit et chuchote :

— Charge, grouille-toi !

— Ça y est !

Duc se redresse, bondit à découvert et, jambes écartées, comme au stand de tir, se plante face au canon encore braqué sur le carrefour. Médusés par cette apparition, les Allemands hésitent. Duc appuie sur sa détente et suit la fusée qui s'envole vers l'objectif.

Au même instant, la bouche du canon s'éclaire d'une lueur orange. Le 88 a craché, lui aussi.

Une explosion sourde, un nuage de fumée. Duc a fait mouche, pulvérisant le bouclier, éliminant les servants. A l'écart, le tracteur semi-chenillé semble attendre :

— Vite, Schmidt ! Une autre !

Deuxième roquette. Deuxième impact. Le tracteur s'enflamme aussitôt. Les Allemands s'éjectent poursuivis par le colt de Duc.

— On rentre !

— Dis donc, sergent, tttu as vu ? — Schmidt en bégaie.

— Quoi ?

— Ton pantalon...

— Qu'est-ce qu'il a, mon pantalon ?

— Il est tout brûlé au fond ! C'est l'obus de 88 qui t'est passé entre les jambes...

Duc se penche et pousse un bref juron. Par une large déchirure aux bords roussis, le haut du pantalon dévoile la peau des cuisses marbrée de plaques brunes.

— Les vaches, grogne-t-il : deux millimètres plus haut et je pouvais faire mon deuil de ma descendance...

La foule revient sur la route. Elle couvre les fantassins de baisers, elle escalade les chars. Les jeunes filles hument à pleins poumons l'odeur âcre et forte des guerriers sortis tout chauds du combat.

A l'écart, ruminant de sombres pensées, Guigon regarde le convoi du sous-groupement Massu qui passe, couvert de boue, dans un ferraillement de fin du monde et fonce vers le pont de Sèvres, lui volant sa victoire.

Guigon a tort d'en vouloir à ses camarades. Depuis ce matin, les chars et les fantassins de Massu ont livré des combats extrêmement violents aux abords de l'aérodrome de Toussus-le-Noble et du village des Loges-en-Josas.

Ils ont attaqué et détruit un char, mis en fuite les deux autres, détruit ou capturé quatre canons de 75 antichars.

La traversée des Loges a été difficile, sous un bombardement d'artillerie qui ne faiblissait pas. L'attaque des fantassins de la 7e n'a pas fait diminuer la pression qu'ils subissaient. En fait, ils ont dû crever en force le front ennemi. Il semble que ce 24 août, la chance ait été avec Fonde. Il a trouvé la faille et a pu se glisser loin devant, jusqu'à Jouy-en-Josas et au-delà avant d'y être accroché.

A moins d'un kilomètre de là, entre Saint-Aubin et Saclay, au nord de Gif, les spahis de Rémy, envoyés eux aussi en « diversion », ont dû se replier devant des chars trop lourds pour eux.

Pour dégager Massu, il a d'abord fallu un pilonnage intensif des canons de 105 de Mirambeau et de son 40e R.A.C., entièrement hypothéqué pour cette mission. Ce sont ensuite les fantassins de Langlois et de Rogier, épaulés au plus près par la compagnie d'accompagnement d'Eggenspiller, qui se sont infiltrés sous les couverts pour déborder les Loges-en-Josas.

Là, Sorret a réalisé l'exploit de la journée. A pied, loin de la protection des blindés, embourbés en arrière dans les champs de blé et de betteraves, son avant-garde arrivait par les rues du village.

Des rafales de mitrailleuse lourde griffent les façades, accrochent l'asphalte, ricochent sur les trottoirs. Les hommes de Sorret commencent à raser les murs.

— Il y a une automitrailleuse au carrefour, annonce un voltigeur, blessé à la main, en se repliant.

— J'y vais, décide le sergent Garcia.

Il charge son bazooka sur l'épaule et avance prudemment son tube hors de l'abri d'une maison. Un obus de 47 lui passe presque sous le nez et va exploser dix mètres en arrière.

— Arrête tes conneries, lui lance le chef de la voltige, son vieux camarade Bodin, un ancien du Tchad comme lui. Ils vont peut-être te rater, mais on en prend plein la gueule !

Garcia ne répond pas. Il recule, escalade une clôture. Il a décidé d'attaquer par les jardins. Mais les Allemands veillent. Ils éventent la manœuvre et lorsque le « tuyau de poêle » de Garcia pointe son museau au ras d'un petit portail, le poteau de ciment vole en éclats.

Commence alors une sorte de manège, un duel entre Garcia et le blindé à croix noire. Heureusement pour lui, l'automitrailleuse n'a pas l'idée de s'en aller. Il semble que l'Allemand qui la commande se soit piqué au jeu.

Le jeu dure presque dix minutes. Garcia feinte. Il effectue une fausse sortie et, prenant le tireur adverse de vitesse, il saute au milieu de la chaussée, place sa fusée exactement sous le bouclier du 47. Puis, jetant son arme à ses pieds, il dégaine son colt et abat l'un des Allemands qui s'était aventuré hors du véhicule. Les survivants lèvent les bras. Les Loges-en-Josas est maintenant livré à la circulation.

La progression peut reprendre. Massu fait accélérer le mouvement. Il arrive à l'entrée de Jouy-en-Josas quelques minutes après que Fonde, sa compagnie et ses chars l'ont traversé vers le carrefour de l'Homme-Mort.

Délaissant le village, Sorret et l'avant-garde du sous-groupement montent vers le nord en direction de la forêt de Vélizy. A gauche, au carrefour de l'Homme-Mort, la 7e compagnie accroche toujours. En face, des fantassins allemands tentent de stopper la 6e compagnie. Sorret riposte et les chars de Rives appuient sa démonstration. Les snipers n'insistent pas.

En arrière, le sous-groupement a carrément choisi d'avancer par la route. Un passage à niveau est fermé. D'un coup au but, le tireur du Sherman de tête fait sauter le contrepoids de la barrière qui se lève. Un hourra salue l'exploit.

C'est la ruée. Il est déjà quatre heures de l'après-midi. Les fantassins ont à nouveau escaladé les chars et foncent, comme des bisons, à travers l'aérodrome de Villacoublay, désert.

En flanc-garde, une patrouille, conduite par le sergent-chef Guillemin, se trouve nez à nez avec une jeep.

— Qu'est-ce que ça veut dire ? Il y a des Américains devant nous ?

Guillemin est un pragmatique. D'une rafale bien ajustée, il fait arrêter la voiture. Ses occupants, surpris de l'accueil, lèvent les bras. Ils sont vêtus d'une combinaison verte, coiffés d'un curieux casque rond et plat.

— Je comprends, dit Guillemin qui a vu les insignes de la Luftwaffe : nos amis sont des parachutistes. Des spécialistes du coup de main.

Les Allemands protestent contre le vigoureux coup de pied aux fesses que leur a lancé Fuentès, désigné comme leur gardien.

— Ta gueule, renvoie le pied-noir, fallait rester chez toi.

Maintenant, tout le sous-groupement Massu fonce vers le carrefour du Petit-Clamart. En deuxième position, les T.D. du peloton Durville. Ils aperçoivent, venant de Chaville, un petit convoi allemand.

Krokenberger, le tireur du *Siroco* envoie un obus et fait mouche, touchant de plein fouet le véhicule. Il déclenche un gigantesque feu d'artifice, la camionnette était bourrée de munitions.

Au carrefour, la section Sorret se cogne pratiquement à la section Guigon.

— Ne sois pas triste, lui crie Sorret : je retiens ta place au Fouquet's...

— Tu n'es pas encore arrivé ! Ces cons de civils ont bouché les rues !

En effet. A peine les Shermans de Rives où s'agrippent les fantassins de Bâtiment, ont-ils commencé de débouler vers le pont de Sèvres qu'ils doivent stopper. Sur toute l'avenue Trivaux, les arbres, abattus, barrent la chaussée...

Il y a un instant de flottement. Comme des gamins pris en faute, les riverains rengainent leurs acclamations devant les gestes impérieux d'un Sorret qui écume :

— Dégagez-moi tout ça !

Pleins de zèle, les civils, tous confondus, entreprennent le déblaiement, à grands « Ho ! hisse » que leur prodiguent du haut des blindés les fantassins agacés ou goguenards.

— Regarde !

Le doigt pointé, le caporal-chef Bernadicou montre l'horizon. Un horizon où se profile, blanche dans le rayon rose d'un soleil revenu, la coupole du Sacré-Cœur.

— Et là, à gauche, c'est la tour Eiffel...

— Bon Dieu ! C'est pas vrai...

L'émotion est forte. Même les vieux briscards du Tchad, opposant d'habitude une mine blasée aux réflexions des jeunes « bleu-bites », se taisent pour une fois.

C'est la réalisation d'un rêve de quatre ans.

— Ici Sorret, je suis au pont de Sèvres...

Il ne fait pas encore complètement nuit. Massu a rallié la tête de colonne. La rue des Bruyères, qui se tord une dernière fois avant d'aborder la Seine, permet un spectacle sur le bois de Boulogne et sur Paris, en arrière-plan. Lui aussi est ému. Il n'a pas revu la capitale depuis 1938. Il y a sa famille, ses frères...

Il croise le regard de Sorret. On y lit comme dans un livre ouvert où figure une seule question :

— Nos ordres prescrivent d'aller au pont de Sèvres. On y est. Alors, on continue ?

Continuer. Entrer dans Paris. C'est possible. D'autant que le pont de Sèvres, intact, n'est pas miné. Le lieutenant Bâtiment avec un peloton de Shermans vient de le traverser et s'est mis en position, à l'entrée du boulevard Edouard-Vaillant, vers Boulogne.

— On continue ?

Massu a posé, par radio, la question au commandement du G.T. « L ». Lui aussi aimerait peut-être bien pousser son avantage. Mais les liaisons radio sont impossibles avec le reste de la division et il ignore quelle est la situation des autres groupements. Le

G.T. « V » dont c'était la mission a-t-il réussi lui aussi à forcer le blocus et vogue-t-il vers le Majestic ?

Langlade hésite. Il s'en tire par une pirouette :

— Continuer ? C'est impossible : le ravitaillement en essence n'a pas rejoint et nous n'avons plus qu'une heure seulement d'autonomie.

Massu repose le combiné, déjà accaparé par d'autres tâches. La journée n'est pas finie et les Allemands, proches.

Sorret a réussi à accrocher Guigon à la radio :

— Pour ce soir, au Fouquet's, c'est fichu : les Allemands y donnent leur soirée d'adieux.

14

L'HOTEL DE VILLE

24 août 1944.

— Le G.T. « V » est-il entré dans Paris ?

La nuit est tombée et, toujours bloqué au pont de Sèvres, sans aucune liaison, ni avec son propre convoi de ravitaillement en carburant, ni avec le P.C. de la division, ni avec les autres groupements, le colonel de Langlade se pose sans cesse cette question. Il a installé son état-major dans un petit café à l'angle de la rue Troyon et de l'avenue de Sèvres et attend, en rongeant son frein, se demandant si ses camarades, Billotte le premier, n'ont pas besoin de lui.

En fait, Billotte n'a besoin de personne. Tout nouvel afflux de véhicules ne pourrait qu'ajouter au gigantesque embouteillage dans lequel il s'est empêtré, à la Croix de Berny, où il a dû se résigner à camper pour la nuit.

Il n'a pas eu de chance. Son itinéraire, que les renseignements recueillis hier soir par Guillebon et Repiton-Préneuf donnaient pour dégagé, était en réalité l'un des plus difficiles.

« Utiliser les petites routes et éviter les grands axes », précisaient ses ordres. A l'usage, il s'est avéré impossible de les appliquer.

Pourtant, ce matin, au départ, tout s'annonçait sous des auspices favorables.

Billotte avait découplé son unité en trois sous-groupements distincts, avec des cheminements et des objectifs précis. Au centre, sur l'axe d'effort principal, Putz et les Espagnols du IIIe R.M.T., appuyés par les Shermans de la 3e compagnie du 501 de Branet. A droite, Warabiot, avec le reste du 501, des éléments d'infanterie et les tank-destroyers du peloton Bernard en antichars.

A chacun de ses sous-groupements était adjoint un groupe d'artillerie au complet. Outre le 11/64e R.A. du commandant Tranié, unité organique du G.T. « V », Putz disposait du 1/3e R.A.C. du commandant Fieschi habituellement rattaché à Dio.

En avant-garde, un troisième sous-groupement, confié à Cantarel, le commandant en second du 501, composé d'un escadron de spahis, d'éléments d'infanterie sur half-tracks, et de Shermans. Son itinéraire, la D3 et la D59, jusqu'à Longjumeau.

A sept heures du matin, Cantarel quitte Briis-sous-Forges où il a passé la nuit. L'allure est rapide, menée d'un train soutenu par les calots-rouges et leurs automitrailleuses. Au départ, la colonne progresse entre des forêts et des champs où, malgré la pluie, les paysans travaillent, levant parfois un visage indifférent ou surpris sur les véhicules qui roulent, pleins gaz, vers le nord-est.

Voici le château de Bel-Ebat, au milieu de ses arbres, dominant une cuvette coupée de haies et de boqueteaux. Il est huit heures et demie.

Devant, rien, une route, vide, brillant sous l'averse. Les spahis ont l'impression que Paris est au bout de leur route. Ils se hèlent d'une automitrailleuse à l'autre, signalant les taillis suspects, les carrefours inquiétants. Mais les Allemands en sont absents. La route se tortille, se glisse entre les murs des vergers. Et puis, d'un seul coup, le décor change. A droite et à gauche, des voitures abandonnées, des bicyclettes jetées au fossé, des charrettes, voire des brouettes.

— Attention, devant !

Le barrage surgit, à moins de cent mètres, à l'entrée de Villejust. Des mitrailleuses légères ouvrent le feu sur les spahis, les balles ricochent sur les capots blindés. Mezzerine Tahar, tireur au 37 expédie trois obus sur la barricade. Deux explosifs, un canister. Les poutres et les débris s'éparpillent, les Allemands s'engouffrent dans la cour de la mairie, constituée en réduit défensif. Mezzerine canonne, tente d'ouvrir une brèche dans l'amoncellement de bois et de machines agricoles qui obstrue le passage. Mais le reste du peloton, à travers les chemins de terre, a déjà contourné l'obstacle et attaque à revers.

Sur la route, débarqués, les Marsouins se lancent à l'assaut. Ils arrivent trop tard, les Allemands, une dizaine de fantassins fourbus, ont déjà levé les bras.

— Déblayez-moi tout ça, ordonne le sergent Kunstler, un Bônois d'origine alsacienne.

Les Allemands protestent, invoquent la Convention de Genève qui interdit d'utiliser les prisonniers à des tâches militaires.

— Ecoute-moi bien, réplique Kunstler avec un calme suspect, crochant la vareuse du sous-officier par le col : tu as dix minutes pour enlever tes ordures. Sinon, Convention de Genève ou pas, je te fais sauter la tête. *Verstehen ?*

De mauvais gré, les prisonniers s'exécutent. Puis ils veulent monter dans les half-tracks.

Kunstler les vire, à coups de pied :

— Vous êtes venus tout seuls, pas vrai ?

Cantarel regarde sa montre. Il s'impatiente. Cet accrochage lui a fait perdre un temps précieux. Il est déjà à la sortie de Villejust, où des drapeaux tricolores ont surgi, comme par miracle, tandis que le maire, ceint de son écharpe, entreprend un discours-fleuve pour remercier ses libérateurs, « dignes fils de l'Amérique... ».

— Ferme-ça, lance Nakache, un juif de Constantine : on est aussi français que toi...

La colonne repart, vers Longjumeau.

A Saulx-les-Chartreux, Cantarel se cogne dans une défense en train de s'organiser. En fait, le téléphone a fonctionné depuis le matin entre les points d'appui allemands. Tout à l'heure, Putz s'est présenté devant Arpajon, réduit en quelques minutes à coups de canon. Mais la garnison a eu le temps de prévenir le poste de Longjumeau. Et les Allemands, qui attendaient une attaque venue de la R.N. 20, se voient pris de flanc, pratiquement au même moment. Cantarel fait donner tous les tubes de son détachement. Il fait sauter un premier barrage, reste bloqué dans le village que les fantassins commencent à nettoyer, à pied.

Il est dix heures du matin. Les Marsouins se glissent de rue en rue, contournent les obstacles à travers enclos et jardins. Rien n'arrête leur progression. Quelques Allemands se retranchent dans une maison. Elle est attaquée aussitôt. Des voltigeurs tirent dans les fenêtres, tandis que le sergent Kunstler grimpe l'escalier, jetant des grenades devant lui. Trois prisonniers lèvent les mains. Un quatrième, pas assez rapide, reçoit une balle dans la jambe. Il est furieux :

— Pourquoi poum-poum ? proteste-t-il.

— T'auras qu'à demander la Croix de fer à Hitler !

En bas, les spahis roulent, pleins gaz, vers la R.N. 20. Ils débouchent sur les flancs du bouchon de Longjumeau. Les Shermans achèvent de semer la panique, tirant au canon sur les caissons de munitions des 88, embusqués aux abords de la nationale.

Dix minutes de combat, mené à distance entre des chars et des artilleurs, qui n'ont même pas la ressource d'orienter leurs canons vers les assaillants. Des mouchoirs blancs s'agitent, ici ou là, derrière les murettes, les attelages, les camions.

Les fantassins du Tchad surgissent alors, pour collecter les prisonniers. Cantarel les compte. Il y en a cent cinquante.

— La route est dégagée, transmet-il à Putz, qui arrive d'Arpajon.

La liaison est bientôt effective entre les deux colonnes et Putz se stoppe, attendant que Warabiot, sur sa droite, ait aligné son dispositif sur le sien.

Mais Warabiot est encore loin. Il a quitté la N 20 à Arpajon, avec Brétigny pour objectif intermédiaire avant de poursuivre, par Saint-Michel-sur-Orge, Savigny et, au-delà, Morangis, Rungis et Fresnes.

Apparemment, sa mission procédait d'un trop grand optimisme. Voulant sans doute éviter d'être débordés sur leur flanc est, les Allemands ont miné l'itinéraire de Brétigny et, à Saint-Michel-sur-Orge, Warabiot s'est trouvé stoppé, sans pouvoir passer. Dépiéger les barrages successifs truffés de mines aurait demandé trop de temps.

Aussi, après une heure d'essais infructueux, il s'est rabattu sur l'axe principal et son avant-garde s'emmêle à l'arrière-garde de Putz. Billotte, qui surgit avec son élément P.C. et les chars de Witasse, l'élément réservé, ajoute à l'embouteillage.

Une silhouette nerveuse remonte les chars et les half-tracks. Les hommes, qui l'ont identifiée, s'écartent, déférents. Leclerc est là. Arrêté en queue de colonne, il a décidé d'aller voir ce qui arrête la progression :

— Pourquoi vous arrêtez-vous ? Vous n'en voulez plus ?

Les colonels craignaient l'orage. Mais Leclerc est trop excité pour être de mauvaise humeur. Il est en pleine forme et débarque, sans prévenir, à n'importe quel moment, pour se rendre compte.

Il dépasse Warabiot, fait appeler Putz :

— Où en êtes-vous ?

Putz montre une vague direction, au nord :

— C'est reparti, mon général : Branet et Sarrazac sont devant Massy.

— C'est bien. Mais dites bien à Branet de ne pas se laisser accrocher. Qu'il manœuvre, hein ? Qu'il manœuvre !

Sarrazac et Branet ont dépassé Champlan, négligeant les éléments retardateurs ennemis qui tiraillaient sur leur colonne, les abandonnant aux fantassins de Dupont, qui suivent dans la foulée. Mais ils ne peuvent manœuvrer et foncent sur la nationale.

Et puis, d'un coup, des obus éclatent, encadrant le peloton Teddy-Rasson qui ouvre la marche. Des Shermans sont touchés, heureusement sans gravité. Teddy-Rasson oriente les tourelles, riposte, au jugé. Mais les maisons, les arbres, les murets gênent son tir. La foule aussi.

Car, tout au long du trajet, les civils se sont rués sur les chars qu'ils escaladent, opposant à leur avance le rempart de leur délire. Des fenêtres, des hommes crient des renseignements, donnent l'alerte :

— Je les ai vus ! Ils sont à Wissous !

Wissous ! Les 88 sont hors de portée. Ils tirent, par-dessus les obstacles, sans doute guidés par un observateur planqué dans un clocher, ou sous les combles d'une maison. Mais laquelle ?

Les fantassins de Sarrazac débarquent des half-tracks, commencent à prendre position le long des façades, gênés par les civils qui s'imbriquent dans leur dispositif et galopent en tous sens, affolés par la canonnade. De jeunes garçons se proposent pour transporter les munitions, quêtent un fusil, un pistolet.

— Quel bazar, grogne le lieutenant Granell, un Espagnol de la 9e compagnie. Je commence à regretter la Normandie ; au moins, il n'y avait que des Allemands.

Que faire pour se désengluer de la foule ? Les Allemands fournissent la réponse. Ils expédient quelques obus fusants dont les éclats crépitent au sol. Avec des cris de frayeur, la foule se dilue dans les maisons. En quelques secondes, la voie est libre, jonchée de débris divers, chapeaux, chaussures, sacs à main et même, incongrue au milieu de la route, une couronne mortuaire...

Branet fait serrer au plus près des maisons, cherchant l'abri des pierres, tandis que les fantassins de Sarrazac entament une lente progression vers l'est, Wissous et Orly, de rue en rue. Des armes automatiques les prennent, d'enfilade. Les hommes bondissent, traversent les carrefours, ripostent, au jugé. La bagarre est dure, sauvage. Les voltigeurs se fusillent, à bout portant, surpris au coin d'un immeuble. Les Espagnols ne font pas de prisonniers. Ils n'en ont ni le temps, ni l'occasion. Les Allemands ne se rendent pas. Ils se font tuer, acculés à se battre jusqu'au bout. Ou bien ils se replient. Ce sont, pour la plupart des combattants aguerris, bien encadrés, avec un moral intact. Beaucoup d'entre eux ont fait la Russie ou la Grèce et ils connaissent bien le combat de rues. Les chars ne les intimident pas.

Warabiot, qui avait finalement débordé sur la droite en direction de Morangis, et qui a fait sauter un bouchon solidement implanté à l'orphelinat, débouche à Wissous, face aux batteries de 88 qui aussitôt, opèrent une conversion de 90° et le prennent de face. Trois chars de la compagnie de Witasse sont touchés et brûlent.

Il est presque midi. A quelques pas de Putz, bloqué devant le Petit-Massy, Leclerc inspecte le terrain. Il a coiffé son casque et, debout sur son scout-car, encourage, de sa canne, les tank destroyers qui montent en ligne.

Arrivent Buis et sa 2e compagnie du 501.

— Filez par la gauche, vers Massy. Peut-être pourrez-vous contourner le bouchon.

Buis déboîte, progresse vers l'ouest. Par les petites rues qui se recoupent à angle droit, il commence à s'infiltrer. Et puis, sur sa gauche, venant du viaduc de la voie ferrée, des tirs d'antichars percutent l'asphalte, juste devant lui. Buis ne perd par de temps à manœuvrer. Du reste, la manœuvre est impossible. Les Shermans se sont enfilés, à la suite, dans l'unique rue praticable. Il ne reste qu'à foncer, franchir le carrefour en tirant, et en priant la chance de placer un coup au but.

Le pari réussit. Un antichar, touché de plein fouet par le char *Elchingen*, explose, dispersant ses servants. Le mur d'acier est crevé. Buis fonce, utilisant toujours les ruelles de Massy. Il franchit la voie ferrée, prend les batteries à revers. Et là, comme à la parade, ses chars, alignés, hachent les pièces de 75 et de 20 Flak établies, de proche en proche, le long du ballast.

Il rend compte et reçoit l'ordre de poursuivre, en se rabattant au-delà du bouchon que Putz est en train de réduire. Il est une heure de l'après-midi. Leclerc harcèle les commandants des unités de tête :

— Plus vite, plus vite !

Il voit le temps s'écouler, perdu. Depuis que Billotte a touché la Nationale 20, il y a trois heures, à peine huit kilomètres ont été franchis. Il en reste deux fois autant avant d'entrer dans Paris.

Mais la partie n'est pas jouée. Warabiot a eu raison des batteries de Wissous. Il se heurte aussitôt à un autre bouchon devant Rungis. Le combat reprend, confus cette fois. Rivé aux rues, de plus en plus construites, sans possibilité de déborder, il est obligé de faire front et, à chaque incident, de lancer son infanterie pour réduire barricades ou tireurs isolés retranchés dans les pavillons. La progression s'arrête, repart. S'arrête encore. Il va falloir près de deux heures pour effectuer les quatre kilomètres suivants.

Putz, au centre, n'est pas mieux loti. Il est, encore plus que Warabiot, lié à la Nationale 20. Sur sa droite, les ruelles d'Antony constituent un labyrinthe inextricable dont il lui serait impossible de se dépêtrer et qui lui réserveraient trop de mauvaises rencontres.

— Poussez, poussez, demande-t-il à Sarrazac et à Branet, avec les gestes d'un demi de mêlée. Il faut que ça cède...

Et « ça » cède. Pas toujours du premier coup. Mais les Shermans canonnent sans arrêt.

Les officiers de liaison d'artillerie, grimpés dans les étages, guident le tir des 105 qui se mettent en position au hasard des placettes, des carrefours. Ils pilonnent les barrages, les carrefours suspects. Ils arrosent, sur les flancs, les batteries antiaériennes qui mitraillent les fantassins.

Et il y a la foule. Elle va et reflue, en un incessant mouvement de vague. Dispersée par les arrivées, elle commente les départs, insouciante des éclats perdus, des balles folles qui, de temps à autre, frappent dans ses rangs. Des bouteilles passent de main en main, arrivent jusqu'aux blindés, d'où s'en vont, par le même chemin, biscuits, boîtes de ration, cigarettes.

C'est un spectacle inoubliable pour ceux qui le vivent. Avec ses incidents, tragiques ou simplement cocasses. Le second maître Meté, chef de bord du T.D. *Audacieux*, signale un blessé, le matelot breveté Manet.

— C'est grave ? demande l'enseigne de vaisseau Lacoin.

— Non. Il a reçu un bouquet de fleurs. D'un quatrième étage...

Ailleurs, un 88 percute, en plein milieu d'un rassemblement hérissé de drapeaux tricolores. La foule se disperse. Ne reste qu'un enfant, la jambe arrachée, que Suzanne Torrès, la « Rochambelle », qui se trouve pratiquement en pointe, avec les chars de tête, évacue aussitôt sur l'hôpital américain de Dourdan.

Il est quatre heures de l'après-midi. Warabiot a débordé Rungis.

— Portez-vous sur la Croix de Berny, ordonne Billotte : Putz y est sévèrement accroché...

Warabiot s'exécute. Il effectue un quart de tour sur sa gauche. Devant lui, un peu en retrait à droite, la prison de Fresnes, bâtiment sombre, sinistre, inquiétant avec ses murs de brique percés de lucarnes, suspectes comme des meurtrières.

Les chars de Witasse se sont déployés sur le trottoir, abrités derrière les ormes. L'avenue est barrée de tranchées protégées de chevaux de frise, défendues par les blockhaus de sacs à terre. Le passage est bloqué, semble-t-il, par un système cohérent qui va de la Croix de Berny où s'acharne Putz, jusqu'au rond-point où vient d'arriver Warabiot.

Le combat s'engage aussitôt entre les Allemands, bien retranchés à couvert, et les Shermans, à défilement derrière les arbres, mais exposés aux armes à tir tendu.

En un instant, l'enfer se déchaîne. Les fantassins de la compagnie Sarrazac bondissent dans les fossés, à leur gauche, mais ils doivent se replier ; une batterie de mortiers a réglé son tir sur les angles morts.

— Fieschi ? Pouvez-vous nous appuyer ?

Fieschi commande le groupe d'artillerie. Depuis ce matin, il n'a cessé de mettre ses automoteurs en surveillance pour aider la progression de Warabiot. Il n'a pas attendu d'en recevoir l'ordre. Déjà les premières salves écrasent les avant-postes de la position fortifiée.

Sous le feu, les Espagnols de la « Nueve » repartent à l'attaque, soutenus au plus près par les mortiers et les mitrailleuses de Campos, qui liquide les résistances annexes. La section Montoya déborde, s'infiltre le long des murs de la prison.

— Tiens, remarque le lieutenant : ce sont des types de l'Afrikakorps !

En effet, leurs adversaires portent des tenues de toile claire et se battent aussi bien que leurs anciens de Libye ou de Tunisie. Montoya a soudain l'impression d'être revenu un an en arrière, à l'époque de Kasserine ou de Kairouan.

A sa grande surprise, il va bientôt apprendre que ces soldats qui se battent farouchement ne sont que des internés militaires allemands, que l'on vient seulement d'extraire de leurs cachots.

— Ils n'ont pas de rancune, commente Dronne.

— Peut-être qu'on leur a promis une remise de peine ?

Le point d'appui commence à faiblir. Matraqué par les 105, allumé au plus près par les Shermans, pris à partie par les mitrailleuses, démantelé par les charges furieuses d'infanterie, il présente maintenant un aspect dévasté où les résistances commencent à céder. Un officier allemand tire sur ses soldats, des servants de D.C.A. qui avaient agité des chiffons blancs. Les hommes de Granell l'abattent, à cent mètres.

Blindés, T.D. et automitrailleuses s'en donnent à cœur joie. Ils ne laissent aucun répit aux Allemands qui commencent à refluer à l'intérieur de la prison.

— Faites gaffe, hurlent les chefs de char : il y a des prisonniers français dans les bâtiments.

Il est six heures du soir. A deux cents mètres, Putz vient enfin de museler le dernier 88 qui bloquait l'avance de sa colonne.

C'est alors que Warabiot, qui a reçu l'ordre de rallier le carrefour de la Croix de Berny, achève son mouvement. En un instant se produit un embouteillage monstre auquel viennent s'agglutiner les véhicules du groupement tactique Dio qui avait lui aussi reçu l'ordre d'épauler le G.T. « V » dans sa conquête du dernier objectif.

Leclerc est là. Il fulmine. Les nouvelles reçues de Paris sont alarmantes. Et même si, en apparence, la ville est aux mains des insurgés, les Allemands peuvent d'un instant à l'autre surgir de leurs camps retranchés et ouvrir à grands coups de canon les grands axes dont ils ont besoin. Tout à l'heure, un Piper-Cub a lâché au-dessus de la préfecture de Police un message rédigé par Crépin, patron de l'artillerie divisionnaire, ainsi conçu :

« Le général Leclerc me charge de vous dire : tenez bon. Nous arrivons. — Lieutenant-colonel Crépin. »

Au retour de sa mission, le pilote et l'observateur, Callet et Mantoux, ont donné leurs impressions :

— Des rues vides, des barricades partout. Rien de sérieux si les Boches veulent se donner la peine d'en venir à bout... Il faut faire vite.

C'est bien l'avis de Leclerc qui secoue la tête au spectacle des quelque cinq mille véhicules, chars, half-tracks, automitrailleuses, obusiers, bloqués à la queue leu leu sur des kilomètres, de Champlan à la Croix de Berny.

Billotte, qui n'en peut mais, ajoute à l'agacement du patron en signalant que le convoi de ravitaillement en essence n'a pu réussir à se frayer le passage.

Leclerc repart en arrière, vers son scout-car.

Il y rencontre Petit-Leroy, un jeune lieutenant appartenant à la délégation militaire de Chaban-Delmas. Il vient d'arriver de Paris en se glissant à travers les lignes allemandes.

— Mon général, dit-il, nous avons reçu des renseignements précis sur l'état d'esprit de Von Choltitz, le commandant du *Gross-Paris*. Il ne se rendra pas sans combattre et serait disposé à faire sauter les ponts sur la Seine. Le général Chaban-Delmas vous supplie d'intervenir au plus vite.

Leclerc opine. D'une plume rageuse, il trace quelques mots sur une feuille de papier. C'est une mise en demeure à Von Choltitz qui sera personnellement rendu responsable de toute atteinte aux monuments de la capitale, quels qu'ils soient.

— Pour gagner du temps, ajoute Leclerc, prenez une jeep. Mon chauffeur personnel vous conduira à Paris.

La note ne parviendra pas à Von Choltitz. Petit-Leroy et son pilote sont tués quelques minutes plus tard en tentant de s'infiltrer dans la capitale.

Leclerc arpente la nationale. D'une rue latérale, il voit arriver une petite colonne de half-tracks qui rallie l'itinéraire principal, toujours aussi embouteillé. Il lève sa canne, stoppe le premier véhicule :

— Qu'est-ce que vous venez faire ici ! Vous trouvez que la pagaille n'est pas suffisamment grande...

Il reconnaît le lieutenant Granell, de la « Nueve ».

— Où est votre chef ?

— *El capitan ?* Juste derrière.

Dronne est là, en effet. Il arrive, la barbe en bataille, son képi bosselé sur l'arrière du crâne.

— Mon général, répond-il, j'ai reçu l'ordre de me rabattre. Un ordre réitéré, ajoute-t-il.

— Vous savez bien Dronne, que lorsqu'on reçoit un ordre idiot, il ne faut pas l'exécuter.

La figure butée du capitaine Dronne s'illumine d'un sourire ravi. Il explique alors le combat pour Fresnes et la réduction du point d'appui. Leclerc reste silencieux. Puis il prend sa décision, inattendue :

— Dronne. Filez droit sur Paris. Entrez dans Paris.

Une lame de fond soulève le cœur du capitaine. Il met deux secondes à réaliser ce qu'on vient de lui ordonner. Puis il répond :

— Tout de suite, mon général. Mais je ne dispose que de deux sections : celle de Montoya a rejoint la Croix de Berny pour épauler la 11e compagnie...

La canne de Leclerc parcourt un arc de cercle, montrant les chars, immobilisés un peu partout :

— Prenez ce que vous trouverez, et vite.

Dronne se fait préciser sa mission. Leclerc conclut :

— Dites aux Parisiens et à la Résistance de ne pas perdre courage. Demain matin, la division tout entière sera dans Paris.

En cet instant, le général a modifié l'ordre de bataille du 23 août. Les groupements tactiques se battront dans Paris.

Dronne s'éloigne, fait faire demi-tour à ses chars. Puis il hèle le lieutenant Michard, commandant l'un des pelotons de Shermans de la compagnie de Witasse. Michard, un vieux F.F.L. Père Blanc dans le « civil » et, accessoirement, baroudeur redoutable :

— Je file sur Paris. Vous m'accompagnez. Ordre du général.

Michard ne se fait pas prier. Il lui reste trois chars, le *Romilly*, le *Montmirail* et le *Champaubert*. Il les fait déboîter et se ranger devant les quinze half-tracks de la « Nueve ».

Dronne galope jusqu'à son half-track de commandement et, du bras, lance sa colonne en avant. Il est vingt heures.

Le détachement comprend quinze semi-chenillés où se sont installés les deux sections des lieutenants Elias, un jeune Parisien évadé de France, et Campos, un « vieux » de l'armée républicaine espagnole, plus la section de commandement de Granell, celle qui, tout à l'heure, a attaqué les blockhaus de la prison de Fresnes.

En queue, une section du génie de l'adjudant Cancel. Les Shermans ouvrent la marche.

Au dernier moment, un jeune homme s'est hissé sur le *Romilly*. Il s'appelle Georges Chevallier. Il n'a pas dix-huit ans, mais, précise-t-il avec un accent de titi qui le rend crédible :

— J' connais la banlieue comme ma poche.

— Très bien, tu vas guider la colonne. On te fait confiance pour éviter les barrages boches.

La nuit commence à tomber. Chevallier lance le *Romilly* à travers les ruelles de l'Hay-les-Roses, puis d'Arcueil-Cachan.

— Gaffe, dit-il un peu plus loin : il y a des Schleuh au fort de Bicêtre. On a intérêt à passer au large vers Gentilly.

Nouveau virage, vers la porte d'Italie, atteinte par une rue étroite, la rue Raspail.

Il y avait une foule nombreuse à la porte d'Italie. Elle attendait peut-être la division Leclerc et l'espérait par la Nationale 6. Ces chars qui, soudain, pointent leur museau par une voie secondaire lui arrachent des cris :

— Barrez-vous ! V'là les Boches !

Le convoi débouche sur la place qu'il traverse, en diagonale. De loin, les badauds détaillent les véhicules, notent les battle-dress kaki, les casques ronds.

— Des Américains !

C'est comme un énorme soupir collectif. La ruée, dans un gigantesque cri. En dix secondes, les chars sont stoppés, les half-tracks submergés d'une marée de bras, de visages hilares.

— *Welcome ! Long live to America...*

Quelques phrases, lancées d'un accent approximatif.

— Te fatigue pas, jette un pilote de char, j' suis de la rue de Tolbiac ! Vive le XIIIe !

La révélation atteint la foule comme un boulet. Nouveau soupir, collectif. Le ton monte de plusieurs décibels.

Un vieux monsieur s'est approché, avec un minuscule flacon. En mauvais anglais, il tente d'expliquer qu'il s'agit d'un cognac d'un âge très respectable qu'il s'était promis d'offrir au premier soldat allié.

— Je suis Français, grand-père, lui dit le lieutenant Michard, avec sollicitude.

Le visage du vieux monsieur se décompose. Le flacon se met à trembler dans sa main.

— Français, répète-t-il. Ils sont Français !

Sa voix se brise. Le vieux monsieur se détourne. Il sanglote.

— C'est pas tout ça, dit Dronne qui pense à sa mission. Il faut poursuivre.

— Moi, je connais plus le coin, avoue Chevallier.

— Moi, je sais où sont les Boches !

— Mais non, écoutez-moi, mon colonel ! Je sais par où il faut passer.

Les guides volontaires se bousculent, s'éliminent les uns les autres, s'injurient, se traitant de tous les noms. Dronne a du mal à rétablir le calme.

Et puis un drôle de petit bonhomme se présente, tenant à la main un étrange vélomoteur. Il se présente, avec simplicité :

— Je m'appelle Lorenian Dikran. Je crois qu'il est possible de gagner le centre de Paris en évitant les barricades et les bouchons allemands.

Déçus, les « guides » spontanés le traitent de bluffeur. Des F.F.I., surgis du néant, auxquels un brassard tricolore donne une assurance nouvelle, lui trouvent un air suspect. Dikran hausse les épaules :

— Je sais ce que je dis : je viens de l'hôtel de ville.

Dikran enfourche sa motocyclette et précède le convoi dont la jeep de Dronne la célèbre « Mort aux Cons » a pris la tête. L'Arménien a dit vrai. Par la rue Nationale, la place Pinel et le boulevard de l'Hôpital, les blindés se fraient un passage jusqu'au quai de la Râpée. Ils n'ont pas rencontré âme qui vive.

Voici le quai Henri-IV et, à cent mètres devant, après le Châtelet, l'hôtel de ville.

Dronne dispose ses chars en arc de cercle autour de l'entrée, hérisson prêt à faire face à une éventuelle intrusion allemande. Puis, suivi du fidèle Michard, il escalade prestement les marches de l'hôtel de ville. Il est exactement 21 h 22.

Tout l'état-major du Paris insurrectionnel est là, rassemblé sous les lustres du grand salon, illuminé a giorno. Dronne passe de bras en bras, pour des accolades interminables.

Brièvement, il rend compte du but de sa mission. Puis, Luizet, le préfet, lui demande s'il n'a besoin de rien.

— D'un bain, répond Dronne.

En bas, sur la place envahie par les Parisiens enthousiastes, une kermesse s'organise, autour des blindés. Des rumeurs parcourent la foule :

— De Gaulle est arrivé !

— Vive de Gaulle ! De Gaulle au balcon !

Un radioreporter entreprend l'escalade d'un half-track. Micro en main, avec une verve digne d'un commentateur du Tour de France, il accumule les détails, donnant sans doute à ses auditeurs l'impression que toute la division est rassemblée devant l'hôtel de ville.

Bacave, l'aspirant de la section de protection est inquiet. Il se demande ce qui se passerait si les Allemands, à l'écoute de la radio, décidaient de mettre leur grain de sel dans cette manifestation un peu trop folklorique à ses yeux.

Le radioreporter a achevé son escalade. Il braque son micro au hasard vers l'un des voltigeurs :

— J'ai devant moi un petit soldat français. Un héros, un garçon bien de chez nous. Où es-tu né, mon petit gars ?

— A Constantinople, répond Pirlian, Krikor...

Les cloches de Notre-Dame s'ébranlent, suivies, en grave ou en aigu, par toutes les cloches de Paris. Les maisons s'allument. Pour leur permettre d'entendre la radio, les techniciens de l'électricité ont rétabli le courant.

Un peu partout, les Allemands agacés ripostent en tirant dans les fenêtres, d'où se déversent des *Marseillaise* ou, plus prosaïques, des seaux d'ordures.

Heureusement, le responsable de la radio finit par prendre conscience du danger de lancer la population dans la rue.

— Tout n'est pas terminé, dit-il enfin. Fermez vos fenêtres. Ne vous faites pas tuer inutilement...

Peu à peu, la fièvre se calme et, derrière leurs volets clos, nombreux sont les Parisiens qui guettent le ferraillement des chenilles des chars de Leclerc griffant les pavés.

Il ne reste que quelques heures de nuit.

15

LA SEINE

25 août 1944.

Au cours de la nuit, les défenseurs allemands se sont évanouis et ont reflué vers Paris. L'aube du 25 août se lève sur un horizon vide d'ennemis. A perte de vue, le long de la nationale, une véritable marée humaine s'agite, brandissant drapeaux et foulards. Une rumeur grandissante annonce d'autres foules, déferlant des banlieues voisines, Sceaux ou Bourg-la-Reine.

Au pied des chars, les cavaliers du 501 font une toilette sérieuse. Tête nue, les joues blanches de mousse, les équipages se rasent dans leurs casques lourds, sous l'œil intéressé des jolies filles qui ne soupçonnaient pas qu'un casque puisse aussi servir de cuvette.

Le départ a été fixé à sept heures.

— Qu'est-ce que vous foutez ! Vous devriez être partis.

Réveillé de bonne heure, Billotte piaffe d'impatience. Il a une nuit de retard sur son programme et brûle de faire enfin son entrée dans la capitale. Il trouve que les soucis d'élégance des hommes sont intempestifs.

— T'excite pas, grommelle le sergent Laigle en escaladant la tourelle du *Villers-Cotterêts*. Von Choltitz fait la grasse matinée...

Billotte n'a pas entendu. Penché sur le capot de la jeep du capitaine Branet, il fixe une dernière fois l'itinéraire de la patrouille de tête :

— Vous avez bien compris ? Porte de Gentilly, rue Saint-Jacques tout droit jusqu'à Notre-Dame..

Branet opine, sans répondre. C'est la troisième fois depuis son

▲
1er août 1944. Le Sherman "Ile-de-France", du 12e Chasseurs, débarque à Omaha Beach. Devant le poste du pilote, la plaque "Somua" rappelle l'équipée africaine du régiment. *(E.C.P.A.)*

▲
Premier geste, symbolique : les fantassins du R.M.T. ramassent, émus, une poignée de terre de France. *(E.C.P.A.)*

◀
Le général Leclerc arrive à son tour sur la plage. Derriere lui, le capitaine Girard, son aide de camp. *(Fond historique)*

Une tasse de lait à la main, Leclerc regarde passer ses G.T. sur le pont d'Alençon, qu'il a conquis au matin du 12 août. *(E.C.P.A.)*

Dans les premières villes libérées, les "Leclerc" du 501 sont accueillis avec incrédulité, stupeur, puis enthousiasme. *(E.C.P.A.)*

Vers Strasbourg « ça va, Leclerc a lâché Massu. » L'ultime étape du serment fait à Koufra. *(Fonds historique)*

Le capitaine Ivanoff, de la 7, distribue ses ordres à ses adjoints, Maret (à gauche) et Salbaing (à droite). *(Fonds historique)*

A la hache, à la scie, à l'explosif, les sapeurs dégagent l'itinéraire du Dabo. *(E.C.P.A.)*

Sur la route de Strasbourg, un Panthe
été détruit d'un coup au but. *(E.C.P.A*

Les cuirassiers Mounier (à gauche)
Fino (à droite) du Sherman "Evreu
premiers soldats français à être ent
dans Strasbourg. *(E.C.P.A.)*

Obernai. Il y a deux choses éternelle
la France et notre fidelité. *(E.C.P.A.)*

Strasbourg, 25 novembre 1944.
Le serment de Koufra est tenu.
(Fonds historique)

5 novembre, L'ultime garnison
est rendue. Le général
aterrodt capitule devant
eclerc. *(E.C.P.A.)*

Le lieutenant-colonel Putz, tué le 28 janvier 1945, à Grussenheim.
Un incessant combat pour la liberté : de l' Espagne à l' Alsace.
(Fonds historique)

Le "Nid d'Aigle". L'eprit du IIIe Reich a cessé de souffler sur l'Allemagne. Au bord de la terrasse flotte ur immense drapeau tricolore. *(E.C.P.A.)*

La "photo-souvenir" devant les ruines de Berchtesgaden. De gauche à droite : Tranié, Mirambeau, X..., Guillebon, Leclerc, Girard. *(E.C.P.A.)*

réveil qu'on lui fixe son axe de marche. Il salue, va prendre sa place dans sa jeep. Debout, une main accrochée à la mitrailleuse de 12.7, l'autre moulinant l'ordre de mettre les moteurs en route, il lance un vibrant :

— Bien compris, mon colonel. En route !

Devant, les automitrailleuses du lieutenant Vézy commencent à déboîter. Sur les tourelles, les chefs de voiture ont installé des F.F.I. qui, au matin, se sont proposés comme guides. Ce ne sont pas les moins fiers. Ils sont les seuls à répondre aux acclamations...

L'allure est régulière, en dépit de la foule qui ne se sépare en deux qu'au dernier moment, risquant à chaque instant de glisser sous les roues.

— On dirait Moïse traversant la mer Rouge, observe Laigle, avec un large sourire.

Il a fini par abandonner son casque pour son béret noir des chars.

La porte de Gentilly est atteinte à 7 h 45. Le boulevard Jourdan est noir de monde. Des cris fusent, dominés par une vibrante *Marseillaise.* Les jeunes, des filles surtout, escaladent les chars, barbouillant de rouge à lèvres les visages frais rasés. Plus aucun cavalier ne porte de casque, cela gêne les effusions.

Bizien serre dans ses bras une jolie brunette.

Soudain, des coups de feu. La foule s'escamote comme happée par une trappe. Les mitrailleuses des chars et des half-tracks de l'infanterie cherchent vers les étages ou les toits l'origine des salves. Quelques rafales s'envolent, au hasard.

Bizien a lâché la jeune brunette. Elle glisse, les yeux révulsés, son corsage taché de sang. Elle a reçu trois balles.

— Elle m'a sauvé la vie, murmure Bizien.

Les spahis repartent, en zigzag, par la rue Saint-Jacques. Coups de feu. Riposte, au hasard. Branet fait accélérer l'allure. Il a remarqué que la foule surgissait sitôt passées les automitrailleuses pour se refermer sur le reste du convoi.

La patrouille dévale la rue. Tout en bas, dans la tranchée entre les façades on devine l'enfilade des porches de Notre-Dame.

Sur le parvi stationne une foule encore clairsemée, partagée entre ses deux objets d'enthousiasme : le détachement de l'hôtel de ville et ces nouveaux venus, qui filent vers la préfecture.

Branet dégage vers le pont du Châtelet pour permettre au reste du sous-groupement de se garer autour de l'île de la Cité et sur le Marché-aux-Fleurs.

Il est 8 h 30. Billotte a rempli son contrat.

A la même heure, le groupement tactique Dio quitte Champlan où il a été stoppé hier soir, à la tombée de la nuit. Très vite, ses officiers se sont rendu compte que le téléphone fonctionnait, et, une partie de la nuit, les Parisiens ont pu joindre leurs familles.

— Nous arrivons !

D'autres, plus pratiques, ont conseillé :

— Ne sortez pas de chez vous. Attendez que je vienne !

Dio a profité de l'aubaine pour prendre des renseignements sur la zone de ses objectifs : l'Ecole militaire, les Invalides et la Chambre des députés. Démêlant les informations, il a pu se faire une idée de la situation. Pour l'instant, les Allemands semblent assiégés dans leurs points d'appui. Les Parisiens, F.F.I., F.T.P. ou groupes incontrôlés tiennent le pavé.

A l'aube, il a convoqué ses officiers. Il a scindé son G.T. en deux colonnes. La première aux ordres de Rouvillois, commandant adjoint du 12e Cuirs, empruntera l'avenue du Maine à partir de la porte d'Orléans. Destination initiale, la gare Montparnasse, désignée comme le P.C. provisoire de la division. Second objectif, la Chambre des députés, constituée en bloc défensif comprenant aussi l'hôtel de Lassay et le ministère des Affaires étrangères, un quadrilatère qui part de l'esplanade des Invalides et se termine rue de Constantine, entre la rue de l'Université et les quais.

La seconde colonne, la plus importante, est placée sous les ordres de Noiret, patron en titre du 12e Cuirs. Elle doit emprunter les boulevards extérieurs jusqu'à la Seine, puis se rabattre le long des quais en nettoyant au passage le Champ-de-Mars et l'Ecole militaire.

Il est 8 h 30. Le G.T. « D » démarre. Un épais brouillard noie la cuvette de Chilly et s'étend presque jusqu'à Orly. Passé ce point, le soleil apparaît, inondant l'horizon, jusqu'à Paris qui s'offre aux regards, depuis le mont Valérien jusqu'aux collines de Belleville. En face, le Sacré-Cœur, en avant, les dômes majestueux du Panthéon et des Invalides, et les clochers dont les hommes récitent les noms, extasiés :

— Saint-Sulpice, Notre-Dame, la tour Saint-Jacques...

— La tour Eiffel ! ajoutent les pieds-noirs, qui ne connaissent qu'elle.

Porte d'Orléans, le G.T. « D » se scinde en deux éléments. Tandis que Rouvillois s'enfonce sous les arbres de l'avenue du Maine, Perceval, avant-garde de Noiret, vire à gauche sur le boulevard Brune.

— On se « fait » la petite ceinture, ricane Mounier, le tireur du char *Evreux*, en tête de l'escadron.

D'une voix nasillarde, il imite un receveur d'autobus en annonçant les carrefours grouillant de monde : porte de Châtillon, porte de Vanves, section ! Porte de la Plaine, porte de Versailles, place Balard !

Nouvelle conversion, à droite cette fois, par les rues Balard et Saint-Charles, jusqu'à la Seine. A chaque pont, le sous-groupement égrène une patrouille de deux chars, en position face à la rive droite.

La tour Eiffel grossit, écrasant les voltigeurs de sa masse imposante.

— Po, po, dis ! De loin, c'est de la dentelle, de près c'est un tas de madriers. Un échafaudage, lance un pied-noir de la compagnie Perceval.

La colonne stoppe. Les chars déboîtent, se placent face au Trocadéro, et entre les pylônes de la Tour, dans l'axe du Champs-de-Mars, visant l'Ecole militaire où flotte encore un drapeau à croix gammée.

— Juste un obus de 37, suggère un spahi et je leur mets leur drapeau en l'air.

— Vas-y !

Le coup part. Trois cents mètres plus loin, l'obus fait mouche, déclenchant aussitôt une fusillade nourrie venue de la façade de l'Ecole. La foule applaudit. Elle se disperse sous les arbres du Champ-de-Mars. Un homme traverse le pont d'Iéna, venant du palais de Chaillot.

— Un blockhaus allemand est en mesure de tirer sur vous, dit-il au capitaine Perceval, il est placé en bas de l'avenue d'Iéna, exactement entre les colonnades du Trocadéro.

— Jourdan, appelle Perceval, allez donc voir ça de près.

Le lieutenant Jourdan rameute son groupe de commandement, une mitrailleuse légère, un bazooka et un fusil lance-grenades. Le groupe galope sur le pont, s'élance à travers les jardins déserts, grimpe l'escalier monumental, débouche sur la place du Trocadéro, vide également. Au passage, le lieutenant Jourdan a placé Naouri, un israélite de Constantine, et sa mitrailleuse à défilement de gazon.

— Tu rafales dans l'avenue Kléber pendant qu'on traverse, dit-il.

Les trois hommes galopent, en diagonale, buste plié et se jettent contre les façades, parmi les chaises et les tables du café. Tout en courant, Jourdan a repéré le blockhaus, construit devant l'entrée de l'hôtel Baltimore, à l'angle de l'avenue et de la rue Léo-Delibes. L'avenue est déserte. Depuis l'Etoile, les Allemands arrosent la chaussée de longues rafales de mitrailleuses lourdes, relayées par les MG 42 du blockhaus bétonné.

— Suivez-moi, lance Jourdan qui tente de se faufiler, d'arbre en arbre, zigzaguant entre les rafales.

Dans son dos, le tireur au bazooka charge son tube, tire et enflamme une camionnette stationnée devant le blockhaus. Mais ce n'est pas suffisant pour le neutraliser. Les balles passent près. Trop près.

— On va chercher un autre chemin, décide Jourdan qui fait un bond jusqu'à une bouche de métro et consulte le plan de Paris. — On va faire le tour par la rue Boissière.

— Hep, militaire ?

Jourdan se retourne. Un homme traverse l'avenue, indifférent aux rafales. Sa démarche hésitante montre qu'il n'est pas à jeun.

« Il y a un Bon Dieu pour les ivrognes », pense Jourdan.

Le poivrot approche, une bouteille de champagne à la main :

— Venez chez moi, propose-t-il, aimable, on sera plus tranquilles pour la vider !

Il est pressant, affectueux :

— Je veux vous présenter ma femme...

Jourdan a peine à retenir son fou rire. La situation n'a plus rien d'héroïque. Il a fallu ce civil ivre pour dénouer le drame.

— Pas le temps, excusez-nous. Ce sera pour plus tard. — Jourdan se fait mondain : — Nous avons un blockhaus à détruire, n'est-ce pas ?

Des civils sont descendus dans la rue Boissière. Ils s'offrent à porter les munitions. Ce sont maintenant dix hommes qui rasent les façades. Au carrefour, Jourdan bute presque sur le blockhaus, toujours menaçant, mais hermétiquement clos.

— Ce n'est pas l'essentiel, lui glisse un civil, le gros de la garnison est à l'intérieur de l'hôtel Baltimore.

Jourdan se décide. Il laisse le bazooka et le lance-grenades en protection, il se prépare à bondir jusqu'à l'entrée de l'immeuble.

— Je parle allemand, ajoute le civil, je vous servirai d'interprète.

Les deux hommes courent, pénètrent en trombe dans le hall, bourré de soldats allemands bardés d'armes.

— Rendez-vous ! hurle Jourdan.

— *Hände hoch !* confirme l'interprète.

Eberlués, ne s'attendant pas à être attaqués par la porte d'entrée, les Allemands lèvent les bras. Certains ont un demi-sourire soulagé. Ils sortent, en colonne par trois.

La rue et l'avenue se sont mystérieusement peuplées en quelques secondes d'une foule en délire. Tout aussi mystérieusement, les façades pavoisent.

Jourdan rallie le Champ-de-Mars, une cohorte hurlante sur ses talons, prête au lynchage. Les fantassins du Tchad, placés en arrière-garde, essaient de calmer la foule.

— Quand je pense que moi, un juif, je protège des Boches, grogne Naouri.

Pendant ce temps, la compagnie Perceval s'est infiltrée à travers le Champ-de-Mars et s'attaque au bastion constitué par les bâtiments de l'Ecole militaire. Sur la gauche, la section Marson a filé vers la gare des Invalides qu'elle a nettoyée d'une dizaine de canonniers de la D.C.A. Elle se replie. Des coups de feu claquent, tirés de l'autre rive de la Seine. Cette fois, les tireurs sont vêtus de bleu marine. Ce sont des miliciens. Un voltigeur de pointe, La Brunelière, est tué d'une balle en plein front. Son frère, engagé avec lui en Normandie, se poste et, un à un, il abat les miliciens.

Face à l'Ecole militaire, le combat s'engage, très dur. Bien retranchés à l'abri des murs épais du bâtiment principal dont les fenêtres bardées de sacs de sable constituent autant de redoutes, les Allemands ne craignent pratiquement rien. Ils le savent et leur moral est aussi solide que leur point d'appui.

En limite des arbres, les Shermans arrosent la façade à la mitrailleuse, mais les fantassins restent bloqués sur leurs bases de départ.

Sur les trois sections initiales, deux sont occupées ailleurs et la troisième, celle de Jourdan, privée de son chef qui guerroie vers le Trocadéro, manque du punch nécessaire pour franchir le glacis au pied du socle vacant de la statue de Joffre.

— On peut y aller, propose le lieutenant Borrewater, le chef des éléments du Génie.

Perceval n'a guère le choix. Du moment que les sapeurs veulent être de la fête.

— En avant !

Les half-tracks du Génie débouchent des couverts, suivis de la foule qui vient assister à l'attaque, comme on vient à la corrida. Elle hurle, prodigue avertissements et encouragements. C'est Guignol.

Perceval bondit, les sapeurs sur ses talons. Il fonce vers l'entrée principale, protégé par les mitrailleuses lourdes qui tissent un rideau de métal au-dessus de sa tête et font, un instant, baisser la tête des défenseurs.

— Où est le capitaine de Perceval ? demande un motocycliste venu porter un ordre d'attaque.

La foule a entendu. Elle scande, comme un cri de guerre, le nom du capitaine qui évoque quelque chanson de geste :

— Perceval, vas-y ! Perceval, vas-y !

Un obus a enfoncé la porte principale. Quelques sapeurs achèvent de la forcer, dévoilant un canon de 47 qui crache aussitôt. Une automitrailleuse des spahis, la même qui tout à l'heure a arraché le drapeau nazi, le détruit d'un coup au but.

Sous le porche principal, c'est tout de suite le combat au corps à corps. Déchaînés, les sapeurs de Borrewater veulent montrer qu'ils sont aussi ardents que leurs camarades fantassins.

Quelques-uns s'infiltrent par les soupiraux, les fenêtres du premier étage. Ils se dispersent dans les couloirs, galopent dans les caves, sèment la panique dans le dos des snipers embusqués aux fenêtres.

Perceval a réussi sa ruée. Le voici dans la cour, vide d'Allemands. Des Shermans y pénètrent, font cesser les résistances des bâtiments annexes et des manèges.

Aux porches apparaissent quelques drapeaux blanc. Par petits paquets, la garnison commence à se rendre. Mais le grand bâtiment résiste toujours. Certains acharnés se sont barricadés dans les bureaux et les salles de conférence. Il faut les réduire, un par un, à la grenade, à la mitraillette, voire au poignard.

Finalement, tout s'apaise. Il n'y a pas eu de capitulation. L'Ecole militaire a été conquise. Il est midi. Le drapeau français est accroché à la hampe du salon d'honneur.

Encadrés de sapeurs, les survivants sortent, mains sur la tête. Ils sont environ deux cents. Comme tout à l'heure, il faut les protéger de la vindicte populaire.

— Nous avons conquis tous nos objectifs, lance Noiret à la radio.

Par l'avenue du Maine et la gare Montparnasse, le sous-groupement Rouvillois a foncé vers son objectif, le bastion Chambre des députés-Affaires étrangères.

A neuf heures, il se trouvait place de Rennes. Derrière lui, le reste du G.T. « D », avec le colonel, s'est installé en point d'appui, face à la rue de Rennes et de part et d'autre du boulevard du Montparnasse, vers la rue de Sèvres et le carrefour Vavin. En fait, très vite, les fantassins, les cavaliers et les sapeurs de Dio vont se transformer en agents de police, serrant les coudes et les véhicules pour maintenir la foule hors du périmètre de la gare, P.C. désigné de la division.

Ils ont bien du mal à y parvenir ; que peut-on opposer à une foule qui vous acclame, vous submerge ? Où trouver le courage de rabrouer une jolie fille qui vous embrasse ? Où puiser la grandeur d'âme de rejeter hors des plates-formes des chars ces jeunes qui n'ont pour arme que leur sourire ?

Tant bien que mal l'équilibre s'instaure et les hommes de Dio tentent d'organiser ce qu'ils ne peuvent pas interdire.

Pendant ce temps, avec ses chars et ses fantassins, Rouvillois a filé, par le boulevard, jusqu'aux Invalides. Il se heurte, au coin du quai d'Orsay et de l'Esplanade, à une barricade solide, soutenue par le tir des Panzers qui le prend à partie depuis la Concorde et les quais de la rive droite, du Cours-la-Reine au Grand Palais.

Le peloton de tête, commandé par le sous-lieutenant Bureau, est mis hors de combat avant même d'avoir pu riposter. Qu'aurait-il pu faire ? Les canons de 75 sans frein de bouche de ses Shermans sont impuissants à juguler les blindés ennemis, dont ils ne peuvent percer le blindage, ni rivaliser avec leur puissant 75 long.

Rouvillois ordonne leur repli. Le sous-lieutenant Bureau est tué. Quelques minutes plus tôt, depuis la gare des Invalides, il avait pu joindre sa famille et annoncer son retour...

Reste à Rouvillois une faible marge de manœuvre. Les quais lui sont interdits, la rue de l'Université, d'où il est dominé, également. Il lui faut manœuvrer par les rues transversales, véritable goulots que les armes légères installées aux ouvertures et sur les toits du Palais-Bourbon prennent en enfilade. Le lieutenant Briot de la Crochais, avec son peloton, déborde largement par la rue de Varennes et la rue de Bourgogne. Au débouché de la place du Palais-Bourbon, le Sherman de tête se fait tirer par un 75 antichar embusqué sous le porche de la cour arrière de la Chambre. Une tentative de pénétration en force par la rue de Constantine subit le même échec. Il ne reste plus à Rouvillois qu'une solution pour débusquer les Allemands, faire tirer à obus incendiaires directement dans les fenêtres des bâtiments.

Briot de la Crochais lui indique l'emplacement du local des archives. Quelques obus suffisent à y mettre le feu. Ses observateurs constatent un début de panique lorsque des flammes et de la fumée commencent à s'élever du ministère des Affaires étrangères. Mais, presque aussitôt, des Invalides débouchent les voitures rouges des pompiers.

— Laissez-nous passer.

— Pas question : c'est notre seule chance d'obtenir la reddition de ce point fortifié.

Il faut à Rouvillois toute sa force de persuasion pour obtenir que les pompiers renoncent. Ils restent pourtant en retrait, prêts à intervenir dès que ce sera possible.

Il est quatre heures de l'après-midi. La fusillade est toujours aussi nourrie. La 2e compagnie du Tchad est montée dans les étages des maisons qui bordent la place et lancent des fusées de bazooka sur les embrasures repérées. Mais il y en a trop. Alors, Rouvillois donne l'ordre à la batterie du 3e R.A.C. du capitaine Demarle de prendre position au bout de la rue de Varenne et de tirer sur les édifices.

— Paré, annonce Demarle.

Rouvillois regarde sa montre. Le micro à la main, il va déchaîner le tonnerre de ses canons. Un cri le stoppe :

— Halte au feu ! Les Boches viennent de hisser le drapeau blanc.

Il était temps !

En fait, Rouvillois l'apprendra tout à l'heure, les Allemands ne se sont pas rendus. Leur chef a été averti de la capitulation signée par le général Von Choltitz.

16

L'ETOILE

24 août 1944.

La nuit a été agitée pour les hommes du groupement Langlade, stoppés au pont de Sèvres. Le bataillon Massu s'était déployé en bouchon, une compagnie sur la rive droite de la Seine, prise à partie par des éléments ennemis retranchés dans l'île Seguin et les usines Renault ; une compagnie, en défensive face à l'ouest, en direction de Versailles d'où pouvaient surgir à chaque instant des détachements ennemis refoulés par l'avance conjuguée des Américains et du sous-groupement Rémy.

Pourtant, jusqu'à une heure du matin, le secteur était calme. Au moins en ce qui concernait les opérations militaires, car la foule, qui a assailli half-tracks et blindés, n'a laissé aucun repos aux équipages. Vers minuit, le tintement des cloches de la capitale leur ont fait tendre l'oreille, persuadés que Billotte était enfin arrivé au but. Et puis, au fil des heures, les badauds se sont dispersés. Ne sont restés que quelques F.F.I. volontaires pour servir de guides, et acceptés par les officiers.

Il est 1 h 15. Le lieutenant Postaire, placé dans l'avenue Bellevue, entend des bruits de moteurs. Il s'avance. Ce sont des Allemands d'une compagnie de D.C.A. qui, roulant sans lumière et croyant libre l'accès vers Paris, se sont jetés en plein dans la section du Tchad.

La réaction est immédiate des deux côtés et le feu, très violent. Dans le noir, les hommes se fusillent à bout portant. Ils sont tellement imbriqués les uns dans les autres qu'un voltigeur marocain, apercevant des hommes mettre un canon en batterie, offre son aide avant de s'apercevoir que ce sont des Allemands.

Un coup au but dans un des half-tracks de Postaire met le feu au moteur qui brûle, éclairant enfin la scène et dissipant d'autres méprises.

Une demi-heure plus tard, les Allemands battent en retraite, à pied, abandonnant tout leur matériel, trois camionnettes, trois canons de 20 Flak, quelques bicyclettes. Ils laissent également une quarantaine de morts et vingt et un prisonniers.

— Pas la peine de se rendormir, grogne le lieutenant Berne, en position au carrefour. Le mieux est de faire des patrouilles pour éviter d'autres surprises.

Le jour les trouve mal rasés, fatigués, tournant en rond en attendant les ordres. Les ordres... et l'essence, car le convoi de ravitaillement n'est toujours par arrivé, alors que les F.F.I., plus nombreux à chaque minute, signalent que des Allemands se regroupent aux abords du bois de Boulogne, à la porte de Saint-Cloud.

— Attention, un convoi de camions est en train de se former à l'intérieur de l'île Seguin. Ils vont essayer de forcer le barrage pour fuir.

Langlois et Sorret ricanent. L'usine Renault est à bonne portée de tir.

— On va se payer de ces cartons ! jubilent les fantassins.

— Du gâteau, renchérit Quiniou, le chef de bord du T.D. *Simoun*, envoyé en renfort.

De fait, à peine le premier camion a-t-il pointé son museau hors du mur d'enceinte que toutes les armes crachent. Les « lance-patates » du lieutenant Podeur lui donnent le coup de grâce avec un coup dans le capot. La camion s'enflamme.

Profitant de la fumée de l'incendie, les autres tentent de forcer le passage.

— C'est du tir aux pigeons, constate Podeur, dont les canons crachent sans arrêt.

Debout, sans casque, son crâne rasé dominant ses hommes, le Breton semble un chef d'orchestre en délire.

Les Allemands s'éjectent des camions et, pour échapper aux rafales de mitrailleuse, se jettent dans la Seine où, obligeamment, les sapeurs de la section du Génie vont les repêcher.

Il est dix heures du matin. Le convoi de ravitaillement en essence arrive. Enfin.

— Mais enfin, bon Dieu ! Où étiez-vous passés ? demande Langlade, impatient et furieux.

— On s'était perdus dans Sèvres, alors on a préféré attendre le jour.

Les pleins sont faits, chaque conducteur échangeant ses jerrycans vides contre des pleins. A 10 h 30, Massu rend compte qu'il est prêt à repartir. Mais Langlade tergiverse, ses ordres lui enjoignent d'attendre le sous-groupement Rémy qui doit arriver de Versailles.

La jonction est effective à midi.

— En avant ! lance Massu en s'installant sur le siège de sa jeep *Moïdo.*

Le convoi s'ébranle, par la N 10 vers la porte de Saint-Cloud. Tout à l'heure, une escouade d'agents cyclistes de Boulogne est venue se mettre aux ordres. Ils ouvrent la route, ou, plus exactement, tentent d'écarter la foule, qui dresse en avant des chars un véritable barrage humain qu'il faut fendre, comme avec l'étrave d'un bateau. Ce n'est plus une progression, c'est une marche triomphale.

Pour les récompenser de la brillante action de la nuit, Massu a tenu à placer en tête les garçons de la 5e compagnie, juchés sur les chars du 3e escadron. En premier, le char *Champagne* du sous-lieutenant Nouveau où est installé le lieutenant Berne, qui a pris le commandement de l'unité ; cette nuit, Rogier, son capitaine, a été blessé aux jambes au cours de l'accrochage.

Les Ml et les half-tracks de la C.A. d'Eggenspiller suivent, puis la 6e compagnie. En rejoignant Sorret sur le pont de Sèvres, Guigon a un sourire de triomphe :

— Tu es rattrapé au poteau !

— Remercie-moi plutôt pour mon sens aigu de la camaraderie. Si je ne t'avais pas attendu, il y a longtemps que je serais aller tirer Von Choltitz par les pieds...

La colonne avance difficilement et, parfois, il semble que les chars, les jeeps, les half-tracks aient été avalés par la foule. On ne distingue plus les carrosseries, seulement des visages, des bras, des drapeaux, qui bouillonnent autour d'hommes en kaki.

Les soldats du G.T. « L » se sont faits beaux. Quelques-uns même ont plongé dans la Seine pour se décrasser. La plupart ont changé de chemise et enfilé celle qu'ils conservaient, neuve, dans le paquetage. Ils ont aussi consenti à nouer leur cravate, objet luxueux, inadapté au combat.

Les plus à plaindre — ou à envier — sont les occupants des jeeps, particulièrement accessibles, qui sont étouffés par la marée humaine. Leurs capots, leurs sièges même leur sont disputés par des civils hurlants qui s'y agrippent, s'y laissent rouler. Les pare-brise, repliés, éclatent sous le poids d'aussi nombreux fessiers. Les chauffeurs doivent presque faire le coup de poing pour, au moins, dégager leur champ de vision.

Et des cris, des chants, des embrassades, des fleurs. Des injures aussi ; ceux qui veulent grimper sur les véhicules et ceux qui, déjà installés, n'entendent pas laisser la place. Bousculade, folie.

Parfois, comme un trophée glorieux, des F.F.I. escortés d'un troupeau de mégères poussent devant eux une fille nue, le crâne rasé, des croix gammées grossièrement peintes sur les seins.

— Elle couchait avec les Boches !

Les gars du Tchad haussent les épaules, offusqués, trouvent écœurant ce spectacle de la vengeance populacière.

— Mon cul est international, mais mon cœur est français, crie l'une de ces jeunes femmes en s'adressant à Sorret.

— Quel dommage, mon lieutenant, lui glisse le sergent-chef Picquet : elle était bien roulée, cette petite.

La colonne a fini par déboucher à la porte de Saint-Cloud. Elle peut se déployer sur la grande place, échapper un peu à l'enthousiasme. D'autant plus que des projectiles ricochent sur quelques façades, provoquant cris, galopades, début de panique. Des batteries antiaériennes, implantées sur les collines de l'ouest, entre Buzenval et Garches, s'amusent sans doute à arroser le paysage.

Massu est homme à ignorer ces tirs, totalement inefficaces. Mais Langlade, voulant sans doute carillonner l'entrée de son G.T. dans Paris, fait stopper la colonne et mettre en batterie les 105 de Mirambeau.

En quelques minutes, le 1/40e R.A.N.A. expédie 1 200 coups sur les batteries repérées. La place résonne comme un gong. Mains collées aux oreilles, les Parisiens sont assommés de bruit. Leur ivresse en augmente d'autant.

Massu s'est rapproché du P.C. Il est accueilli par Langlade, hilare, brandissant un index jovial :

— Mon vieux Massu, vous devriez vous regarder dans une glace, vous êtes barbouillé de rouge à lèvres. On dirait un Indien sur le sentier de la guerre.

Massu daigne sourire :

— Oh, vous savez, mon colonel, mon visage ne doit pas être pire que le vôtre...

Langlade ne rit plus. Il se penche sur un rétroviseur et, frénétiquement, se frotte les joues et le front.

Le convoi est reparti, toujours escorté d'une foule de plus en plus dense, si cela est possible. Rue Michel-Ange, avenue Mozart, rue de la Pompe, place Victor-Hugo.

— Attention, hurlent des F.F.I. surgis d'un carrefour, il y a plein d'Allemands au bout de la rue...

Des chars se détachent, reviennent, ayant liquidé un nid de résistance isolé.

Un peu plus tard, rue de la Pompe, un G.M.C. de la 7e compagnie du sous-groupement Minjonnet, est pris à partie d'une fenêtre d'un premier étage. Les trois occupants du camion ripostent, à la 12.7, tandis que le sergent-chef Mesnier, mitraillette d'une main, grenade dans l'autre, se rue dans l'escalier. Il arrive au palier, est accueilli par une rafale venue de l'appartement.

Mesnier esquive, jette sa grenade par la porte entrouverte, attend l'explosion et, d'un coup de pied, écarte le vantail. Rafale, rafale encore. Devant lui, des silhouettes casquées, aussitôt liquidées. Dans un coin, deux gamins, quatorze et seize ans, brassard tricolore au bras :

— Petits salauds, grogne Mesnier en les poussant dans l'escalier.

Il les remet aux F.F.I. Les gosses se jettent à genoux et demandent pardon...

Plus loin, dans une encoignure, un Allemand est là, tout seul, sans arme.

— Amène-toi ! *schnell !* lui lance Mesnier.

— Mais je ne suis pas Allemand ! proteste l'homme. Je suis Français.

— Qu'est-ce que tu fous dans cette tenue ? riposte Mesnier en levant sa carabine. Il a entendu parler de la L.V.F.

— Ben voilà, je rentrais chez moi ce matin. Un Allemand m'a braqué sa mitraillette sur le ventre en m'ordonnant de me déshabiller. Puis il s'est mis à poil et a enfilé mes vêtements. Quand il a eu fini, il m'a fait endosser son uniforme et m'a balancé un grand coup de pied aux fesses en me criant : « Allez, fous le camp, sale Boche ! »

Pendant ce temps, la tête de la colonne est enfin parvenue à l'Etoile, par l'avenue Victor-Hugo.

Les officiers du G.T. « L » possèdent des renseignements exacts sur ce qui les attend. Ils savent que l'immeuble de l'hôtel Majestic, en haut de l'avenue Kléber, est constitué en une sorte de camp retranché. Vers l'Etoile et vers la Seine, l'avenue est barrée de barbelés, protégés par des blockhaus de sacs à terre. C'est un immense parking où traction-avant et motocyclettes voisinent avec des véhicules de combat.

A peine la 5e compagnie a-t-elle pris pied sur la place de l'Etoile qu'une mitrailleuse se déclenche, tirant vers l'arc de Triomphe où, en cet instant, des sapeurs-pompiers sont en train d'essayer de déployer un gigantesque drapeau tricolore au milieu de la voûte. Taches noires sur les pierres blanches de la corniche, ils font des cibles remarquables.

Un char du 3e escadron, le *Bourgogne,* vire à droite, vers un blockhaus tapi à l'angle de la rue de Presbourg et avance, lentement. La mitrailleuse allemande cesse de tirer. Le *Bourgogne* stoppe, à vingt mètres. Sa tourelle pivote, inexorable, le canon se baisse, se fige, exactement dans l'axe de la meurtrière où l'on distingue encore le cache-flammes de la mitrailleuse. Derrière le char, les Marsouins se sont arrêtés aussi. C'est seulement à cet instant qu'ils remarquent l'extraordinaire silence qui vient de s'abattre sur le quartier, peuplé quelques secondes plus tôt du fracas des chenilles, du staccato des mitrailleuses, des cris de la foule.

— On dirait une mise à mort, souffle Murcia, un chef de groupe de la section Gauffre.

Une mise à mort, en effet. On peut imaginer les occupants du blockhaus qui fixent, dans le noir, la gueule ronde du 75 braquée dans leur direction, s'apprêtant à cracher l'Apocalypse. Le *Bourgogne* tire et l'onde de choc brise une vitrine qui s'abat sur les fantassins.

De la meurtrière monte une petite fumée bleutée.

Maintenant, la manœuvre s'effectue à toute vitesse. Chars et half-tracks déboulent sur la place de l'Etoile, et vont s'embosser au débouché des douze avenues, canons pointés, armes chargées.

Les officiers du G.T. « L » se rassemblent sous l'arc de Triomphe pour une minute de silence, figés au garde-à-vous devant la flamme.

Un vrombissement. C'est un obus de 75 tiré depuis la Concorde, par un Panther prenant pour cible l'immense étamine tricolore qui s'agite au milieu de la voûte. Un second obus écorne la célèbre sculpture de Rude dont les pierres, arrachées, commencent à tomber sur le groupe des officiers.

L'impact allemand a volatilisé aussi le silence. Il semble avoir déclenché la foudre. La place de l'Etoile explose soudain. Embossés à l'angle de l'avenue Kléber, les chars du peloton Nouveau allument les véhicules parqués dans l'enclos de l'avenue Kléber. Chars, semi-chenillés, voitures légères, canons tractés sont systématiquement visés et détruits. Les flammes s'élèvent, noires, dans l'odeur grasse du caoutchouc brûlé. Quelques soldats, pris à découvert, tentent de se réfugier dans le Majestic. Leurs cadavres disparaissent dans les flammes. C'est un carnage d'hommes et de matériels.

Des estafettes surgissent, chargées sans doute de transmettre des ordres. Les Marsouins, embusqués sous leurs half-tracks les tirent, au fusil.

— Mon commandant, je viens d'apprendre qu'au 24 de l'avenue Kléber au siège de la compagnie l'Abeille, est concentré un véritable nid de SS.

Sorret est essoufflé. Il vient d'opérer lui-même une reconnaissance en profondeur et s'est planté devant Massu, en grande conversation avec un plénipotentiaire allemand venu sous la protection d'un drapeau blanc, négocier la reddition du Majestic.

— Dites à Berne de s'en occuper tout seul, réplique Massu.

Précédé d'un drapeau blanc, Berne s'infiltre jusqu'au 24, accompagné d'un groupe de combat auquel s'est joint un civil, un Hollandais qui s'est proposé comme interprète. Berne pénètre dans le hall. Il est aussitôt entouré d'une vingtaine de SS hargneux qui lui mettent leur mitraillette sur le ventre.

— Je suis officier de l'armée régulière, réplique Berne qui s'efforce de faire bonne figure. Je veux voir votre chef.

Un officier fend le groupe et s'approche :

— Toute résistance est inutile, lui dit Berne. D'ailleurs, vous allez recevoir d'une minute à l'autre l'ordre de reddition. Ne perdez pas de temps. Je vous donne une minute. Passé ce délai, nous attaquerons.

L'officier s'éloigne, parlemente avec quelques-uns de ses gradés. Berne s'efforce à la décontraction, sous l'œil vigilant et malveillant des SS au visage de pierre qui font converger vers lui le canon de leurs armes. L'officier allemand revient. Il dégaine son pistolet, le tend à Berne, sans un mot. Tous les autres gradés en font autant.

Berne quitte l'immeuble, les bras chargés d'armes, suivi de près de cent cinquante SS, mains sur la tête.

— Tu ressembles à un pistolero mexicain, plaisante Sorret.

— J'aurais voulu t'y voir, avec tous ces guignols armés jusqu'aux dents, renvoie Berne, qui apprécie modérément l'humour de son camarade.

La colonne de prisonniers se regroupe sur le terre-plein central.

— Où est le commandant ? demande Berne qui veut rendre compte.

— Il est parti au Majestic.

En effet, devant la lenteur des pourparlers, Massu a pris une décision soudaine. Il a raccompagné le plénipotentiaire et s'est présenté, avec lui, devant le blockhaus d'entrée. A ses côtés, le sergent-chef Dannic est tué d'une balle au front, tirée par un sniper posté sur un toit.

Massu est seul. Il écarte la sentinelle, enjambe les quelques marches du perron, pousse la porte d'entrée. Il est de mauvaise humeur et cela se voit à son visage encore plus buté qu'à l'ordinaire. Il déboule dans le hall, à la stupéfaction d'une centaine d'Allemands, de tous grades, rassemblés comme pour un meeting.

Massu n'hésite pas. Plus question de parlementer.

— *Heraus!* tonne-t-il, la main sur la crosse de son colt.

Quelques protestations s'élèvent, vite stoppées par une nouvelle sommation :

— *Heraus, schnell!*

Massu est grand, sa voix porte, ses gestes se passent de commentaires. Subjugués, les Allemands se dirigent vers la porte et, mains sur la tête, commencent à sortir. Puis, spontanément, ils se mettent en colonne par trois et prennent le chemin du terre-plein, au pied de l'arc de Triomphe.

La place est maintenant pleine d'une foule qui oscille, comme une mer. La cohue est indescriptible et les fantassins du Tchad, accourus au secours de leur patron, ont bien du mal à faire s'écarter curieux et excités. Une femme parvient au milieu des Allemands et crève l'œil d'un officier avec une aiguille à tricoter. Des hommes leur crachent à la figure. Des cris s'élèvent.

— A mort!

Des bousculades pressent les spectateurs. Par instants, le contact est rompu entre soldats. Massu soupire ; il n'aime ni la cohue, ni le désordre.

Mais la foule est maîtresse du terrain. Les unités, éparpillées sur le pourtour de la place, sont autant d'îlots précaires dont les véhicules sont escaladés par des civils en folie. Des F.F.I., fusil au poing, tiraillent vers les toits. D'autres, surgis d'on ne sait où, braquent leurs pistolets de poche au hasard. Des coups partent dans la foule.

Massu redoutait un incident. Il arrive. Une explosion sourde fait dresser toutes les têtes. La foule bouge, se déplace. Massu joue des coudes, se fraie un passage et s'approche du lieu de l'explosion. Des explications confuses, il ne retient qu'une chose, une main inconnue (celle d'un plénipotentiaire allemand, prétendent quelques témoins) a jeté une grenade incendiaire vers le groupe chargé de la garde des prisonniers. Le caporal-chef Néri a été grièvement brûlé ; à ses côtés, le commandant Mirambeau, l'artilleur, a reçu quelques éclats.

La foule veut venger la traîtrise. Des mains se tendent, agrippent des prisonniers, les tirent en arrière. Gris de peur, les Allemands hurlent, persuadés, avec juste raison, d'être écorchés vifs.

Avec rudesse, les fantassins interviennent, font reculer la foule. Mais les cris continuent. Comme un chien auquel on a ravi son os, elle gronde, furieuse, pas loin de huer ces soldats français qu'elle acclamait l'instant d'avant.

Des mégères, drapées d'oripeaux tricolores, mamelles au vent, qui se présentent comme des « Patriotes » surgissent en braillant. Ecœurés, les Algériens de la compagnie Berne les font circuler, bottant des arrière-trains adipeux.

Massu a rallié l'arc de Triomphe. Il y retrouve ses commandants de compagnie.

— Bâtiment, vous assurez la garde des prisonniers. Berne, filez avec les chars de l'escadron pour nettoyer le Majestic et voir si nous n'avons oublié personne. Sorret, avec votre section, accompagnez le peloton Nouveau vers les Champs-Elysées...

Le lieutenant Sorret s'élance. Il rattrape les Shermans à la hauteur du Fouquet's. A sa section se sont joints quelques F.F.I. mal armés de quelques mousquetons ou de pistolets-jouets.

L'avenue est déserte. Le tir du Panther, tout à l'heure, a fait le vide et l'on murmure que des fantassins de la Wehrmacht sont installés dans les jardins au-delà du rond-point, vers le théâtre Marigny et le restaurant Ledoyen.

Derrière Nouveau, des T.D. du peloton Durville progressent le long des façades et stoppent à la hauteur du Lido, prêts à intervenir si quelque char ennemi débouchait de l'avenue Georges-V.

— Direction la Concorde ! lance Nouveau.

Il jubile. Il a été le premier des officiers de la division à combattre, en Normandie. Aujourd'hui, il veut être le premier à arriver sur la plus belle place d'Europe. Peut-être espère-t-il en secret être aussi le premier à atteindre le Meurice, P.C. du général Von Choltitz ?

Les cinq Shermans déboulent, roulant à droite et à gauche de l'avenue. Ils franchissent le rond-point, puis l'avenue Marigny.

— Un Panther ! Droit devant !

Nouveau fait stopper son *Champagne*. A six cents mètres, il voit défiler la silhouette massive, mais bien connue du Panzer ennemi. Sans doute le même qui, tout à l'heure, a lâché quelques salves sur l'arc de Triomphe, à près de deux kilomètres. Seul du peloton, le *Champagne* est doté d'un tube de 76 mm.

— Vautravert, à six cents mètres, dérive 2, un perforant ! Feu !

Douze cents mètres en arrière, devant le Lido, stationnent deux tank-destroyers, le *Simoun* de Quiniou à gauche, le *Siroco* à droite. Eux aussi ont aperçu le Panther, dont les obus les ont frôlés tout à l'heure. Quiniou lance à Mady, son tireur :

— A dix-huit cents mètres, dérive 4, un perforant, feu !

— Touché, hurle Vautravert.

— Touché, exulte Quiniou.

Par un hasard extraordinaire, deux chars, possédant chacun un canon identique, seul capable de perforer le blindage d'un Panther, ont tiré en même temps.

Mais si les marins s'attribuent l'exploit d'avoir touché l'Allemand à dix-huit cents mètres, cet exploit leur est contesté par Nouveau qui affirme être l'auteur de ce sensationnel coup au but, réalisé à six cents mètres[1].

---

1. Aucun spécialiste ne pourra, d'ailleurs, les départager.

En tout cas, la Concorde est libre et Nouveau y fonce. Ses chars débouchent en trombe. En face, déception. Ils voient arriver les premiers éléments de la 3e compagnie du 501, l'escadron Branet. Ils viennent de faire capituler le Meurice.

La place est presque déserte, seulement jonchée de débris divers, encombrée par la carcasse du Panther démoli. Par radio, le lieutenant Christen alerte Nouveau :

— Fais attention, il y a des snipers sur les toits ! Je viens de me faire descendre Bizien d'une balle dans la tête.

Les tourelles des Shermans pivotent, leurs canons semblant scruter le ciel. D'un bosquet, une voix hurle :

— Gaffe, les gars... la Cinquième colonne !

Le canon du *Bourgogne* s'immobilise. Le coup part... une des colonnes du Crillon s'effondre, touchée de plein fouet. La cinquième.

— Vert à tous les Verts ! hurle Nouveau. Quel est le con qui a fait ça...

— C'est moi, Vert 4. On m'avait dit « la cinquième colonne »... Pouvais pas savoir, je suis pas d'ici.

17

LA CAPITULATION DU GROSS-PARIS

25 août 1944.

Le général Leclerc est arrivé à 10 heures à son P.C. de la gare Montparnasse. Il rayonne et les réflexions qu'il adresse à ses adjoints, à Dio surtout, montrent qu'il savoure cet instant. Moins d'ailleurs pour les ovations que lui prodigue une foule en délire, toujours un peu inquiétante dans son désordre et son hystérie, que pour le symbole que représente l'entrée de la division dans la capitale.

Gribius, le chef du 3e bureau, lui a installé une table sur le quai des grandes lignes. Le chef de gare a même prêté son fauteuil personnel :

— Où en sommes-nous ? demande-t-il en jetant son képi sur un coin du bureau.

Gribius et Repiton-Préneuf brossent aussitôt un tableau de la situation telle qu'elle est.

— A dix heures, Rouvillois est arrivé aux Invalides, Noiret vient de s'engager sur les quais.

— Et Billotte ?

Billotte est à la préfecture. Depuis 8 h 30, il confère avec les têtes agissantes et pensantes du Comité de Libération. Dans le bureau préfectoral, il est entouré du nouveau préfet, Luizet, d'Alexandre Parodi, de Chaban-Delmas en uniforme de général et de Félix Gaillard qui a quitté tout à l'heure l'hôtel Matignon qu'il a conquis seul voici trois jours, pour assister à l'ultime briefing. Il a même rédigé un projet d'ultimatum à adresser au général Von Choltitz. Pour impressionner l'Allemand, à moins qu'il ne soit emporté par le lyrisme ambiant,

Félix Gaillard a affublé Billotte du titre de « général commandant la première brigade blindée française ». Le texte est de la même veine [1].

Billotte le parcourt, raye l'avant-dernière phrase, relative aux lois de la guerre, et signe.

Il est dix heures et demie.

Reste à le faire acheminer. Le circuit habituel passe par M. Raoul Nordling, consul de Suède, intermédiaire habituel entre la Résistance insurgée et le commandement allemand.

— La Horie, dit Billotte, chargez-vous de cela.

Jusqu'à ce jour, le commandant de la Horie a peu fait parler de lui à la division. Chef d'état-major du 12e Cuirs au Maroc, il a suivi Warabiot quand le colonel a pris le commandement du G.T. « W ». A son arrivée, Billotte l'a gardé. La Horie est un homme précieux. Fin, racé, brillant cavalier, il a cette élégance naturelle des gentilshommes de longue lignée.

Il s'exprime sobrement, d'un voix égale et précise. Mais il cache sous une impassibilité hautaine une audace folle, plus à l'aise avec les pelotons au contact qu'au milieu des paperasses d'état-major. Il quitte rapidement la préfecture, rameute deux automitrailleuses et, à travers les quartiers où l'on se fusille, fonce chez Nordling, rue d'Anjou.

Il y retrouve un officier allemand, le major Bender qui, depuis le début, fait équipe avec le consul. L'Allemand lit le texte et grimace :

— Von Choltitz n'est pas un fanatique hitlérien. Mais c'est un militaire soucieux de son honneur. Il me surprendrait beaucoup s'il acceptait cet ultimatum.

Toutefois, il consent à le porter. La Horie reste sur place. Il va attendre deux heures.

— Le général Von Choltitz a reçu votre ultimatum. Vous n'ignorez sans doute pas qu'il a également l'ordre exprès de Hitler de tenir

---

1. Paris le 25 août 1944
10 h 30

Le général commandant la première brigade blindée française à monsieur le général.

Pendant toute la journée d'hier, ma brigade a écrasé tous les points d'appui allemands qui lui étaient opposés. Elle leur a causé des pertes sévères et fait de nombreux prisonniers.

Ce matin, je suis entré à Paris et mes chars occupent la Cité. De grandes unités blindées françaises et alliées m'auront rejoint incessamment.

J'estime qu'au point de vue strictement militaire, la résistance des troupes allemandes chargées de défendre Paris n'est plus susceptible d'être efficace.

Afin d'éviter toute effusion de sang inutile, il vous appartient de mettre fin immédiatement à toute résistance.

Au cas où vous jugeriez bon de poursuivre une lutte qu'aucune considération d'ordre militaire ne saurait justifier, je suis décidé à la mener jusqu'à l'extermination totale.

(Phrase rayée par Billotte). Dans le cas contraire, vous serez traités conformément aux lois de la guerre.

J'attends votre réponse une demi-heure après la remise de cet ultimatum.

signé : Billotte.

jusqu'au bout et de procéder au maximum de destruction à Paris. Et même s'il lui répugne d'exécuter cet ordre, sachez qu'il ne se rendra pas sans combattre. — Bender sourit et ajoute, en aparté : — Vous n'avez qu'à faire beaucoup de bruit...

La Horie opine :

— Un baroud d'honneur en quelque sorte ?

— Absolument.

La Horie se retire, en prévenant seulement qu'il attaquera à quinze heures.

De retour à la préfecture, il y rencontre le général Leclerc qui vient d'y arriver et se fait tenir au courant, minute après minute, du déroulement des opérations. Billotte, informé des dispositions prises, distribue ses ordres pour la marche sur le Meurice.

Il ne dispose plus que d'un sous-groupement. Putz est en effet détaché vers le Luxembourg où se situe un autre point fort, garni de SS et de Panzers. Leclerc y a envoyé en soutien de Witasse, le capitaine de Boissieu commandant son propre escadron de protection.

Avec les unités restantes, Billotte décide d'attaquer le Meurice par trois directions : les quais des Tuileries vers la Concorde pour museler les chars qui s'y trouvent, la rue Saint-Honoré vers la place Vendôme et la Madeleine avec mission de se rabattre par les rues perpendiculaires à la Seine.

L'effort principal se déroulera rue de Rivoli entre les arcades et le jardin. Branet est désigné. Outre sa 3e compagnie, il dispose de deux sections du Tchad, celles des lieutenants Franjoux et Karcher, de la 11e. Dupont, leur capitaine, a été tué la veille à la Croix de Berny.

Le Meurice n'est pas isolé. Il occupe le centre d'un système défensif solide. Depuis le ministère de la Marine, sur la place de la Concorde, en passant par l'hôtel Continental, il tient pratiquement toutes les façades de la rue de Rivoli. En outre, le jardin des Tuileries est lui-même organisé en bastion défensif. Des chars de toutes tailles y patrouillent sans arrêt, des batteries antiaériennes y sont implantées, prenant les enfilades de rues.

« Un baroud d'honneur ? s'interroge Branet. Tout dépendra de leur conception de « l'honneur ».

Il est 13 heures. Les troupes sont en place, sur leurs bases de départ. La Horie qui a pris la tête de l'ensemble a installé son P.C. sous les arcades du Théâtre Français. De jolies sociétaires de la Comédie-Française y ont également aménagé un poste de secours. Elles papillonnent, dans leurs tenues fantaisies d'infirmières.

— C'est le plus joli de leurs rôles de composition, dit Branet, avec indulgence.

— Moi, réplique Franjoux, j'aimerais bien être un tout petit peu blessé histoire de me laisser dorloter. Je leur demanderais un autographe...

— Moteurs en route !

La voix de la Horie coupe court aux commentaires. Il est 13 h 15. La place se vide immédiatement. Les curieux qui s'étaient aventurés jusqu'aux chars préfèrent soudain jouer de prudence.

Franjoux et sa section du Tchad traversent la rue de Rivoli et prennent position sous les façades du ministère des Finances. Karcher, à l'entrée de la place, sous les premières arcades. Derrière, les Shermans de Bénard et de Christen, qui arrivent de la place du Châtelet.

— En avant !

Il est 13 h 55.

Franjoux s'ébranle. Les consignes prescrivent de ne pas ouvrir le feu les premiers afin de laisser aux Allemands une chance de se rendre sans combattre, leur honneur se contentant de cette démonstration de force.

A son tour, Karcher démarre, sous les arcades, suivi de Branet, à pied, micro à la main, paré à toute éventualité.

Devant eux, la rue est vide. Derrière en revanche, immédiatement après les chars, la foule se reforme, cortège silencieux et attentif, impatient d'assister à l'hallali.

Franjoux dépasse la place des Pyramides sans que les chars allemands bien visibles maintenant, planqués sur sa gauche dans les allées du jardin, réagissent.

Il avance toujours. Maintenant, il peut apercevoir, à droite, le débouché de la rue de Castiglione. Il rend compte à Branet.

Et puis, soudain, d'un balcon de l'hôtel, une mitrailleuse allemande ouvre le feu. Quatre voltigeurs sont touchés et tombent, tués ou blessés. Franjoux riposte au F.M. tandis que le reste de sa section retraverse la rue et va se mettre à l'abri sous les arcades.

Il est furieux, moins de ce combat qui se déclenche que des conditions dans lesquelles il a commencé.

— Si j'avais su, j'aurais refusé de jouer les cibles mouvantes, grogne-t-il.

Karcher et ses hommes ont bondi. A la grenade, ils commencent à nettoyer des emplacements de mitrailleuses, dans les rues de droite. Pendant ce temps, Branet a lancé ses chars pour ouvrir la route.

En tête, le *Mort-Homme* de Bénard. Il fonce dans la rue, mitraillant au passage les fenêtres du Meurice voilées de rideaux noirs. D'un toit pleuvent des grenades. L'une d'elles tombe dans la tourelle et explose. Grièvement brûlés, Bénard et deux équipiers arrivent à s'extraire du char et défilent, à pied, devant les défenseurs du Meurice qui, sans doute surpris de l'apparition de ces silhouettes noires et sanglantes, les laissent passer, sans tirer.

Le *Villers-Cotterêts* dépasse le *Mort-Homme* et détruit au canon un petit char Hotchkiss qui sortait des Tuileries, mais Laigle, le chef de char, est tué d'une rafale partie des toits du ministère de la Marine.

Le *Douaumont* de Bizien déboîte et fonce. Il attaque, son 75 prenant à partie les véhicules qu'il aperçoit, grouillant sur la place de la Concorde. Des grenades pleuvent des toits. L'une d'entre elles tombe dans la tourelle, mais Miguras, le chargeur, la rejette avant qu'elle n'explose. Soudain, un Panther débouche d'une grille et coupe la route du *Douaumont*.

— Fonce, hurle Bizien à son pilote. A l'abordage !

Le *Douaumont* semble bondir et son nez percute le flanc du Panther qui vacille sous le choc. L'Allemand réagit. Son canon pivote pour foudroyer l'imprudent... Mais il est trop long et bute sur le côté de la tourelle. En revanche, le 75 de Bizien est exactement à la bonne distance. A bout portant, il fusille l'ennemi, perce son blindage, le réduit à l'état d'épave. Bizien exulte. Il se hisse hors du tourelleau, pour inviter l'équipage ennemi à se rendre.

Une balle le touche au front.

En arrière, Karcher et Franjoux sont arrivés à portée du Meurice. Branet s'avance. Une grenade roule sous ses pieds, explose et le crible d'éclats. Boyard, son chauffeur, l'évacue aussitôt.

— Vous n'êtes pas chic, mon capitaine : c'est moi qui avais eu cette idée le premier ! lui jette Franjoux au passage.

Les deux lieutenants sont maintenant seuls.

— En avant, hurle Karcher, qui traverse la rue malgré les rafales de mitrailleuse claquant tout autour.

Leurs hommes sur les talons, Karcher et Franjoux se ruent à travers le porche d'entrée, déboulent dans le grand hall. Rafales, grenades. Hurlements sauvages des assaillants, cris de peur ou d'agonie des blessés. Le hall était bondé d'Allemands. Un grand portrait de Hitler explose et dégringole dans un fracas de verre brisé. Des mains se lèvent, très haut au-dessus des têtes.

— Rendez-vous !

La Horie vient d'arriver, pistolet au poing.

— Où est le général ? demande-t-il.

— Au premier étage.

Karcher bondit dans l'escalier, suivi de La Horie. D'un coup de pied, il fait sauter la porte de la pièce qui fait face. Devant lui, debout, un peu pâle, entouré de son état-major, le général Von Choltitz attend, bras croisés.

— Vous avez repoussé l'ultimatum qui vous a été adressé ce matin. Vous vous êtes battu. Vous êtes battu. J'exige que vous donniez immédiatement l'ordre à tous les officiers commandant les centres de résistance de cesser le feu.

Von Choltitz acquiesce. Son monocle tremble un peu :

— Je désire que nous soyons traités en soldats.

— Suivez-moi, réplique La Horie.

Von Choltitz lui emboîte le pas, suivi de son officier d'ordonnance. Les trois officiers grimpent dans la jeep. Des véhicules allemands achèvent de brûler dans la rue de Castiglione. Sur la rue de Rivoli, les rafales continuent à percuter les pavés. La Horie vire à gauche, vers la place Vendôme. Au carrefour de la rue Saint-Honoré, il est stoppé par le scout-car du colonel Billotte, arrivé à point nommé.

— Je prends les prisonniers en charge, dit-il.

Le transbordement s'opère, sous les huées des spectateurs qui ont envahi les rues.

Le combat pour le Majestic est terminé. Quelques minutes plus tard l'hôtel Crillon capitule à son tour, tandis que la garnison du

Continental dépose les armes aux pieds d'un colonel américain qui y était détenu prisonnier depuis quelques jours.

Pendant que Billotte cingle vers la préfecture, le général Leclerc s'impatiente. Il est arrivé deux heures plus tôt dans le bâtiment officiel. Il trouve lui aussi que le « baroud d'honneur » dure un peu trop. Et puis ce climat de cohue, de désordre, d'improvisation, tous ces civils bardés d'importance, ces F.F.I. omniprésents et brouillons, ces politiciens discutailleurs l'exaspèrent. Il a déjà abandonné sa place à la salle à manger pour se réfugier dans le salon de billard où il est tranquille.

Soudain, venu de dehors, un grand vacarme. Des cris, des injures, une clameur. Billotte vient d'arriver avec ses deux prisonniers. Quelques minutes puis, enfin, paraît le colonel qui précède Von Choltitz.

— Je suis le général Leclerc, êtes-vous le général Von Choltitz ?

Sur un signe affirmatif, Leclerc le fait asseoir. Puis à grands gestes de sa canne impatientée, il fait évacuer la salle qui se peuplait un peu trop à son gré.

— Vous avez fait sortir les membres du Comité de Libération, lui glisse le capitaine Girard, son officier d'ordonnance. Ils insistent pour être présents.

— C'est bon, concède Leclerc, agacé, faites-les entrer.

Le texte de la convention de reddition a été rédigé par le colonel de Guillebon, sur les instructions de Leclerc. Von Choltitz secoue négativement la tête :

— Mes officiers ont déjà reçu des instructions formelles.

Les généraux n'aiment pas signer les capitulations. Mais Leclerc insiste, puis tranche. Von Choltitz doit signer. L'Allemand, déjà malade, est en proie à une crise d'angine de poitrine. Respirant avec difficulté, il transpire à grosses gouttes. Leclerc lui fait lire le texte, paragraphe par paragraphe. Von Choltitz fait remarquer que les unités stationnant à la périphérie de Paris ne relèvent pas de son commandement et que cette convention ne peut les concerner. Finalement, après rectification, il se résout à apposer sa signature au bas du document, en deux exemplaires [1].

---

1. — Convention de reddition, conclue entre le général de division Leclerc, commandant les Forces françaises de Paris et le général Von Choltitz, commandant militaire des forces allemandes dans la région de Paris.

— Toutes les conventions ci-dessous s'appliquent aux unités de la Wehrmacht dans l'étendue du commandement du général Von Choltitz :

1° Donner immédiatement aux commandants des points d'appui l'ordre de cesser le feu et de hisser le drapeau blanc. Les armes seront rassemblées, le personnel rassemblé sans armes dans un endroit dégagé, attendant les ordres. Les armes seront intactes ;

2° Donner ordre de bataille, y compris les unités mobiles et les dépôts de matériel dans l'étendue du commandement. Les dépôts seront livrés intacts avec leur comptabilité ;

3° Descriptif de destruction des ouvrages et dépôts ;

4° Envoyer à l'état-major du général Leclerc autant d'officiers allemands d'état-major qu'il y a de points d'appui ou de garnisons.

5° Les conditions d'évacuation du personnel de la Wehrmacht seront réglées par l'état-major du général Leclerc.

C'est alors que le colonel Rol-Tanguy, le chef des F.T.P., exige que son nom soit ajouté après celui du général Leclerc.

Leclerc fait la sourde oreille. Il se lève, emmène Von Choltitz. Il préfère traiter des questions de détail, nombreuses, au calme, parmi les siens, à la gare Montparnasse. Et singulièrement des détails pratiques concernant la reddition des quelque vingt ou vingt-cinq points d'appui de Paris et de la banlieue.

Surgit Chaban-Delmas qui vient plaider la cause des F.T.P. et insiste pour que le nom du colonel Rol-Tanguy figure en tête de la convention de reddition. Leclerc a d'autres choses à faire. Lassé de ces chicaneries, et dans un geste d'apaisement, afin de réaliser, comme il l'a toujours souhaité, l'union des Français, il rajoute, à la main, et sur son propre exemplaire, le nom demandé.

— Comme ça, tout le monde sera content, dit-il.

Tout le monde. Sauf de Gaulle qui, tout à l'heure, reprochera à Leclerc d'avoir cédé :

— La réclamation qui vous a conduit à admettre ce libellé procède d'une tendance inacceptable ! dira-t-il.

En fait, de Gaulle n'a pas apprécié le texte de la proclamation lancée ce matin par le Conseil national de la Résistance où n'est faite aucune citation du gouvernement provisoire pas plus que de la personne du général de Gaulle.

Leclerc n'est pas un politique. Ou, plutôt, il ne tient pas, pour l'instant, à s'en mêler. Il laisse dire et s'intéresse aux commissions mixtes, un Français, un Allemand, qui s'en vont, à bord de jeeps, de half-tracks ou de scout-cars, vers les centres de résistance ennemis pour les inviter à la reddition.

Le premier, le colonel Crépin, se dirige vers le Luxembourg. C'est le morceau le plus dur encore au centre de Paris. Le jardin regorge de Panthers et de Mark IV montés par des SS fanatiques. D'autres SS, des Panzergrenadiers, campent dans les locaux du Sénat.

Depuis ce matin, Putz et son sous-groupement, appuyé par les chars de la compagnie de Witasse, l'escadron de protection du général, a vainement tenté d'entamer le réduit. Il y a perdu un char, et l'infanterie, augmentée d'un corps franc du colonel Fabien, est demeurée impuissante, autant dans la rue Soufflot qu'en bas, rue Mazarine. On a même vu l'adjoint de Putz, le commandant Debray, tenter d'ouvrir les grilles du jardin, les secouer avec rage, tandis que les T.D. de l'enseigne de vaisseau Philippe de Gaulle pratiquaient des tirs d'interdiction.

Quand Crépin se présente rue de Vaugirard, devant l'entrée principale du Sénat, il a d'abord du mal à faire cesser les tirs des soldats de Putz. Il s'agite et c'est finalement l'enseigne de vaisseau Bonnet qui lance par radio l'ordre de cesser le feu.

6° Une fois les conventions signées et les ordres transmis, les militaires de la Wehrmacht qui continueraient le combat ne relèveront plus des lois de la guerre. Toutefois le cas des soldats allemands se trouvant à Paris ou le traversant et ne relevant pas du général sera examiné équitablement.

Crépin a chaud, il transpire. Pour traverser la foule déchaînée sans faire prendre de risques inutiles à son passager, un capitaine allemand, il a été obligé de le cacher au fond du scout-car.

La porte s'ouvre enfin. Crépin et l'Allemand entrent dans la cour du Sénat. Ils traversent des groupes de SS goguenards ou malveillants qui se restaurent, leurs armes nonchalamment braquées sur eux.

Dans la galerie d'entrée, d'autres SS, grommellent des injures à l'égard du « capitulard » en uniforme de la Werhrmacht. On les introduit dans un bureau où se tient un Standartenführer, un colonel. Il prend connaissance du texte sans dire un mot et le pose sur son bureau. Le silence s'éternise. Derrière lui, Crépin sent le regard mauvais de l'escorte armée qui l'a conduit jusqu'ici. Il fait très chaud. Crépin transpire. Le silence est à couper au couteau.

— Cet ordre est régulier, consent à dire le colonel SS. Nous déposerons les armes à 18 h 30. Vous pouvez vous en aller.

Le combat va en effet se poursuivre, mollement il est vrai, jusqu'à l'heure fixée. A 18 h 30, les portes s'ouvrent. En colonne par trois, les SS commencent à sortir du Sénat. Quelques-uns pleurent. L'un d'eux s'éloigne et se tire une balle dans la tête.

A la République, les difficultés que rencontre le lieutenant de vaisseau Vivier, du R.B.F.M. sont presque aussi grandes. Depuis ce matin, ce sont les F.F.I. qui bloquent la caserne des gardes mobiles, dont ils ne peuvent forcer l'entrée en dépit de l'appoint du char « privé » d'un résistant, le lieutenant Aubry. Celui-ci, ancien officier de blindés, a réussi, fait unique dans les annales de la libération de Paris, à s'emparer d'une chenillette et s'est transformé en blockhaus mobile. Mais il ne fait pas le poids, trop vulnérable aux tirs directs venus des fenêtres de la caserne.

Vivier et son homologue allemand pénètrent dans les locaux dont la porte se referme sur eux. Une heure passe. Un parlementaire allemand sort de la caserne et demande un médecin. Aussitôt les F.F.I. recommencent à tirer.

Tout se calme enfin. A 18 heures, cinq cents Allemands sans armes sortent de la caserne de la République.

A l'autre bout de Paris, le capitaine Hargous, du G.T. « L » est allé négocier la reddition des marins de la Kriegsmarine cantonnés boulevard Lannes. Tout se passe sans histoires, mais, en ralliant l'Etoile par l'avenue Victor-Hugo, la colonne est prise sous un feu violent, tiré du haut des toits. Il y a des morts, des blessés.

Une jeune fille, hystérique, se jette sur un blessé qui saigne abondamment, trempe son mouchoir dans la flaque rouge et le brandit en hurlant :

— Celui-là, je ne le laverai jamais...

Il est sept heures du soir. Il n'existe pratiquement plus de résistance organisée dans le centre de Paris. Mais, dans la périphérie, les émissaires vont connaître bien des problèmes selon l'humeur de leurs interlocuteurs dont la position de subordination à l'égard de Von Choltitz est moins nette.

A Palaiseau, le capitaine Laferrière va être retenu toute la nuit par les soldats d'une unité de D.C.A. Au matin, le Hauptmann accepte de se rendre. Il rassemble ses hommes, puis il s'éloigne et se fait sauter une grenade sur le ventre.

A Champigny, Joubert et son alter ego allemand sont accueillis par des cris hostiles. Ils avancent quand même. Le parlementaire allemand est tué, ainsi qu'un officier F.F.I. imprudemment avancé. Joubert devra la vie sauve à son art d'utiliser le terrain.

A Vincennes, le capitaine Py est gardé par les soldats qu'il est allé contacter. De quartier général en quartier général, il se retrouve jusqu'à la Somme. Là, considérant qu'il est trop informé du dispositif allemand, il est dirigé vers Metz où il est assigné en résidence surveillée. C'est là que, dans quelques semaines, les Américains le retrouveront.

Pendant ce temps, la division s'est installée pour la nuit. Langlade cantonne autour de l'Etoile et dans les avenues adjacentes, Billotte, de la Concorde au Châtelet, Dio autour de Notre-Dame et le long des quais. Tous sont à pied d'œuvre pour rendre les honneurs au général de Gaulle qui, demain, fera son entrée solennelle à Paris.

Cette entrée, que de Gaulle voudra à la fois triomphale et populaire, va provoquer l'une des dernières colères du général Gerow. Pour lui, militaire avant tout, élément tactique important d'un ensemble stratégique, seule compte la mission qui lui est dévolue, poursuivre l'Allemand, et, en premier lieu, l'empêcher d'effectuer un retour offensif sur Paris.

— Abandonnez le centre de la capitale, fait-il dire à Leclerc, et portez-vous sur la ceinture extérieure, au nord, vers Aubervilliers, la porte de la Chapelle, Stains et Saint-Denis.

Partagé entre sa subordination tactique à Gerow et son obéissance absolue à de Gaulle, son chef politique, Leclerc obéit à moitié. Il envoie quelques reconnaissances en direction des portes de la périphérie nord, tout en conservant tout au long du parcours que doit emprunter le cortège officiel un maximum d'effectifs. De Gaulle est obligé d'intervenir :

— Je vous ai prêté le général Leclerc, lui dit-il. Je peux bien vous le reprendre pour un moment.

De Gaulle, lui, a compris que les Parisiens associaient ce qu'ils appelaient « l'armée Leclerc » à la joie de leur libération. Gerow affecte de s'incliner, mais, le soir-même, il déclare à Leclerc d'un ton sec :

— Si vous étiez un officier américain, vous seriez traduit en conseil de guerre, et pas plus tard que ce soir même.

Leclerc ne répond pas. Il a d'autres sujets de satisfaction. Cette journée du 25 août a été le sommet de l'enthousiasme, de l'hystérie collective des Parisiens. En délire, la foule a escorté en désordre le cortège officiel qui, de l'Etoile à la Concorde, s'offrait aux acclamations. A Notre-Dame, au moment du *Te Deum,* des tireurs des toits ont ajouté la panique à la folie. Impassible, de Gaulle a murmuré :

— Quelle pagaille !

Un jugement auquel souscrivaient Leclerc et ses hommes, qui avaient mission de maintenir un semblant d'ordre et de cohésion au centre de cette marée humaine aux réactions folles. Le soir, les cantonnements des divers groupements tactiques ont été pris d'assaut par des bataillons de jeunes filles qui tenaient, à leur manière, à récompenser les héros.

Ce soir-là seulement, Sorret et Guigon ont enfin pu satisfaire à leur pari. Ils sont allés au Fouquet's pour y sabler le champagne qu'ils s'étaient promis voici des semaines. Ils n'ont pas pu réussir à payer. Raimu tenait table ouverte et régalait tous les « Leclerc » en clamant, d'une voix tonitruante :

— Voilà les bons dieux du moment ! Profitez-en, les gars, ça ne durera pas.

Cela n'a pas duré en effet. Dès le lendemain, 26 août, l'ensemble de la division s'est portée en direction du nord de Paris, autour de la Plaine Saint-Denis. Dans l'après-midi, le colonel Roumiantzoff a poussé des reconnaissances jusqu'à proximité d'Enghien. Il les a repliées aussitôt. Les Allemands ont réagi et ont rameuté, en catastrophe, toutes leurs troupes disponibles. Et, en particulier, la 47e division d'infanterie qui est arrivée, à marches forcées, de la région du Pas-de-Calais.

Le soir même, ses éléments avancés pénètrent dans des agglomérations « libérées » par les F.F.I. à Gonesse, à Herblay, et jusqu'au Raincy. Ils prennent des otages qu'ils fusillent, sans jugement. Après l'espoir fou, l'angoisse gagne. Des civils affolés signalent même des patrouilles allemandes jusqu'au centre d'Aubervilliers.

Leclerc sent la nécessité d'agir très vite. Il envoie le G.T. « V » vers l'ouest de Saint-Germain à Pontoise pour y ramener la sécurité et stopper toute velléité allemande de retour en force.

Pour leur part, Langlade et Dio attaquent, au coude à coude, à partir de la Plaine Saint-Denis en direction de Montmorency pour le G.T. « L », du Blanc-Mesnil pour le G.T. « D ». Quatre jours durant, de furieux combats d'infanterie vont opposer Français et Allemands, débusqués un à un des maisons et des forêts.

Le combat le plus dur et le plus meurtrier a lieu, le 30 août, au Bourget. Le Ier R.M.T., qui attaque, à pied, des fantassins établis sur les pistes mêmes de l'aéroport, doit, pour se dégager, faire appel au 12e Cuirs pour le sortir d'un mauvais pas. Gaudet et ses Shermans vont faire un massacre, mais le G.T. « D » a éprouvé de lourdes pertes. Corlu, commandant en second du Ier R.M.T. est tué, Sanmarcelli et Kirsch sont grièvement blessés.

Le 30 août enfin, la 28e division d'infanterie américaine appuyée par la 5e D.B. prennent le relais et poussent leur avance en direction de Compiègne et de l'Oise.

La division peut enfin rentrer sur Paris, au repos.

En quatre jours, l'ambiance a bien changé. Les habitants ont tué l'enthousiasme et les « vive de Gaulle, vive Leclerc » ne sont qu'une entrée en matière pour amener la question attendue :

— Vous n'auriez pas du chewing-gum ? Des cigarettes ?

Sorret et Guigon haussent les épaules, philosophes, mais quelques Marsouins de la « Nueve » ont mis un numéro au point. Ils se saisissent de quelque quémandeur, généralement un « zazou » aux cheveux longs et lui font une coupe de cheveux « à la Podeur ».

Le grand Breton au crâne lisse apprécie peu cette publicité sur son nom. Il grogne :

— Les militaires sont de grands enfants. Quand ils ne sont pas occupés à tuer, ils ne font que des conneries.

Les effectifs ont été recomplétés, le matériel aussi. A nouveau, la division est apte à faire campagne.

— Quand partons-nous ? demande Guigon, impatient.

— N'oubliez pas le serment de Koufra, ajoute Sorret ; il nous reste encore à libérer Strasbourg.

18

CONTREXEVILLE

9-11 septembre 1944.

La porte s'ouvre avec fracas, poussée par une main énergique. Le lieutenant Gauffre entre, avec un long soupir satisfait. Il pose son casque sur la table, retire son ceinturon et s'accroupit devant l'âtre où brûle un feu de bûches.

— Il fait bigrement frisquet, ce soir, siffle-t-il en offrant ses mains à la caresse des flammes.

— Rien à signaler ? demande Berne, le nouveau commandant de la 5, avachi dans un vieux fauteuil à oreilles, un journal déployé devant lui.

— Non. R.A.S. Les gars sont finalement bien contents d'être repartis. Paris ne les intéressait plus.

— Et réciproquement, jette Guigon. Nous n'intéressions plus Paris. La fiesta était finie, et les Parisiens s'imaginaient qu'ils avaient gagné la guerre tout seuls. Au fond, nous faisions figure de gêneurs.

Maret lève un doigt sentencieux :

— L'enthousiasme est un feu de paille, observe-t-il. A moins que les Parisiens n'aient fini par s'enrouer à force de nous acclamer.

Pour leur seconde nuit de bivouac, les officiers ont finalement opté pour une maison de Longchamp-sur-Aujon où l'avant-garde du G.T. « L » est arrivée, ce soir. L'été s'achève et déjà au petit matin blême un peu de gelée blanche recouvre parfois les prairies.

Finis, les campings champêtres, à la belle étoile, sous les pommiers de Normandie. La transition s'est faite à Paris. A Pierrefitte où avait fini par aboutir le G.T. « L », après les durs combats de Dugny, de

Gonesse et du Bourget, aucune maison hospitalière ne s'est entrouverte pour héberger les soldats, trempés de pluie. Ils ont tous, officiers compris, dormi sur les trottoirs. Aussi Massu a-t-il décidé de revenir à la bonne vieille pratique du « billet de logement ».

— Je lis que le bois de Vincennes va enfin être rendu aux cyclistes, reprend Berne qui poursuit la lecture de son journal. — Il jette un rire bref : — J'aime bien le mot « enfin ». Cela signifie que les romanichels en tenue de guerrier ont « enfin » décampé.

— Même observation pour le bois de Boulogne, ajoute Gauffre. Il paraît que, ces derniers matins, les cavaliers en jaquette et bombe de velours jetaient des regards offusqués sur les gars du G.T. « D ». « Comment ? Vous êtes toujours là ? » semblaient-ils dire.

— Ne râlez pas, intervient Guigon : vous êtes bien contents de vous retrouver entre vous. — Puis, tirant un papier de sa poche, il commence à déclamer :

« Français combattant sans répis,
Rentraient en boutant l'ennemi.
Lors, ils étaient défigurés
Blessés, rompus et détranchés
Les uns borgnes, les autres tors
Encore estoient leurs chevaux morts
Avaient souffert trop de malchance
En gardant royaume de France
D'oppressions, de tort et de force,
Leurs visages semblaient d'écorce.
Hors les jacques saillait la bourre
Tant on les avait laissé courre.
Lors, trouvèrent leurs compagnons
Pleins de joyeuse compassion
Ces Français estoient bien peignés
Visage tendre et délié
Bien dansaient en salles jonchées
De mille roses effeuillées
Aussi chantaient, comme sirène :
« Continuez, beaux capitaines... »

— C'est de toi ? demande Gauffre.

— Non. L'auteur est, paraît-il un anonyme du XIIIe. Mais je soupçonne fort notre agrégé de lettres, l'aspirant Molle, du R.B.F.M., d'être l'anonyme en question.

— En tout cas, voici un poème de circonstance. — Berne retire sa pipe de sa bouche et conclut : — Nous allons suivre le conseil, et continuer.

— A propos, quel est le programme de demain ?

— L'est, mon ami. Toujours vers l'est. Il s'agit de ne pas se laisser distancer par les Américains.

— C'est vrai, intervient Guigon, déployant sa carte Michelin sur les genoux, ils foncent comme des fous, ces U.S. On dit qu'ils ont atteint la Meuse à Verdun et à Génicourt et qu'ils seraient devant Metz. Pour les Boches, ce n'est plus une retraite, c'est une débâcle.

— Seulement, rien n'est encore joué. La Moselle n'est pas franchie et il reste des Allemands au sud, d'Orléans à Belfort. Ils font barrage à l'avance des troupes venues de Provence.

A son tour, Berne se penche sur la carte de Guigon :

— Voyez-vous, la situation est simple. La Ire armée allemande fait face à l'ouest, et barre l'accès du Rhin, avec, sans doute, des défenses avancées sur la Moselle et les Vosges. De la même façon, la XIXe armée fait front face au sud. Mais le commandement redoute qu'elle ne se retourne et nous prenne à revers. C'est la raison pour laquelle notre division est là pour parer à toute surprise. Les autres groupements tactiques sont échelonnés depuis Montargis jusqu'à Troyes, face au sud.

— Et nous ?

— L'est, vous disais-je. La Meuse tout d'abord. Nous n'en sommes guère loin, soixante-dix kilomètres à peu près. Ensuite, ce sera la Moselle, entre Epinal et Nancy.

Le lieutenant Maret se lève, enfile sa capote, remonte son col et s'approche de la porte :

— C'est l'heure de la ronde.

— Tu ne veux pas un petit coup de Noilly ? — Guigon agite une bouteille dont l'étiquette verte est barrée d'un tampon : « réservé pour la Wehrmacht ». — C'est un cadeau de mes gars, ils ont fraternisé hier à Romilly avec les F.F.I. qui gardaient un dépôt de cet excellent breuvage...

L'aube est venue. Un soleil rose écrête les collines luisantes de givre léger. L'air est vif et le vent d'est apporte des odeurs de feu de bois. Déjà, au volant des véhicules, les pilotes font ronfler les moteurs qui cafouillent, mal remis d'une nuit en Champagne.

Massu a convoqué les commandants de compagnie Berne, commandant la 5 et Ivanoff, commandant la 7. Les deux lieutenants remplacent leurs capitaines, tous deux blessés. Rogier au pont de Sèvres, Fonde à Jouy-en-Josas.

Depuis Paris, Langlois et sa 6e compagnie ont relevé la 7 au sein du sous-groupement Minjonnet. Massu a préféré conserver le tandem Ivanoff-Guigon sous sa coupe. Non point qu'il manque de confiance dans ces officiers. Au contraire, il se méfie seulement de leur dynamisme, que Minjonnet risquerait d'avoir du mal à maîtriser.

— Objectif, Domèvre-sur-Avière.

Les officiers commencent à scruter leur carte.

— Ne perdez pas de temps. Ce village se trouve à 6 kilomètres au nord-ouest d'Epinal, presque à cheval sur la Nationale 66. Vu ? Notre itinéraire théorique passe par Lachapelle-en-Blaisy (notez, s'il vous plaît), Bologne, sur la Marne ; Andelot, Saint-Blin, Bourmont, Bulgnéville, Contrexéville, Vittel et Dompaire. Bien compris ?

« Tôt ce matin, une reconnaissance est partie en direction de Juzennecourt pour savoir si le carrefour était tenu. Si tel était le cas, nous contournerions l'obstacle...

« Comme en Normandie, le mot clef de la journée reste vitesse, vitesse. Ne pas se laisser accrocher, déborder toutes les résistances rencontrées. Les groupements tactiques qui nous suivent s'occuperont de nettoyer le terrain. Nous sommes en avant-garde de la division ; à nous d'ouvrir la route.

Il est sept heures du matin, ce 11 septembre. Joyeux, les équipages s'activent devant leurs Shermans ou près des half-tracks.

Il y a beaucoup de visages nouveaux, qui ont remplacé ceux qui se sont effacés, de la Normandie à Paris. Ces jeunes engagés de la capitale ont encore les gestes empruntés de soldats sans expérience. Mais ils ont déjà adopté les exploits et les traditions des unités auxquelles ils ont été affectés et les anciens attendent avec une indulgence amusée le jour, peu éloigné, où ils diront à leur tour d'un air assuré :

— Nous autres, du Tchad...

Outre les jeunes gens engagés individuellement, des unités déjà constituées ont rejoint les rangs des groupements tactiques. Ce sont généralement de jeunes F.F.I. dont l'escadron porte le nom de son chef. Montségou est l'escadron du G.T. « L », mais Langlade, qui admire leur cran, se méfie de leur inexpérience et, pour les aguerrir, les a conservés « à sa botte », comme élément réservé. En fait, leur rôle, dans un avenir immédiat, n'est pas envisagé autrement que comme unité de protection du P.C.

Massu consulte sa montre et grimace. Il est presque 8 heures du matin. La reconnaissance du carrefour de Juzennecourt n'est toujours pas rentrée.

— Deux heures pour faire à peine vingt-cinq kilomètres... Alors que nous en avons près de cent trente à parcourir dans la journée... Bon. On ne les attend pas ! En avant !

Le lieutenant Sorret ouvre la route, menant ses jeeps de la reconnaissance à un train d'enfer. Il a reçu mission d'éviter le carrefour de Juzennecourt, dont on n'a toujours aucune nouvelle, et de s'infiltrer à travers la forêt des Dhuits, puis, au-delà de Lachapelle-en-Blaisy, la forêt de l'Etoile et le bois de Charrüe.

Derrière Sorret, le reste du sous-groupement s'engage allégrement dans les sentiers forestiers. Le chemin devient rapidement un bourbier constamment malaxé par les chenilles. Les Shermans ne tardent pas à déchanter. Il faudra bientôt un treuil pour extirper les derniers chars. Sorret se fait copieusement injurier par ses collègues du 12e Chasseurs.

Il rit :

— On m'avait dit d'éviter le carrefour. J'ai évité le carrefour, pas vrai ?

Passé la route nationale 67, le sous-groupement file vers Vouécourt où, paraît-il, les F.F.I. ont établi un pont de fortune. Les premiers arrivés font la grimace :

— C'est ça, leur pont ?

— Décidément, rigole Sorret, c'est la journée des à-peu-près. On a choisi un « presque » itinéraire, nous voici devant un pas-tout-à-fait-pont.

En effet. Pour franchir la Marne et le canal, les F.F.I. du cru n'ont rien trouvé d'autre comme matériau que les peupliers verts qui ombrageaient le plan d'eau.

— Ça passera, promettent-ils.

Massu est sceptique. Les jeeps ne risquent sans doute rien. Mais les 28 tonnes des Shermans ?

— Pas d'autre solution que de prendre le risque.

Massu fait d'abord passer tous les véhicules légers, suivis des half-tracks et des tank-destroyers. Sous les chenilles, les troncs de peuplier s'incurvent dangereusement. Pour plus de sécurité, les engins sont halés par des câbles de treuil. Le dernier T.D. passe enfin. Restent les quinze Shermans de l'escadron.

— On est prié de ne pas tousser, lance un rigolo de la compagnie Ivanoff.

— Prenez Charbois comme pilote, il ne pèse que cinquante kilos...

A la stupéfaction générale, tous les Shermans franchissent l'ouvrage rudimentaire. Rassuré et content, Massu remercie le chef des F.F.I.

— On vous devait bien ça, répond-il, modeste.

Puis il ajoute, avec un geste du pouce désignant l'est :

— A vot'place, j'me méfierais. Y a du Boche en face, à Andelot et autour. Des méchants, des SS.

Massu remercie. Andelot est exactement sur son itinéraire.

— Sorret ? Vous avez l'habitude des chemins forestiers. Guidez la colonne à travers la forêt de Heu. D'après la carte, je vous conseille de passer par la Croix des Allemands — la bien nommée — et la D 134. Nous contournerons Andelot par le nord.

— Bien compris.

Voici la forêt. Les anciens de Normandie ont conservé des bois d'Alençon et de la forêt d'Ecouves un souvenir intimidant. Instinctivement, les armes restent braquées vers l'extérieur, les visages se placent à défilement de blindage.

— Je n'aime pas du tout ça, lance Guigon, qui préfère les galopades sur les grands espaces.

Il ne se passe pourtant rien. A la Croix des Allemands, la colonne croise le groupement de spahis du colonel Roumiantzoff. Il arrête Massu :

— Attention, gronde-t-il, l'index pointé comme un pistolet vers le sud. N'allez pas à Andelot ! Il y a des charrs, beaucoup de charrs. Des grros. Même des charrs rrusses !

Massu aime bien Roumiantzoff. Il le trouve folklorique et truculent. Avec un sens développé de la dramatisation tout à fait en harmonie avec sa taille gigantesque et ses cheveux d'un rouge flamboyant.

— Compris, mais j'étais au courant. Nous contournons la ville. J'aimerais filer le plus loin possible à l'est.

— Je roule derrière vous, répond le « Roum ». Si vous avez besoin d'un appui, faites-moi signe.

Massu promet, il est dans un bon jour. Persuadé malgré tout qu'il n'a besoin de personne. En tête, Sorret est déjà sorti de la forêt. Il a traversé Montot et file en direction des Vignes.

— Des Allemands ?

— Pas le casque d'un !

Voici Saint-Blin. Il est 13 heures. A six kilomètres à droite, parvient aux éclaireurs le fracas d'une bataille.

— Ici Minjonnet, nasille le poste de Massu : nous sommes sévèrement accrochés devant Prez-sous-Lafauche. On ne peut pas déborder, je fais sauter le bouchon...

Massu accuse réception. Puis il lance à nouveau Sorret sur la route, vers le sud-est.

— Objectif, Saint-Thiébault et la Meuse !

Le sous-groupement arrive enfin au bord de la rivière. Il est 14 h 45.

Regroupement ; la colonne stoppe tandis que Gauffre à gauche Maret à droite vont reconnaître, à pied à travers le hameau désert les possibilités de franchissement. La réponse arrive, presque aussitôt :

— O.K. Le pont est intact.

— En route. Direction Contrexéville !

Massu est impatient. Depuis la Normandie où il s'était promis de ne jamais plus s'attirer de réflexion du général Leclerc, il ne cesse de harceler ses avant-gardes pour qu'elles aillent plus loin, toujours plus loin. Et plus vite. Il a conscience d'être en flèche, élément avancé en plein milieu d'un dispositif ennemi dont il ignore tout[1]. Mais il fait confiance aux groupements tactiques qui le suivent, à une journée de marche. Eux auront tout loisir de nettoyer ces résistances.

Sorret reprend la tête du détachement, suivi de l'escadron des spahis du capitaine Pallu. A 15 heures, ils entrent dans le département de la Haute-Saône, à Vrécourt. A 17 heures, ils arrivent à Bulgnéville. Contrexéville est à moins de huit kilomètres, juste après le coude de la route, au fond d'une vallée où coule le Vair.

— Stop en tête !

Les spahis et les fantassins de Gauffre s'installent aux lisières de Bulgnéville et inspectent le panorama. Tout est calme. Sur Contrexéville planent les premières fumées du soir. Rien d'autre n'est visible. Aucune activité humaine.

— Nous sommes attendus, dit Gauffre à Pallu.

— Il fallait foncer. Pourquoi nous a-t-on arrêtés ?

Massu arrive.

— Nous sommes trop en pointe. Minjonnet est seulement en

1. Massu l'ignore encore, mais par chance ou par intuition, son sous-groupement est exactement passé à la charnière de la 16e division allemande et de la division Ottenbacher, chargées d'interdire l'accès à la Moselle, et surtout de constituer un élément de recueil pour les troupes qui refluent de la vallée du Rhône et du centre de la France au prix de mille difficultés. Le 11 septembre au soir, Massu et Minjonnet ont franchi ce goulet. Demain, Billotte, qui les suit, va percuter le point fort de la charnière, à Andelot.

train de passer la Meuse à Goncourt. Il a été accroché plus longtemps qu'il ne le pensait. Nous devons attendre qu'il soit aligné à notre gauche...

Il s'approche des lisières du village, grimpe dans le clocher de l'église d'où il a des vues plongeantes sur la vallée. Près de lui, ses fantassins, Berne, Gauffre, Ivanoff, Guigon, Maret.

— A vous de jouer, tout à l'heure. La 7 au centre. La 5 en deuxième vague, à droite et à gauche. Nous avons une chance de prendre les Boches de vitesse. Ils pensent que nous nous préparons à manœuvrer, et s'attendent à ce que nous abordions prudemment les lisières. Aussi, vous allez foncer, sans mollesse.

Le visage de Guigon s'illumine. Une mission comme il les aime.

Minjonnet se manifeste enfin. Il est 18 h 30.

— Je suis arrivé à Auzainvilliers. Je poursuis sur Saint-Remimont et Mandres.

— O.K. Je reprends vers Contrexéville...

— En route, lance Ivanoff à ses deux camarades, Guigon et Maret.

Les fantassins grimpent sur les chars de l'escadron de chasseurs. Guigon marche avec Douboster, Maret, avec Titeux. Les Shermans déboîtent, s'alignent sur la route et démarrent. Très vite, l'allure prend l'aspect d'une charge de bisons. Dans la descente, les compteurs atteignent les trente-cinq miles. Cinquante-six km/h.

A l'entrée de la ville, les Shermans s'embossent sur les berges du Vair tandis que les fantassins s'éjectent des plates-formes et galopent dans la rue principale. S'il y avait des Allemands pour les attendre aux lisières, ils sont frustrés. Guigon est déjà au cœur de la ville. Les mitraillettes crachent à cadence maximale. Les groupes manœuvrent comme à l'exercice. Leurs chefs ont l'habitude du baroud. Guigon les a choisis à dessein ; ce sont deux anciens de la Légion récupérés autrefois au Commando d'Afrique. Deconninck et Unterfurtner. Un Belge et un Autrichien. Ils se complètent et chacun agit en priorité au profit de l'autre.

Depuis les soupiraux, des mitrailleuses se dévoilent, au ras du sol, à bout portant. Deconninck lance ses hommes, grenade les trous. Unterfurtner galope et prend les maisons à revers. Les deux hommes se retrouvent à la sortie. Un clin d'œil, complice :

— *Kein problem...*

Ils repartent, harcelés par les cris de Guigon qui vise la sortie, vers Vittel. Ses quarante hommes sur ses talons, tout aussi déchaînés que lui, il doit évoquer la tempête.

Maret n'est pas inactif même s'il a du mal à rester aligné sur son camarade. Ivanoff, au milieu des voltigeurs, pousse des cris sauvages. Devant lui, quelques hommes tombent, la poitrine traversée. Maret réagit. Le sergent-chef Mangili et son groupe escaladent des murettes, s'infiltrent dans des cours et prennent une mitrailleuse à revers, liquident tous les servants à la grenade. Le centre de Contrexéville est à eux.

Guigon repart, dans une tornade de bruits et de fumée. Les Allemands se battent bien. Deconninck veut se porter à la hauteur de ses voltigeurs de pointe. Il se lance dans un bond fantastique, franchit la chaussée et va percuter le mur d'en face avec la force d'un bulldozer. Puis il s'effondre, la poitrine percée d'un petit trou rond, fauché d'une balle au cœur en pleine course.

Maintenant, la section Guigon a un mort à venger. Elle se rue, féroce, à l'assaut. Cette fois, les Allemands ne sont plus de force. Ils se calfeutrent dans les maisons, impressionnés par les visages tendus de ces adversaires qu'ils aperçoivent à les toucher.

Guigon a atteint la sortie est de la ville. Il se poste en défensive. Et il fait le bilan. Deux tués, six blessés. Près de lui, encore hébété par la mort de son meilleur ami, le sergent-chef Unterfurtner remâche sa tristesse.

Massu est entré dans Contrexéville sur les talons de la 7, avec le peloton de Shermans qui soutenait les hommes de Berne. Ils ont déboîté vers la droite, dans la rue principale qui s'incurve le long de la rivière, vers la sortie sud.

Berne fonce aussi. Il sort de la ville, déploie ses sections dans un champ de betteraves, vers une ligne de boqueteaux d'où pourrait surgir une contre-attaque. Soudain, il stoppe. Sous son pied droit, il y a comme un gros melon, rose et luisant. Un crâne, que prolonge, d'un vert qui se confond avec le feuillage des betteraves, une veste d'uniforme.

— Debout !

C'est un capitaine allemand qui a oublié son casque et se lève, invitant ses hommes à l'imiter. Les hommes de Berne ont alors la surprise de voir surgir des betteraves une trentaine d'Allemands, gris de peur, persuadés d'être abattus par ces forcenés qui ne respectent pas les règles de la manœuvre d'infanterie, et chargent à découvert avec des chars.

Massu s'est installé au centre de la ville. Les unités s'y diluent, nettoient les dernières résistances qui se manifestent encore. Peu à peu, les prisonniers se rassemblent, emmenés par des fantassins couverts de poussière.

— Bilan ?

— Côté allemand, une centaine de tués et de prisonniers. Chez nous, un tué, six blessés.

— Installez-vous pour la nuit, face à toutes les directions. Effort principal en direction de Vittel.

Massu vient en effet d'apprendre qu'au nord de sa position, Minjonnet a buté à Saint-Remimont sur un gros bouchon avec des chars. Il a tenté le débordement par le sud, mais le dispositif ennemi semble cohérent. Il devient évident que Vittel est le centre de ce point fort dont les résistances rencontrées ne sont que les défenses avancées. Aussi, la nuit venant, Minjonnet se replie sur Auzainvilliers.

Les officiers se sont installés dans une salle de l'hôtel de ville. Ils sont joyeux, excités par ce premier combat depuis Paris, cette première victoire. Seul Guigon, à l'écart remâche la mort de l'un des siens, une figure légendaire de la 7e compagnie, le caporal-chef « Charlot » Deconninck.

— Allons, lui dit Gauffre : il est mort comme il l'avait souhaité, sans avoir soif...

— Je sais. Mais je trouve injuste que des gars comme lui n'aient pas accès à la victoire. C'est à cela que je pense, à la Victoire. Ce sera une journée fantastique.

— Et le lendemain ? Tu as pensé à ce que sera le lendemain de cette victoire ? Rappelle-toi Paris. Ça s'use vite, la joie.

— Gauffre a raison, ajoute Maret : je pense souvent avec angoisse au jour où tout cela sera terminé. Nous nous retrouverons, bras ballants, sans but. Finies les chevauchées glorieuses et exaltantes à travers villes et campagnes... On réapprendra les gestes du civil, et on ira, tous les matins, pointer au bureau... Pouah ! Quelle horreur. Tu vois, ça me flanque le cafard.

Guigon daigne sourire.

— Vous avez peut-être raison. Jusqu'ici, je ne pensais qu'à me battre, chasser le Boche de chez nous, effacer la défaite de 40. Libérer notre pays. Mais c'est vrai qu'on est bien, entre nous. Au fond, j'aimerais mourir le soir de la Victoire, histoire de partir avec un bon souvenir...

Gauffre se lève :

— Je vais faire ma ronde. Je ne sais pas ce que demain me réserve. Mais je suis prêt. Et je ne regrette rien. J'ai assez de bons souvenirs pour le reste de ma vie. Si je vis.

19

VITTEL

12 septembre 1944.

— Envoyez une patrouille blindée. Mission, traverser Vittel sans s'y faire accrocher et se porter, à l'est, sur Blainville-aux-Saules pour éclairer le reste du groupement.

Le visage de Massu se ferme. Il n'est pas d'accord avec de Langlade, et il le dit :

— Mon colonel, c'est très risqué : je sais que Vittel est fortement défendu. Jusqu'ici, j'ai réussi à occuper mes objectifs avec un minimum de casse en utilisant en avant-garde mon infanterie appuyée au plus près par les chars, le reste du sous-groupement bourrant au plus près, paré à exploiter ou à déborder. Une patrouille blindée est aveugle. Elle va en prendre plein la figure sans pouvoir rendre les coups.

Langlade maintient sa décision.

— Nous gagnerons du temps, affirme-t-il. Minjonnet va se rabattre à votre sud. Cela nous permettra d'arriver ce soir sur la Moselle...

De mauvais gré, en bougonnant, Massu s'éloigne. Pour limiter les dégâts, il confie le commandement de la patrouille à Gauffre en lui précisant :

— Obéissez strictement aux ordres. Mais ne vous faites pas massacrer inutilement. Rendez-moi compte et je prendrai sur moi de vous faire rentrer si l'ennemi est trop coriace pour vous.

D'un signe de tête, Gauffre montre qu'il a compris. Il s'éloigne et, un instant, sa longue silhouette se découpe dans l'encadrement de la porte. Massu aime bien son lieutenant, qu'il a pu longuement apprécier jadis, durant toute l'épopée du Tchad. Il a comme un pressentiment :

— Gauffre ?

— Oui, mon commandant ?

Massu se ravise.

— Rien. Faites gaffe quand même ?

Un instant, le ronflement des moteurs des half-tracks et des automitrailleuses se répercute le long des façades de la ville. Puis il décroît rapidement vers le nord. Gauffre et sa patrouille sont partis.

Derrière le convoi se forme, prêt à intervenir ou à foncer sur ses traces. Vittel n'est guère loin, de l'autre côté d'un piton qui culmine à 450 mètres, et qui domine une gorge encaissée où se faufile la route. A six kilomètres exactement.

Six kilomètres. Moins de dix minutes d'attente. Massu s'est porté aux lisières de Contrexéville, près de sa jeep dont la radio répercute les ordres que passent Gauffre et Pallu le spahi. Soudain, les voix se font plus tendues :

— A gauche, le blockhaus, vous voyez ?

— Oui.

Les détonations prennent une étrange résonance dans les haut-parleurs. Les rafales aussi. On dirait des grains de chapelet ricochant sur un parquet. Massu se penche :

— Comment ça se passe, répondez !

— En face il y a du solide. Deux A.M. se sont fait moucher sans gravité, mais nous sommes en plein dans le champ des grosses pièces d'artillerie. Aïe... voici des Panzers. Je vois même un Panther qui défile au carrefour. C'est notre fête...

Ce que redoutait Massu s'est produit. Les défenses de Vittel sont hors de portée des faibles moyens de la patrouille. A côté du commandant, l'enseigne de vaisseau Durville et ses T.D. Le *Siroco* et le *Simoun*, qui se sont distingués à Paris, suivis du *Cyclone* et de l'*Ouragan*. Eux seuls peuvent s'attaquer aux Panthers avec une chance de victoire.

— Allez, vite ! lui jette Massu.

Durville n'attendait que cet ordre. Il s'élance, moteurs à fond. Les T.D. se ruent au combat. Il est huit heures et demie.

Très rapidement, ils arrivent au contact. Leurs canons de 76,2 appuient la manœuvre de décrochage de la patrouille prise au piège. Il n'y a de salut pour elle que dans le repli. Durville installe ses chars en position de tir. Le *Siroco* et le *Simoun* s'acharnent sur les silhouettes des Panzers qui se dissimulent dans les jardins et les enclos. Difficiles à localiser. En revanche, les Allemands ont d'excellentes vues sur la route, seule voie de retraite. Leurs obus perforants ne font pas de cadeau. En arrière, le *Cyclone* est percé de part en part et brûle.

A dix heures, tout est fini. L'espoir de prendre Vittel par surprise n'existe plus. Il s'évanouit dans la fumée du tank-destroyer.

Gauffre s'est replié, sous la protection des canons de 105 que

Massu a rameutés et qui pilonnent les lisières de Vittel, en aveuglant au fumigène les défenses extérieures.

Massu est de mauvaise humeur. Mais il est décidé, cette fois, à agir comme il a coutume de le faire. Après avoir adressé un compte rendu très sec à son colonel, il commence à donner ses ordres en appliquant ses méthodes.

La colonne se reforme, infanterie grimpée sur les Shermans, le gros des moyens immédiatement derrière. Les canons de 105 poursuivent leur matraquage.

— Alors, où en êtes-vous ?

Massu se retourne. Leclerc est là, son visage barré d'impatience.

— Mon général, je me prépare à attaquer Vittel.

— Comment ? Langlade vient pourtant de m'affirmer que vos éléments avaient fait mouvement à huit heures...

Massu n'est pas enclin à composer. A petites phrases brusques, il rend compte des événements, explique la nature des ordres reçus, développe ses propres réticences. Leclerc frappe le sol de sa canne.

— Vous auriez dû insister, tranche-t-il. Langlade avait raison.

Massu maintient son point de vue, le défend pied à pied devant Leclerc qui écoute, le visage fermé. Soudain, sans un mot, le général se détourne et regagne sa jeep. Un instant perplexe, Massu comprend que son chef n'a pas voulu céder, mais qu'il lui a donné le feu vert.

— On repart !

Gauffre est de nouveau en tête, avec Sorret. Au passage, il s'est arrêté près de Guigon.

— C'est drôle, lui a-t-il confié, la conversation d'hier soir m'a fait réfléchir. Ce matin, je n'étais pas tranquille, j'étais presque certain d'y rester. Et, quand ça s'est déclenché j'ai pensé : « cette fois, ça y est... »

— Quel effet cela procure-t-il ?

— Aucun. D'ailleurs, ajoute-t-il avec un mince sourire, je me suis excité pour rien. La preuve.

Pensif, Guigon le regarde partir.

Les 105 ont déplacé leur tir. Guidés par l'observateur avancé, ils s'en prennent maintenant aux chars repérés aux lisières et sur les crêtes dominant Vittel. Pour étoffer la concentration, Ramières, l'officier des feux du sous-groupement, a demandé l'adjonction des autres batteries rattachées au sous-groupement Minjonnet.

Pendant ce temps, l'infanterie et les chars se déploient dans la forêt du Grand Ban, de part et d'autre de la voie ferrée. Plus question de rester cloués à la route. Il s'agit d'arriver à défilement et au plus près.

A 14 h 10, par section, les fantassins sont en place, prêts pour l'assaut. Massu fait stopper le tir des 105.

En hurlant, les premiers éléments se ruent à l'attaque. Les Shermans, toutes armes déchaînées, s'engagent à leur suite, s'engouffrent dans la rue principale, sous les yeux stupéfaits des Allemands, décontenancés par l'apparition des blindés qu'ils croyaient avoir repoussés ce matin.

Ivanoff a déboulé, par la voie ferrée. Il nettoie la gare et fonce vers les faubourgs, à l'est. A sa droite, Berne et la 5e compagnie, progressant en avant des chars, en font autant.

— Ne vous arrêtez pas. Crevez le bouchon. Filez. D'autres que nous nettoieront la ville.

Cramponné à son micro, Massu hurle ses ordres, heureux d'avoir eu raison.

— Si l'on m'avait laissé faire, il y a longtemps que nous serions en vue de la Moselle.

Le pas de clerc de ce matin lui a coûté près de cinq heures de son temps. C'est beaucoup trop pour lui.

Vittel est traversé, en trombe. Trop ahuris, ou encore assommés par le tir d'artillerie, puis par l'assaut, aussitôt fini que commencé, les Allemands sont restés sans réaction. Les Panthers fuient, au loin, dans l'est.

Déjà, la 5e compagnie s'est lancée à la poursuite. Le lieutenant Gauffre est en tête. Toute appréhension dissipée. Il redoutait le combat de Vittel et Vittel est traversé, de part en part, comme par un javelot. Derrière lui, le ferraillement rassurant des Shermans, eux aussi lâchés aux trousses de l'Allemand. La Moselle est au bout de leur course.

Au loin, à un kilomètre, un Panther dresse une dernière fois sa silhouette inquiétante au sommet de la colline. Il va disparaître. Comme un défi, ou comme un accès de rage, il tire une longue rafale en direction de ces Français qui ne lui ont laissé aucun répit.

Le lieutenant Gauffre n'a fait aucun geste. Sa tête glisse seulement sur le côté. Son visage trahit encore l'excitation de la surprise, mais son regard se porte au loin, à l'infini. Il vient de recevoir une balle en plein cœur. Il est quinze heures.

20

ANDELOT

12 septembre 1944.

Au loin, la moto n'est plus qu'un petit point noir qui fonce vers la ville. Dans l'aube grise qui annonce une journée triste comme l'automne de Champagne, le drapeau blanc accroché au *tan-sad* flotte, à peine visible.

— Ça ne marchera pas, affirme le commandant Putz avec une grimace qui étire ses joues vers les tempes. On ne refait pas tous les jours le « coup » de Von Choltitz.

— Fallait bien essayer, lui renvoie Cantarel, le nouveau commandant du 501e.

Putz est sceptique. Hier, Langlade a évité le bouchon d'Andelot, jugé par lui trop coriace pour être nettoyé sans perte de temps. A la tombée de la nuit, Billotte et son G.T. « V » s'y sont présentés. Les renseignements sont précis et, pour une fois, concordants. Andelot est solidement tenu par des troupes aguerries, décidées à se défendre, fût-ce au prix de la destruction de la ville. Aucune considération d'ordre artistique n'entrera en ligne de compte. Ce n'est pas Paris. C'est pourtant l'argumentation contraire qu'a développée Billotte en faisant adresser, tout à l'heure, au commandant allemand de la place un ultimatum calqué sur celui qu'il avait expédié naguère au général Von Choltitz.

— Les Allemands n'ont plus rien à perdre, ajoute Putz. Plus nous avancerons vers l'est plus ce sera dur. Ils se battront à Andelot, ils se battront sur la Meuse, sur la Moselle, dans les Vosges, en Alsace. Ils se battront sur le Rhin... — Il soupire : — Nous ne sommes pas encore arrivés au terme de la guerre. Je les connais, ces nazis. Des fanatiques.

Il y a une vieille rancune dans cette dernière phrase. Putz n'a jamais oublié sa campagne d'Espagne où sa brigade a souvent affronté la fameuse Légion Condor. Des fanatiques, eux aussi, et qui ne lâchaient pas une ville sans l'avoir détruite, de fond en comble.

— Vous les verrez en Allemagne, prophétise-t-il : ils n'ont pas leurs pareils pour s'accrocher à des ruines.

Il est neuf heures et demie. Billotte s'impatiente. Il y a maintenant plus d'une heure que les Allemands sont en possession de son ultimatum.

— A sa place, murmure Putz, j'attaquerais tout de suite. Ça ne rime plus à rien d'attendre. Au contraire, ils ont le temps de se préparer.

Il est 10 heures. Billotte regarde sa montre :

— Le délai que je leur avais fixé a expiré. Moteurs en route, nous attaquons.

Il a divisé son groupement en trois éléments. Le premier, aux ordres de Putz, comprend l'ensemble des moyens d'infanterie. Le second, avec Cantarel, les chars du 501 et les tank-destroyers de la Marine. Le troisième enfin, celui de La Horie, la compagnie Branet du 501 et des formations d'infanterie dont l'escadron F.F.I. « Piquet ».

Cantarel a reçu la mission de rupture, tandis que La Horie doit interdire les abords. Putz, dans un deuxième temps, nettoiera la ville.

A 11 heures, Cantarel démarre, soutenu par l'artillerie qui lance un tir de fusants.

En tête, la 1re compagnie de chars du capitaine Buis se déploie, à partir du village des Vignes, se glisse dans la vallée, face au sud et, soudain, s'élance dans une chevauchée sauvage. Très vite, les premières maisons des faubourgs sont atteintes. Les Allemands avaient tout misé dans une défense face à l'ouet. Ils se trouvent tournés dès le début de l'attaque et sont obligés de remanier leur dispositif sous le feu. Un début de panique est vite réfréné par des gradés énergiques. Les Shermans qui avaient crevé la première ligne de défense sont attaqués, du centre, par des Panzergrenadiers armés de Panzerschreck.

Le capitaine Buis est là, au milieu du peloton de tête, et fait front.

Dans le même temps, les fantassins de Putz, qui se sont infiltrés par la voie ferrée, arrivent en renfort. La compagnie Sarrazac commence à nettoyer les maisons du village.

L'attaque a été si brusque que les voltigeurs de la 10e compagnie font irruption dans les P.C. alors que les officiers allemands en sont encore à faire le point, sur les cartes.

D'autres, plus hardis, bluffent des unités entières.

Le sergent Arnaud aperçoit un Allemand qui sort d'une maison, pratiquement sous son nez. Il se glisse derrière lui, croche son ceinturon et lui montre la grenade qu'il tient à la main :

— On rentre ensemble, et tu dis à tes copains de lever les bras.

Protégé par son prisonnier, Arnaud pénètre dans la pièce principale. Une vingtaine d'hommes, tout équipés, se préparent à monter au combat. En voyant revenir leur camarade leurs yeux s'arrondissent.

— La guerre a bien assez duré, dit un vétéran en commençant à dégrafer son ceinturon.

— On n'aurait jamais cru que les Américains soient aussi rapides, dit un second.

— Hé, là, attention, c'est un Français...

— Et il est seul, observe un gradé.

Les regards dévient, se portent sur les armes, éparses, à portée de main.

Arnaud sent que le climat se détériore. Il lâche une rafale qui écaille le mur, à quelques centimètres des visages. Un instant de silence. Tous sont figés. L'initiative balance entre les deux camps. Une silhouette s'encadre dans la porte. Et la chance avec elle. Les Allemands espèrent peut-être un renfort miraculeux. Ils perdent. C'est le caporal Bouakaz et son fusil mitrailleur qui a surgi après avoir entendu la rafale.

— *Kameraden*, disent les prisonniers.

Dehors, les Shermans achèvent la conquête à grands coups de canon. Ils arrosent copieusement les caves où sont retranchés les derniers irréductibles, mais déjà, en colonnes ondulantes, des centaines de défenseurs se mettent en route, dans leurs longues capotes feldgrau. On en dénombre 800.

Dans les caves, dans les défenses de la ville, on trouve 300 cadavres. La garnison d'Andelot a succombé en deux heures.

Déjà, Billotte donne ses ordres pour la poursuite. Il est là, sur le petit pont sur le Rognon, la carte étalée sur le capot de sa voiture :

— Direction Vittel, par Saint-Blin et Bourmont...

Des interjections l'interrompent. Il se détourne, agacé. Du ravin, sous ses pieds, remonte une patrouille. Elle escorte un prisonnier, souillé de boue...

— C'est le colonel commandant la garnison, explique le chef de patrouille, hilare.

Il y a de quoi. L'officier allemand s'était terré dans la vase du ruisseau. Dans son désarroi, il a coiffé sa casquette à l'envers.

En ville, la sonnerie du téléphone retentit, incongrue. Un Espagnol de la « Nueve » décroche. Au bout du fil, une voix autoritaire, s'exprimant dans un allemand bien timbré, réclame des informations sur la situation à Andelot. C'est le commandant de la garnison de Chaumont, le quatrième verrou de la Meuse.

— Ici, ça va mal pour toi, *hijo de puta !* On les a tous crevés. Et on va bientôt s'occuper de toi...

L'Allemand ne tient pas à en savoir davantage. Il raccroche. La nuit prochaine, la garnison de Chaumont va décamper, trois heures avant que Dio et son groupement tactique n'y parviennent.

L'avant-garde du G.T. « V » est déjà partie. Elle atteint Vittel à cinq heures du soir. La ville est en liesse, pavoisée de tricolore, essayant de soigner les blessures du combat de ce matin.

Sur le bord de la route, quelques carcasses de chars et de blindés du groupement tactique Langlade témoignent de l'âpreté de la bataille qui s'est livrée là ce matin. Les carrosseries sont encore chaudes des incendies.

Toute la population est sur les trottoirs. Rangés, s'efforçant d'être impeccables, les maquis environnants présentent les armes. Un peu plus loin, le quartier des hôtels est en effervescence. Depuis quatre ans, il est aménagé en camp d'internement pour trois milliers d'Anglo-Saxons où domine l'élément féminin.

Leclerc, qui vient d'arriver, va les saluer :

— Je vous devais cette visite, leur dit-il. L'Angleterre nous a offert l'hospitalité en 1940 et nous a généreusement soutenus. L'Amérique nous a donné des armes et combat sur notre sol. Je suis heureux qu'il soit accordé à un général français de vous rendre votre liberté.

Liberté toute de principe. Car la perspective de voir lâchées en ville quelque trois mille femmes déchaînées n'est pas pour réjouir les officiers qui imaginent déjà leurs soldats obligés de faire front à un tel assaut. Aussi un consensus s'établit et les internées acceptent volontiers de demeurer quelque temps encore derrière des grilles dont on ne pourrait dire qui elles protègent.

En ville, sous les drapeaux qui masquent les traces des balles et les impacts des obus règne l'animation des grands jours. Bars ouverts, musique, lumières. Ne seraient les chars et les uniformes, on pourrait croire que la saison thermale bat son plein.

— Pour une fois que nous sommes en ville, nous allons nous offrir un souper fin. Je vous invite tous.

Le commandant de La Horie est de bonne humeur. Il a même fait sortir de sa cantine son uniforme de cérémonie et achève de nouer sa cravate.

Près de lui, Branet, Lejeune et Teddy-Rasson, les commandants d'unité de son sous-groupement.

— Je vous recommande l'hôtel des Tilleuls, suggère Lejeune. Il avait autrefois une étoile au Michelin.

— Va pour l'hôtel des Tilleuls.

Le repas s'achève. Il a tenu ses promesses. Désinvolte, sa coupe de champagne à la main, le commandant de La Horie demande l'addition. On la lui porte.

— Quelque chose qui ne va pas ? demande Branet, inquiet de la grimace de son commandant.

La Horie manque de s'étrangler.

— Non, dit-il. Presque rien. L'hôtel des Tilleuls, hein ? lance-t-il à Lejeune avec un regard assassin.

Le maître d'hôtel s'est approché. Il toise le quatuor d'officiers en devinant leurs réticences. Il prend alors un ton pincé pour dire :

— Avant vous, ces « Messieurs » réglaient toujours leur addition sans la regarder, eux.

21

DOMPAIRE

12-13 septembre 1944.

— Direction la Moselle !

Le G.T. « L » ne s'est pas attardé à Vittel. Laissant derrière lui un détachement chargé de nettoyer la ville et d'y attendre Billotte, Massu est reparti, plein est. La Moselle n'est plus qu'à trente-cinq kilomètres.

Massu n'ignore pas qu'il est en pointe du dispositif allié. Sur sa gauche, assez loin au nord, la 79e division américaine avance sur Nancy et Charmes. Le secteur imparti à la 2e D.B., en l'espèce au seul G.T. « L » est compris entre Nomexy et Thaon-les-Vosges. Hier soir, à Contrexéville, en consultant les archives allemandes, Massu a pu se faire une idée exacte de l'implantation ennemie. Il sait, en particulier, que le point fort du système défensif est basé à Dompaire, en plein milieu de son axe.

Il est quatre heures et demie. Avec un peu de chance, peut-être pourra-t-il forcer le passage avant la nuit ?

Il fait gris et humide. De gros nuages courent dans le ciel, chassés vers l'est par un vent mouillé venu de l'Atlantique et de la mer du Nord. La campagne est bicolore, noirs les arbres, grises les prairies, gris l'horizon.

Au sud du sous-groupement Massu, Minjonnet avance aussi vers la Moselle. Il s'éclaire loin en avant, poussant des reconnaissances en direction de la route qui mène de Darney à Dompaire.

Il faut aller vite et refermer au plus tôt le piège sur les unités allemandes qui refluent du sud-ouest et du Massif Central. Hier,

Dijon a été libéré par la Ire armée française et, cet après-midi même, un peloton du 12e Cuirs du G.T. « D » a pris contact avec une patrouille du 2e Spahis de la 1re division blindée, venue par la vallée de la Saône.

Massu n'a qu'une hantise, couper au plus court, par Valfroicourt et Bainville-aux-Saules et se porter sur Dompaire où passe la route qui va de Nancy à Epinal.

L'avant-garde de Sorret fonce, à quarante à l'heure, sur la petite route. Elle culbute, au passage, une voiture de liaison allemande imprudemment avancée vers Vittel. Begnécourt est abordé, au galop. La radio s'anime :

— Un convoi boche devant !

La poursuite s'engage, entre les automitrailleuses de tête qui mitraillent sans arrêt et les voitures ennemies zigzagantes à six cents mètres devant. Les kilomètres défilent. Voici les lisières de Dompaire, à moins de deux kilomètres, au creux d'une vallée encaissée où coule une rivière, la Gitte. Dompaire, étalé au fond, juste en contrebas, montre sa masse de maisons sombres alignées de part et d'autre d'une rue principale que bordent des vergers.

Les Shermans de l'escadron ont atteint le bord du plateau. Par la D 28, ils vont aborder la descente qui mène à la ville.

Tout se déclenche à la fois. La pluie et la mitraille. Les Allemands étaient bien à Dompaire, et, semble-t-il, ils ne sont pas décidés à se laisser intimider. Les vergers crachent des lueurs brèves et, dans la vallée mouillée de pluie, une fumée bleue stagne au ras des pommiers. Près de Massu, le lieutenant Sorret inspecte le panorama à la jumelle.

— Attention ! hurle-t-il.

A droite de la route, à moins de trois cents mètres, il a repéré la silhouette anguleuse d'un 75 PAK. Trop tard. Une brève flamme jaune. En face, le Sherman du 12e Chasseurs, imprudemment aventuré sur la contre-pente, est touché à la chenille. Il roule encore quelques mètres et s'immobilise. L'équipage s'éjecte, se replie en courant, poursuivi par une mitrailleuse lourde.

— Vite, crie le chef de char, un câble !

Il saisit le grappin d'un treuil, le décroche et repart accrocher le gros hameçon d'acier à l'arrière de son char, qui, sous le feu, est finalement tiré hors d'atteinte du second obus.

— Il y a des Panzers, affirme Sorret. J'entends des bruits de chenilles.

Il s'obstine, passe chaque buisson en revue, mais la visibilité est mauvaise. Le jour qui tombe, la pluie qui dégouline, tout concourt à brouiller le paysage. Sorret regarde toujours. Puis son index se tend :

— Là-bas, à six cents mètres en contrebas, à droite, il y a un drôle de buisson...

Tous les yeux convergent dans la direction indiquée. Effectivement, le buisson a un aspect insolite.

— Et si c'était...

Question interrompue. La réponse est là, sous la forme d'un Panther qui commence à se déplacer, remorquant son tas de branchages.

Sans qu'il ait été besoin de le commander, le feu se déclenche. Tous les tubes crachent à la fois.

— Qu'est-ce que tu fiches ? Bon Dieu !

Krokenberger, le chef de bord du *Siroco*, harcèle Le Calonnec, son tireur. Deux fois, le canon de 76,2 a tonné. Deux fois, les obus sont allés se perdre dans la nature. Et Krokenberger n'apprécie pas. Il tient à montrer que son équipage vaut celui du *Simoun*, le héros de Paris, recordman des coups au but.

— Je suis pas collectionneur, bougonne Le Calonnec, mécontent...

Par miracle, et sans doute par la faute des tireurs trop pressés de le canonner, le Panther a disparu, en plongeant dans la vallée.

— Un autre Panther ! A quatre cents mètres, à gauche !

Tous les canons pivotent et encadrent le blindé ennemi sous leur feu concentré. Cette fois, Le Calonnec prend son temps. Il attend que l'Allemand commette une faute. Cela ne peut pas rater, il est obligé de virer sur sa droite et de présenter son flanc, extrêmement vulnérable.

— Feu ! lance Krokenberger.

Le Calonnec appuie sur la commande de tir. Une gerbe de flammes, une fumée noire, des silhouettes sombres s'éjectent et se dispersent, poursuivies par les 12.7 de l'aspirant Roche, de la compagnie d'accompagnement.

A l'intérieur du *Siroco*, l'ambiance se réchauffe.

— Un autre !

D'une dépression à l'extrême bord du plateau vient de surgir un troisième Panther. Une nouvelle cible pour tous les chars, déchaînés, qui l'escortent de toutes leurs armes.

— Touché, crie quelqu'un, dans son laryngophone.

Pourtant, même s'il ralentit, le Panzer grignote le terrain, se hisse avec une lenteur d'animal blessé jusqu'au sommet de la crête qu'il franchit. Il bascule de l'autre côté, hors de vue. Chez les blindés, la déception est grande.

Cette série de passes d'armes a duré moins d'un quart d'heure. Massu réagit. Il se doute que ces trois Panthers ne sont pas seuls. D'ailleurs, les bruits de chenilles sont toujours aussi fournis, aussi denses.

— Il y a du gros, constate Sorret.

— Il faut s'installer sur le mamelon qui se trouve à notre droite, au sud-ouest de Dompaire. La cote 303.

Massu est catégorique. Ce mouvement de terrain le mettra en bonne position pour parer à toute contre-attaque ennemie durant la nuit prochaine. A condition que l'ennemi l'y laisse prendre pied. Les ordres sont rapidement donnés :

— Berne, en tête avec votre 5e compagnie et les chars du peloton. Derrière vous, Eggenspiller avec les obusiers et les antichars de la C.A. Durville et les T.D., sur la gauche, en flanquement face à Dompaire. En route.

« Le reste du sous-groupement demeurera sur l'axe, paré à intervenir.

L'avant-garde démarre, bien échelonnée et, vu d'en haut, le spectacle est impressionnant. Il est rare en effet qu'un terrain offre la possibilité d'un tel déploiement de chars et d'obusiers.

L'infanterie progresse, par bonds, protégée par les Shermans. Les premiers cent mètres sont couverts en quelques minutes. Berne manœuvre au sifflet, lançant ses hommes de bond en bond. Les voltigeurs de la 5 ne sourient pas. Ils ont le visage fermé, l'œil fixe. Ils ont la mort de Gauffre à venger.

La nuit s'étend, noyant déjà le fond de la vallée. Mais, sur les crêtes, les adversaires se voient, se cherchent, se mesurent.

A peine la 5ᵉ compagnie a-t-elle pris pied sur la cote 303 qu'apparaissent sur sa gauche, à moins de huit cents mètres, les tourelles inquiétantes de trois nouveaux Panthers. Leurs obus claquent, avec une mauvaise lueur orange. Les fantassins plongent, commencent à utiliser le terrain.

A gauche, les T.D. de l'enseigne de vaisseau Durville font un quart de tour à gauche et ripostent. Mais les Allemands sont parfaitement défilés et, comme au stand, peuvent toucher les half-tracks de la 5 qui se profilent sur le ciel. L'un d'entre eux, traversé de part en part, commence à brûler. Sous la mitraille, le lieutenant Sorret se glisse jusqu'à leur hauteur et embarque sur sa jeep le soldat Stephani, grièvement brûlé et qui hurle, à pleins poumons :

— Vous n'aurez pas l'Alsace et la Lorraine !

Un Sherman est touché à son tour ; son équipage parvient à éteindre l'incendie qui s'était déclaré à bord. Le bruit atteint son paroxysme. Pour permettre le décrochage des sections Postaire et Vigneux, clouées au sol, tous les tubes crachent à cadence maximale. Mitrailleuses et mortiers de Roche et de Quilichini se joignent au concert.

A gauche, *Siroco* et *Simoun* ajustent les tourelles des Panthers, mais les obus ricochent sur les blindages. *Mistral* se déplace, deux obus le ratent. L'un des Panthers se dévoile. Tous les tubes l'ajustent, y compris les antichars de la 7ᵉ compagnie, restés en arrière sur la route.

Soudain, une gerbe de flammes jaillit du capot du char à croix noire. Dans la lueur rougeâtre, deux formes gesticulantes se lancent, maladroites, hors de la carcasse fumante.

Le combat se poursuit, équilibré. Les fantassins ont pu décrocher et se sont installés hors d'atteinte des armes des chars ennemis. Massu est perplexe. Doit-il rester sur place ?

— Les vues ne sont pas aussi bonnes que je le pensais, dit-il à Langlade. Je reviens sur ma base de départ.

Il va donner les ordres lorsque trois nouveaux Panthers se dévoilent, venant de Dompaire même, pour une tentative d'enveloppement par le sud.

— C'est malsain, lance Berne, par radio.

Le capitaine Eggenspiller réagit aussi promptement qu'il le peut.

Il aveugle les issues du villages avec un rideau de fumigènes auxquels se joignent bientôt les 105 de la batterie d'artillerie, alertée par le capitaine Ramières. Maintenant, Massu peut décrocher.

La nuit est tombée.

Revenu sur la route, Massu dresse son bilan. Il est bref, mais éloquent : deux Panthers détruits, deux autres sérieusement endommagés ; de son côté, un half track et un char incendiés, deux half-tracks et un char endommagés.

— Eh bien, dit Sorret : s'il y avait des gens pour rêver d'un combat de chars en plaine, ils ont été servis. Celui-ci était spectaculaire...

— Oui, répond Massu, préoccupé : attendons demain avant de pavoiser.

La journée a été bien remplie et son sous-groupement s'est honorablement comporté, face à des Panthers dont la supériorité fait si peu de doute que même les Américains estiment qu'il faut consentir la perte de quatre Shermans pour détruire l'un de ces chars. Et c'est précisément cela qui rend Massu circonspect, même s'il a pu constater que le sang-froid de ses fantassins et de ses équipages a été essentiel dans ce succès. Il se demande combien de chars l'ennemi est encore en mesure d'aligner. Jamais encore il n'avait assisté à pareil déploiement de ces Panthers. Ni en Normandie, ni à Paris il n'avait eu l'occasion d'en voir surgir autant, aussi groupés.

Au P.C. du colonel de Langlade, installé à Ville-sur-Illon, l'ambiance est au réalisme :

— Minjonnet a cravaté une équipe allemande en train de flécher l'itinéraire Darney-Dompaire. Je me demande ce que cela peut signifier.

— Peut-être seulement l'axe de repli des unités allemandes ?

— Peut-être en effet. Mais alors, nous risquons demain matin d'avoir affaire à des forces encore plus considérables...

De minute en minute, les guetteurs signalent des mouvements de chars au fond de la vallée. Ce ne sont que rugissements de moteurs, grondements de chenilles. Il semble qu'un va-et-vient permanent ait pour but de tenir les équipages allemands en état de veille.

— Et nous aussi, du même coup.

Langlade donne ses ordres pour le lendemain :

— Minjonnet se portera devant Damas, le village qui prolonge Dompaire vers le sud. Mission, couvrir le flanc droit de Massu et assurer la protection du P.C. Essayer d'interdire toute sortie en force vers le sud-ouest. Massu, menez l'attaque sur l'axe principal.

Massu approuve. Son plan est fait. Il consiste à fixer l'ennemi sur la face ouest de Dompaire, tandis qu'il tentera le débordement par le nord, là où la vallée de la Gitte se resserre, et permet un franchissement plus rapide.

Tard dans la nuit, alors que l'artillerie de Mirambeau commence à pilonner le village, sur les emplacements probables des formations ennemies, le colonel Tower essaie d'obtenir, pour la matinée du 13 septembre, l'appui aérien indispensable pour venir à bout de la force blindée adverse.

Tower est un grand Américain, terriblement froid et précis. Il parle peu, et c'est un spectacle étonnant de le voir, jonglant avec ses micros, lancer des messages aussi brefs qu'incompréhensibles qui se traduisent toujours par l'apparition, dans le ciel, de chasseurs surgis de l'horizon pour attaquer.

Ce matin pourtant, Tower est d'humeur maussade :

— *Sorry, sir,* dit-il à Langlade, mais vous ne devez pas espérer l'intervention de l'Air-Support avant le début de l'après-midi.

Langlade alerte ses sous-groupements :

— Vous allez devoir vous mesurer seuls aux Panthers.

Massu accuse réception, sans autre commentaire. Il calcule. Du lever du jour à midi, il y aura près de six longues heures à tenir, avec les moyens organiques de son sous-groupement : deux compagnies d'infanterie, un escadron de Shermans incomplet, un peloton de T.D. réduit à trois tubes, la C.A. et les 105 de Ramières. A peu près vingt chars contre...

— A votre avis, combien sont-ils, en face ?

Sorret esquisse une grimace d'ignorance.

— Je ne sais pas. Si j'en juge par les bruits de la nuit, au minimum vingt, au maximum... peut-être trente. Ou quarante ?

Sorret est loin du compte. Et peut-être vaut-il mieux qu'il ignore que Massu et Minjonnet se sont cognés à la 112e Panzerbrigade, élément de choc de l'armée allemande du maréchal Von Manteuffel qui aligne quatre-vingt-dix chars en tout, Panthers et Mark IV.

Jumelles aux yeux, Massu profite des premières lueurs du jour pour graver dans sa mémoire les détails du terrain qui s'étend à ses pieds, en un diorama grandeur nature.

Le plateau dénudé au bord duquel il est en position s'affaisse brusquement et une pente raide descend vers la Gitte dont la partie basse est occupée par Dompaire et Madonne-et-Lamerey qui le prolonge vers le sud. Damas ferme la série des agglomérations qui n'en font en réalité qu'une seule. La Nationale 66 les traverse, axée nord-ouest-sud-est, ainsi que la voie ferrée d'Epinal.

L'étroite vallée noyée de brume est couverte de vergers, ce qui constitue un camouflage naturel pour les blindés ennemis, alors que le sous-groupement demeure à découvert sur le plateau sans arbres.

Sur l'autre face de la vallée, au nord, une vaste étendue découverte va rejoindre les collines boisées qui ferment l'horizon.

— Bel observatoire, n'est-ce pas ?

Massu se retourne. Une jeep vient de stopper à ses côtés, amenant un homme en vague tenue militaire, bloc-notes à la main. C'est Pierre Bourdan, radioreporter aux armées. Les deux hommes se connaissent depuis l'Angleterre et Paris.

— Le colonel Tower va nous rejoindre. Je crois qu'il a une bonne nouvelle pour vous.

L'Américain arrive, majestueux, le buste sorti de la tourelle de son Sherman bardé d'antennes :

— J'ai expédié un appel flash au S.H.A.E.F. On va peut-être nous détacher l'escorte d'une flotte de bombardement en route pour l'Allemagne.

Massu soupire. La journée s'annonce sous des auspices moins inquiétants qu'il ne le craignait. Déjà, dans les écharpes de brume qui traînent encore au fond de la vallée, des chars rampent sur la route, essayant de s'esquiver vers Epinal.

Et puis brusquement, le combat s'engage. Minjonnet, qui avait pris position au sud de Dompaire-Damas, vient d'ouvrir le feu sur les chars et les véhicules aperçus. C'est le signal. Les canons aboient, allemands et français, et le ciel se peuple des chuintements des obus échangés. La fumée monte de la terre. Embusqués sous des hangars, abrités par des meules de paille, les Shermans de l'escadron Baillou, rattachés à Minjonnet, s'acharnent sur les Panthers repérés. Ceux-ci ripostent. Le char *Sancerrois* perd deux hommes, mais, à côté de lui, l'*Armagnac II* le venge aussitôt et incendie deux Panthers.

A l'écart, un peu en retrait, le peloton Allongues, du R.B.F.M. participe à la curée et ses T.D. vont pouvoir peindre trois nouveaux ronds blancs sur leurs tubes.

Le silence retombe, irréel, aussi brusquement qu'il avait été rompu. Scintillant dans le ciel devenu bleu, une patrouille de Thunderbolts trace des cercles rapides au-dessus de la vallée, saluée par les hourras des hommes.

En face, côté allemand, tout mouvement est suspendu. Les chars se font invisibles, dans les vergers, les hangars, voire les maisons dans lesquelles ils entrent, à reculons, sans égard pour les façades. Ils savent ce que l'intervention aérienne signifie pour eux.

Le carrousel aérien commence. C'est un spectacle fantastique, hallucinant. Les Thunderbolts piquent, rebondissent en laissant derrière eux la trace grise des roquettes qui explosent dans une énorme lueur orangée. Ils tournent, reviennent et s'acharnent. Débusqués sous les arbres, surpris dans les rues, les Panthers essaient désespérément d'échapper aux coups. Ils espèrent peut-être que leur D.C.A. va décourager l'assaillant. Aucun espoir. Les petits chasseurs, agiles comme des guêpes, virevoltent, piquent avec une régularité de métronome.

Massés sur les crêtes, les fantassins du Tchad se sentant invulnérables, protégés par les panneaux d'identification couleur cerise, applaudissent :

— C'est mieux qu'au cinéma, observe Guigon, son mince visage fendu d'un large sourire.

— Qu'est-ce qu'ils prennent, ajoute Rochereuil, son adjoint.

En bas, dans la plaine, Minjonnet s'infiltre sur la route d'Epinal, sous le parapluie aérien.

A midi, il réussit sa percée. La retraite est coupée. Les Allemands tentent pourtant encore d'emprunter la route. Les T.D. d'Allongues les en dissuadent. Une ambulance se présente. Le T.D. *Ouragan* marque une seconde d'hésitation. Les Allemands ont un mauvais réflexe. L'aide-chauffeur passe sa mitraillette par la fenêtre, allume le char.

La riposte est immédiate et l'ambulance va percuter le fossé. Elle explose aussitôt. Elle était bourrée de munitions.

Sur la crête, l'heure est venue pour Massu de passer à l'action. Les Thunderbolts sont repartis vers leur mission initiale après un bref passage au-dessus des Français, en battant des ailes.

— Berne, à vous de jouer.

Berne s'élance ; sa mission consiste à tenter l'infiltration, par la gauche. Il va s'efforcer d'atteindre le carrefour nord de Dompaire et se poster, de l'autre côté de la vallée, sur une croupe en partie occupée par le cimetière qui domine la Gitte.

En même temps, la 7e compagnie doit s'approcher des lisières de Dompaire, tâter les défenses et faire du volume pour favoriser la manœuvre de Berne.

— N'y allez pas trop fort, recommande Massu.

Peine perdue. On ne lâche pas impunément Ivanoff et Guigon. Ils déboulent dans la vallée, balayant au passage les nids de mitrailleuses qui prenaient Berne par le flanc.

L'artillerie reprend possession du ciel déserté par les avions et appuie en même temps la 5 et la 7.

Mais, comme s'ils avaient senti le danger, les Panthers émergent du village comme des rats sortent d'un trou. Les premiers rampent vers le carrefour et le passage à niveau que Berne espérait occuper. Ils débouchent aussi des lisières sud et, là, progressent en direction de la cote 303, celle-là même qu'avait essayé de tenir Massu hier soir. Cette fois, le danger se précise. S'ils réussissent, ils prendront sous le feu de leurs canons, non seulement les Shermans de l'escadron Bort qui appuie Berne dans sa progression, mais aussi les chars de Minjonnet situés en contrebas.

A son micro, le colonel américain Tower lance appel sur appel, réclame une nouvelle intervention de l'Air-Support.

— O.K. dit-il sobrement, après dix minutes d'appels dont le laconisme est loin de refléter l'inquiétude qu'il éprouve.

« Les Thunderbolts seront là dans quelques minutes. Mais, attention, les Allemands ont installé des panneaux identiques aux nôtres. N'utilisez plus la radio, mais faites passer le renseignement.

De bouche à oreille, la consigne s'envole et, avec un sourire en coin, les conducteurs retirent les carrés de toile compromettants.

— Ivanoff ? Tâchez de vous replier, vous risquez d'être matraqués par l'aviation.

La 7e compagnie est en effet imbriquée dans le dispositif allemand, se battant déjà dans les vergers qui bordent Dompaire. Des combats singuliers sont en cours, contre des groupes de fantassins planqués dans des trous, sous les toits, derrière les meules de foin. Guigon doit faire front de tous côtés. Il a des morts, des blessés. Tout à l'heure, la pièce de 57 antichar qui l'accompagnait a tenté d'incendier un char. L'obus a ricoché sur la tourelle, mais le Panther a volatilisé le canon, pulvérisé ses servants, Gollat et Murraciole.

— Je ne peux laisser personne, décide Guigon. Tant qu'il y a des hommes à moi je reste.

Il fait décrocher les plus exposés, voltigeurs et brancardiers F.F.I. volontaires. A la carabine, il règle son compte à une équipe de mitrailleurs entreprenants.

Les derniers blessés sont partis. Guigon est presque seul, entouré de ses morts. Un dernier salut amical, puis il commence à se replier, escorté de son adjoint, Rochereuil.

Un faible cri. Rochereuil s'effondre, touché au ventre. Il meurt presque aussitôt. Guigon s'éloigne, rattrape le dernier groupe, celui de Danon. De temps à autre, il se retourne, lâche quelques balles :

— Je leur fais baisser la tête ! Je ne veux pas qu'ils me voient reculer, ça ne m'est encore jamais arrivé.

Ils se glissent parmi les arbres du verger. Soudain, Guigon lance une exclamation brève :

— Touché, dit-il.

Il s'allonge. Ivanoff est là, se penchant avec inquiétude sur le blessé qui respire par saccades, les yeux fermés.

— Je reste avec lui, décide Danon. Repliez-vous avec le reste de la compagnie.

Danon se poste près de son chef. Il ne veut pas l'abandonner. Tout à l'heure, quand le combat sera calmé, il le ramènera vers l'arrière, mais, maintenant, ce serait trop risqué. Les balles claquent dans tous les coins, les obus éclatent dans les arbres qui perdent leurs feuilles, en grappes. Au-dessus, les Panthers avancent. Bientôt, si rien ne les arrête, ils vont couper la retraite. Danon est seul. Il n'ose pas regarder son lieutenant.

Et puis, brusquement, Guigon se dresse. Il sourit, l'œil vague, comme un dormeur surpris :

— C'est rigolo, dit-il. Je viens de faire un drôle de rêve.

Son regard dérape. Il glisse à terre. Il vient de mourir.

Danon réfrène son envie de crier, de hurler. Guigon le terrible, Guigon le feu follet, Guigon la baraka, Guigon est mort. C'est effroyable, impossible. Et ces balles qui claquent, ces rafales qui rasent les herbes. Il faut rester là, immobile, bloqué dans ce verger, sous ce ciel qui serait si beau...

Les Thunderbolts apparaissent et le carrousel recommence. Les Allemands ne se méfiaient plus, se croyant protégés par leurs panneaux. Les bombes les percutent, faisant éclater les tourelles, craquer les blindages, pulvérisant les moteurs. Une dizaine de fumées noires s'élèvent, droites, dans le ciel sans vent. Un carnage qui complète celui de la vague précédente.

Profitant de la confusion qui règne chez l'ennemi, bénéficiant aussi de la diversion apportée par l'intrusion de la 7, Berne et sa 5e compagnie atteignent d'un bond la route, à Laviéville, dépassent le carrefour stratégique de la N 66 et occupent sans coup férir le cimetière. Ils sont rejoints par les Shermans et les T.D. de Durville qui s'embossent à l'abri de la muraille. De là, ils ont des vues dégagées, tant sur la face descendante de la vallée que sur la pente montante, pratiquement jusqu'aux collines boisées de Bouzemont. Aucun Allemand ne peut tenter une sortie vers l'est sans être vu et attaqué.

Berne rend compte, et Massu s'y porte aussitôt en jeep.

Désormais, fixés au sud-est par Minjonnet, les Panzers n'ont plus d'issue vers la Moselle. A moins d'accepter un combat dans des conditions très défavorables. Mais la bataille n'est pas terminée. Aux bruits de chenilles qui reprennent dès le départ des Thunderbolts, il est facile d'imaginer que les Panzers sortent de leurs cachettes, bourdons affolés, tournant et retournant sur eux-mêmes, comme s'ils se cognaient à des vitres invisibles.

Vers seize heures, une troisième intervention aérienne accélère leur panique. D'affolés, ils deviennent hystériques. Et puis, enfin, ils se décident et s'extirpent des maisons où ils tentaient de se dissimuler. Fuyant sous les bombes, ils commencent maintenant à gravir la colline, vers Bouzemont.

Les deux premiers s'aventurent sous les pommiers. Des Shermans les allument aussitôt depuis les murs du cimetière.

De la tourelle du *Siroco*, Krokenberger n'est pas content. L'enseigne de vaisseau Durville lui a assigné une place d'où il ne voit rien. Sa mauvaise humeur augmente quand il entend, dans sa radio, le second maître Lyons qui annonce, d'un ton trop paisible pour n'être pas voulu :

— Le *Mistral* a touché un Panther. Distance, 1 600 mètres...

Tout le monde se tourne vers l'endroit indiqué. A 1 600 mètres, même un Panther n'est pas énorme. Tout juste une silhouette noire qui fume.

Presque aussitôt, l'alerte est donnée :

— De l'infanterie avec trois Panthers !

Tous les canons pivotent et pointent. Le *Mistral* est le plus rapide. En trois obus, il règle son compte au premier, à la même distance. Les deux autres refluent vers les maisons.

Cinq minutes plus tard, nouvelle sortie. Les deux fugitifs ont récupéré un troisième camarade. Toujours bien placé, le *Mistral* en détruit un.

— Bravo, Dumas ! apprécie Durville.

Dumas est un garçon paisible qui semble étranger à tout enthousiasme. Il rougit seulement un peu au compliment et laisse tomber :

— Oh, vous savez, j'étais bien placé.

Il n'en reste pas moins que Dumas a réalisé une sorte d'exploit en touchant trois Panthers, en moins de dix minutes, à une distance moyenne de 1 600 mètres.

La nuit commence à tomber. Dans la vallée, les fantassins font enfin taire les armes. Danon a attendu, veillant le corps de son lieutenant. Lorsque Ivanoff se présente, à la tête d'un petit groupe de volontaires, escortant des brancardiers F.F.I., il ne peut que lui apprendre la triste nouvelle. La 1re section de la 7 est assommée, d'un coup. Des heures durant, loin de ce verger où veillait Danon, elle avait espéré, prié même. Rien n'y a fait. Elle est orpheline, à jamais.

Au P.C. de Massu, la nouvelle est accueillie avec consternation. C'est le deuxième lieutenant que le IIe R.M.T. perd en moins de deux jours. Et quels lieutenants ! Gauffre, hier, l'ancien du Tchad, et aujourd'hui Guigon, Saint-Cyrien de la dernière promotion d'Aix-en-Provence, passé à la clandestinité après le 11 novembre 1942, évadé de France et ancien de Tunisie...

Massu encaisse ce nouveau coup, mais il est profondément affecté. Il pourrait dire, comme les jeunes qui regardent flamber les Panzers ennemis éparpillés dans la vallée :

— Gauffre et Guigon sont vengés.

Cela ne lui vient pas à l'esprit. Les garçons qui se font tuer au IIe R.M.T. n'ont pas besoin d'être pleurés ou vengés. Ils demeureront pour tous des symboles, des souvenirs que l'on conservera pieusement, au plus profond de soi. La perfection du destin accompli.

Un bruit de moteur chasse le recueillement. Une jeep arrive, à toute allure, et stoppe près de Massu. Le colonel de Langlade en jaillit :

— Vite, vite ! Envoyez votre maximum de chars sur le P.C. de Ville-sur-Illon ! Nous allons être attaqués par un bataillon de Mark IV.

— Comment le savez-vous ?

— La postière de Pierrefitte nous a téléphoné. Elle les a vus défiler sur la route, venant du sud. Ils nous ont tournés ! Et je ne dispose que d'un maigre peloton de protection...

Le capitaine Gribius, du 3e bureau de la division, qui vient d'arriver, envoyé par Leclerc pour faire sur le terrain une estimation des pertes ennemies, intervient. Par radio, il obtient que le sous-groupement Putz, en position avancée du G.T. « V » à Bainville-aux-Saules se porte aussitôt sur Ville-sur-Illon. Puis il prescrit à Minjonnet, qui en a le moins besoin, de détacher le peloton des T.D. d'Allongues.

Ces derniers grimpent à toute allure les lacets de la D 6, filent vers le sud-ouest et se portent en avant, face au remblai du chemin de fer d'Epinal. Les premiers Mark IV sont déjà en vue au passage à niveau, trois mille mètres en avant. Ils arrivent à temps.

Le Panzer de tête est sur les rails. Il va passer.

D'un coup au but, le *Tempête* le cloue au sol, et l'immobilise en plein milieu du passage, bloquant la seule issue possible. Les autres se déploient, tentent d'escalader le remblai. En vain. Le second qui montre son nez est aussitôt mouché par le *Tempête*, à trois kilomètres, comme à l'exercice. Alors, les Allemands se résignent à tirer, de loin, sur les Shermans et les T.D., qui ripostent.

Et puis, dans le ciel rosissant, apparaissent les derniers Thunderbolts qui se livrent à leurs exercices favoris. Piqué à mort, chandelle, ressource et virage, et, à nouveau, piqué fantastique. Les Mark sautent en l'air. Puis ils renoncent et fuient en désordre, vers le sud.

Les Thunderbolts sont en forme. L'un d'eux passe en rase-mottes au-dessus des Français, mais il apprécie mal son altitude et soudain, à la consternation générale, accroche la cime des arbres, et disparaît. L'œil fixe, l'oreille tendue, tous les spectateurs attendent l'explosion. Rien ne se produit.

Quelques heures plus tard, le pilote, un Américain gigantesque, fait son apparition au P.C. de Massu, guidé par un paysan. Il est encore choqué par son aventure et raconte comment il a réussi, miracle, à se poser dans un champ sur le ventre.

Sorret le réconforte. Il dispose d'une bouteille de mirabelle, un cadeau reçu la veille à Valleroy-le-Sec. Quand une jeep de la division vient récupérer le pilote, la bouteille est vide et l'Américain francophile.

Il est dix-huit heures trente. Autour du cimetière de Dompaire, les fantassins du Tchad creusent leurs emplacements pour la nuit. La proximité des tombes ne les gêne pas. Ils ont l'habitude de vivre avec les morts.

Tous sont partagés entre la joie de la victoire incontestable remportée sur un adversaire de taille et la tristesse de la disparition de camarades chers et admirés.

Seul peut-être Krokenberger n'est pas satisfait. Il n'a pas encore eu l'occasion de se distinguer autant que ses camarades du *Simoun* et du *Mistral*. C'est pourquoi il a obligé Le Calonnec à veiller avec lui sur la tourelle.

— Mais enfin, ça ne sert à rien, proteste le tireur, on n'y voit rien.

— Tais-toi et surveille. On ne sait jamais.

La nuit est maintenant presque faite lorsque trois Panthers se glissent hors des jardins et tentent l'évasion à travers les vergers. Exactement dans l'axe du *Siroco*. Le Calonnec appuie sur sa détente. Il tire, tire encore, sans arrêt. Dès les premiers coups, il enflamme les deux blindés de tête. Mais le troisième manœuvre et riposte en faisant face, là où il est le moins vulnérable. En effet, les obus de rupture ricochent sur le blindage, tandis que les boulets allemands passent à toucher le T.D.

— Encore ! crie Krokenberger, dans son micro. Encore !

Le Calonnec grogne une réponse inintelligible. L'œil rivé à sa lunette, il les voit, pourtant, ses satanés obus, filant droit sur le blindage d'en face ! Il s'obstine, dents serrées et, enfin, victoire ! arrive à coincer un perforant exactement à la base de la tourelle ennemie qu'il immobilise. Le Panther est muselé. Quelques secondes plus tard, l'équipage s'éjecte et se disperse sous les injures des fantassins du Tchad, debout sur le mur du cimetière.

— Pour Larsen, pour Gauffre, pour Guigon !

Larsen est un jeune sous-lieutenant de la 6. Blessé ce matin au cours de l'assaut sur Damas, il vient de mourir à l'infirmerie du bataillon.

Courtois, Lyons, le chef de bord du *Mistral*, lance à Le Calonnec un commentaire affectueux sur les ondes :

— Tu vois, c'était pas plus difficile que ça...

La nuit est maintenant tout à fait tombée. Les rares blindés allemands encore en place entre Dompaire et Damas se faufilent hors de l'encerclement et s'éloignent, en ferraillant, vers l'est.

— On ne peut pas les laisser partir sans rien tenter, disent les sous-officiers de la 7. Le lieutenant Guigon n'aurait pas aimé ça.

Guigon, autrefois leur grand frère. Aujourd'hui, déjà, leur critère, celui par qui toutes les audaces sont permises.

Ivanoff obtient le feu vert. Alors, c'est l'hallali. Les garçons, déchaînés, se glissent par les vergers, s'infiltrent dans la ville, longent la rue principale. L'oreille tendue, ils guettent. Une rafale parfois, un groupe liquide un détachement ennemi attardé. Des grenades. Le sergent Duc, qui traverse une période bazooka, cherche une proie à sa taille. Il la trouve, planquée dans une grange. Une fusée dans le moteur et le Panther s'enflamme. Le premier d'une série de quatre, détruits au bazooka, incendiés à la grenade au phosphore. Une sorte d'holocauste à la mémoire des morts de la 7. Dompaire, Lamerey s'éclairent comme en plein jour, traversés par des silhouettes bottées qui filent, débusquées, vers la sortie. A coups de carabine, Sanglebœuf les couche, un par un.

Ivanoff ordonne le décrochage.

— Mon capitaine, intervient Duc : la rue principale s'appelle « rue du Maréchal-Pétain ». Je propose qu'on la débaptise et qu'on l'appelle « rue du Lieutenant-Guigon ».

— Bonne idée, approuve Ivanoff. J'en parlerai au commandant...

Au matin, un calme inhabituel règne au creux de la vallée. Les patrouilles qui abordent les villages les trouvent vides d'Allemands. A l'aube, les derniers défenseurs, une vingtaine de Panzergrenadiers boueux, épuisés, hagards, se sont rendus aux fantassins du Tchad.

Dompaire, Lamerey et Damas présentent un spectacle inouï. Des débris de toutes sortes jonchent les rues. Carcasses de voitures, de blindés, cadavres mutilés, brûlés, enfouis sous les décombres des maisons où avaient cherché refuge les Panzers en folie. A perte de vue, des Panthers calcinés, soufflés, éventrés.

Massu est impressionné par l'ampleur du désastre subi par les Allemands. Sortie d'une cave, une vieille femme contemple, elle aussi, le carnage. Puis, brusquement, elle se tourne vers lui, l'œil réprobateur, et montrant le paysage, elle lui lance avec un ton de reproche :

— C'est-y pas malheureux, une pareille dévastation...

Sorret, qui rapporte l'anecdote à ses camarades, ajoute, amusé :

— Le commandant n'en est pas encore revenu.

Dans la journée, le général Leclerc arrive à Dompaire. Il prend connaissance du bilan :

« Cinquante-neuf chars, Panthers et Mark IV détruits, dont treize à Dompaire, treize à Damas à mettre à l'actif du G.T. « L ».

Il hoche la tête, approbateur :

— Beau résultat. — Puis il se tourne vers les marins, un sourire de triomphe au coin des lèvres : — Au Maroc, je vous avais dit qu'il faudrait combler par un monceau de cadavres le fossé qui séparait la France de sa Marine ? Je considère que c'est fait. A dater d'aujourd'hui et pour concrétiser la part que vous avez prise au succès de la bataille, je vous autorise à porter à nouveau la fourragère de la Légion d'honneur de votre régiment.

Au P.C. de la division, Repiton-Préneuf a dressé le bilan de cette journée du 13 septembre :

« La 112e Panzerbrigade possédait 90 chars. Elle avait mission d'intercepter la IIIe armée américaine sur la Moselle. Elle n'a pas eu le loisir d'amorcer même une tentative pour remplir cette mission.

Puis, réaliste, il corrige :

« Une grande part de notre succès provient du fait que l'ennemi mettait en ligne un personnel novice. Les chars sont sortis des usines nazies le 15 août 1944, ainsi qu'en témoignent les plaques des moteurs. De plus, la 112e n'était arrivée sur place que le 7 septembre...

— C'est tout de même la plus importante bataille de chars de tout le front ouest, fait remarquer Gribius.

— C'est vrai. Je doute fort que Manteuffel puisse la remettre en selle. La 112e Panzerbrigade a cessé d'exister.

22

CHATEL

14-19 septembre 1944.

A Dompaire, la rue du « Maréchal-Pétain » est devenue rue du « Lieutenant-Guigon ». Dans la matinée, trois Panthers, capturés intacts, sont ramenés au P.C. du colonel de Langlade qui décide de les envoyer à Paris, trophées glorieux qui aideront Kœnig à rassembler sa division F.F.I.

Essais de moteurs, de radio, d'armement, les Panthers sont vraiment de beaux objets. Deux sous-officiers prennent les commandes du premier et partent faire une petite promenade à travers champs. Ils s'amusent comme des fous, filent pleins gaz, tout terrain. Ils atteignent la crête de Maroncourt. Au-delà, à Hymont, conquis hier par le G.T. « V » après de durs combats, veillent les chars de Cantarel qui observent les évolutions insolites d'un Panther.

— Ça doit être la panique, disent en riant les sous-officiers, dans le poste de pilotage du char allemand.

La panique en effet. Les radios de Cantarel crépitent, appellent à la rescousse un Thunderbolt qui passait... Finalement, au lieu des trois prévus, Kœnig ne recevra que deux Panthers !

Dans la vallée de la Gitte, le G.T. « L » ne reste pas inactif. Il s'éclaire de plus en plus loin, protégeant ses abords qui ne sont pas à l'abri d'un retour offensif des Allemands, toujours solidement implantés à Epinal. Putz s'y porte, accroche sévèrement aux lisières.

Au sud, Roumiantzoff et ses spahis effectuent une liaison en force avec les flancs-gardes de la Iʳᵉ armée. Dans quelques jours, c'est elle qui prendra le secteur à son compte.

Pour le général Leclerc, la mission de la division est déjà ailleurs, au-delà de la Moselle, en flanc-garde de la IIIᵉ armée américaine qui vise la Meurthe. Un secteur que devait primitivement tenir Von Manteuffel avec trois Panzerbrigades, et qui, en dépit de l'anéantissement de la 112e, dispose encore de la 111e et de la 106e. Cent quatre-vingts chars lourds. Une menace qui n'est pas à négliger, d'autant que cette force peut indifféremment contre-attaquer les Américains à Nancy, tout comme marquer la 2e D.B. entre Nomexy et Epinal. Il convient donc de pousser des pointes, des reconnaissances offensives dans toutes ces directions.

Hier, 13 septembre, tandis que Langlade se battait à Dompaire, son escadron de spahis, trop léger pour se mesurer aux Panthers, a été expédié au nord, sur Nomexy. Le capitaine Pallu a même réalisé la liaison avec les Américains de la 79e D.I. à Vincey.

Au retour, il a rendu compte :

— Le pont qui relie Nomexy à Châtel au-dessus de la Moselle est détruit, mais il existe un gué praticable à proximité.

Leclerc se décide. Laissant Langlade dans Dompaire et sa région, il lance l'avant-garde du G.T. « V » sur Nomexy. Mission, protéger le passage sur la Moselle.

Pour cette reconnaissance, Billotte désigne Branet, avec sa compagnie, un escadron de spahis du capitaine Lucien et la section Montoya de la « Nueve ».

A huit heures, le 14 septembre, Branet démarre. En tête, les calots-rouges, follement acclamés par les paysans, rangés en grand nombre le long des maisons des villages traversés, Vroville, Ahéville, Chozet, Bettegney. Malgré l'accueil, Branet est d'humeur maussade. Les F.F.I. sur lesquels il espérait pouvoir compter afin de le guider ont omis de se présenter ce matin, en dépit des promesses délirantes faites la veille.

— A coup sûr, ils doivent fêter « leur » victoire à l'arrière, répond le lieutenant Christen, philosophe.

Branet grimace. Sa blessure de l'hôtel Meurice continue à le tracasser. Il boite bas, ce qui n'améliore pas son caractère.

— Assez perdu de temps ! Plus vite, en tête...

L'escadron Lucien, des spahis, file bon train sur la route en lacet qui plonge entre les bosquets auxquels s'accrochent des écharpes de brume, vers la Moselle. Les premières maisons de Nomexy apparaissent, basses et longues, brique sombre et toits de tuiles brunes. L'avant-garde des spahis longe la nationale, pénètre dans la ville, pavoisée depuis l'avant-veille, après le passage des calots-rouges du capitaine Pallu. La population se montre réservée ; les Allemands peuvent à tout instant venir escadronner en face, sur l'autre rive de la Moselle où personne encore ne s'est aventuré.

Branet fait ranger sa jeep aux côtés des premières automitrailleuses. Il y retrouve le commandant de La Horie.

— Le pont a sauté, mais on m'a dit qu'il y avait un gué praticable.

Quelques spahis se sont mis à l'eau, glaciale en ce petit matin. Ils avancent, mètre après mètre, tâtonnant du bout du pied pour déceler le moindre trou. En fait, la profondeur de la rivière n'excède jamais un mètre.

La première A.M. se risque au milieu du gué. Elle avance, traverse, remonte sur l'autre rive. Pour la première fois depuis 1940, des soldats français sont sur la rive est de la Moselle. Une deuxième automitrailleuse se présente, passe à son tour, suivie d'une ambulance des « Rochambelles » et de quelques scout-cars qui remorquent des jeeps.

A Châtel, sur l'autre rive, la population est en liesse. Elle fait fête aux spahis, les héros du jour. Les Marocains arborent leur turban de cérémonie. Leurs visages bronzés se fendent de grands sourires blancs. Ils sont fiers d'être des soldats français.

Les Shermans de la compagnie Branet descendent à leur tour, les fantassins de la « Nueve » agrippés aux tourelles. La reconnaissance initiale est en passe de devenir une véritable tête de pont. A midi, le sous-groupement Branet est entièrement à Châtel, qui se met à ressembler à un immense arc de triomphe, les rues barrées de guirlandes tricolores.

Le maire, le docteur Seyer, vient féliciter Branet et ses hommes :

— Il y a si longtemps que nous attendions ce moment ! Considérez que cette ville est la vôtre.

Il a les larmes aux yeux. Branet aussi est ému. La sincérité du docteur Seyer, la chaleur de la population, unanime derrière son maire, lui rappellent les plus belles heures de la libération de Paris.

— Installez donc votre P.C. dans ma maison. Ce sera un honneur pour moi.

Les officiers viennent au rapport. Ils rendent compte des bouchons qu'ils ont mis en place, face à l'est où les Allemands, invisibles pour l'instant, sont en mesure d'intervenir.

— Cet après-midi, envoyez des reconnaissances à moyenne distance : Moriville, Zincourt, Hadigny. N'accrochez pas. Rendez compte.

Les patrouilles des spahis rentrent en fin de soirée.

— Nous n'avons trouvé que quelques groupes de Fritz, complètement perdus. Ils n'ont pas compris ce que nous venions faire dans ce secteur où ils se croyaient en sécurité.

Branet approuve, sans sourire :

— Le téléphone a dû fonctionner. Maintenant, les Allemands savent. Passez des consignes sérieuses de veille pour la nuit. Que l'artillerie se tienne prête à nous épauler.

Il n'a pas peur. Il est seulement réaliste. Il ne représente qu'une poignée d'hommes, de chars et d'A.M. isolés en avant des lignes, séparé du reste de la division par une rivière que l'on ne peut franchir qu'au pas, véhicule après véhicule.

— S'il y a décrochage, observe le lieutenant Christen qui devine la pensée de son chef, ce sera dur, surtout si les Allemands nous serrent de près.

Branet réplique, presque sèchement :

— Qui parle de décrocher ? Jamais encore la division n'a reculé devant l'ennemi, je ne tiens pas à être le premier.

Puis il ajoute, montrant les murs du bureau mis à sa disposition par le docteur Seyer :

— Croyez-vous que tout cela ne vaille pas la peine d'être protégé et sauvé ?

En dépit des pronostics pessimistes de quelques officiers, la nuit est calme. Pas un bruit. Pas un coup de feu. Les habitants de Châtel pourraient presque croire la paix enfin revenue dans leur village qui n'a pas souffert de la guerre.

Au matin, Branet découple Shermans et A.M. pour effectuer des patrouilles sur les itinéraires reconnus la veille au soir.

Montoya, l'officier qui commande le détachement de la 9, vient rendre compte :

— La population de Châtel s'est entièrement mobilisée pour réparer le pont détruit. Le docteur Seyer affirme que le passage sera rétabli demain soir pour les véhicules légers.

Branet approuve. Ce ne sera peut-être pas un travail inutile s'il faut acheminer des renforts.

Et pourtant, comme la veille, la journée du 16 septembre n'apporte rien de nouveau. Sauf un renseignement, capital :

— D'après des F.F.I. de la région, les Allemands sont en train de rassembler de gros chars autour de Rambervillers.

Un regard sur la carte. Rambervillers ne se trouve qu'à 22 kilomètres de Châtel. Ce rassemblement prouve en tout cas que l'ennemi se prépare à réagir. Reste à découvrir l'importance des éléments qu'il compte mettre en ligne.

Dans la journée, une batterie de 105 est venue renforcer le point d'appui de Châtel. Maintenant, Branet peut aligner une dizaine de Shermans, un escadron d'automitrailleuses, soit une quinzaine au total, et une douzaine d'automoteurs.

Christen est optimiste :

— Si nous avons assez de munitions, les Boches auront du mal pour nous déloger d'ici.

Toute la journée, toute la nuit, les hommes travaillent d'arrache-pied pour mettre en état des positions défensives. Les chars s'embossent aux endroits d'où ils battent les trois directions éventuelles d'attaque, au nord, à l'est et au sud-est.

En appui, les automitrailleuses surveillent les glacis pour parer à toute infiltration d'infanterie. Leur canon de 37 leur interdit d'espérer gibier plus gros.

Au matin, sous une pluie glaciale, les sonnettes posées aux abords se replient, transies et trempées. Aucune n'a aperçu l'ennemi. Et pourtant, durant la journée, la nervosité gagne. Le temps, maussade, semble immobile et tout en se préparant, les hommes sentent confusément que la nuit prochaine ne sera pas de tout repos. Les Espagnols de la « Nueve » fourbissent les tubes des bazookas.

A 18 heures, franchissant en tête le pont enfin rétabli sur la Moselle, le commandant de La Horie vient rendre visite à Branet. Ensemble, les deux officiers règlent les ultimes détails. Aucun des deux n'a le moindre doute. L'attaque est imminente.

Il est dix-neuf heures. La Horie vient de partir. Il a promis de veiller personnellement à ce que tous les appuis d'artillerie soient mis à la disposition de la tête de pont dont le capitaine Lucien, des Spahis, plus ancien en grade que Branet, vient d'être nommé commandant d'armes.

Une détonation fait se dresser toutes les têtes. Comme les choses que l'on attend, elle provoque d'abord une grande surprise. Et puis, d'un seul coup, la fusillade devient générale. Les spahis, en bouchon sur un petit pont, à six cents mètres en avant, en direction de Moriville ont éventé une infiltration d'infanterie qui voulait approcher au plus près.

— Raté, dit Lucien. Nous sommes parés.

Dans la nuit qui commence à tomber, l'infanterie allemande débouche des bois qui dominent Châtel, appuyée par des Panthers. Les automoteurs du lieutenant Van Parys les tirent, à vue.

L'assaut est général. Les Allemands sont partout. Face à la section Montoya qui les laisse approcher et les stoppe, à bout portant. Face aux spahis qui tirent à mitraille dans les rangs des Panzergrenadiers.

Les Panthers sont étalés dans les prairies. D'après les comptes rendus, Branet en estime le nombre à une vingtaine. *Douaumont,* l'ancien char de Bizien, maintenant commandé par Miguras, a l'habitude des corps à corps. Il laisse approcher un Allemand, le troue, à moins de quatre-vingts mètres.

Surgit le docteur Seyer :

— La fermière de Saint-Martin vient de nous alerter ! Elle nous annonce que les Boches sont dans sa cour...

Les coordonnées de la ferme sont passées aussitôt. L'artillerie prend l'objectif à son compte. En quarante secondes, les 105 écrasent les bâtiments sous un déluge de fer et de feu.

— *Douaumont* vient d'être touché à son tour et il flambe !

Miguras se présente, les vêtements roussis :

— J'ai réussi à m'en tirer, une fois de plus. Mais Giangrandi est mort dans la tourelle...

Dans la nuit, maintenant totale, les cris, les explosions, le fracas de la bataille prennent des proportions nouvelles. On dirait un énorme hourvari, un déchaînement de fureur aveugle. Les Espagnols de Montoya livrent contre les chars des combats singuliers, poitrine contre blindage. Les bazookas entrent dans la danse et les incendies éclairent des scènes hallucinantes. On se bat au pistolet, à la baïonnette, au poignard.

— Comme à Barcelone, lancent les Catalans.

Les Espagnols se replient, pour laisser le champ libre aux 105 de Van Parys qui débouchent à zéro. Le lieutenant est tué, d'une rafale, quelques secondes plus tard, c'est au tour du lieutenant Montoya d'être touché. Il est évacué, un bras déchiqueté.

Embossés aux entrées de la ville, les Shermans sont à rude affaire. Venant de Moriville, deux Panthers se présentent essayant de forcer le passage. L'*Yser* touche le premier qui flambe. Le *Grand-Couronné* touche le second, mais ses obus ricochent sur l'épais blindage du bouclier. Cinq coups au but sont nécessaires pour le museler définitivement.

En arrière, les mortiers de 81 lancent des obus éclairants. Le combat ressemble maintenant à un spectacle d'ombres chinoises. A pied, les spahis se mesurent avec des Allemands, rampant dans les taillis.

Au centre, Branet a disposé des véhicules pour former un réduit. Il doit prévoir une infiltration possible de fantassins. Par radio, il suit de minute en minute l'évolution de la situation. Christen s'étonne :

— Je n'y comprends rien. Plus on en touche, plus il en vient !

C'est vrai. Le combat, qui dure depuis maintenant quatre heures, n'a faibli à aucun moment. Les Allemands ont manifestement reçu des ordres stricts [1]. Ils montrent une discipline de feu exceptionnelle, et font preuve d'un mordant encore jamais rencontré.

— Branet ? Ici La Horie : j'ai demandé des renforts pour vous.

Soulagé, Branet soupire. Certes, à aucun moment son dispositif n'a été entamé, mais les pertes sont sévères. De minute en minute, ce sont de nouveaux chars touchés, de nouveaux blessés, de nouveaux morts. Et pourtant les hommes font preuve d'un calme total. Ni panique, ni affolement. Les Espagnols, vieux combattants qui jouent avec la mort depuis des années, sont un peu les artisans de ce sang-froid universel. Inconsciemment, jeunes cavaliers, vieux spahis s'efforcent d'imiter leur maîtrise et leur efficacité. Leur exemple même est réconfortant, tout comme est admirable le sang-froid des « Rochambelles » qui évacuent, sous le feu, tous les bessés.

— Ça mollit, dirait-on.

Christen chuchote dans son micro. Comme s'il ne voulait pas que l'ennemi entende. Mais il a raison, le tranchant de l'attaque allemande semble s'émousser. Ici et là, des spahis ou des hommes du Tchad ont même poussé des contre-attaques pour rejeter l'ennemi à la forêt.

Les Panthers eux-mêmes se sont retirés. Jusqu'où ?

Venant de Nomexy, brusquement des bruits de moteurs se font entendre. Les renforts !

Le capitaine Sarrazac et la première section de sa 10e compagnie se présentent :

— Je suis l'avant-garde du sous-groupement Cantarel. Le reste suit. Où en êtes-vous ?

Branet précise la situation. A gestes brefs, Sarrazac envoie ses groupes aux endroits sensibles. Les nouveaux venus, presque tous anciens du Tchad, montrent le même flegme que ceux de la « Nueve ». Ils montent en ligne sans hâte excessive, mais leurs gestes trahissent une longue habitude du combat.

— Ça se termine, confirme Christen, à la radio. Sauf accident, on devrait être tranquilles pour le reste de la nuit.

— Et pourquoi ?

— Il pleut des cordes. Ce n'est pas un temps à mettre un Panther dehors, ça rouille...

1. Branet a eu en face de lui la 111e PZ Brigade au complet, commandée par Von Manteuffel qui dirigeait en personne les opérations depuis Rambervillers.

Branet sourit, un peu. A côté de lui, la radio grésille. Un appel, chuchoté :

— Branet ? Ici La Horie. *La cantine est bouclée.* Je répète...

Les traits de Branet se figent. En clair, il vient de recevoir l'ordre de décrochage. Un ordre que ne justifie pas la situation. Les Allemands ont renoncé à leur attaque et il est à espérer qu'ils ne récidiveront pas avant le jour. Pour le principe, il fait répéter. La Horie confirme et précise « immédiatement ».

La décision émane directement du général Leclerc. Les groupements tactiques engagés dans la région sont exposés, en pointe du dispositif allié. Les Allemands ont le choix des axes de contre-attaque, soit par le sud-est, soit par l'est. La menace la plus grave est sans conteste celle qui peut se produire à partir d'Epinal tant que la Ire armée n'est pas solidement établie sur la droite de l'axe Darney-Epinal. Son avant-garde se trouve seulement à Bains-les-Bains. Aussi, Leclerc a tranché. Il ne peut se permettre d'hypothéquer le reste du G.T. « V » pour secourir une tête de pont que pour le moment il ne juge pas essentielle.

Avec le capitaine Lucien, Branet met au point les modalités du repli. Les spahis d'abord, qui déhalent leurs automitrailleuses à travers le gué de la Moselle, suivies des jeeps de l'infanterie et des ambulances empruntant la passerelle de fortune jetée hier par les civils.

Les hommes de Dronne et de Sarrazac arrivent à leur tour. Quelques civils les accompagnent.

— Et vous, docteur ? demande Lucien au maire de Châtel.

— Moi ? — Le docteur Seyer esquisse un geste fataliste : — Ma femme et ma fille sont déjà de l'autre côté. Moi, je reste. Face aux Allemands, il faudra un interlocuteur pour sauver ce qui peut l'être.

Lucien lui serre chaleureusement la main. Branet est au micro. Il chuchote :

— Ici Jacques à tous ses enfants. Comprenez-moi. Vous allez descendre dans la baignoire, un par un. Je vous attends dans l'ordre...

En réponse, dans la nuit, un immense grondement de moteurs. Calmement, les Shermans décrochent. Branet s'en va enfin, suivi de la section Génin, un groupe franc constitué de lycéens de Jeanson-de-Sailly engagés à Paris. Le dernier homme passé, un groupe de sapeurs fait sauter le pont provisoire. Châtel retourne en enfer.

Châtel sera pourtant repris définitivement deux jours après, le 19 septembre. Protégée sur son flanc droit, la division n'a plus aucune crainte à avoir dans cette direction. L'accueil de la population est, cette fois, teinté de tristesse. Emmené comme otage par les Allemands furieux, le docteur Seyer a été fusillé, par des miliciens, dit-on.

Le franchissement de la Moselle est également marqué par un incident, moins tragique, mais significatif.

Leclerc est arrivé, à l'aube. Impatient comme à son habitude. Il est pressé de voir ses hommes regroupés, prêts à foncer sur le prochain objectif, la Meurthe.

Toute la division est là, ce 19 septembre. Dio a finalement rejoint après avoir successivement traversé Chaumont et Darney. C'est lui qui va passer en tête pour la prochaine étape qui doit le mener, d'un bond, vers Venthiménil.

Soudain, le général fronce le sourcil.

— Qu'est-ce que c'est que ça ? demande-t-il en pointant sa canne.

« Ça », c'est une Mercédès noire, aux vitres épaisses, qui se traîne au milieu des véhicules blindés. Lourde, poussive, elle est très basse sur ses roues. Si basse qu'elle s'accroche en franchissant la passerelle et bloque la circulation.

— C'est la Mercédès du général Von Choltitz, explique le lieutenant Peschaud, chargé de la circulation routière.

Leclerc hausse les épaules :

— Von Choltitz n'appartient pas à la division, que je sache ?

— Le général Billotte l'a récupérée...

— Je sais. Je sais aussi qu'il n'est pas le seul à posséder une voiture non réglementaire. Mais j'ai donné des ordres, je crois ?

En effet. Hier, prévoyant des difficultés de passage, Leclerc a pris une sage décision. Il a chargé Peschaud de bloquer et de stocker toutes les « prises de guerre » dans un parc soigneusement aménagé.

— Les « propriétaires » pourront récupérer leur bien dès que les contingences le permettront. En tout cas, je ne veux voir aucun de ces véhicules à l'est de la Moselle. Vu ?

Peschaud a appliqué la consigne et chacun s'y est plié de bon gré. Sauf Billotte.

Pour Leclerc, c'est un acte d'indiscipline qu'il peut d'autant moins tolérer qu'il émane de l'officier le plus élevé en grade après lui. Billotte a été en effet nommé général de brigade au début du mois. Au-delà même de cet incident, cette ignorance des ordres reçus témoigne pour Leclerc d'un état d'esprit incompatible avec l'obéissance absolue, règle d'or de la 2e D.B. L'entretien qui réunit les deux généraux dans les minutes qui suivent est marqué d'une certaine véhémence.

— La division ne peut avoir deux chefs, tranche Leclerc.

Billotte s'en va, le soir même, prendre le commandement d'une division d'infanterie que le général Kœnig est en train de mettre sur pied à Paris, avec des engagés F.F.I. Billotte ne part pas seul. Il emmène avec lui un certain nombre d'officiers, parmi lesquels le colonel Roumiantzoff et le commandant Farret.

Leclerc est satisfait. Son caractère entier, sa conception du métier des armes, son sens du devoir et son souci de rester strictement un militaire s'accommodaient mal de la personnalité de Billotte, plus volontiers intellectuel, dilettante et surtout politique.

Son G.T. « V » change de mains. Leclerc le confie au colonel de Guillebon, son autre lui-même. Un officier comme il les aime, l'un des rares colonels de la division, avec Dio, avec lequel il n'est pas besoin de longues phrases pour être compris.

La 2e D.B. a enfin trouvé son visage définitif.

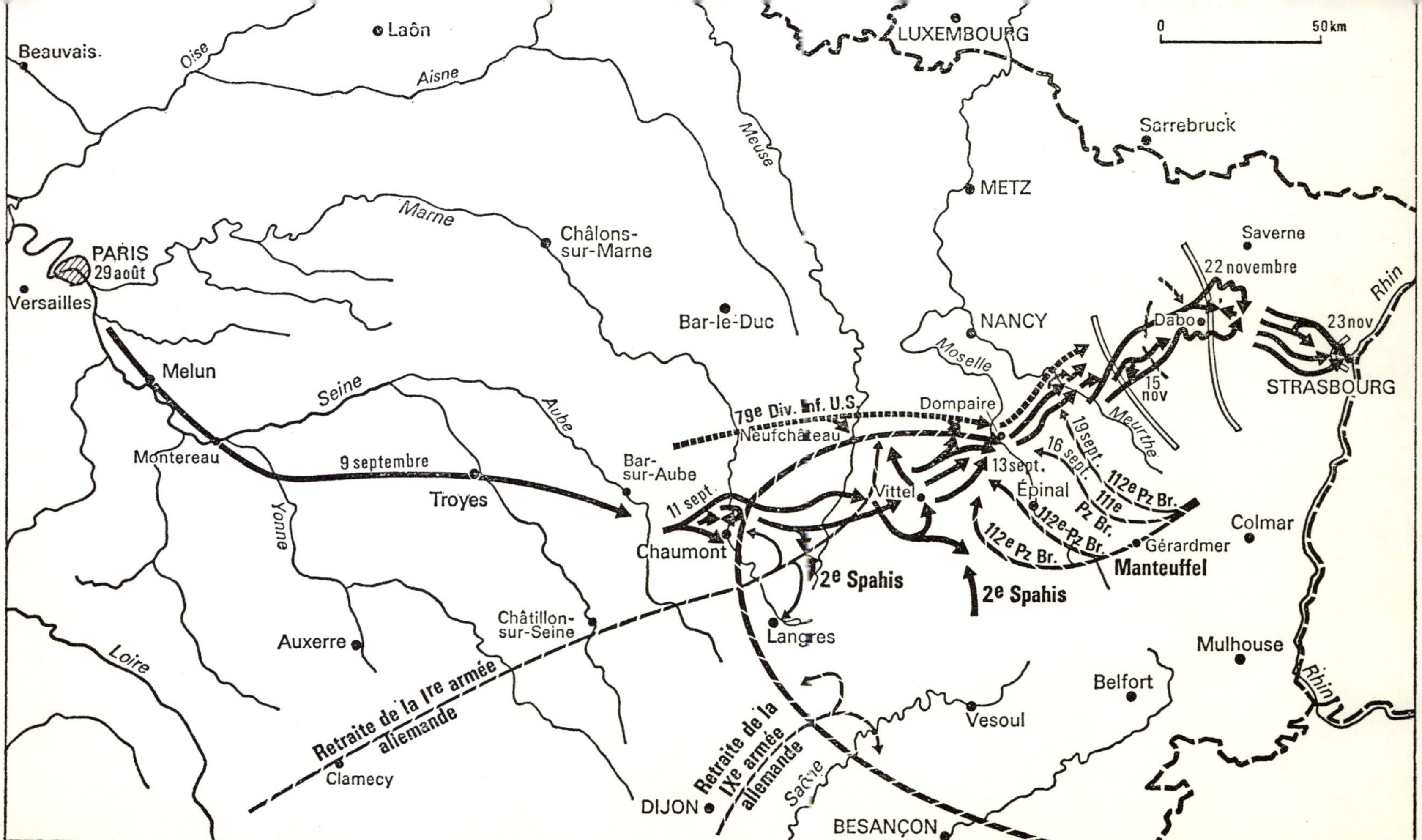

0
50 km
Beauvais.
Laôn
Oise
Aisne
LUXEMBOURG
Sarrebruck
METZ
Meuse
Marne
Châlons-sur-Marne
PARIS 29 août
Versailles
Bar-le-Duc
NANCY
Moselle
Saverne
22 novembre
Rhin
Dabo
23 nov
STRASBOURG
15 nov
Meurthe
Melun
Seine
Aube
79e Div. Inf. U.S.
Dompaire
Neufchâteau
19 sept.
16 sept.
13 sept.
Montereau
9 septembre
Troyes
Bar-sur-Aube
11 sept.
Vittel
Épinal
112e Pz Br.
111e Pz Br.
112e Pz Br.
112e Pz Br.
Colmar
Gérardmer
Manteuffel
Chaumont
2e Spahis
2e Spahis
Yonne
Châtillon-sur-Seine
Auxerre
Langres
Mulhouse
Loire
Retraite de la Ire armée allemande
Belfort
Vesoul
Retraite de la IXe armée allemande
Saône
Clamecy
DIJON
BESANÇON
Rhin

23

LE « MENUET » DE BACCARAT

23 octobre 1944.

Le ciel n'a jamais été aussi bas, et, dans les vallons de Lorraine tapis au cœur des hameaux désertés où devant les portes fument les tas de fumier, la division s'étiole. Froid autour, humidité au-dedans, boue au-dessous, immobilité des jours raccourcis. La division s'engourdit, maussade. Pour la première fois depuis l'été, elle stagne, elle patauge, elle s'ennuie.

La seule distraction est, deux fois par jour le bombardement d'artillerie expédié, à l'aube et au crépuscule, par une série de canons éparpillés aux lisières de Baccarat, sur la rive est de la Meurthe. La régularité des arrivées, le bruit des salves, évoquant l'entrée d'une locomotive folle dans un hall de gare, l'a fait surnommer le « Train Bleu ».

Hormis cette manifestation hargneuse de la présence ennemie, à une dizaine de kilomètres seulement, rien ne se produit qui puisse guérir — ou satisfaire — cette inaction.

— Un comble, on en est même réduits à faire des vers !

Un poème a fait le tour du G.T. « L », en forme de supplique au « Dieu des Armées » :

Nous sommes ces soldats qui grognaient par le monde,
Mais qui marchaient toujours et n'ont jamais plié,
Nous sommes ces soldats qu'un jour on a raillés ;
Nous sommes cette race éternelle et profonde.

Nous avons tant marché pour venir jusqu'ici
Nous avons tant bouffé de désert et de sable
Nous avons tant mangé sans nous asseoir à table
Nous en avons tant vu, en avons tant subi...

Nous en avons tant fait, de bruit, depuis Carrouges
Tourné dans Argentan, foncé dans Ecouché
Nous avons tant de fois veillé ou découché
Promené nos calots noirs, bleus, jonquille, rouges

Par tant de crêtes, tant de côtes, tant de routes
Nous avons tant traîné le long des boulevards
Kléber, Sébastopol, Rivoli, Rochechouart
Et ces bons Parisiens nous ont fait tant de fêtes !

Veuillez donc nous sortir, enfin, de la bouillasse
Nous avons tant aimé marcher, courir, foncer
Non, ne nous dites pas qu'il faut y renoncer,
Parce que ici, voyez-vous, c'est bien trop dégueulasse...

Patrouilles de jour, embuscades de nuit. Le front est devenu statique et les hommes ont l'impression d'avoir fait un bond de près de trente ans en arrière. Les unités, éparpillées dans une poussière de villages, en arc de cercle autour de Baccarat, veillent et dorment, protégées par l'activité de leurs éclaireurs, et les champs de mines disposés en couverture.

Il pleut. Les matins sont étrangement semblables, avec une brume humide qui s'effiloche au ras du sol. Pour la première fois depuis la Normandie, les hommes portent le casque, même quand ils ne sont pas de service. Le « Train Bleu » arrive à l'heure mais, parfois, quelque original s'amuse à expédier un obus, histoire de rappeler leur présence aux Français.

Depuis la fin du mois de septembre, qui a vu la division atteindre la Meurthe, et même la franchir à l'est de Lunéville, l'offensive alliée partie du Cotentin deux mois plus tôt s'essouffle et, comme une vague, vient mourir sur cette plage qu'est la ligne de défense prévosgienne, la *Vor-Vogesenstellung* édifiée par les Allemands dans les premiers jours d'octobre. Cette ligne défensive, constituée de réseaux de tranchées reliant des points forts, passe sensiblement suivant un axe sud-nord, depuis Moyenmoutier, entre Saint-Dié et Raon-l'Etape, par Badonviller et Blâmont pour s'achever dans la région des lacs, Gondrexange et Dieuze. Les Allemands pensent bien pouvoir y passer l'hiver.

En face, la 2e D.B. tient le front s'étendant de la Vezouze à Rambervillers. A sa droite, la 45e division U.S. assure le flanquement face au sud-est matérialisé par la route d'Epinal à Saint-Dié. A sa gauche, les 79e et 44e divisions d'infanterie U.S. assurent le front devant la forêt de Parroy, à l'est de Lunéville.

Pour les Américains, cette période est jugée nécessaire pour rassembler les forces, recompléter les unités en hommes et en matériel et constituer des réserves, notamment en carburant. Tout le ravitaillement en essence continue d'être acheminé depuis la Normandie, par camions ou par un pipe-line dont le débit, déjà maigre, est contrarié par les sabotages effectués en toute innocence (?) par les civils qui n'y voient qu'une occasion de faire leurs pleins à peu de frais.

Leclerc dépend toujours du XVe corps ; celui-ci vient d'être rattaché à la VIIe armée du général Patch.

La 2e D.B. se recomplète également. Les détachements F.F.I. récupérés à Paris ont maintenant été intégrés dans le cadre du R.M.T. Chaque bataillon comprenait jusqu'ici trois compagnies de voltigeurs, les escadrons de volontaires en constituent la quatrième. Des isolés nouvellement engagés arrivent ; des blessés de Normandie ou de Paris rejoignent aussi. A nouveau les effectifs sont à l'étiage haut. Les matériels également. Shermans ou half-tracks, neufs ou réparés viennent combler les trous subis à Andelot, Vittel ou Dompaire. On leur donne le nom de leur ancien, ainsi le *Douaumont II*, ou bien encore, on les baptise en souvenir des tués : le *Lieutenant-Guigon*, le *Lieutenant-Gauffre*.

Leclerc est à la fois satisfait d'être à nouveau en mesure de repartir avec une division plus étoffée, plus aguerrie qu'au mois d'août, en Normandie. Mais il est surtout impatient de reprendre l'offensive. Il redoute que ce climat lourd et boueux n'émousse le tranchant de son outil. Alors, pour tromper son attente, il redouble d'activité. On le voit partout, auprès des unités de première ligne, à l'état-major de la VIIe armée. Il veut reprendre sa chevauchée.

— Quand j'étais enfant, dit-il parfois, la « ligne bleue des Vosges » était une frontière symbolique, toujours présente au cœur des Français. Cela reste valable aujourd'hui.

La « ligne bleue des Vosges », si elle apparaît quelquefois au cours des rares heures d'éclaircies, n'a rien de rassurant. Ce massif boisé aux pentes escarpées, creusé de ravins profonds, est un bastion naturel difficilement abordable et l'on comprend que les Américains aient besoin d'avoir repris des forces avant de songer à l'attaquer.

Pour cela, en premier lieu, il convient de disposer de bases de départ aussi solides et aussi dynamisantes qu'un tremplin. C'est pourquoi, dans les derniers jours d'octobre, le général Patch décide de préparer le terrain. Une opération de portée limitée, destinée seulement à aligner le front et réduire les positions avancées, sans pour autant s'en prendre à la *Vor-Vogesenstellung* proprement dite, objectif du prochain bond en avant.

La 2e D.B. est incluse dans le plan américain. Mais le général Leclerc, qui veut toujours davantage, finit par arracher l'autorisation de s'emparer de Baccarat, jusque-là situé en deçà de la limite qui lui était impartie.

— D'accord pour Baccarat, mais Baccarat seulement. Interdiction de faire un pas de plus, dit Patch qui a entendu parler de l'interprétation personnelle des ordres que reçoit son subordonné.

Leclerc acquiesce. L'idée de manœuvre de Patch est tactique. Elle ne doit en aucun cas inquiéter les Allemands au point de leur faire remanier le dispositif existant, à peu près totalement connu des Alliés. Patch veut attaquer plus tard, en éliminant toute incertitude. Dans une offensive, les surprises sont toujours mauvaises.

Face à Baccarat, la manœuvre que va exécuter la 2e D.B. va ressembler à un menuet, chaque groupement tactique évoluant dans des directions imprévues. Une sorte de grande parade, un enveloppement, des volte-face, avec, pour finir, après un rapide crochet sur Baccarat, un arrêt général, comme pour une dernière révérence.

Elaborés dans la semaine du 23 au 30 octobre, les ordres sont finalement distribués aux commandants de groupements tactiques dans la journée du 30.

En face des Français, la 21 Panzer, restée en arrière-garde de la Ve armée allemande éloignée du front pour être reformée. Manteuffel l'a sérieusement étoffée au cours de la seconde quinzaine d'octobre, notamment par des canons antichars. Des 85 de provenance russe, réalésés en 88, avec toutes les équipes de pièces pour les servir.

Ces renforts sont mis en œuvre entre Vezouze et Meurthe. Ils tiennent la rocade Baccarat, Montigny, Domèvre, qui couvre à l'ouest la *Vor-Vogesenstellung.* Il est évident que Manteuffel veut avant tout parer à une intrusion de blindés.

— C'est la raison pour laquelle nous allons opérer par surprise ; profondément et en dehors des axes où l'ennemi nous attend. Le point fort à éviter est Hablainville, sur une croupe, au centre du dispositif. Il faudra le contourner.

Leclerc arpente son P.C. de Ménil-Flin tandis qu'il développe devant ses commandants de groupements et de sous-groupements son idée de manœuvre :

— En pointe, La Horie. Derrière, les autres G.T. qui se déploieront en éventail, pour protéger son flanc.

Toute la réussite du plan conçu par le général Leclerc réside dans deux facteurs, le premier, le plus important étant le facteur surprise.

Depuis presque un mois, Baccarat est étroitement serré par l'ouest. C'est donc par le nord que se produira l'attaque. Depuis quelques jours, Leclerc a fait aménager en pistes praticables par les chars les layons de la forêt de Mondon. La mise en place se fera de nuit, le débouché, au plus près des objectifs, à l'aube. Ce n'est pas là que les Allemands sont postés.

Dans la soirée du 30, masquée par la brume ouateuse qui est tombée sur la région, la division se met en place sur ses itinéraires de débouché, guidée par les sapeurs.

La nuit est tombée. Près de son char de commandement, le commandant de La Horie distribue ses derniers ordres :

— Branet, vous ouvrirez la marche. Vous avez l'habitude. Vous disposerez des chars légers de Rodel, de la 4e compagnie. Comme infanterie, la « Nueve » de Dronne.

« Attention, ne vous trompez pas. Votre premier objectif est Pettonville dont le pont est essentiel pour la suite des opérations. Evitez

Hablainville, point fort solidement tenu. Ensuite, poussez sur Vaxainville, Reherrey et stoppez à Vacqueville. Pas de fantaisie : je veux une « manœuvre au whisky ».

Pour La Horie, une « manœuvre au whisky » signifie tout à la fois finesse, exactitude, souplesse. Branet acquiesce, tout en fléchant son itinéraire sur sa carte.

La Horie développe le thème :

— Dio a la charge d'attaquer Baccarat en venant du nord. Le G.T. « L » et nous débordons largement par l'est. Bien vu ?

La Horie est en verve. Bien qu'il croie modérément au succès de la manœuvre, sa complexité le satisfait assez. Il imagine le désarroi de l'ennemi qui cherchera vainement l'objet de ce carrousel d'une division blindée évoluant en terrain découvert, grappillant de-ci de-là sans menacer l'essentiel de la ligne principale de défense, bien plus à l'est.

A neuf heures du soir, Leclerc arrive au P.C. Il rayonne.

— Hein, Branet ? Nous allons refaire un galop d'essai après tant de semaines d'inaction. Vous devez être content ? Tout se présente bien ?

Branet partage le scepticisme de La Horie. Le terrain lui a paru difficile, la terre lourde et détrempée. Les chars auront du mal à se déployer.

— Mais non, répond Leclerc en lui tapotant le bras de sa canne. Vous verrez, ça marchera...

L'optimisme du chef n'est guère communicatif. Branet le constate en répartissant les missions. Dronne critique l'opération et même Christen, d'ordinaire enthousiaste, élève des objections. Tous redoutent que les chars ne s'enlisent.

Sous les arbres de la forêt de Mondon, l'humidité de la nuit se fait plus pénétrante encore. A cinq heures du matin, lorsque le réveil sonne, la plupart des hommes sont déjà debout, cherchant à se réchauffer sur place, en piétinant. Pas un bruit, sauf, quelques centaines de mètres en avant, le martèlement sourd des haches des sapeurs qui achèvent de dégager les itinéraires de sortie. Leclerc a tenu à masquer sa manœuvre jusqu'au dernier moment.

Branet a mis ses moteurs en route. En tête, les chars légers, puis son jumelage chars-infanterie. Derrière, le gros, avec le reste de la compagnie Dronne et les deux sections de Shermans.

Le jour se lève maintenant, toujours aussi gris, aussi froid, aussi maussade.

— La guerre est fraîche, si elle n'est pas joyeuse, remarque Christen.

Il a retrouvé son sourire. Il est bien le seul. Branet, qui vient d'arriver aux lisières, contemple, atterré, le terrain sur lequel il va devoir évoluer ce matin. Une immense étendue de prairies descendant en pente douce vers un vallon brumeux qui se redresse vers des crêtes, imprécises dans l'horizon mou.

« Avec nos chars sur un pareil billard, nous allons au désastre », pense-t-il.

En bordure de forêt, le village de Buriville, point de départ du sous-groupement La Horie. Barnet s'y installe, au milieu des maisons vides d'habitants. L'œil fixé sur sa montre, il attend l'heure « H », 8 h 30.

— En avant !

Branet démarre, suivi des chars légers. Un à un, les véhicules émergent de la forêt, tandis que, loin dans le nord-ouest, se déclenche le tonnerre des départs de la préparation d'artillerie fournie par le XVe corps. Le sous-groupement La Horie dévale la pente, à toute allure, les craintes des officiers étaient vaines, les chars roulent normalement sur une terre moins molle que prévu.

— Direction Pettonville !

Les chars légers entament la remontée du vallon. Le village en question se trouve de l'autre côté de la crête, à cheval sur une petite rivière au nom poétique, la Verdurette. Les chars légers sont à défilement de tourelle, leurs canons seuls émergeant du sommet.

— Suis devant Pettonville, annonce Rodel, le chef du peloton. Mais on me tire dessus... Aïe, je suis blessé !

L'attaque est lancée. Les Marsouins, à pied, escortés des Shermans de Christen, avancent vers les lisières, toutes les armes crachant ensemble. Branet fonce, en jeep, rattrape le sous-lieutenant Granell :

— Courez ! Vous êtes à découvert !

Pas un abri en vue. Granell lève un bras flegmatique :

— Y ai déya donné oun assaut dans les mêmes condiçiones, ça n'est pas plous terrible qué ça...

Branet a abandonné sa jeep et galope avec les groupes de tête. Aucune autre solution que d'atteindre Pettonville pour bénéficier au moins de l'abri des maisons.

— Il paraît qu'Hablainville était le point fort ?

Le sous-lieutenant de la Fouchardière ricane.

— Qu'est-ce que ça doit être !

— Ce n'est pas le moment de bavarder, réplique Branet. Filez donc à travers le village et emparez-vous du pont sur la Verdurette...

Les chars canonnent les barricades élevées aux lisières. On voit distinctement un canon de 88 voler en éclats, et les servants, hachés par les obus, s'abattre dans la boue. Des mitrailleuses se dévoilent, les 37 des chars légers les prennent à partie et les musellent. Pendant ce temps, les fantassins se sont infiltrés et réduisent, une à une, les casemates établies dans les caves.

— Mon capitaine ? — La Fouchardière est revenu, essoufflé, une intense stupéfaction peinte sur le visage. — Mon capitaine ? Je n'ai pas trouvé le pont.

— Comment-ça, pas trouvé ?

— Ben, il n'y a pas de pont. D'ailleurs, ajoute-t-il avec l'air de réaliser une évidence, il ne peut pas y avoir de pont, nous sommes sur une colline !

Branet admet le fait et envoie son chauffeur à l'entrée du village pour en lire le nom.

— Ce patelin s'appelle Hablainville, mon capitaine.

Hablainville ! Branet reste partagé entre le dépit et le rire. Le dépit parce que involontairement, il a enfreint les ordres et que Leclerc n'aime pas qu'un officier ne sache pas lire une carte. Le rire parce que Hablainville était le point fort du dispositif allemand et que Leclerc l'avait réservé au sous-groupement Massu, qui devait l'attaquer dans la matinée.

Massu est là d'ailleurs, arrivant droit sur son objectif, avec sur le visage une expression qui n'est pas à l'aménité.

— Dégagez sur Pettonville, lance Branet.

Le détachement a du mal à se dépêtrer de l'embouteillage consécutif à la convergence des deux sous-groupements. Un embouteillage qui n'a pas échappé aux observateurs ennemis. Ils y concentrent le tir de leurs batteries. Branet est légèrement blessé. En allant se faire soigner, il rencontre Leclerc :

— Vous voyez, ce n'était pas plus difficile que ça ! Vous êtes blessé ? — Il sourit un peu. Je parie que vous n'aviez pas votre casque.

C'est tout. Leclerc est reparti. Il harcèle La Horie pour qu'il rattrape son retard et s'empare de Vaxainville. Partout ailleurs, les autres sous-groupements ont atteint leurs objectifs. Massu est à Reherrey, Cantarel, sur la droite, a pris Brouville et Merviller, où il stoppe pour laisser passer le sous-groupement Quilichini qui a pris Azerailles.

Azerailles n'a pas été occupé sans peine, et pour son premier combat, Quilichini, qui a remplacé Farret à la tête du Ier R.M.T. dans le groupement Dio, a eu affaire à forte partie.

A l'aube, un déserteur russe a traversé les lignes et les renseignements qu'il a donnés indiquent que le village est le second point fort ennemi. Des chars Mark IV et surtout ces diaboliques 88, embossés aux lisières, prennent la route en enfilade.

A peine le premier Ml de la reconnaissance s'est-il présenté sur la crête, qu'il est détruit, d'un coup au but.

— Bonnet, dit Quilichini, passez devant et allez voir.

Le lieutenant de vaisseau Bonnet commande l'escadron des tank-destroyers du G.T. « D ». Il lance le *Fantasque* en lui donnant des consignes précises :

— Pas de démonstrations suicidaires. Restez à défilement de tourelle.

Pour être certain d'être obéi, Bonnet embarque à bord du *Fantasque* où Denniel, le vétéran de la division — il a quarante-trois ans — se serre un peu pour lui faire de la place, aux commandes, Fleith, l'ancien pilote de Mark IV, fait prisonnier naguère à Stalingrad. Le *Fantasque* progresse lentement. Il arrive derrière le char détruit.

— Encore un peu, dit Denniel.

Le T.D. roule quelques mètres. Et puis, à l'avant, se produit un choc terrible, suivi d'une explosion sourde qui résonne comme un gong géant à l'intérieur de la caisse. Le 88 a encore frappé et, cette fois, immobilisé, le *Fantasque* n'a plus qu'à attendre le coup de grâce.

Dans un tel combat, le premier touché est généralement le premier détruit. Et pourtant le *Fantasque* a eu sa part de chance. L'obus l'a touché en plein sur le renforcement avant, seule partie sérieusement blindée.

Dans la tourelle, Guénéguan, le tireur, a reçu l'embout de la lunette dans l'œil. Il pleure, mais il continue à pointer. Et soudain, à l'intersection des fils, il voit, à les toucher, les servants qui approvisionnent le canon. Il appuie sur la détente. Une intense lueur d'un blanc éblouissant. Un amas de branchages qui se disperse, des hommes qui tombent ou s'enfuient. Le 88 a vécu. La route d'Azerailles est ouverte.

Elle est ouverte à temps pour que Rouvillois et son sous-groupement puissent manœuvrer et atteindre Baccarat. Sortant de la forêt un peu plus au nord, il a enlevé la crête qui domine Gélacourt, puis Gélacourt. Sautant par-dessus le bois d'Aulnay, il a trouvé le 88 exactement à l'endroit où il l'attendait. Ce matin en effet, une courageuse jeune fille, Marcelle Cuny, a rallié le P.C. de Dio apportant sur l'implantation ennemie des renseignements d'une exactitude stupéfiante. Elle a tenu à accompagner Rouvillois au cours de la progression de son sous-groupement.

— Pour entrer plus facilement dans Baccarat, indique-t-elle, vous devez éviter le quartier des casernes, Je connais un chemin qui contourne les défenses extérieures, précise-t-elle encore, je vous guiderai !

Un ordre rapide. Le sous-groupement s'organise pour cette dernière chevauchée. En tête, Krebs et son peloton. Il n'a pas été à pareille fête depuis sa cavalcade normande. Il déboule dans les rues désertes, prend les canons ennemis à revers. A midi, Baccarat est traversé de part en part. Krebs arrive à temps devant le pont. D'un coup au but il coupe en deux l'officier du génie ennemi qui s'apprêtait a mettre le feu aux charges de destruction.

Stupéfaite, la population croit assister à un miracle. Située au milieu d'un tourbillon guerrier, Baccarat a été conquis sans dommage pour la ville.

Le lendemain, Leclerc apporte la dernière touche à sa manœuvre. Il reste à prendre Vacqueville devant quoi La Horie est resté impuissant hier. La ville est en effet défendue par le lieutenant Sommer, de la Teufeldivision, célébrité de la Wehrmacht. Voici quelques jours, il a reçu des mains du Führer la Ritterkreuzträger, l'une des plus hautes distinctions accordées à un officier subalterne, et la cérémonie a fait, outre-Rhin, la une des journaux.

Le lieutenant Sommer a bien perdu de sa superbe, le 1er novembre à midi, quand il se retrouve, au milieu de ses hommes, plaqué au mur comme un vulgaire repris de justice par les Espagnols de Dronne qui lui font les poches.

Quant à la Teufeldivision, cette fameuse 21e Panzer, elle va encore perdre du terrain au-delà de la Verdurette, face aux coups conjugués des deux sous-groupements du G.T. « L » Massu à Mignéville, Minjonnet à Herbéviller enlèvent les défenses rapprochées et sèment une telle panique que Von Lück croit un instant que la *Vor-Vogesenstellung* est directement menacée. C'est la raison pour laquelle il obtient, en catastrophe, l'appui aérien d'une vingtaine de Messerschmitt, concentration d'avions jamais encore vue depuis le début de la campagne de France.

Lorsque les chasseurs bombardiers arrivent à pied d'œuvre, Massu et Minjonnet ont regagné leurs bases. Le menuet de Baccarat s'est clos sur cette ultime pirouette.

L'état-major allemand reste perplexe. Il n'a pas compris le sens de cette opération. Et il conclut à tort :

— Les Français ne savent pas exploiter une offensive.

Massu, qui l'apprend le 4 novembre, par un officier fait prisonnier la veille, éclate de rire :

— Je leur montrerai un jour que je sais « faire de l'exploitation ».

Le même jour, les officiers de la division sont conviés à sabler le champagne dans le salon d'honneur de la célèbre cristallerie de Baccarat.

— Je suis heureux et fier de vous recevoir, dit le directeur, avec onction. Et, pour vous témoigner la reconnaissance de la ville que vous avez libérée sans aucun dommage, permettez-moi de vous offrir la coupe dans laquelle vous venez de boire. Elles avaient été commandées par le maréchal Goering, à son chiffre. Vous aurez ainsi un souvenir tangible de Baccarat.

Il s'interrompt et reprend :

— Quant à votre général, ce n'est pas un cadeau, mais un trophée que je lui réserve.

Il s'approche et remet à Leclerc une splendide francisque en cristal, gravée des sept étoiles du maréchal Pétain. Leclerc remercie et lance un clin d'œil à Gribius.

Gribius esquisse un mince sourire. Tout à l'heure, le général lui a confié :

— Lorsque Pétain est venu à Baccarat en visite officielle voici quelques semaines, la cristallerie lui a remis une première francisque. Le Maréchal a voulu la mettre sur son épaule. Elle s'y est brisée, et le directeur lui avait promis de lui en fabriquer une seconde, longue de près d'un mètre. Je vous parie que c'est à moi qu'on va l'offrir...

Gribius sourit donc mais il perd une illusion de plus. Il comprend combien ses compatriotes sont opportunistes, prêts à honorer des dieux successifs et contradictoires, avec la même apparente sincérité. Tout subir pourvu qu'on garde sa place...

— Allons, lui chuchote Leclerc, c'est sans importance. De Gaulle fera changer tout cela, et, plus tard, quand cette guerre sera finie, notre division sera le levain de la pâte.

24

BADONVILLER

10-13 novembre 1944.

La jeep freine devant le P.C. de la division. Le capitaine Gribius en descend, son imperméable luisant de pluie sous le casque lavé. Il enjambe quelques flaques d'eau, grimpe rapidement les marches du perron. Girard, l'aide de camp, l'interroge du menton, sourcils levés. Gribius secoue la tête avec une moue de dénégation.

— Le général Haislip m'a fait répondre qu'il était malade. Une grippe.

— Diplomatique, ajoute Girard, sceptique. En réalité, Haislip ne veut pas avoir à nous dire « non » ?

— Je connais suffisamment les Américains pour savoir qu'ils ne s'encombrent pas de scrupules pour donner leur avis. Si la décision était irrévocable, Haislip nous l'aurait dit. Au besoin avec une rudesse de soldat.

Depuis le 1er novembre, la division, éparpillée dans le secteur conquis, tient les villages autour de Baccarat. Sous la pluie et les obus. Baccarat n'a été qu'un bref intermède dans la grisaille de l'attente. En face, la *Vor-Vogesenstellung* se renforce de jour en jour et il devient manifeste que les Allemands se préparent à y passer l'hiver. Cinquante mille Alsaciens, requis de force à Strasbourg et dans la région, travaillent à établir un réseau serré de tranchées, reliant des points forts, Sainte-Pôle, Ancerviller, Blâmont.

Deux divisions d'infanterie de la Wehrmacht y stationnent, la 553e entre Blâmont et Réchicourt-le-Château, la 708e en avant de Badonviller. Cette dernière division est la plus solide. Elle est composée, en partie, d'unités de Gebirgsjägers, des chasseurs de montagne ramenés de Norvège. Des soldats aguerris, qui ne craignent ni le froid, ni l'escalade. La troupe idéale pour mener un combat retardateur dans les Vosges.

Face à ces deux divisions, le XVe corps américain du général Haislip, comprenant deux divisions d'infanterie U.S., la 44e et la 79e, vieille connaissance de la 2e D.B.

Une D.B. qui, selon les plans actuels, n'a pas sa place dans la prochaine offensive. Le terrain, inondé en plaine, accidenté en forêt, ne se prêtant pas à une manœuvre de chars, la parole sera donnée, en premier lieu, à l'infanterie.

Leclerc, qui veut bien admettre le raisonnement de ses supérieurs, est, en revanche, impatient de connaître ses plans futurs. Il sait, pour l'avoir entendu dire à plusieurs reprises et notamment avant la prise de Paris, que l'idée stratégique du S.H.A.E.F. vise à atteindre au plus près la frontière allemande ; c'est-à-dire que la direction générale de la prochaine offensive va s'infléchir vers le nord-est, en direction de Sarrebrück, Sarreguemines, Bitche. Une centaine de kilomètres seulement.

Or Leclerc et la majorité de ses anciens du Tchad ont en tête et au cœur le serment qu'ils firent, trois ans plus tôt à Koufra :

« Jurons de ne déposer les armes que lorsque nos couleurs, nos belles couleurs, flotteront à nouveau sur Strasbourg. »

Mais Strasbourg — comme Paris naguère — n'est pas inclus dans le plan allié. La libération de la capitale de l'Alsace imposerait un détour jugé trop important par rapport à l'axe d'effort principal. Les Américains ne sont pas des sentimentaux. Ils ne voient pas pourquoi ils tiendraient la promesse faite par un petit général français. Strasbourg attendra.

C'est compter sans l'opiniâtreté, la persévérance du « petit » général français.

— Alors, Gribius ? Que dit le général Haislip ?

— Il a la grippe, mon général.

Leclerc se renfrogne. Gribius essaie de se montrer optimiste :

— Le climat de Lorraine n'est pas incompatible avec une grippe, mon général. Disons que cela fait gagner du temps. Je pense, moi, que le général Haislip est d'accord pour nous laisser foncer sur Strasbourg, mais il attend le feu vert de ses supérieurs.

— Acceptons-en l'augure.

Il n'y a rien d'autre à faire que d'attendre.

A l'image de son chef, la D.B. ronge son frein. Tout le monde s'ennuie, même les vaguemestres se plaignent :

— Le courrier du cœur des « marraines » parisiennes commence à se tarir. Vivement de nouvelles conquêtes.

Tout comme les Anglaises au mois d'août, les Normandes en septembre, les Parisiennes, à leur tour, se montrent volages et oublieuses.

Le 11 novembre passe, la fête nationale escamotée dans des corvées diverses, patrouilles, escarmouches, entretien des armes.

— Mon général, le général Haislip m'a prié de vous dire qu'il vous attend à son P.C.

Le regard bleu s'éclaire. Leclerc bondit dans sa jeep, embarquant avec lui ses chefs des 2e et 3e bureaux, Repiton-Préneuf et Gribius. Leur consigne, se taire et écouter en prenant des notes.

Chez Haislip, Leclerc est introduit aussitôt. Il n'est plus question de grippe, d'ailleurs, le teint fleuri et le sourire jovial de l'Américain découragent toute question à ce sujet. Brusquement, il entre dans le vif de la discussion :

— J'attendais, pour vous parler, d'être en mesure de vous annoncer une bonne nouvelle. Je viens d'en recevoir confirmation. L'objectif de la VIIe armée reste la frontière, et l'effort principal se produira toujours dans la région de Sarrebourg. Mais notre zone de manœuvre déborde maintenant vers le sud, avec Strasbourg comme objectif secondaire. Si l'occasion se présente, vous pourrez donc *éventuellement* tenter quelque chose dans cette direction.

Leclerc n'a pas retenu l'adverbe. Seul le nom de Strasbourg a retenti à ses oreilles. Rayonnant, il se tourne vers ses deux adjoints, eux aussi gonflés d'espoir. Haislip poursuit :

— Le début de l'offensive est fixé pour après-demain, 13 novembre. Nos deux divisions d'infanterie, la 44e à gauche, la 79e à droite, vont remonter vers le nord-est.

Sa main désigne la carte, montrant une sorte de couloir, à cheval sur la *Vor-Vogesenstellung*, large d'une vingtaine de kilomètres.

— Votre mission va consister, dans un premier temps, à appuyer de vos feux la progression de la 79e D.I. Dès que la situation et le terrain le permettront, vous déboîterez sur la droite du dispositif, pour une exploitation en direction de la plaine d'Alsace.

« Etes-vous content ?

Leclerc est content. D'autant plus que la mission reçue correspond exactement au plan qu'il a imaginé et qu'il ne cesse d'élaborer. La seule ombre au tableau, c'est qu'il va lui falloir encore attendre que la 79e D.I.U.S. ait pratiqué une percée suffisante pour lui permettre ce débordement par les ailes. Mais on voit mal comment faire autrement, le système allemand étant particulièrement dense et organisé dans la zone à travers laquelle va se développer l'offensive.

De retour à son P.C., Leclerc convoque ses commandants de groupements tactiques ainsi que les chefs des sous-groupements, pour un briefing général dans le salon d'exposition de la Cristallerie.

La conférence plénière se déroule le 12 novembre. Chaque G.T., chaque sous-groupement reçoit une mission claire, précise. Exaltante. Comme voici quelques semaines, avant Paris, sa définition tient en quatre mots : s'emparer de Strasbourg.

— La division sera engagée en plusieurs fois. Dès que la 79e D.I. aura crevé le dispositif allemand, le G.T. « V » poursuivra l'exploitation de façon à dégager les bases de départ et s'effacera pour permettre au G.T. « D » et au G.T. « L » de procéder à l'exploitation de la brèche.

Dio reçoit en partage l'itinéraire nord, celui qui passe par la trouée de Sarrebourg-Phalsbourg-Saverne, passage obligé entre les Vosges et la région de la Petite-Pierre. C'est la mission la plus difficile, car les Allemands y ont concentré un maximum de moyens et barrent sûrement ce couloir, véritable passage obligé, par une série d'obstacles qu'il faudra enlever de vive force.

Langlade, et principalement Massu sont chargés du franchissement des Vosges par la route du Dabo. Une route acrobatique, théoriquement impraticable aux chars, et sur laquelle, peut-être, les Allemands ont fait l'impasse.

C'est un coup de poker, songe Massu. « Si les Boches y ont pensé, nous allons nous casser les dents. »

Il connaît le terrain ; une piste accrochée à la pente, d'un côté la forêt escarpée, de l'autre, le ravin. Il suffit de quelques barrages minés et défendus pour qu'il soit impossible de passer, avec, en plus, le risque d'être facilement contré par des antichars ou même de simples snipers.

Ces considérations ne sont pas faites pour arrêter Massu. Il ne rêve pas, mais il réfléchit au moyen le meilleur pour remplir sa mission. Pour cela, tout comme Rouvillois et Quilichini, du G.T. « D », Massu dispose de quelque délai qu'il met à profit pour récupérer au P.C. de la division un officier qui connaît particulièrement bien l'itinéraire du Dabo. Le lieutenant Riff, avocat à Strasbourg, réfugié en Tunisie au début de 1941, a rallié la 2e D.B. à Sabratha. Jeune étudiant, il a, autrefois, parcouru à bicyclette toutes les routes de la région. Il va s'avérer un guide précieux.

Comme prévu, l'offensive américaine démarre le 13 novembre. Ce matin-là, le ciel est entièrement dégagé. Le vent est tombé, la température aussi. Il a neigé pendant la nuit sur un sol qui a gelé en quelques heures. Le terrain, hier encore praticable uniquement par l'infanterie, redevient acceptable pour les chars. Leclerc y voit un signe discret de sa chance.

— L'heure de notre démarrage doit être décidée avec la plus grande exactitude. Si nous partons trop tôt, nous risquons de ne pas pouvoir déboucher. Si nous démarrons trop tard, tout l'effet de surprise échouera.

C'est la raison pour laquelle il a détaché auprès des Américains quelques officiers chargés de le renseigner par radio de toute évolution de la situation.

Malheureusement, la 79e division d'infanterie ne débouche pas aussi vite que prévu. Le 13, elle ne parvient à conquérir qu'une mince bande de terrain au-delà de Sainte-Pôle. Le lendemain, 14 novembre, elle progresse d'un petit kilomètre et bute sur Ancerviller. Ses pertes sont élevées, dues principalement aux mines et à l'artillerie de la *Vor-Vogesenstellung* devant laquelle elle défile, à découvert.

Quarante-huit heures de perdues. Leclerc bout d'impatience.

Le 14 au soir, il reprend contact avec Haislip :

— Pour soulager la pression subie par la 79e division, je suggère d'envoyer un élément « faire du volume » sur ses flancs. Cela détournera l'attention des Allemands et votre progression en sera facilitée.

Haislip donne son accord. Il a tout à y gagner, sans pour autant prendre le moindre risque de voir la 2e D.B. s'échapper vers la plaine d'Alsace.

Revenu à son P.C., Leclerc n'hésite pas longtemps. Ainsi qu'il l'a fait devant Paris en choisissant Dronne pour foncer en avant-garde de la division, il sait déjà les officiers qu'il va désigner pour cette mission. La Horie et Morel-Deville. Le premier, son camarade de promotion, a déjà montré son sens de la manœuvre et son esprit de décision. Le second, adjoint au commandant du régiment de spahis, est un cavalier de reconnaissance, spécialisé dans les chevauchées légères en avant des éléments lourds.

— Infiltrez-vous au sud du dispositif américain, dit Leclerc à Morel-Deville. Essayez de découvrir la faille de la défense ennemie. Semez-y l'insécurité, accaparez son attention sans vous laisser accrocher.

Morel-Deville a compris. Le 15 au matin, ses éléments légers, deux escadrons de spahis, quelques chars du 501 et une batterie d'artillerie à six tubes commencent leur manœuvre. Il atteint Halloville, puis, brusquement, se rabat vers le sud-est et enlève Nonhigny, à la barbe de quelques Allemands, médusés, persuadés que l'attaque se produirait par l'ouest.

Le lendemain, 16 novembre, il repart, fonce sur Parux où les Allemands l'attendent, mais, au dernier moment, une volte-face l'amène à Montreux où son avant-garde pénètre, sans tirer un coup de feu. Son intrusion est si soudaine que le lieutenant Kochanovsky entre dans le P.C. ennemi au moment où le téléphone sonne. Le curé de Domèvre, qui s'est proposé comme guide et escadronne depuis la veille avec l'avant-garde, décroche le combiné, écoute, et masque le micro de sa main :

— C'est le commandant du point d'appui de Parux, explique-t-il à Kochanovsky : il informe son collègue que Montreux va recevoir la visite des spahis !

Imperturbable, le curé répond, puis, se prenant au jeu, se lance dans une improvisation sur les attaques menées par les chars dans des directions fantaisistes.

— Ils ne vont plus rien y comprendre, le mystère de notre chevauchée va s'épaissir encore plus...

Trois jours encore, Morel-Deville va « faire du volume » à l'aile droite de la 79e division. Son carrousel l'amène, le 17, devant Neuviller, et, comme la veille, au moment où l'ennemi se prépare à résister, il a disparu et pénètre dans Parux.

Le même jour, Leclerc lâche La Horie :

— Objectif, Badonviller.

A la tombée de la nuit, le détachement se met en route. Son avant-garde ne comprend qu'un peloton de chars légers aux ordres du lieutenant Davreux, une section de Shermans et quelques half-tracks d'infanterie. En deuxième échelon, Branet suit, avec la totalité de sa compagnie et les fantassins de la 10 du IIIe R.M.T.

Badonviller ne se trouve qu'à cinq kilomètres à peine à l'est de Sainte-Pôle, base de départ, mais cinq kilomètres garnis d'antichars et de défenses solides. C'est l'un des points forts de la ligne intermédiaire entre la *Vor-Vogesenstellung* et les Vosges. Comme l'a dit La Horie à Branet : c'est le verrou blindé du système ennemi.

Dans la nuit du 16 au 17 novembre, l'avant-garde pousse à Saint-Maurice où l'infanterie réduit quelques défenses et muselle deux canons de 75 PAK qui surveillaient la route principale. A l'aube, La Horie repart. En tête, le char *Uskiib* mené par Dubouch.

La progression est aussi rapide que possible, sur un axe rectiligne, accroché à flanc de colline, sans autre possibilité de manœuvre. Les Allemands ont bien choisi leur position, elle ne peut pas être contournée. Il faut s'y présenter de face, dans l'axe des 88 qui battent la ligne droite, sans espoir de défilement.

Dubouch émerge du dernier virage. A quinze cents mètres en avant, il aperçoit la barricade dressée à l'entrée de la ville, et imagine déjà la gueule menaçante des canons ennemis. Le Sherman *Uskiib* roule encore quelques mètres tandis que le pointeur cale son œil sur sa lunette de visée.

— Paré, dit-il.

— Feu, répond Dubouch au même instant.

Le 75 a craché, dans la même seconde.

— Dans le mille, jubile Dubouch qui ajoute, hurlant dans son micro : avance, fonce !

Le pilote écrase la pédale d'accélération et le Sherman s'arrache à l'asphalte pour bondir, à cinquante kilomètres à l'heure, droit sur la barricade ennemie dont on n'aperçoit plus que des débris et, dérisoire, comme un gros jouet cassé, le canon antichar qui pointe vers le ciel, le tube éclaté.

Trois minutes plus tard, *Uskiib* est devant le passage à niveau. Derrière lui, La Horie, ses chars et ses fantassins s'engouffrent dans Badonviller et se portent aux lisières opposées.

— Branet, lance La Horie, rappliquez ici en vitesse. Je suis dans Badonviller. Le verrou a sauté en trois minutes !

Badonviller est traversé, comme par un coup de lance, mais, aux lisières, les Allemands sont toujours là, face à l'extérieur, attendant l'attaque de pied ferme. Ils ignorent que les Français sont au cœur de la place.

Branet arrive à fond de train et les fantassins de la 10e compagnie du Tchad commencent le nettoyage. Surpris par-derrière, les Allemands n'ont plus qu'à se rendre. Ils avaient tout prévu, sauf une attaque menée depuis l'intérieur de la ville. En moins d'une heure, La Horie a capturé plus de trois cents prisonniers. Le bataillon de chasseurs de montagne est rayé du dispositif. Sur le point d'être capturé, son colonel s'est tiré une balle dans la tête.

Prévenu de ce succès, Leclerc exulte. L'exploit de La Horie bouleverse tous les pronostics et offre une chance fantastique à la division de franchir dans des délais inespérés la distance qui la sépare de ses bases de départ en vue de la ruée vers la plaine d'Alsace. D'autant plus facilement qu'à partir de Badonviller, l'itinéraire qui remonte vers Cirey-sur-Vezouze va s'avérer vierge de mines. Le 18 novembre au matin, l'avant-garde de la D.B. se trouve à la même hauteur que la 79e D.I.U.S. qui a démarré avec trois jours d'avance.

La prise de Badonviller a également fait avorter dans l'œuf la contre-attaque que se préparaient à lancer les Allemands sur les flancs américains. Le même matin en effet, la 708e division de la Werhmacht devait prendre position à Celles-sur-Plaine et déboucher, par La Chapelotte et Badonviller. La Horie lui a coupé l'herbe sous le pied en la privant de sa base de départ. La 708e division n'a plus qu'à battre en retraite. Elle va refluer sur le col du Donon, en deux éléments qui vont perdre toute cohésion dans les jours qui suivent.

Leclerc arrive sur place le 18 au matin. Sur la route, il croise une jeep qui roule à tombeau ouvert, transportant une forme allongée, roulée dans une couverture. C'est le colonel de La Horie. Il vient d'être tué à son P.C. d'un éclat d'obus en plein cœur.

25

DABO

18-21 novembre 1944.

— Cirey-sur-Vezouze est pris ! Et les ponts sont intacts !

Exploitant le succès de La Horie à Badonviller, le colonel de Guillebon a poussé son G.T. « V » par tous les itinéraires possibles vers la ville à partir de laquelle la percée sur la plaine d'Alsace va devenir possible.

Une course effrénée s'est ouverte, sorte de compétition où tout se passait comme si l'honneur des sous-groupements était en jeu. Les résistances, sévères au début, se sont atténuées aux abords de Cirey même. Au soir du 18 novembre, Morel-Deville et ses spahis s'installaient pour la nuit aux lisières, sérieusement tenues.

Guillebon est arrivé, à huit heures.

— Qu'attendez-vous ? Foncez !

Tandis que son propre sous-groupement attaquait par l'ouest, Morel-Deville repartait, ses spahis à pied, s'infiltrant dans les défenses ennemies. C'était l'heure sacro-sainte de la soupe et les Allemands se sont trouvés surpris et désarmés avant même d'avoir pu réagir. D'autant plus furieux que certains spahis leur ont soufflé le souper sous le nez.

Un jeune officier a protesté, puis a ajouté, en conclusion, comme si c'était le comble de la malséance :

— Il ne vous reste plus qu'à me fusiller tout de suite !

Kochanovsky a haussé les épaules :

— Finissez donc de dîner.

— Et arrêtez de dire des conneries, a lancé le brigadier Lhéritier.

Aussitôt la nouvelle de la prise de Cirey-sur-Vezouze, Leclerc a convoqué ses chefs de sous-groupement :

— Dès demain matin, à l'aube, vous démarrez sur Strasbourg.

Dans son bureau trône un plan en relief du massif vosgien qu'il a fait venir de Paris et sur lequel, depuis deux semaines, il a tracé le profil de sa manœuvre.

Quatre itinéraires y sont marqués. Les deux premiers abordent la trouée de Phalsbourg, puis se séparent, l'un d'eux effectuant une large boucle par le nord et les villages d'Oberstinzel et Schalbach pour contourner Saverne, tandis que l'autre utilise la voie classique de la nationale Paris-Strasbourg :

— Il est important que les Allemands, qui nous attendent là, croient que nous donnons dans le panneau.

« Dio, vous êtes chargé de ces deux axes avec Rouvillois à gauche, Quilichini à droite.

« Langlade, je compte sur vous pour franchir les Vosges. Vous devez impérativement utiliser l'axe Bertrambois, Niderhoff, Lafrimbolle, Saint-Quirin puis Voyer et Trois-Fontaines. Au carrefour de Rehthal, et selon les résistances rencontrées, ou bien vous vous rabattez vers le nord en direction de Saverne par Arzviller et Lutzelbourg. Ou bien, et c'est sur cet axe que devra porter votre effort, vous passez par Dabo. De là, vous tomberez sur Wasselonne ou Marmoutier. Guillebon sera immédiatement derrière vous.

Il se retourne face à ses officiers et, l'œil pétillant, il martèle ses dernières consignes :

— Ne vous laissez arrêter par aucun obstacle. Le succès, une fois encore, va dépendre de votre rapidité.

Il accroche le regard de Massu :

— A vous de jouer, Massu. Foncez comme des brutes !

Massu approuve. Lui, le fantassin, vient de recevoir une mission de cavalerie. Comme un Murat à l'instant de la charge, il a organisé son dispositif au détail près, sachant qu'il lui sera impossible de le changer une fois parti.

Quand il regagne son P.C. de sous-groupement, installé dans la nuit à Cirey-sur-Vezouze, il n'a plus qu'à confirmer les ordres donnés quatre jours plus tôt :

— Sorret, en tête avec la section de reconnaissance. La 5e compagnie, sur les chars de Vandières [1]. C'est vous qui crèverez l'obstacle. La 6 en réserve de manœuvre.

« Derrière, les spahis de Rouxel, l'artillerie de Ramières et les T.D. de Durville.

« Bien vu ? Le général nous demande de foncer comme des brutes ! — Il sourit et conclut : — Nous allons montrer que nous savons « faire de l'exploitation » !

---

1. Pour endormir la méfiance des Allemands, la D.B. avait envoyé près d'un tiers des effectifs en permission. Le lieutenant de Vandières remplace ainsi le lieutenant Coupé, le lieutenant Renaud remplace le capitaine Langlois à la 6, le capitaine de Castellane le capitaine Dronne à la *Nueve*.

Les officiers se dispersent dans la nuit. Aucun n'a émis la moindre réserve sur l'itinéraire qu'on leur demande d'utiliser, cette fameuse piste forestière de Dabo sur laquelle, en plus des risques normaux d'une progression de combat, s'ajoute la difficulté naturelle de la route.

Toute la nuit, les équipages se préparent, tendant parfois l'oreille vers l'est où règne une fantastique activité. Les Allemands ont définitivement lâché la *Vor-Vogesenstellung*, percée et contournée de tous côtés, pour se replier sur la ligne de défense principale, la *Vor-Vogesenstellung* et ses points forts, Schirmeck, le col du Donon et, tout au nord, la trouée de Phalsbourg-Saverne.

Au sud des Vosges, ils ont rasé Saint-Dié et Gérardmer pour empêcher que ces villes ne servent de cantonnement aux troupes alliées. Ils veulent mettre l'hiver de leur côté.

L'aube se lève, sur un paysage sibérien. Tout est blanc sous un ciel d'un bleu tendre. L'air est vif et, près des voitures, les équipages battent la semelle en exhalant de longs panaches de vapeur dense.

A huit heures, le départ est donné. Il débute sur un embouteillage monstre, tous sous-groupements entremêlés. Les jeeps de Sorret, immédiatement suivies de l'élément léger de commandement, s'en extirpent difficilement. Il faut en effet se dégager des automitrailleuses du G.T. « V » embossées aux sorties de Cirey, avant d'aborder l'axe de marche.

— Tiens, observe un vieux sous-officier du Tchad, le patron a lâché Massu. Ça va chauffer...

Dès que la voie est libre, le sous-groupement Massu file plein est, vers Lafrimbolle, tandis que Minjonnet, sur sa gauche, fonce vers Niderhoff et les ponts de la Sarre Blanche.

Il est onze heures du matin.

Massu dépasse en trombe les éléments de Guillebon qui doivent lui emboîter le pas. Une demi-heure plus tard, d'un geste ironique, Sorret salue le poteau frontière qui, dans l'esprit des dirigeants du Reich, séparait la France du Grossdeutschland.

— Si Hitler voyait ça, il en ferait une jaunisse !

Lafrimbolle est franchie. Au-delà, par une large courbe s'infléchissant sur la gauche, la route plonge vers la vallée de la Sarre Blanche.

Sorret freine brusquement et, par gestes, lance ses hommes en protection dans les fossés. Massu fait arrêter sa jeep. Il entend alors le fracas des armes qui se déchaînent, quelques centaines de mètres en avant.

D'un seul bond, les fantassins de la 5, grimpés sur les Shermans du 2e escadron, sautent à terre et se regroupent en courant. Rogier arrive à la hauteur de Sorret et de Massu.

— Venez, on va voir.

Les trois officiers remontent la colonne. Ils arrivent à la hauteur des automitrailleuses des spahis, stoppées au détour du virage et qui répliquent rageusement à des tirs de mitrailleuse qui partent de leur gauche, à flanc de la montagne boisée. Un homme émerge entre deux blindés et s'avance vers eux. Dédaigneux du casque d'acier, il ne porte, pour toute coiffure, que son calot rouge de spahi. A ce détail, Massu reconnaît Morel-Deville.

— Nous nous sommes cognés à un gros morceau, dit ce dernier. A coup sûr, c'est la *Vor-Vogesenstellung !* Ça fait deux heures qu'on tiraille, mais ils sont sacrément bien retranchés dans les bois...

— Et sur la route ?

Morel-Deville lève une main explicite :

— Un barrage, haut comme ça, quatre mètres au moins. Des arbres en travers soutenus par des arbres verticaux. Avec des mines, en prime... Difficile d'aller voir, on se fait allumer de partout.

Massu hoche la tête. Des rafales passent, au ras des branches. Certaines percutent le bois avec un son mou. Des graviers ricochent en zonzonnant comme des mouches énervées.

— Avez-vous des éléments dans les bois ?

— Oui, répond Morel-Deville. Avec des blessés.

— Bon. Rameutez tout votre monde et libérez le passage. Je prends l'affaire à mon compte.

Il n'a pas fallu longtemps à Massu pour jauger la situation et décider des mesures à prendre. Morel-Deville est trop « léger » pour forcer le passage, avec quelques équipages de half-tracks et automitrailleuses précipitamment mis à terre. Il va falloir cogner, et fort.

— Rogier, faites déborder la 5 par la gauche et essayez de tourner la défense. Eggenspiller vous appuiera de tous ses feux avec la C.A.

Rogier fait demi-tour et, du bras, rameute ses sections. La 2e, du lieutenant Postaire, s'élance en tête. Elle encaisse le premier choc. Les Allemands occupent des positions dominantes bien organisées avec des redoutes cachées sous les arbres, qui ne se dévoilent qu'au dernier moment. Les blessés sont tout de suite très nombreux. Le groupe de tête du sergent Hanoun est cloué au sol. Hanoun est tué, trois de ses hommes gisent près de lui. En leur portant secours, le médecin-lieutenant Touati est atteint à son tour.

La 5e compagnie n'a pas fait cent mètres qu'elle est définitivement stoppée. Rogier a été touché, mais il refuse de se laisser évacuer :

— C'est pas le moment. J'ai autre chose à faire !

Les Shermans du 2e escadron s'embossent au ras des talus, aussitôt pris à partie par des antichars.

— Restez où vous êtes, leur dit Massu : tant que le barrage n'a pas été détruit, vous serez stoppés et vous vous ferez tirer comme des cibles de foire.

Le barrage ! Vu de la route, il est impressionnant. Et les Allemands le croient sans doute infranchissable, d'autant plus qu'il est précédé d'un large fossé antichar qui coupe la route dans toute sa largeur sur une profondeur de quatre mètres.

— Du travail en perspective, observe le lieutenant Chollet, le commandant de la section de génie d'assaut. Il nous faudra au moins trois heures, à condition que l'obstacle ne soit pas miné. Sinon...

— Sinon, il vous faudra trois heures, tranche Massu.

Pour l'instant, toute supputation relève de la prospective. Le barrage est hors de portée, à cinq cents mètres des premiers véhicules du sous-groupement. Le no man's land est jonché de débris divers, éclats d'arbres, gravats, plaques d'asphalte, blocs de pierre.

Au-dessus, la 6ᵉ compagnie tiraille toujours pour conserver, au minimum, le terrain conquis.

Mais, à la nuit, en dépit d'une action de diversion de la 1ʳᵉ section du lieutenant Renaud, pour l'instant commandée par Paizée, elle n'a pas progressé d'un mètre. La liste des tués s'allonge. Celle des blessés aussi. Le capitaine Lucien, commandant l'escadron de spahis du sous-groupement et que Massu avait pris comme officier adjoint, est touché par un sniper, en plein milieu de la route, au moment où il essayait de s'approcher du barrage.

— Repliez-vous, ordonne Massu.

Malgré son dépit d'être resté bloqué tout un après-midi sur l'axe de son « déboulé », il n'est pas homme à s'obstiner dans une affaire mal engagée.

— Demain matin, nous reprendrons tout de zéro, décide-t-il.

Son amertume n'est tempérée que par la certitude qu'il réussira. D'ailleurs, à sa gauche, le sous-groupement Minjonnet s'est également heurté toute la journée, sur la route de Niderhoff, à un barrage similaire défendu tout aussi âprement par des Gebirgsjägers d'une agressivité comparable. Minjonnet a de nombreux tués, beaucoup de blessés parmi lesquels le lieutenant Paris, le « colonel » F.F.I.

La route du Dabo est loin d'être ouverte.

A l'aube, Ramières, l'artilleur, a fait avancer ses automoteurs au plus près de la résistance allemande qu'il traite avec tous ses moyens, explosifs et fusants. La forêt ressemble bientôt à un coin d'enfer. Aux lueurs jaunes des explosions s'ajoutent bientôt les flammes rouges des incendies. Le bruit est terrifiant. L'éclatement clair des fusants, crépitant au travers du feuillage des sapins, le choc sourd des explosifs qui déracinent les arbres et démantèlent les rondins des blockhaus, les cris de rage des fantassins, les appels des blessés, tout cela fait une symphonie tragique et grandiose à la fois. Les petits canons de la compagnie d'Eggenspiller aboient en clair, ponctués des traînées des rafales des mitrailleuses lourdes de l'aspirant Roche et des gongs des mortiers de l'adjudant Quilichini.

Accroupies dans les fossés, à droite la 5ᵉ compagnie de Rogier, à gauche, la 6ᵉ de Renaud. Parées à l'assaut. Les fantassins ont ce visage tendu des hommes résolus à forcer le destin.

Massu regarde sa montre. Il est sept heures.

— Allez-y.

Silencieux, les fantassins du Tchad se glissent sous la futaie, gestes précis, démarche souple. Peu ou pas d'ordres, chacun connaît sa place, son travail. La manœuvre s'exécute comme un ballet bien réglé, chaque groupe protégeant son voisin dans les passages délicats, bientôt relayé par le suivant. Les hommes bondissent, s'aplatissent, enjambent des abattis, se coulent dans les layons, défilant sous les buissons. L'arme est à la hanche, prête à la riposte.

Et puis, soudain, un silence, si subit qu'il ressemble à une absence. L'artillerie, les appuis se sont tus, à la seconde où ils devaient le faire.

Les Allemands mettent quelques secondes à comprendre que leur enfer vient de se terminer. Mais ces secondes elles-mêmes étaient de trop. A peine relèvent-ils la tête, qu'ils sombrent dans un autre enfer ; tirés à bout portant par des diables déchaînés qui jaillissent sous leur nez, mitraillettes crachant le feu et la mort.

Renaud est fier d'avoir sa 6e compagnie à sa main. Les hommes qui la composent sont de vieux briscards venus d'Afrique, colons mobilisés sur place en 39 et ralliés parmi les premiers à la France libre. Ils ont combattu partout, du désert au Tchad aux vergers de Normandie, des rues de Paris à la boue de Lorraine. Ils culbutent les Gebirgsjägers démoralisés par un pareil assaut, et franchissent le rideau des défenses de la forêt. Un dernier bond les amène sur les ponts de la Sarre Blanche, au fond du ravin. Leur apparition est si soudaine que les sapeurs allemands sont capturés au gîte, la main encore posée sur le téléphone de campagne. L'ordre n'arrivera pas.

Rogier s'est rabattu sur la route et coiffe le barrage, surprenant les mineurs chargés de le défendre au corps à corps. La charge passe. Il y aura peu de prisonniers.

Chollet et ses sapeurs arrivent aussitôt et abordent l'obstacle avec prudence. La logique veut qu'il soit diaboliquement miné, discipline dans laquelle les Allemands sont passés maîtres.

Un homme surgit d'un petit chemin. Un civil.

— Je suis le fermier d'à côté, dit-il à Chollet. Hier matin, j'ai surpris une conversation entre deux officiers de Gebirgsjägers. Ils regrettaient que l'on n'ait pas eu le temps de miner le barrage...

Chollet n'attend pas la fin de la phrase. Il lance ses hommes sur les abattis, distribue les missions. Dix minutes plus tard, dans un embrasement de fin du monde, le barrage saute en l'air, projetant des troncs dans toutes les directions.

— Vous n'avez pas lésiné sur le T.N.T., lui dit le capitaine de Vandières, accouru avec ses Shermans pour achever d'enlever les derniers troncs d'arbres qui serviront à combler le fossé antichar.

La route est libre. Il est huit heures du matin. Massu a gagné la première manche.

Ce matin, le capitaine Gribius avait assisté au début de l'engagement, puis il était reparti vers Cirey-sur-Vezouze, rendre compte au général Leclerc des difficultés rencontrées par Massu.

— Je connais ses ennuis, a répondu Leclerc : mais allez lui dire qu'il doit continuer. Sans lui, rien n'est joué. Il faut qu'il passe, coûte que coûte.

Gribius était reparti, sans attendre. Vingt minutes plus tard, il est sur place, un peu surpris par le silence qui s'est abattu sur la vallée. Moins d'une heure plus tôt, elle résonnait encore du fracas des furieux combats qui s'y livraient. Il s'approche, avance jusqu'à ce qui, tout à l'heure encore, était un obstacle d'une taille exceptionnelle. Il n'y a plus rien. Gribius a l'impression qu'un souffle gigantesque a balayé cette portion de la vallée. Les arbres d'alentour sont roussis, ébouriffés comme par un peigne géant. Le barrage est pulvérisé, et les troncs qui le composaient sont hachés, noircis, projetés sur des centaines de mètres de part et d'autre. Le fossé antichar lui-même ressemble à un chaudron de sorcière dans lequel on aurait à la hâte entassé des arbres entiers qui portent, profondes meurtrissures, les écorchures des centaines de chenilles qui les ont piétinés.

Cette dévastation donne une idée saisissante de la puissance et de la rage de vaincre qui animait les acteurs. De Massu et de son sous-groupement, plus de traces. Seulement trois ou quatre sapeurs qui, à la tronçonneuse, achèvent de dégager la route.

— Où sont-ils ? demande Gribius.

— Partis. — Les mains se tendent vers l'est. — Ils sont par là-bas...

Gribius s'en va à son tour, à la poursuite de Massu. Sa première vision est un cadavre allemand. Ecrasé, laminé par la colonne, ce n'est plus qu'une pauvre dépouille aplatie qui se confond déjà avec la boue du chemin. Seul, le visage a été épargné et ce n'est pas le moins atroce.

Massu est loin en effet. Dès qu'il a estimé pouvoir passer, il s'est engouffré dans la brèche et a relancé ses hommes en avant, Sorret avec les jeeps de la reconnaissance, toujours en tête, suivi des Shermans de Vandières transportant en grappes les fantassins de Rogier.

Le reste du convoi suit. S'il y a encore des Allemands dans les bois, ils n'ont qu'une seule ressource, regarder défiler cette colonne de forcenés qui déroule ses camions sans prendre la peine de ralentir aux passages dangereux. Au pont de la Sarre Blanche, encore sous le feu de l'artillerie allemande, les chars sont passés, entre les salves, sous le nez de quelques snipers, pris de vitesse.

Plus loin, des abattis coupent la route, mais les défenseurs n'ont pas encore eu le temps de s'y organiser et tentent de rallier par les bois. Les mitrailleuses de 50 de Sorret les découragent, tandis que les Shermans manœuvrent rapidement. Un filin d'acier accroché à l'avant sert à agripper les troncs d'arbres. Une marche arrière, la voie est dégagée. Les pilotes n'ont pas mis longtemps à assimiler le coup de main.

— En avant, lance Sorret, la voie est libre !

Il semble à Massu qu'il est aspiré par le vide ennemi. Avec allégresse, il lance un message qui restera fameux et trahit sa jubilation.

— Maintenant, dit-il, maintenant, je fais de l'exploitation !

De l'exploitation en effet. Plus question de s'arrêter cette fois. Leclerc lui a lâché la bride sur le cou. La section Sorret ouvre la marche, repoussant dans les bois, à grands coups de mitrailleuse les inconscients qui tentent de lui barrer le passage. Çà et là, quelques abattis, des amorces de barricades, pas défendues. Un slalom, les jeeps passent. Derrière, les Shermans basculent les troncs dans le ravin. Là encore, les pilotes ont acquis le savoir-faire. Le pilote longe l'obstacle, puis, brusquement, il bloque la chenille gauche. Le char dérape et, d'un coup de queue, expédie l'obstacle hors du chemin.

Le sous-groupement fonce, comme jamais encore. En une heure, il a franchi vingt kilomètres d'une route en lacet, véritable parcours de rallye. Saint-Quirin est traversé, dans un rugissement sauvage, au nez des habitants médusés par cette apparition tonitruante, aussitôt achevée que commencée.

— Des Boches, devant !

Le cri de Sorret n'est pas une mise en garde, c'est une invitation à la poursuite. En haut d'une côte, il a aperçu l'arrière d'un train d'artillerie qui dévalait la pente, moins d'un kilomètre en dessous. Les jeeps s'élancent, à cinquante miles, au maximum de leur puissance. Sur les plages arrière, les mitrailleurs se cramponnent. Un virage, au fond de la vallée, puis la route remonte ; le convoi allemand peine pour achever l'ascension. Ce sont des pièces antichars, tirées par des chevaux poussifs ou exténués.

Sorret ouvre le feu, ses six jeeps aussi. Les rafales achèvent de semer la panique. Les chevaux hennissent, les oreilles couchées, les yeux fous de terreur. Des attelages s'emballent, zigzaguent sur la route, les conducteurs s'éjectent, au risque de se rompre les os. Les trains cassent, et, comme dans les westerns classiques, les chariots basculent au ravin tandis que les chevaux disparaissent à l'horizon.

— Dégagez, dégagez !

D'un bras impérieux, Sorret, qui remonte la colonne allemande, intime aux conducteurs l'ordre de s'arrêter et de se ranger. Les Allemands sont incapables d'un geste. Ils lâchent les rênes, croisent leurs mains sur leurs casques.

Les Shermans surviennent, basculent fourragères et canons dans le ravin. Pas le temps de collecter matériel ou prisonniers. Le capitaine Fonde, rappelé par Massu pour remplacer Lucien, hurle au passage aux Allemands :

— Rassemblez-vous. On s'occupera de vous plus tard !

Sorret rit.

— Une drôle de corrida !

Ses fantassins sont excités comme des chasseurs poursuivant un troupeau de buffles. Au-delà du convoi hippomobile, d'autres silhouettes se profilent au bas du prochain virage. Des voitures légères cette fois. Les mitrailleuses crachent de nouveau, les traceuses convergeant sur les carrosseries entrevues. Et puis, au milieu de la montée suivante, Sorret rattrape la colonne, commence à la dépasser.

Une à une, les voitures allemandes s'arrêtent, se rangent bien sagement, leurs passagers en sortent à la hâte pour échapper aux balles que les jeeps lâchent, en rafales successives. Quatorze véhicules divers, légers ou lourds, sont ainsi neutralisés, auxquels Fonde hurle, une fois encore :

— Regroupez-vous vers l'arrière !

Il ignore s'il est entendu ou compris. Il s'en moque ; aux spahis, qui suivent assez loin derrière, la corvée du comptage et du gardiennage des prisonniers.

Les Allemands se font plus nombreux au fil des kilomètres, fantassins qui retraitaient vers l'Alsace, éclopés à la recherche d'un poste de secours, Alpenjägers ayant épuisé leurs munitions, soldats de services divers. Avant même d'y être invités, ils jettent leurs armes et agitent des mouchoirs blancs, signe de soumission. Certains même semblent scandalisés de ne faire l'objet d'aucune attention, comme si leurs vainqueurs leur déniaient toute existence.

Leurs vainqueurs n'ont qu'une idée en tête. Grisés par cette impression que rien ne pourra plus les arrêter, ils foncent, traversent Lettenbach, Abreschviller, Eigenthal.

— Il y a des chevaux à récupérer, lance Fonde à quelques habitants, sortis précipitamment des maisons en entendant les chants de victoire que braillent les gens de Sorret, à pleins poumons.

Eberlués, les Alsaciens arrondissent les yeux. Ils ne comprennent pas. Depuis hier soir, ils voient passer, sans discontinuer, des troupes allemandes, à pied, certaines conservant encore leur cohésion. Aux carrefours, des Feldgendarmes continuent à assurer la circulation, comme si la route de Rehthal-Dabo était largement située sur les arrières. Et voici qu'une tornade, un cyclone de blindés s'engouffre dans la rue, hachant à la mitraille les quelques Feldgrau jaillis des granges où ils avaient passé une nuit paisible.

Les Alsaciens regardent, ils déchiffrent des noms aux consonances oubliées, peints en blanc au flanc des Shermans, des half-tracks. *Champagne, Valois, Bourgogne...* Des noms de provinces de France. Voici *Picardie, Lorraine* dont l'équipage et les passagers chantent à tue-tête *la Marche lorraine.*

Voici *Alsace.* Son chef de char, le maréchal-des-logis Hinterwald lance, en patois, quelques indications :

— Nous sommes Français ! Vous êtes libres, entendez-vous ? Libres...

Mais le sous-groupement est déjà loin. Sorret galope toujours devant. Il double une colonne à pied qui refluait, en bon ordre. Les Allemands font volte-face, quelques armes automatiques commencent à cracher. La réponse des 50 ne se fait pas attendre, fauchant des groupes entiers. Quand les rescapés réalisent enfin que tout est fini pour eux, ils s'égaillent dans les prairies, en contrebas, agitent leurs mouchoirs. Peine perdue, la route est vide à nouveau, et le fracas des blindés n'est plus qu'un grondement lointain, du côté de Sitifort.

— Occupez-vous des prisonniers, ordonne Massu.

— J'ai compris, dit Fonde, je vais faire la « voiture-balai ».

Il stoppe. Il est seul avec son chauffeur, Boulanger, à l'entrée de Trois-Fontaines. Derrière lui, avançant au pas de leurs chevaux, quatre fourragères escortées d'une trentaine d'artilleurs. Le lieutenant qui commande le détachement vient à sa rencontre, et, à six pas réglementaires, salue l'officier français.

— Rangez vos charrettes au bord de la route, rassemblez vos hommes, ordonne Fonde.

Les artilleurs obéissent, jetant au passage leurs armes dont le tas grossit rapidement. Un cheval blessé est achevé d'une balle dans la tête.

Appuyé au capot de sa jeep, Fonde surveille l'opération, en affectant une confiance qu'il est loin d'éprouver. Boulanger lui murmure :

— On aurait bonne mine, tous les deux si un Schleuh s'avisait de jouer les fortes têtes...

— Espérons que la légendaire discipline germanique nous épargnera ce genre de situation.

Un civil arrive du village et, déférent, s'approche de Fonde, sa casquette à la main :

— Mon capitaine, il y a, là-bas — geste de la main montrant les bois, au-dessus — un détachement qui souhaite se rendre à un officier de l'armée régulière.

— Eh bien, qu'ils viennent, réplique Fonde d'un ton sec.

— Mais ils ont peur et veulent être traités en prisonniers de guerre.

Fonde adresse un coup d'œil à Boulanger et répond, avec assurance :

— Dites-leur qu'ils ont cinq minutes pour se décider...

Cinq minutes plus tard, la tête du détachement apparaît à la sortie du village, en colonne par trois, emmenée par un officier. Boulanger les regarde, puis ses yeux s'arrondissent.

— C'est pas du jeu, grommelle-t-il. On nous avait annoncé un « détachement ». Il y a au moins un bataillon !

La colonne avance toujours, et plus elle avance, plus elle grossit. Fonde commence à se sentir mal à l'aise. L'officier se présente, raide, le visage figé, sans expression.

— Rassemblez vos hommes dans le pré, sans armes.

Discrètement, Boulanger est remonté sur son siège et sans se faire remarquer, commence doucement à armer sa mitrailleuse qu'il pointe sur le rassemblement en cours.

D'autres Allemands arrivent, les rescapés de la colonne dépassée tout à l'heure. Des groupes émergent des bois, de l'autre côté de la vallée. Boulanger soupire :

— On est en train de récupérer toute la Wehrmacht !

Les minutes passent, interminables. Soudain, venant de l'ouest, monte un grondement de moteurs. Les spahis de Morel-Deville. Enfin !

Fonde arrête la première patrouille et, d'un ton sans réplique :

— Halte, surveillez la prairie, dites à votre commandant d'organiser un camp de regroupement !

Puis, soulagé d'échapper à la corvée, il saute dans sa jeep et s'éloigne.

Il rattrappe le sous-groupement un peu avant le carrefour de Rehthal. Le ciel, tout à l'heure bleu dans la vallée, s'est progressivement couvert et, brusquement, la pluie s'est mise à tomber. Une pluie torrentielle qui achève la déroute de l'ennemi, la transforme en désastre. Quelques Allemands, trempés, épuisés, affamés, quémandent une place dans les véhicules. Ils sont reçus comme des intrus :

— Vous nous prenez pour des taxis ?

— Du balai !

Au carrefour, Sorret s'est arrêté, stoppé à la fois par le brouillard, le crépuscule et un lacis de tranchées inachevées par des sapeurs de la Wehrmacht qui se sont enfuis, en abandonnant leur matériel.

Massu a atteint son premier objectif. Demain matin, il repartira. Pour lui, aucune hésitation, il passera par Dabo.

26

SAVERNE

20-22 novembre 1944.

Massu, stoppé loin en avant, avec un sous-groupement allégé, avait sérieusement besoin d'être renforcé. C'est chose faite à minuit. Il est en effet rejoint par la totalité du G.T. « V », emmené par Guillebon. Pour gagner du temps, pour pouvoir rouler en dépit du brouillard, de la pluie et du vent qui balaie ce contrefort des Vosges, il n'a pas hésité à faire allumer les phares de ses véhicules, enfreignant ainsi volontairement tous les usages d'élémentaire prudence. Et pas une seconde, les détachements blindés allemands, qui remontaient du Donon, au sud, avec mission de barrer l'itinéraire n'ont cru avoir affaire à l'ennemi ! Ils ne sont pas intervenus et se sont cognés, un peu plus tard, à l'arrière-garde qui les a durement contrés.

A l'aube, le sous-groupement Minjonnet rallie le gros des unités. Pratiquement, le 21 au matin, les deux tiers de la 2e D.B. se sont infiltrés par un itinéraire jugé impraticable.

Pendant ce temps, le dernier tiers, en l'espèce le G.T. « D » se bat au nord pour faire sauter le bouchon de Phalsbourg, sur la route normale de l'Alsace, à l'endroit où se trouve le plus gros du dispositif ennemi.

La mise en place a été laborieuse. Dio devait en effet attendre que la 44e division américaine ait terminé le franchissement des fossés antichars de la *Vor-Vogesenstellung*, puis, à Xouaxange, celui du canal de la Marne au Rhin. A l'aube du 20 novembre seulement, les deux sous-groupements de Quilichini et de Rouvillois ont enfin pu déboîter et assurer la couverture de l'aile gauche américaine.

La journée s'est déroulée sans véritables combats. Les Allemands se sont en effet repliés sur Phalsbourg, point avancé de l'ensemble de positions fortifiées qui s'étendent en longueur, sur près de douze kilomètres, jusqu'à Saverne, en passant par le col de Quatre-Vents où se trouvent des blockhaus de béton hérissés de canons lourds et de batteries PAK.

En fin de journée, Quilichini s'est heurté à quelques éléments retardateurs, tandis que Rouvillois, sur sa gauche, contournait Sarrebourg sans problèmes.

A la nuit, le premier butait sur la Sarre et les ponts sautés. Une équipe de sapeurs se mettait aussitôt au travail pour rétablir le passage.

Rouvillois, en revanche, a plus de chance. Son élément d'avant-garde est aux ordres du lieutenant Briot de la Crochais. Quand son escadron arrive en vue de la rivière, il stoppe, puis découple quelques patrouilles vers l'amont et l'aval afin de trouver un passage ou, à défaut, un gué.

— Je préférerais un passage, précise-t-il. Vu la température, je trouverais incongru que nous nous trempions les pieds...

Un quart d'heure plus tard, son adjoint, le sous-lieutenant Corap, vient lui rendre compte.

— Le pont d'Oberstinzel est intact.

— Vous voyez bien, jubile Briot.

— Il y avait bien une équipe allemande chargée de la démolition, mais le meunier du village l'en a empêchée. Il craignait pour la toiture de son moulin.

— Comment a-t-il fait ?

Corap rit :

— Il les a invités à boire ! Les Boches sont ronds comme des queues de pelle.

Briot de la Crochais apprécie la situation.

— Excellente opération. Ce soir, nous coucherons au sec à Rauwiller.

La prise du village est rapidement menée. Les quelque vingt Allemands qui entamaient mollement la construction des défenses de la ville lèvent les bras dès qu'ils voient surgir les silhouettes des jeeps de la reconnaissance du sergent Bidault.

— Occupez les sorties du village, ordonne Compagnon, le patron du détachement. Gardez-vous face à toutes les directions.

Les Shermans s'embusquent, tandis que le reste du sous-groupement se blottit sous les bâches des half-tracks et des G.M.C. Dans le noir, les jerrycans d'essence changent de mains et vont se déverser dans les réservoirs. Tout doit être paré à l'aube.

De temps à autre, quelques rafales de mitrailleuse fusillent le silence ; elles sont destinées à des véhicules ennemis qui refluent de Sarrebourg en cherchant un itinéraire de secours vers la frontière.

L'aube arrive, blafarde sous un ciel bas bousculé par un vent d'ouest humide et glacial. Le colonel Rouvillois a rassemblé ses officiers autour d'un énorme pot de café bouillant préparé par les Alsaciens :

— Si j'en crois les incidents de cette nuit, les Allemands ignorent notre présence à Rauwiller. J'ai donc décidé de passer encore plus au nord de l'itinéraire initial, pour déborder les éventuels points forts.

« Nous franchirons le col de la Petite-pierre ; c'est une région où la densité boisée est moindre qu'au sud. Je pense que les défenses allemandes doivent y être moins solides.

Les ordres de détail suivent :

— En tête, l'escadron de chars légers du capitaine Lenoir. Itinéraire, Lixheim, puis Schalbach. Deux heures plus tard, Briot de la Crochais suivra, par l'itinéraire direct Rauwiller-Schalbach. Le reste du sous-groupement à mon commandement direct.

Le capitaine Lenoir et son escadron de chars légers quittent Rauwiller à 7 heures. Il file plein sud, vers Lixheim, puis, brusquement, se rabat vers le nord, coupant ainsi la route à un escadron de Panthers qui tourne en rond et finit par se jeter sur les Shermans de Briot embossés aux lisières de Rauwiller. Ils sont détruits, non sans avoir réussi à mettre le feu à quelques maisons du village.

A 9 heures, les chars de Briot de la Crochais démarrent à leur tour. Schalbach est atteint, moins d'une heure plus tard. En avant de la ville, une barricade barre le chemin. A coups de 75, les Shermans neutralisent les antichars, puis, par les champs détrempés, les fantassins débordent et attaquent les Allemands à revers. Une trentaine de cadavres en feldgrau jonchent le pavé lorsque le peloton du sous-lieutenant Corap pénètre dans le village.

— Je vais voir où en est la progression, lance le jeune officier en sautant de son char.

Il boule à terre. Il a reçu une rafale en pleine poitrine. Son radio s'éjecte du tourelleau, se penche sur lui, mais ne recueille qu'un vague sourire. Alors, il se relève, son colt à la main et, froidement, abat l'Allemand qui sortait de la maison et se préparait à jeter son fusil.

— On fait toujours trop de prisonniers, crie-t-il avec rage, des larmes plein les yeux.

Rouvillois vient d'arriver. Il est conscient de la tristesse de ces cuirassiers qui ont perdu l'un de leurs meilleurs officiers, mais la mission prime tout :

— Repartez ! Direction Petersbach ! Vous dépasserez le détachement Lenoir ; avec ses Ml, il ne fait plus le poids face aux défenses de la Petite-Pierre.

Briot de la Crochais lève la main et, à sa suite, les quinze Shermans de son escadron s'élancent furieusement, comme s'ils voulaient écraser l'ennemi pour venger la mort de l'un des leurs.

Il est onze heures du matin. Petersbach a été dépassé. Maintenant, les Shermans sont seuls, en pointe, la gueule noire de leurs canons surveillant chaque buisson, chaque trouée suspecte. La forêt est clairsemée, mais elle peut encore receler des embûches.

— Ils sont là, je le sais. Je les sens ! Il est impossible que le col de la Petite-Pierre ne soit pas tenu.

Et, tout à coup, une mitrailleuse se déchaîne. *Paris II*, le char de tête, la repère aussitôt, dissimulée au ras du fossé, presque sous ses chenilles. Il prend du champ, son canon tonne, deux fois, à bout portant. Mais il est touché, par un coup de Panzerfaust, à l'arrière. L'équipage, indemne, se replie à travers bois, en tiraillant, emmené par le maréchal-des-logis du Cargouët, furieux, réglant au colt le sort de son adversaire.

La bataille s'étend, comme un feu de broussailles. Les rafales claquent, avec des échos profonds répercutés par la voûte des grands sapins. Trois minutes plus tard, le peloton Périer est entièrement engagé. Un peu en arrière, à pied, le colonel Rouvillois, ses cartes sous le bras, progresse d'arbre en arbre, montrant du bras à la section d'infanterie du Tchad où réduire les résistances ennemies. Celles-ci sont clairsemées, ne reposant sur aucun ouvrage sérieux, mais elles sont menées par des Panzerjägers décidés, d'autant plus difficiles à neutraliser.

Lucchési et ses hommes s'infiltrent sous les couverts, atteignent la crête où ils installent mitrailleuses et mortiers. Cabioc'h, un colosse breton, dégringole jusqu'à la route, et, sans bipied, règle lui-même le feu de son 81 sur les abords, insoucieux des balles qui griffent les graviers devant lui.

— Ça y est, crie-t-il, j'ai liquidé une mitrailleuse !

Les Allemands, surpris de cette attaque venue dans leur dos, entament leur repli, disparaissent à travers bois, vers l'est.

Rouvillois relance ses chars en avant. Ils ne vont pas loin. Une seconde résistance se dévoile à moins de deux kilomètres. Là encore, il ne s'agit que d'infanterie, mais elle est abondamment pourvue de Panzerfaust ou de Panzerschreck, ces torpilles à charge creuse, aussi redoutables qu'un 88 et moins repérables si elles sont tirées par un volontaire solitaire et bien posté. Les Shermans s'énervent. Les heures passent et l'après-midi tire à sa fin. Alors, ils tirent, relayés par les armes d'infanterie du Tchad et c'est sous un feu roulant qu'enfin, le détachement de tête force le passage.

— Ne prenez pas de risques inutiles, fait dire Rouvillois à Briot. Je fais intervenir l'artillerie...

La Petite-Pierre est en vue, au-delà du dernier lacet de la route. Demarle, l'artilleur, met ses automoteurs en batterie et ouvre le feu, au fusant. Rouvillois a choisi cette formule ; elle reste valable contre des fantassins sans créer de véritable danger pour les maisons ou les civils retranchés dans leurs caves.

En même temps, les hommes du Tchad de la section Lucchési se faufilent d'arbre en arbre, jusqu'à distance d'assaut et, quand enfin Demarle lève son tir, ils n'ont plus qu'à bondir pour coiffer l'objectif.

Sur leurs talons, les Shermans de Briot arrosent les rues transversales, aveuglant les soupiraux d'où partent quelques coups de fusil sporadiques. Derrière, l'escadron Lenoir déborde à droite, fait front en direction de la Redoute qui a déjà été prise à partie par la 2e section du Tchad. Déjà, les Allemands sortent de l'ouvrage, pâles, inquiets, louchant du côté des canons braqués sur eux.

Les officiers, triés à part, sont acheminés sur le 2e bureau. Ils confirment ce que Rouvillois percevait déjà : la ligne de défense principale est dépassée. Au-delà du village ne subsistent que des points d'appui de fortune constitués par des éléments disparates repliés depuis l'avant-veille des ouvrages de la *Vor-Vogesenstellung*.

— Ordres pour demain, 21 novembre : se rabattre vers le sud. Itinéraire, Weiterswiller, Neuwiller, Steinbourg. But à atteindre, prendre les défenses de Saverne à revers.

A l'aube, le sous-groupement démarre. En tête, Briot de la Crochais et l'élément du Tchad sur half-tracks. L'allure est rapide. Weiterswiller, uniquement tenu par des tringlots en retraite qui ne demandent qu'à cesser le combat, est traversé sans encombre.

En revanche, à Neuwiller, le détachement se heurte à une vive résistance, appuyée par une artillerie dense et précise.

Rouvillois est là, perché sur le second Sherman. Par radio, il rameute le détachement suivant, le découple vers l'ouest, en une manœuvre de débordement. Tout va vite, une habitude acquise depuis la Normandie. Lenoir et ses chars légers s'engouffrent sur les petites routes et prennent les Allemands entre les pinces de leur tenaille.

L'infanterie, déployée comme à la parade, fait feu de ses mortiers qui appuient au plus près l'avance des voltigeurs. En une heure de violents corps à corps, le passage est forcé.

Les prisonniers affluent, par centaines. Ils veulent se faire embarquer dans les camions pour aller jusqu'au « Kriegsgefangenerlager »... Gestes de dénégation des hommes du Tchad. Et conclusion unanime, ironique :

— *Krieg gross malheur...*

Briot de la Crochais, lui, a ramassé cinq officiers allemands, passagers d'une voiture de liaison, détruite en rase campagne. Pour lui, il n'est pas question de les abandonner, seuls sur la route :

— On ne sait pas de quoi ils seraient capables.

Alors, il les a hissés sur sa plate-forme arrière. Tout en roulant, la conversation s'amorce, les Allemands se montrant courtois, intéressés par la mécanique américaine qu'ils semblent apprécier. Soudain, avec un sourire urbain, l'un des Allemands fouille dans sa poche et remarque :

— Au fait, lieutenant, vous avez oublié de me fouiller.

Dans sa main, une grenade. Briot de la Crochais balance l'engin sur la route et réplique, sèchement :

— Je ne croyais pas nécessaire de fouiller un officier qui s'est volontairement rendu.

Le détachement fonce toujours. Briot a laissé quelques chars pour appuyer la progression du capitaine Lenoir. Il ne dispose plus que de sept Shermans et de deux half-tracks. Mais cela lui importe peu. Devant lui, à travers les écharpes de brume, il a enfin vu la plaine d'Alsace. Emu, son pilote, Strechenberger, manque de le précipiter dans le ravin.

— Je rentre à la maison, répète-t-il. Je rentre à la maison.

Printzheim. Dettwiller. Le détachement fonce toujours. Il lui manque un nouveau char, le *Caen*, embourbé à l'entrée du village [1].

— Direction Saverne, lance Briot.

Sa colonne vire à droite et prend la direction de l'ouest. Dans le lointain, des silhouettes inquiétantes. Des chars. Les premiers depuis la Lorraine, depuis Baccarat. Briot rend compte à Rouvillois en lui précisant que la colonne de Panzers semble aller à sa rencontre, vers Steinbourg, au nord. La réponse fuse, aussitôt :

— Pas de blagues ! Ce sont les Shermans du 12e Chasseurs !

En effet. Depuis 11 heures, ce matin, la liaison est effective entre Rouvillois et Massu. Saverne est tournée, à la fois par le nord et par le sud.

Hier, Massu a franchi le Dabo. Au soir, il déboulait dans la plaine d'Alsace et ses avant-gardes occupaient Reinhardsmunster et Birkenwald.

— Ça me rappelle quelque chose, observe Bosc, engagé en Normandie. — Juste avant la guerre j'ai lu un livre, une histoire de scouts qui se passait dans le coin. C'est drôle, je voyais le château beaucoup plus grand [2].

En fait, Birkenwald, où s'est installé Guillebon que Leclerc va rejoindre dans la nuit, n'est qu'une gentilhommière sans prétention.

C'est là que l'ordre pour la prise de Strasbourg est rédigé.

Au matin du 22, Massu repart, ayant reçu mission de prendre contact à l'est de Saverne, avec Rouvillois. Tout se passe comme s'ils avaient eu rendez-vous. Ils entrent ensemble, à la minute près, à Steinbourg.

— Que faisons-nous ? La route de Strasbourg est libre.

La route est libre en effet. Le bouchon de Saverne est débordé et Rouvillois et Massu n'ont sans doute plus devant eux que des éléments épars, dilués au hasard des routes nombreuses qui convergent vers la capitale alsacienne. Ce sera bien plus facile qu'à Paris où les Allemands tenaient un terrain favorable aux combats retardateurs. Ici, le choix des itinéraires rend illusoire toute défense organisée. Mais Leclerc conseille l'attente. Il a besoin que l'axe principal Phalsbourg-Saverne soit définitivement ouvert. Le sort de ses ravitaillements en dépend.

Aussi, au lieu de foncer vers l'est, Massu et Rouvillois reçoivent l'ordre de faire face à l'ouest pour prendre Saverne à revers et de pousser en direction de Quilichini qui progresse en combattant avec la 44e division d'infanterie américaine, encore bloquée devant Phalsbourg.

---

1. L'équipage du *Caen* va attendre le dépannage pendant cinq jours et servira de poste de surveillance fixe au camp de prisonniers qui va se constituer spontanément tout autour. En dépit de ses craintes, le *Caen*, isolé, ne sera pas attaqué et détruira un convoi de charrettes imprudemment aventuré à portée de ses armes.

2. *Le bracelet de vermeil*, best-seller de la littérature scoute des années 38-39.

De la même façon, Minjonnet doit-il remonter, plein nord, à travers les derniers contreforts des Vosges et attaquer Saverne et le col de Saverne par le sud.

En début d'après-midi, les combats s'engagent. Croyant à des infiltrations d'infanterie, les Allemands n'y opposent d'abord qu'une résistance de principe. Mais ils doivent se rendre bientôt à l'évidence. L'attaque est sérieuse. Rouvillois par le nord, Minjonnet par le sud, Massu par le sud-ouest, exercent une telle pression que les Allemands commencent à fléchir. D'autant plus vite que leurs canons sous casemates, leurs batteries ancrées à des plates-formes de béton sont tournés vers l'ouest, d'où devait théoriquement déboucher l'offensive. Casemates et batteries ne servent plus à rien et leurs servants, bras ballants, n'ont que les culasses pour riposter.

Peu à peu, la garnison commence à se replier, en bon ordre, vers l'est et Strasbourg.

C'est là que les attendent les chars de l'escadron de Vandières. Massu a en effet tout prévu. Il a posté les chasseurs en embuscade sur le chemin de repli. Cette fois, c'est le carnage. Croyant paisiblement revenir chez eux, certains d'être maîtres de leurs arrières, les Allemands s'avancent sans méfiance, en ordre de route, colonnes bien alignées, exactement dans l'axe des 75 des Shermans.

Chaque obus fait mouche. Voitures légères, semi-chenillés, camionnettes, tracteurs de pièces, Mark IV n'ont aucune chance. La forêt les empêche de manœuvrer et ils s'offrent aux coups sans pouvoir les rendre. Une centaine de véhicules sont ainsi détruits sans aucune perte pour l'escadron Vandières.

Pendant ce temps, les fantassins de Rogier appuyés par la compagnie d'accompagnement progressent dans Saverne, faisant sauter les dernières résistances. Eggenspiller, le commandant de la C.A. est déchaîné. Il est chez lui.

— J'attendais ce moment depuis quatre ans, dit-il avec un large sourire.

Par unités entières, les Allemands commencent à lever les bras tandis qu'au-dessus de leurs têtes, ils voient, non sans un peu de surprise scandalisée, surgir les drapeaux tricolores, objets interdits qu'ils ont vainement pourchassés durant quatre années.

Saverne n'est pas entièrement investie que déjà les Alsaciens sont dans la rue, en costumes nationaux, agitant des drapeaux, faisant fête aux libérateurs. Embrassades, coups de fusil, rafales et chants patriotiques. Les vieux pleurent, les jeunes, intimidés, parlant un français hésitant — une langue qu'ils avaient presque oubliée — acclament les hommes de la 5ᵉ compagnie.

Rogier a foncé vers le centre. Il arrive sur la place au moment où une Mercédès camouflée démarre, en trombe. Quelques rafales. De la Mercédès sortent, bras en l'air, deux officiers. L'un d'eux, bandes jonquille à la culotte de cheval, casquette chamarrée, est un officier important.

— Je suis le général Bruhn, dit-il avec hauteur. Je commande la 553ᵉ division d'infanterie.

— Vous commandiez, corrige Rogier d'un ton aimable.

— Amène-toi, lui lance un fantassin du Tchad, en lui montrant le capot de la jeep.

Le général a un brusque haut-le-corps. Un capot de jeep ! Rogier ouvre les deux mains, en signe d'impuissance :

— La voiture est déjà occupée, que voulez-vous... — Puis il ajoute, cette fois à l'intention du conducteur : — Emmène-le chez le patron.

Tant bien que mal, les deux officiers se sont assis à l'avant de la jeep. Cramponnés au pare-brise, ils ont beaucoup perdu de leur superbe.

La jeep sort de Saverne, s'engage sur la Nationale 4. Le général Bruhn lance un discret coup d'œil à son officier d'ordonnance. La Nationale 4 est la direction de Strasbourg. Elle conduit exactement au milieu des lignes allemandes, vers l'arrière du front. Pour lui, aucun doute, sa capture n'aura duré que quelques minutes.

Et puis, soudain, au carrefour de Gottenhouse, déconvenue. Un jalonneur de la compagnie Peschaud se tient là, sous la protection d'un Sherman.

Pour le général Bruhn, la surprise est de taille. Il ignorait que les Français avaient franchi les Vosges et que son point d'appui de Saverne était tourné, inutile.

La jeep stoppe à Birkenwald. Bruhn est immédiatement conduit auprès de Leclerc. L'Allemand a eu le temps de reprendre ses esprits. Sanglé dans son long manteau de cuir, il toise son vainqueur, vêtu de son habituelle tenue de combat et lui déclare :

— Rien n'est perdu, vous savez. Des surprises vous attendent... Et puis, il y a la Russie.

Leclerc se tait. D'un geste sec, il le congédie, pour le remettre entre les mains de Repiton-Préneuf.

Bruhn va se montrer bavard. Surtout après avoir appris que l'attaque de Minjonnet sur le col de Saverne a totalement démantelé le dispositif défensif, conçu pour arrêter une armée entière, conquis en deux heures de furieux combats par deux compagnies d'infanterie, la 7, emmenée par Ivanoff, et la 8 de Montségou.

Un officier, le sous-lieutenant Piet, est tué en donnant l'assaut d'une batterie, mais, déchaînés, ses hommes écrasent les servants, musellent les pièces.

Ils souhaitent aller plus loin. Un ordre de rester sur place les atteint à la tombée de la nuit : les Américains sont arrivés.

Ils n'en croient pas leurs yeux en voyant le travail effectué par une centaine de fantassins.

— Jamais nous n'aurions pu passer si leur artillerie et les antichars n'avaient pas été détruits, apprécient-ils.

Déjà, les fantassins pensent à autre chose. Pour les plus vieux, ceux du Fezzan et de Koufra, cette autre chose s'appelle Strasbourg.

27

STRASBOURG

23 novembre 1944.

Il pleut. Il fait sombre. Acagnardés contre les véhicules, les hommes de la division boivent leur quart de café, en se brûlant les lèvres. Depuis une bonne heure maintenant, les sous-groupements sont rassemblés, en ordre de route, sur leurs bases de départ. Sur la carte, cela ressemble à l'ouverture d'un rallye.

Sur cinq itinéraires différents, cinq colonnes attendent l'ordre de foncer. Objectif, Strasbourg, en principe, car Leclerc, qui voit toujours plus loin, a précisé qu'une fois la ville investie, la mission continuait, au plus vite, en direction du pont de Kehl et au-delà, en Allemagne même où il souhaite réaliser une tête de pont.

Mais, pour la plupart des cavaliers, des fantassins, des artilleurs, seul compte Strasbourg.

— C'est à qui arrivera le premier, lance Fino, le radio du char *Evreux*, Sherman de tête du sous-groupement Rouvillois.

— C'est vrai. Une vraie course de vitesse ! ajoute Mounier, le chargeur.

Entre les deux hommes s'engage aussitôt une ardente polémique dont l'objet est de déterminer l'unité qui a les plus grandes chances d'entrer à Strasbourg avant les autres. Gélis, le chef de char, intervient :

— Equipez-vous au lieu de bavarder... Au fait, Fino, où est ton casque ?

— Je ne sais pas. On a dû me le faucher...

— Je t'ai déjà dit cent fois...

— ... que le casque était le seul objet du paquetage réellement imperméable et qu'il fallait en prendre soin, complètent, avec ensemble, le reste de l'équipage, Baleyte, le tireur et « Charlot » Trefalt, le conducteur.

La formule de Gélis est célèbre dans tout le peloton du lieutenant Briot et presque proverbiale. Gélis est un robuste Catalan doué d'une voix de basse qu'il n'a jamais besoin de hausser pour être entendu et compris.

— Embarquez, ordonne-t-il.

Dans la tourelle, la radio grésille, muette encore. Il est sept heures et demie. Cinq minutes encore, puis, d'une voix égale, le lieutenant Briot de la Crochais prend contact avec son détachement. Six Shermans, six half-tracks.

— Allô ? Ici *Lisieux*. A tous, dans l'ordre, répondez. *Djemila ?*

— Paré, répond le sous-lieutenant Coquelet.

— *Oran ? Rouen ? Cherbourg ? Evreux ?*

Tour à tour, Périer, Cargouët — qui a changé de char, le sien, *Paris II* ayant été détruit l'avant-veille à la Petite-Pierre — Zimmer et Gélis annoncent qu'ils sont prêts.

Quelques petites secondes. Et puis :

— En route ! Et pas de mollesse !

« Charlot » Trefalt embraye, doucement, puis, une à une, engage ses vitesses. Le moteur, révisé dans la nuit, tourne comme une horloge. Au bout d'un kilomètre, le Sherman *Evreux,* suivi comme son ombre du half-track du sous-lieutenant Nabarra, du 1er régiment du Tchad, atteint les 30 miles. Quarante-huit kilomètres. Le rallye commence. Sur les quatre autres itinéraires, les autres sous-groupements se ruent, eux aussi, à la conquête de Strasbourg.

Rouvillois s'est élancé sur l'axe le plus au nord. Un arc de cercle qui, par Hochfelden, Mommenheim et Brumath, doit l'amener sur Schiltigheim, faubourg nord de la ville.

Le jour pointe, timide, boudeur. Maussade. La route luit, comme une plaque d'acier. L'*Evreux* fonce toujours. Parfois dans sa radio de bord, Gélis entend la voix brève de Zimmer, un Alsacien de Strasbourg, chef du char *Cherbourg* qui lance des ordres brefs :

— Tire, mais tire-le tonc, ce dékeulasse !

Dans l'aube blafarde, des silhouettes entrevues au hasard des haies ou des buissons sont balayées, de quelques rafales.

Mommenheim, première étape, et abordé à huit heures et demie. Vide d'habitants, vide d'Allemands. Ils étaient là quelques minutes plus tôt et, en partant, ont miné la route. Sous les chenilles de l'*Evreux,* une explosion sourde.

— Les vaches, gronde Gélis qui se voit déjà privé de sa cavalcade.

— C'est rien, chef, annonce Mounier, le chargeur, qui est allé voir. — La mine a sauté sous la chenille, mais elle n'a fait aucun dégât.

— On repart !

Nabarra confirme, par radio.

L'*Evreux* est toujours devant, montant la côte qui mène à Brumath. Soudain, juste devant, un arbre s'écroule, coupé net.

— Stop ! hurle Gélis, recule, Charlot !

Chenilles bloquées, le Sherman patine encore quelques mètres, moteur au paroxysme, Trefalt a enclenché la marche arrière, malmenant les vingt tonnes de son char qui oscille et dérape. Un autre arbre, tranché net, tombe presque sur son canon. Gélis n'a pas besoin d'une longue explication pour comprendre sa chance. Pris dans l'axe d'un Jagdpanther, il vient d'échapper par deux fois à l'impact d'un perforant. Maintenant, l'*Evreux* est hors de portée. Du haut de la tourelle, Gélis inspecte le paysage. Loin, à l'horizon, à plus de seize cents mètres, une silhouette monstrueuse et basse disparaît derrière un petit bois. Elle ne réapparaîtra plus.

— Allez, Charlot, on repart !

Brumath est en vue. En avant, un fossé antichar, heureusement interrompu au niveau de la route. Trefalt a ralenti au cas où la chaussée serait minée, mais Gélis lui crie de continuer. Quelques centaines de mètres plus loin, une barricade de rondins coupe le chemin. L'*Evreux* stoppe. Rapide, le sous-lieutenant Nabarra jaillit de son half-track et, son groupe sur les talons, va inspecter l'obstacle. A grands gestes, il fait signe que les abattis ne sont pas piégés.

L'*Evreux* s'ébranle, percute les rondins qui se dispersent. A nouveau, la route est libre. Presque. A la sortie de Brumath, une voiture de liaison allemande arrive en sens contraire, en plein milieu de la chaussée.

— Tire, lance Gélis.

Un premier coup stoppe la voiture qui s'enflamme. Les occupants s'éjectent et s'enfuient vers les maisons, poursuivis par la mitrailleuse de Fino, le radio aide-conducteur. Mais, sur la gauche, apparaît un convoi de camions qui roule vers Haguenau. La tourelle pivote et Baleyte prend sa visée. En bas, Trefalt appuie toujours sur l'accélérateur.

— On sera les premiers, grogne-t-il, mâchoires serrées. On sera les premiers ou bien je rempile chez les balayeurs de caserne...

A la volée, Baleyte cueille les premiers camions du convoi, les incendie, et traite les autres à l'explosif. A la fin, son canon est pratiquement orienté dans l'axe du half-track de Nabarra dont les occupants, instinctivement, baissent la tête, tout en maudissant ce fou qui va finir par les moucher. Mais Baleyte est un fin tireur. Sa tourelle effectue un nouveau tour et reprend son axe normal, à temps pour canarder un convoi de trois voitures que l'*Evreux* est en train de dépasser. Les passagers s'enfuient, se couchent dans les prés, mains sur la nuque. Certains, affectant la pose d'un pantin disloqué, attendent que les blindés aient tourné le dos pour tenter une riposte. Nabarra et ses fantassins les couchent, définitivement cette fois.

Des voitures échouent dans les fossés, d'autres, dérapant sous le choc de l'obus de rupture, se mettent en travers. D'un coup d'éperon, « Charlot » Trefalt les envoie dans le décor.

Soudain, Gélis, qui se retournait, aperçoit les gestes que, du tourelleau de son half-track, lui adresse le sous-lieutenant Nabarra. Il montre l'arrière où plus aucun char n'est visible.

— C'était à prévoir, commente Mounier, le moteur du *Djemila* tire moins bien que le nôtre. On a dû lui mettre au moins deux bornes dans la vue.

Nabarra se porte à la hauteur de Gélis :

— Que faisons-nous ? Nous sommes tout seuls.

— Ça ne fait rien, on continue.

Sage décision. Les Allemands, s'il y en a, doivent être avertis de l'avance foudroyante des chars. Leur laisser le temps de s'organiser, d'installer et de garnir des barricades ou de prévoir des harcèlements serait aggraver les risques et détruire l'effet de surprise. Il n'y a pas d'autre solution que de foncer. La prudence consiste à n'en avoir aucune.

Dans son poste de pilotage, Trefalt appuie toujours sur son accélérateur et Gélis serait mal inspiré en lui demandant de ralentir.

— Pour une fois que j'ai l'occasion d'essayer ma cinquième, dit-il en jubilant.

La vitesse a dépassé les cinquante à l'heure. Derrière, le half-track de Nabarra suit, sans effort.

Ce 23 novembre au matin, la libération de Strasbourg est en route. Elle est portée par deux véhicules emmenant dix-sept hommes en tout. Cinq sur l'*Evreux*, douze avec Nabarra. Dans sa tourelle, l'œil braqué à sa lunette, Baleytc organise le nettoyage. Il tire, sans discontinuer, déblayant au 75 tous les obstacles qui se dressent devant lui.

— Vas-y doucement, lui conseille Mounier, le chargeur, on ne va bientôt plus avoir d'obus. Il ne reste que six chargeurs de trois.

— Tant pis, on finira à la mitrailleuse.

Gélis suggère malgré tout de marcher à l'économie :

— Nous ne sommes pas arrivés et nous ne savons pas ce qu'il y a en face.

En face, il y a un petit pont. Et, derrière ce petit pont, quelques fantassins allemands bien pourvus de Panzerschreck. Par bonheur, ils tirent mal, impressionnés sans doute par la masse du char qui fonce sur eux, ses armes crachant le feu. Deux fusées passent en vrombissant, entre la tourelle et la plage arrière. Baleyte braque son canon au maximum. Il appuie sur la détente. La culasse percute, deux fois. L'obus est coincé dans le tube.

Baleyte déverrouille, ramène la culasse en force. La douille s'arrache, brûlante, mais le projectile, desserti, se trouve quelque part, à mi-chemin de la bouche.

— Tu sais ce qu'il te reste à faire ?

Baleyte esquisse une grimace. Il sait. Il doit sortir, avec l'écouvillon à la main, retirer de l'extérieur la fusée, visser le tire-obus, et extraire, en force, l'obus récalcitrant. Cela, bien évidemment, sous le feu de l'ennemi...

Un ronflement de moteur, un ferraillement de chenilles, le sous-lieutenant Coquelet arrive à point, avec le *Djemila*. Il disperse au canon les Allemands, stupéfaits, qui se laissent tomber dans la rivière, seule issue de secours.

Tandis que Baleyte s'escrime avec son tire-obus, Trefalt est reparti, se place à l'abri de la masse du *Djemila.*

Le reste de la colonne a rejoint. Le lieutenant Briot de la Crochais a son sourire des grands jours. Ce n'est pas souvent qu'il a eu l'occasion de débouler sans anicroche, sur plus de trente kilomètres. Quant à Zimmer, il exulte. Il a repéré, de loin, le panneau fatidique :

« Strasbourg, 4 km.... »

Il est neuf heures et quart. Un quart d'heure plus tard, l'escadron et les half-tracks roulent dans les faubourgs nord de la ville. La matinée n'est pas trop avancée et, sans précautions particulières, les civils et les militaires vaquent à leurs occupations. Les estafettes circulent à bord des voitures d'état-major, les tramways trimbalent leur cargaison de ménagères et de flâneurs en feldgrau. Çà et là, des officiers escortent leurs femmes, encombrées de paniers à provisions. C'est l'heure du marché.

L'ambiance est normale, celle d'un jour de semaine sans vocation particulière. Et puis, d'un coup, la guerre fait irruption dans le quotidien.

L'*Evreux* fonce. Baleyte rafale, prenant pour cible les Allemands qui s'aventurent dans sa ligne de mire, certains, pour leur malheur, ayant pris les Shermans pour un nouveau modèle de Panzer qu'ils saluaient, amicaux...

Voici un pont. *L'Evreux* passe. Sur le half-track de Nabarra, un civil se propose pour conduire le détachement jusqu'au pont de Kehl, à travers les rues qui évitent casernes et résistances probables. Gélis entend une gigantesque explosion :

— On l'a échappé belle, je crois bien que ça saute, derrière nous.

— Peut-être, réplique Nabarra, mais nous voilà pris au piège.

— Fonce, fonce, Charlot !

Trefalt a du mal à suivre le half-track à travers le dédale des rues qui se sont vidées devant les canons. Voici enfin le pont Vauban, dernier obstacle avant le pont de Kehl, sur le Rhin, quatre cents mètres plus loin. Gélis sent son cœur faire un bond dans sa poitrine. Il ne lui a pas suffi d'être le premier dans Strasbourg. Dans quelques minutes, il va être le premier à rouler en Allemagne. Derrière lui, arrivée par un autre itinéraire, toute la colonne a rejoint.

C'est à cet instant que Jamier, depuis le half-track radio de l'escadron, lance ce cri de victoire qui va devenir légendaire :

— Tissu est dans Iode.

Tissu est l'indicatif du sous-groupement Rouvillois. Iode, le nom de code choisi pour Strasbourg.

L'*Evreux* s'est avancé sur le pont Vauban. Plus que dix mètres, plus que cinq. Plus que deux. Il va déboucher. Après, au-delà du coude de la « Route du Rhin » qui passe sous le pont du chemin de fer, il y aura Kehl, l'Allemagne.

— Fonce, bon Dieu ! Fonce !

Gélis a oublié qu'il ne lui reste pratiquement plus de munitions, il a oublié qu'il ne possède qu'un Sherman, peu de chose face aux antichars, aux Panzers. On ne stoppe pas devant le vide parce qu'on a envie d'être prudent. On n'a pas fait d'une seule traite trente-cinq kilomètres pour s'arrêter alors que le but est tout proche.

— Etre le premier, nous allons être les premiers !

Trefalt est sorti de l'abri du pont.

C'est comme si, d'un seul coup, la ville lui tombait dessus. Des explosions secouent le Sherman qui vacille sous les coups. Sept grenades de Panzerfaust viennent de percuter sa cuirasse, trois impacts de 20 le bouclier avant. Les Allemands se sont ressaisis. Ils ripostent. Ils débouchent du carrefour, traînant avec eux un canon de 75 PAK. Des balles ricochent en zonzonnant au-dessus du tourelleau, au ras des oreilles de Gélis qui a repris son sang-froid et hurle :

— Recule, Charlot ! Pour l'amour du...

Le 75 ennemi a craché. Trop haut. Baleyte use ses trois derniers obus tandis qu'à reculons, le Sherman entame une marche périlleuse, seul face aux Allemands qui font encore partir leurs maudites grenades.

Des obus explosent en avant, de part et d'autre de l'*Evreux*. Gélis soupire, soulagé. Le reste du peloton arrive à la rescousse. Le *Djemila* à gauche, le *Cherbourg* à droite. Le maréchal-des-logis-chef Zimmer est heureux. Tout à l'heure, en passant devant la cathédrale, il a aperçu le toit de sa maison. Impatient d'en finir, il lui tarde de trouver quelques minutes pour aller embrasser les siens.

La canonnade dure. Elle augmente. Venant de la droite, le détachement Compagnon se présente le long des quais, mitraillant et arrosant devant lui, en un barrage continu de balles et d'obus. Briot de la Crochais tente de repartir, mais il doit se borner à s'établir en point d'appui fermé, des véhicules allemands arrivent derrière lui, cherchant eux aussi à franchir le Rhin.

— Aucune raison pour qu'ils y arrivent quand nous sommes bloqués ici, dit-il en allumant un camion de SS qui va s'écraser contre un mur.

Mais la résistance s'organise aussi en arrière. Le sergent-chef Salaün, du char *Oran*, aperçoit tout à coup une batterie de sept antichars qui se met en place, sur sa gauche.

Il appelle son chargeur. Il n'est pas là, descendu à terre pour tirailler sur des fantassins qui s'infiltraient entre les hangars et le pont. Alors, tout seul dans la tourelle, Salaün engage les obus, pointe et tire. Alerté enfin, le chargeur remonte en voltige et passe les munitions. Il était temps. La batterie, démantelée, est détruite sur place.

Tandis que Briot et Compagnon se battent devant le bassin Vauban, les autres détachements du G.T. « D » se sont dispersés dans la ville, chacun prenant un objectif à son compte.

Voulant sans doute rééditer l'exploit du lieutenant Karcher au Meurice à Paris, le sous-lieutenant Garnier fonce vers la Kommandantur, Adolf Hitlerstrasse. Il déboule comme un coureur de rallye, fait stopper ses deux half-tracks face à l'entrée couronnée d'une immense bannière rouge, noir, blanc, saute en voltige et pénètre dans la bâtisse, trop tard pour y capturer le général Vaterrodt, commandant la place et qui a réussi à s'enfuir, assez tôt cependant pour y trouver tous les officiers de l'état-major auxquels il lance le seul ordre qui s'impose :

— *Heraus !*

Un colonel le dévisage, gravement, sans faire un geste. Garnier insiste, n'ayant d'autre ressource que de poursuivre son bluff. L'Allemand s'approche de la fenêtre, jette un coup d'œil à l'extérieur et, tranquillement, avec une certaine ironie, déclare :

— Je ne vois là que deux semi-chenillés. Non, voyez-vous, c'est vraiment trop peu...

Garnier est médusé. Il attendait presque l'excuse finale :

— Nous ne pouvons pas perdre la face à ce point...

Garnier redescend, fait prendre du recul à ses half-tracks et commence à mitrailler les portes et les fenêtres de la Kommandantur. Il est bientôt aidé par deux chars légers du peloton de protection du colonel qui viennent lui prêter main-forte. La place retentit du fracas des rafales, des explosions. Une fumée âcre stagne au ras du sol. Le bruit et la fureur de ces quatre blindés est si grand, si impressionnant que, de l'immeuble d'à côté, surgissent soudain une vingtaine de Feldgendarmes qui, spontanément, viennent offrir leur reddition.

— De quoi ils se mêlent, ces cons, grogne Garnier. On ne leur demandait rien !

La Kommandantur finit par se rendre, après deux heures de combats singuliers entre les blindés de Garnier et les obstinés de la Kommandantur. Vers midi, enfin, apparaît un drapeau blanc. Sans doute le colonel a-t-il estimé que son honneur était sauf ? Un fantassin du Tchad bondit, se rue dans le hall d'entrée. Il s'appelle Siri. C'est le plus petit, le plus noiraud, le plus hargneux de la section. Les vêtements maculés de cambouis et de boue, l'œil mauvais sous son casque trop grand, son aspect de lutin grimaçant sorti tout droit des charbons de l'enfer contraste d'une façon cocasse avec la morgue, la rigueur et l'élégance des officiers supérieurs qu'il éjecte de l'immeuble, à grands coups de pied au derrière.

— Mais enfin, proteste un quinquagénaire, les épaules ornées de galons en torsades dorées, la culotte barrée de deux bandes jonquille, je suis officier supérieur !

— M'en fous, avance quand même, réplique Siri en plaquant une main maculée sur la vareuse gris tendre qui conserve la marque noirâtre de cinq doigts graisseux.

Le premier instant de stupeur passé, les Allemands se ressaisissent un peu partout. En dépit du bruit, volontairement provoqué par son sous-groupement, Rouvillois ne peut longtemps masquer sa faiblesse. Il y a plus de vingt mille soldats en ville contre à peine huit cents Français. Le bluff ne peut durer indéfiniment. D'autant moins que, sur ordre supérieur, les deux tiers de ses moyens sont maintenant engagés en direction du pont de Kehl.

Là, la bataille fait rage.

Les détachements Compagnon et Lenoir ont réussi à franchir le carrefour du pont Vauban. Ils se sont infiltrés par l'avenue qui mène au but, en passant sous le tunnel de la voie ferrée. En tête, le char *Lorient*, suivi du *Fyè* et du *Paris*.

Les deux premiers chars s'engouffrent sous le tunnel, au moment où, sur la voie même, apparaissent des fantassins qui s'en prennent au *Paris* et tentent de l'atteindre en jetant des grenades dans la tourelle. Henriot, le radio chargeur, disparaît au fond, en rabattant le couvercle, étonné lui-même de la rapidité de son geste.

Le *Lorient* et le *Fyè* franchissent le tunnel et débouchent à l'air libre. Du *Paris*, on les voit, se découpant à contre-jour, environnés de flammes et de fumée. On distingue même les torpilles de Panzerfaust qui percutent la cuirasse du *Lorient* et ricochent, en tourbillonnant, heureusement sans exploser. Dominant les chars, les Allemands tirent de tous les toits, de toutes les fenêtres.

Mitrailleurs et canonniers des Shermans n'arrivent plus à riposter à chaque impact qui les frôle ou les percute. Il faut décrocher, ce qui n'est pas le plus facile, car il est impossible et même suicidaire de faire demi-tour en présentant son moteur aux bazookistes ennemis. Les pilotes vont donc avoir à reculer, dans l'obscurité du tunnel, manœuvre malaisée, avec une visibilité quasi nulle dans un épiscope qui ne montre qu'une partie du panorama, en avant.

Le *Lorient* et le *Fyè* entament leur mouvement. Puis ils stoppent. Moteurs touchés, ils sont immobilisés. Sous le feu, l'équipage du *Paris* doit accrocher un câble et les prendre en remorque, tous les deux.

Il est onze heures du matin. Le sous-groupement Rouvillois n'a pu déboucher. La division ne passera pas le Rhin aujourd'hui.

« Tissu est dans Iode. »

Massu a entendu le message de triomphe expédié par Rouvillois. Il soupire, soulagé. Il y a au moins un élément de la division qui a réussi, même si cet élément n'est pas celui par lequel cet exploit a été rendu possible. Mais Massu n'éprouve aucune espèce d'envie. Bien au contraire. L'essentiel étant que la mission soit remplie.

Pour son sous-groupement, la journée a mal commencé. La pluie, bien sûr, comme tout le monde. Mais surtout, les accrochages et incidents divers qui ont émaillé la course folle vers Strasbourg.

Sorret était en tête, comme d'habitude. Essayant, en vain, de réfréner l'ardeur de ses pilotes de la reconnaissance. Il a fallu qu'un half-track se renverse dans un virage pour que l'allure retombe à un niveau acceptable.

Pour une fois, Massu n'a pas grogné. Peut-on reprocher à quiconque de chercher à arriver au plus vite ?

— Nous arrivons en vue de Strasbourg, a lancé Sorret, en abordant la dernière crête après Pfulgriesheim.

Derrière lui, les Alsaciens du sous-groupement, Eggenspiller et sa C.A., suivis des Shermans transportant les Marsouins de Jung. Eux aussi exultaient. Ils se démanchaient le cou pour tenter d'apercevoir les premiers la flèche de la cathédrale, malgré le brouillard qui s'était associé à la pluie depuis quelques minutes.

Soudain, dans le récepteur de son poste radio, Massu a distinctement entendu le claquement caractéristique des mitrailleuses.

— Que se passe-t-il ?

Mais rien ne répondait. Massu a déboîté, remontant à toute allure la colonne de Shermans stoppée au bord de la route.

Une jeep revenait, fonçant entre les blindés. Elle a stoppé à la hauteur du commandant. Sur le siège avant, le lieutenant Sorret, très pâle, comprimant contre sa jambe un pansement sanglant :

— Nous sommes tombés sur un os, mon commandant. Nous étions sur un talus et nous nous sommes fait tirer comme des lapins. — Un ton plus bas : — Le sous-lieutenant Jung a été tué d'une balle dans la tête et le capitaine Eggenspiller, lui aussi, est salement mouché...

Massu a grimacé. Cela devenait tragique. Quelques rafales, trois officiers hors de combat. Décidément la route pour Strasbourg coûtait très cher.

— Rogier, a lancé Massu aussitôt arrivé à la hauteur des éléments de tête, débordez si vous pouvez.

Rogier a montré le panorama. La route passe entre deux forts, Joffre et Pétain. En avant, des défenses enterrées, des lacis de tranchées protégés par des glacis de terre grasse où, déjà, des Shermans s'étaient embourbés.

— Le sous-lieutenant Lunardini est blessé...

Lunardini commandait le peloton de Shermans du 12e Chasseurs. Massu était inquiet. Si les abords de Strasbourg étaient tous aussi bien organisés et défendus, il ne faisait aucun doute que la division seule aurait bien du mal à progresser. D'autant que, Massu le savait, une ceinture de forts gardait tous les itinéraires d'accès.

— Alors, Massu ? Vous êtes stoppé ?

Langlade venait d'arriver, impatient, persuadé peut-être que son avant-garde musardait au lieu de foncer. C'est en tout cas ce que suggérait la réponse de son subordonné, dont l'humeur en cet instant n'était pas précisément à l'aménité.

Langlade n'avait pas insisté et était reparti, manquant à son tour d'euphorie. Un obus antichar, en explosant tout près de lui, l'avait maculé de boue.

Un peu en retrait, les 105 de la batterie Ramières commençaient leur mise en place quand, dans son récepteur, Massu avait entendu le fameux message.

— Décrochage immédiat, a-t-il jeté à ses commandants d'unité.

Il a estimé inutile de s'obstiner. Du moment que Rouvillois a découvert l'itinéraire non gardé, autant l'emprunter. Ce sont du reste les ordres de Leclerc qui vise en premier lieu le pont de Kehl et veut réaliser la première tête de pont au-delà du Rhin.

— Riff ? Prenez la tête de la reconnaissance.

Riff, qui a déjà guidé la colonne à travers les lacets du Dabo, connaît aussi le dédale des faubourgs de Strasbourg. Il se faufile, par Berstett et Vendenheim, jusqu'à Schiltigheim où, déjà, un peloton d'orienteurs de Peschaud est en train de jalonner la route.

— Vous n'êtes pas les premiers, lance l'un d'eux ; le groupement Guillebon est déjà passé...

Tandis que les hommes de Massu pénètrent dans une ville maintenant déserte, Guillebon a atteint le centre de Strasbourg, laissant à quelques éléments légers le soin de nettoyer les quartiers périphériques avant de se porter lui-même auprès de Rouvillois, toujours bloqué devant le pont de Kehl. Il y a de grosses pertes. Zimmer, qui attendait une accalmie pour aller saluer sa famille, a été tué à bord de son char, ainsi que son ami du Cargouët, en sursis depuis la veille.

La bataille est sévère. Des casernes, toutes proches, les Allemands s'accrochent, furieusement, et leurs armes légères ou lourdes s'en prennent à tout ce qui bouge. C'est ainsi que la jeep du père Houchet, l'aumônier de la division, est détruite par une rafale de 20. Sous le feu, l'aumônier se précipite et tente d'arracher son chauffeur aux flammes qui le menacent. Il est mortellement atteint.

Dans le centre, beaucoup d'Allemands, d'abord surpris par la soudaineté de la ruée des blindés, se sont terrés dans les maisons. Chaque homme devient du même coup un nid de résistance, et les patrouilles ont bien du mal à les réduire.

Sur la place de la Cathédrale enfin, une patrouille de spahis est en protection, face à des immeubles toujours occupés par un important groupe d'irréductibles.

— Il manque quelque chose au décor, observe le spahi Maurice Lebrun.

— Que manque-t-il ?

Lebrun montre, du pouce, la flèche unique de la cathédrale :

— Un drapeau, pardi. Ça sert à rien de prendre Strasbourg si nos couleurs ne flottent pas là-haut !

Le maréchal-des-logis Sevrance esquisse une moue dubitative :

— C'est haut ! Il ne faut pas avoir le vertige.

— Ce n'est pas le problème, répond Lebrun. Le seul ennui est que je n'ai pas de drapeau.

Il se décide :

— Je vais demander au premier civil rencontré de m'aider à en fabriquer un.

Lebrun s'éloigne. Il revient, un quart d'heure plus tard.

— Ça y est, j'ai trouvé la femme d'un charcutier qui veut bien nous fabriquer un drapeau. Malheureusement, si elle a du tissu bleu et blanc, elle ne dispose pas de rouge...

— Le rouge ? Ce n'est pas ce qui manque, réplique Sevrance : il n'y a qu'à déchirer un drapeau boche. Celui-ci fera très bien l'affaire, ajoute-t-il en montrant l'étamine nazie qui prend au mât de la Kommandantur.

Une heure plus tard, le drapeau tricolore est achevé. Trois hommes, trois spahis se glissent dans la cathédrale, escaladent l'escalier en colimaçon qui grimpe jusqu'à la plate-forme, sous la flèche. A partir de là, l'escalade doit se faire par l'extérieur, le long des sculptures qui forment comme une espèce d'échelle jusqu'au sommet, cent vingt-quatre mètres au-dessus de la place. En bas, visages renversés, spahis et civils regardent Lebrun qui se hisse, lentement, jusqu'au paratonnerre dominant l'ensemble. Il arrive enfin. Quelques ultimes gestes, et puis, claquant au vent d'ouest, les trois couleurs se déploient.

Lebrun est fier comme il ne l'a encore jamais été, même après les combats les plus durs. Pour l'histoire, il restera celui par qui a été tenu le serment de Koufra. Il entend aussi, montant de la place, maintenant noire de monde, le triple hourra qui salue à la fois son exploit et le symbole de la patrie retrouvée. Une *Marseillaise* aussi, adressée au ciel par mille poitrines enthousiastes.

Strasbourg n'est pourtant pas libéré tout à fait. La bataille se poursuit, dans le centre, aux abords du Rhin, mais aussi à la périphérie.

Putz, bloqué à l'ouet, devant Lingolsheim, s'infiltre difficilement au pied du fort Kléber dont il a fini, à 11 heures, par conquérir les fossés. Derrière lui, Cantarel et son sous-groupement attaquent Kœnigshoffen et les casernes, transformées en points d'appui, puis Neudorf où son avant-garde vient à point pour épauler Rouvillois.

Plus au sud, la queue du G.T. « V » composée des automoteurs du 11/64e régiment d'artillerie tente également de pénétrer en ville par Wittisheim.

A midi, traversant la Bruche par surprise, l'arrière-garde se présente devant le fort Joffre, puis, poussant son avance, elle tombe sur une colonne ennemie qui retraite vers le Rhin. Débouchant à zéro, les 105 en détruisent une partie, puis se mettent en position sur l'aérodrome, prêts à appuyer l'élément léger qui pousse en direction de Lingolsheim. Un bref accrochage se produit sur l'aérodrome lui-même, quelques batteries allemandes de D.C.A. sont traitées aux incendiaires. La garnison se rend, aussitôt, en hurlant.

Aux éléments légers de jouer.

Il est 14 h 30. La batterie du capitaine Emmanuel s'infiltre à travers Lingolsheim, saluée par une foule en délire.

En tête, le sous-lieutenant Benracassa, à bord d'un half-track équipé d'une mitrailleuse jumelée. Il est pressé, le jeune officier. Il n'a pas encore capté le message de Rouvillois et croit encore pouvoir entrer en tête dans la ville.

Il franchit sans encombre le remblai de la voie ferrée. Cent mètres au-delà, un autre remblai. Le half-track s'y engage, bascule de l'autre côté. Exactement dans l'axe de tir d'une batterie antichar. A la mitrailleuse, le tireur entame aussitôt le combat, mais, face aux 75 PAK, il n'a aucune chance. Le half-track explose sous les impacts, se désagrège, n'est bientôt plus qu'une carcasse embrasée. Le conducteur et le tireur sont tués, le radio, la cuisse éclatée, perd son sang par la blessure ouverte. Seul le sous-lieutenant Benracassa est à peu près indemne. Il s'éjecte du véhicule, le radio sur son dos, puis il plonge à l'abri des restes du véhicule, protégé des obus ennemis par l'écran de ce qui reste du blindage. Calmement, il pose un garrot à la cuisse de son radio, et dégaine son colt, bien décidé à vendre chèrement sa peau si les Allemands envoient une patrouille pour le cueillir.

Il se retourne. Venant par le même itinéraire arrive en renfort un second half-track, suivi de la jeep du capitaine Emmanuel. Eux aussi tombent dans le même traquenard. En quelques coups au but, les deux véhicules sont pulvérisés.

Emmanuel a réussi à alerter la suite de la colonne :

— Flash ! Flash ! Attention, une batterie est en position derrière le deuxième remblai de la voie ferrée...

Puis, comme Benracassa, il rampe et se terre auprès des rescapés, à l'ombre du half-track, la carabine à la main.

Le sous-lieutenant Nehlil commande le peloton d'automoteurs qui suivait. Il stoppe tandis que l'officier de tir, en rampant, se hisse jusqu'au premier remblai afin d'observer le terrain. A cent cinquante mètres en avant, il aperçoit distinctement les blindés détruits, et, au-delà, à la même distance, la gueule noire des canons ennemis, planqués à l'abri d'un pont métallique.

— Hausse 500 yards, azimut 800. Un coup pour réglage !

Le sous-lieutenant Nehlil a fait mettre son automoteur en batterie.

— Ça ne passe pas, dit le pointeur.

En effet, à si courte distance, l'obus va percuter le sommet du remblai.

— Déplace-toi.

— Impossible, les maisons me gênent !

— Grouillez-vous, Bon Dieu, insiste l'officier de tir qui voit ce qu'il redoutait le plus, une patrouille allemande qui chemine le long de la voie, juste en face et va incessamment prendre Benracassa sous son feu.

— Tire quand même !

Avec un geste fataliste, le pointeur règle au plus près, et donne le signal du feu. L'obus part, passe en sifflant au ras des oreilles de l'officier de tir. Mais il passe !

— Tu vois bien...

L'obus explose, trop court, à vingt mètres à droite de la batterie. Corrections faites, une grêle de projectiles s'abat sur les canons ennemis qui cherchent, à tâtons, tirant au hasard à repérer ce tube invisible qui les encadre de très près. Nehlil ne leur laisse aucun répit, et expédie salve sur salve. D'autres explosions se produisent bientôt, c'est un Sherman du 501e de la compagnie Buis qui a capté les appels du capitaine Emmanuel et s'est porté à son secours, ajoutant le tir de son 75 au 105 de Nehlil. C'en est trop pour les Allemands, certains prennent leurs jambes à leur cou, d'autres vont se réfugier dans une petite baraque en planches. Mal leur en prend. Un coup au but la pulvérise. Elle était bourrée de munitions.

La route de Strasbourg par le sud est ouverte, elle aussi.

Au soir, dans la ville, à peu près toutes les grosses résistances ennemies ont cessé. La plus importante, celle de la caserne principale, cesse le feu à 18 heures, sous les coups répétés de Guillebon et de ses blindés. Le colonel qui la commandait hisse lui-même le drapeau blanc et donne l'ordre de reddition à tous les blockhaus environnants.

Leclerc arrive. Dans la nuit, il rassemble les personnalités de la Résistance auxquelles il confie le soin d'administrer la ville. Pour lui, le combat continue. Il va encore durer trois jours, le temps nécessaire à toute la division, enfin rassemblée dans la ville, de nettoyer définitivement Strasbourg de tous les éléments ennemis. En fait, tous les Allemands ne sont pas partis et certains, en civil, confondus dans la foule, vont des semaines encore agir en francs-tireurs ou renseigner les artilleurs embusqués de l'autre côté du Rhin sur les objectifs sensibles.

Ainsi, le 25 novembre, au soir, le général Leclerc, qui s'est installé au Kaiserpalast, offre un repas aux commandants de ses G.T. et des sous-groupements. Dio arrive, en retard. Il a été relevé dans l'après-midi de sa mission sur Saverne.

Leclerc l'accueille, un sourire épanoui sur son visage aux joues creusées de fatigue.

— Hein, lui lance-t-il, mon vieux Dio. On y est, cette fois ! Maintenant, on peut crever tous les deux !

Dio va répondre. Un fracas de vitres brisées l'en empêche, tandis qu'une déflagration sèche résonne dans la pièce. Le lustre du grand salon se décroche et s'écroule, dans un vacarme assourdissant.

— Tiens, note Crépin, l'artilleur, un coup au but.

— L'endroit est malsain, complète Gribius.

— Il ne fait aucun doute que les Allemands sont renseignés sur notre position, ajoute Repiton-Préneuf.

D'un commun accord, tout l'état-major de la division déménage dans la nuit et s'installe dans une maison plus discrète, sur les bords de l'Ill. Les Allemands chercheront à l'atteindre dans les jours prochains. En vain d'ailleurs. Mais déjà, Leclerc regarde au-delà de Strasbourg. Le serment de Koufra est tenu, mais, pour le général, il ne sera complet que lorsque toute l'Alsace sera définitivement libérée. Strasbourg, ce 25 novembre, ce n'est qu'une ville isolée, reliée au reste du pays par un fragile cordon ombilical, la route de Saverne. Au nord, vers Wissembourg, au sud, vers Colmar, à l'ouest même, vers Obernai et Sélestat, l'Allemagne est encore présente en force.

Et la prise d'armes qui clôture, le 26 novembre, la libération de la capitale alsacienne n'est que le prélude à d'autres combats.

28

ALSACE

Décembre 1944 - janvier 1945.

— Nous devons nous tenir prêts à évacuer Strasbourg !

— Ce n'est pas possible ! Nous ne pouvons pas livrer la ville aux Allemands ! Il y aura de terribles représailles !

Par petits groupes frigorifiés, les chasseurs du peloton de protection du général Leclerc commentent avec des mines atterrées la rumeur qui court avec insistance depuis le début de l'après-midi. Le 24 décembre, le général de Gaulle est venu ici, à Erstein où est installé le P.C. de la division, assister à la messe de Noël. Pas un seul instant, les hommes n'ont été alertés par quelque remarque, quelque signe laissant prévoir ce qui se tramait en haut lieu.

Et puis, aujourd'hui, 26 décembre, la nouvelle est arrivée, officielle. La 2e D.B. doit au plus tôt repasser les Vosges pour épauler les Américains, en passe d'être balayés par la contre-offensive allemande des Ardennes.

— 1944 a été une année de victoires, observe le lieutenant Cortadellas, elle ne peut se clore sur une lâcheté. On ne peut pas abandonner Strasbourg. C'est un symbole. L'honneur de la France est en jeu ! Avec sa fougue habituelle, Cortadellas a résumé le sentiment de la plupart des soldats de la 2e D.B. Cortadellas se bat depuis cinq ans. Malgré son jeune âge, il a un solide passé de baroudeur. Fusilier marin en 40, blessé à Dunkerque, il a fait campagne dans les commandos en Afrique, puis au printemps dernier, a rallié la D.B. après un stage à l'Ecole des Cadets de la France libre.

C'est un fonceur et, depuis un mois, il supporte mal la relative immobilité de la division, qui s'enlise et piétine dans la neige et le blizzard d'un hiver sibérien, usant son moral, ses hommes et son matériel à une éprouvante guerre de positions.

Quand, voici un mois, il s'est avéré impossible de foncer au-delà du Rhin, tout le monde espérait qu'au moins la division achèverait la libération de la totalité de la plaine d'Alsace. Espoir vain. La Ire armée française, qui peinait encore dans les Vosges et autour de Mulhouse n'a pu déboucher vers Strasbourg, et Leclerc, malgré tous ses efforts, n'a pu obtenir de son nouveau supérieur tactique — un Français — l'attribution d'une division d'infanterie qui lui aurait permis de foncer vers le sud.

Un instant ébranlés, les Allemands ont eu largement le temps de se reprendre et, depuis le début de décembre, par compagnies, par escadrons, Marsouins et cavaliers patrouillent de village en village, dans la neige, le froid — il fait parfois —18° — sautant sur des mines diaboliquement disséminées dans les champs marécageux figés de gel, sur les routes, dans les maisons, courbant l'échine sous des tonnes d'obus que, depuis l'autre rive du Rhin leur envoient les artilleurs ennemis.

Et puis, le 16 décembre, a éclaté le coup de tonnerre de l'offensive de Von Rundstedt. D'abord, les Français de la 2e D.B. n'y ont pas prêté une grande attention. Pour eux, il ne faisait pas de doute que les Américains étaient en mesure de tenir. Ils avaient en mémoire le spectacle du rush fantastique de Patton à Avranches, ils se souvenaient des carnages de Chambois, de Dompaire.

Ils ne pouvaient pas mesurer le degré d'usure de ces armées américaines, isolées, usées jusqu'à la corde par des combats sans fin et qui, trop loin de chez elles, n'étaient pas aussi motivées que les Français pour donner le coup de collier décisif.

Et puis, en plaine d'Alsace, les échos de la bataille des Ardennes arrivaient, très assourdis par le massif des Vosges qui faisait écran entre elle et leurs combats quotidiens.

Et pourtant, la bataille des Ardennes fait soudain irruption dans l'univers de la 2e D.B. sous la forme d'un ordre sec, signé d'Eisenhower en personne :

« La division blindée doit faire mouvement au plus tôt pour épauler le XVe corps dans la région de Sarreguemines-Bitche.

— Cette fois, dit Cortadellas, qui a été aussitôt informé de la décision américaine, c'est officiel. On s'en va...

Le général Leclerc est sorti de son P.C. Il s'engouffre dans sa voiture de liaison et, aussitôt, Cortadellas et son peloton l'encadrent, motocyclettes hurlant dans le soir d'un blanc laiteux.

Il est maintenant 11 heures du soir. Battant la semelle, Cortadellas attend la fin de l'entrevue. Leclerc est allé trouver le général Patch, commandant la VIIe armée. Il lui a demandé de surseoir à l'ordre d'exécution. En vain.

— Il ne me reste qu'une chose à faire, lance-t-il à Cortadellas : prendre la tête d'un groupement tactique et aller m'enfermer dans Strasbourg pour y résister jusqu'à la mort.

Dans d'autres circonstances cela ressemblerait à une boutade ou à un défi. Ce n'est ni l'une ni l'autre. Cortadellas sait que dans l'après-midi, le général a reçu la visite du docteur Seyer, maire de Strasbourg, qui lui a fait part de son anxiété :

— Vous ne pouvez pas nous lâcher, a-t-il plaidé. Vous ne pouvez nous retirer l'espoir que vous nous avez apporté.

Aussi Cortadellas hoche la tête :

— S'il s'agit de faire Camerone, mon général, j'en suis.

Rentré à son P.C. d'Erstein, Leclerc dicte ses ordres :

— Le G.T. « L » se tiendra prêt à faire mouvement, en tête de la division dans la nuit du 31 décembre au 1er janvier. Destination, la région de Sarre-Union, à la disposition de la VIIe armée américaine.

Au matin, une bonne nouvelle parvient au général Leclerc. Le général de Lattre, commandant la Ire armée, a finalement cédé aux prières des Strasbourgeois et envoie dans la ville la 3e division d'infanterie algérienne. Dans la matinée, le général Guillaume arrive à Erstein. Visage carré, barré d'une courte moustache, le cheveu en brosse, les épaules larges, Guillaume est un vieux blédard qui a depuis vingt ans combattu à la tête des Goumiers marocains dont il porte par tous les temps la kachabia de poil de chèvre.

— Je n'ai reçu qu'un ordre de De Lattre, dit-il : celui de m'installer à Strasbourg et d'y « faire Stalingrad ».

Leclerc sourit. L'honneur de la France sera sauf, quoi qu'il arrive.

Dans la soirée du 31 décembre, Langlade, promu général depuis Noël, quitte Erstein avec le détachement précurseur de son groupement. La nuit est noire, la température qui avoisine —17° rend la progression infernale. Dans les jeeps découvertes, dans les half-tracks de protection, à l'intérieur même des chars les hommes grelottent, les membres gourds, le visage transpercé de mille aiguilles de glace.

— Pour un réveillon de fin d'année, c'est un drôle de réveillon de fin d'année ! observe le lieutenant Rives-Henrys commandant le peloton d'avant-garde.

Les chasseurs ne répondent pas. Jamais, depuis le début de la campagne de France, ils n'ont eu, aussi aiguë, l'impression d'être à bout de forces, vidés, sans réaction. Par quelques permissionnaires revenus après Noël, ils ont appris les règlements de comptes qui divisent la France, l'indifférence de leurs compatriotes pour cette guerre à laquelle ils ne pensent plus. Ils ont écouté les descriptions des rues illuminées, les restaurants affichant complet à des prix de marché noir. Ils se sont scandalisés en apprenant que les chauffeurs de taxi parisiens refusaient d'embarquer les blessés de la division pour les ramener à l'hôpital.

Tous ces trafics de l'arrière, toutes ces combines, toute cette indifférence méprisante à leur égard les écœurent.

— Que faisons-nous ici ? A quoi ça sert ?

Il leur semble que leur combat n'a plus de sens. En Normandie, à Paris, en Lorraine ou même à Strasbourg, ils ressentaient, comme une récompense de leurs efforts, de leurs souffrances, de leurs deuils mêmes, cette solidarité, ce consensus national. Fiers d'être Français, fiers d'être reconnus.

Aujourd'hui, oubliés, ignorés, sinon honnis ou vilipendés, ils s'interrogent. Leur moral s'en ressent, que n'améliorent ni leurs conditions de vie, ni la perspective de souffrir encore dans cette guerre qui n'en finit pas.

— Allons, reprend Rives-Henrys qui a senti un fléchissement dans la résolution de ses hommes : reprenez-vous ! Si vous voulez encore des bravos, soyez vainqueurs !

— Vainqueurs ? Alors que nous refaisons, à l'envers, le chemin parcouru voici trente-cinq jours ?

C'est vrai. Depuis Strasbourg, leur route emprunte l'itinéraire de la cavalcade héroïque du mois de novembre. C'est comme si l'on repassait le film dans le mauvais sens.

Voici Brumath, Steinbourg où ils avaient fait liaison avec Rouvillois. Voici Bouxwiller et le col de la Petite-Pierre.

Il n'y a personne pour les attendre, personne pour les acclamer. Personne non plus pour leur offrir le kirsch ou la mirabelle traditionnels, qui, pourtant seraient les bienvenus pour réchauffer leurs corps, engourdis jusqu'au cœur.

A l'aube, une aube sale, que l'on dirait noyée dans du lait, ils atteignent enfin leur point de première destination. Sarre-Union.

Ceux qui espéraient trouver auprès de leurs camarades américains chaleur, amitié, ou plus prosaïquement confort et café chaud, doivent déchanter. Jamais encore ils n'avaient vu pareil spectacle. Visages fermés, mangés de barbe, démarche traînante, immobilité de bœufs, voilà le spectacle que donnent les G.I's du XVe corps. Ils promènent sur leurs camarades de la D.B. des regards fatalistes, vides d'expression. Engoncés dans des capotes raidies de boue gelée, le visage emmitouflé de laines, traînant leurs armes comme une calamité, ils n'ont plus rien de la fougue qui les habitait cet été.

De-çi, de-là, quelques groupes avachis écoutent, mains aux poches, des orateurs barbus qui prêchent l'amour et la fraternité, concluant leur discours par une question, qui ne peut rester sans écho :

— Que nous ont fait les Allemands ? Citoyens des Etats-Unis, cette guerre est-elle la vôtre, ou celle des Européens ?

Le lieutenant Rives-Henrys décide d'éloigner ses Shermans. Ses tireurs devenaient nerveux.

Le général de Langlade est allé se présenter au général Patch, qui s'est enfermé dans son P.C., à l'intérieur d'un bureau où se déploie une grande carte du nord-est de la France.

— L'offensive des Ardennes va être stoppée en Belgique, dit-il, mais je suis certain que des unités allemandes intactes ont glissé vers le sud. Nous devons nous attendre à les voir fondre sur nous d'un moment à l'autre.

Sa main suit le tracé de la ligne Maginot :

— Chaque nuit, l'une des positions est enlevée par des coups de main audacieux. Je compte sur vous pour fournir des éléments de contre-attaque en cas de besoin.

Langlade approuve, sans mot dire. Il trouve que Patch dramatise un peu trop la situation. Certes, comme tout le monde, il sait que Himmler en personne est venu récemment visiter le front allemand pour galvaniser ses troupes. Il a appris aussi que le Führer attendait des miracles de l'offensive de Von Rundstedt. Mais, de là à en redouter les effets plus de cent kilomètres au sud...

Et pourtant les prévisions pessimistes de Patch semblent se confirmer. Dans la nuit suivante, un régiment de cavalerie du 6e corps américain, chargé de tenir Bitche, à 35 kilomètres au nord-est, plie bagage et s'enfuit en débandade, vers le sud.

Massu, qui vient d'arriver et qui, dans la nuit, a franchi à son tour le col de la Petite-Pierre, confirme l'ampleur du désastre.

— Nous les avons croisés, raconte-t-il.

— On aurait dit l'armée Bourbaki, ajoute Sorret, encore stupéfait par le spectacle de ces hommes vannés, fuyant, à pied, à travers la tempête de neige, en désordre, sans chefs, parfois sans armes. — On nous a même dit que certaines unités étaient arrivées à Saverne !

Sorret vient de rentrer de l'hôpital où l'avait envoyé sa blessure de Strasbourg. Lui qui n'a pas vécu ces dernières semaines d'Alsace est plus sensible que ses camarades à la lente détérioration du climat ambiant. Il ne comprend pas.

— On dirait que quelque chose s'est cassé, observe-t-il. Comme si ce qui reste à faire ne devait plus jamais avoir le goût de ce qui a été fait. Le temps consacré à combattre pour tenir ce fameux serment a été une période extraordinaire. Après, l'intérêt s'est émoussé...

Massu approuve, distraitement. Langlade, qui vient de le recevoir, lui a brossé de la situation un tableau moins encourageant encore qu'il ne le redoutait.

— La retraite précipitée de ce régiment blindé américain ouvre une brèche dans le flanc droit de notre XVe armée, dit-il. Pire encore, on m'a affirmé qu'ils avaient abandonné une partie de leur matériel.

— Des chars ?

— Oui. Ce fut vraiment une fuite honteuse. Le spectre de Von Rundstedt hante les nuits des Américains. Il y a une dynamique de la déroute...

Massu regagne ses cantonnements, à Rahling, près de Schmittviller. Ses Marsouins et ses chasseurs s'y sont installés, face à l'est et au nord. En pleine nature. Dans la nuit qui commence à tomber, très tôt en ce début de janvier, seuls les moteurs des Shermans mettent un peu de vie dans le bivouac que l'on dirait figé par le froid. Les fantassins du Tchad se serrent, frileusement, par escouades, groupés sous leurs toiles de tente, comme aux temps anciens des tempêtes de sable. Ils ne parlent guère. Ils n'en ont ni le courage, ni l'envie.

— Mon commandant, le général de Langlade veut vous voir tout de suite.

— Quelle heure est-il ?

— Bientôt midi.

La nuit est passée, longue, interminable. Des heures durant, les hommes du G.T. « L » ont été tenus éveillés par les bruits d'une canonnade proche, dans le nord. Tout s'est calmé vers une heure du matin. Massu se hâte, maussade, certain d'apprendre une nouvelle catastrophe.

— Il faut que je vous mette au courant tout de suite, commence Langlade. Les Allemands ont attaqué Gros-Rederching cette nuit.

Un coup d'œil sur la carte. Gros-Rederching est un village important à une douzaine de kilomètres au nord de Schmittviller.

— L'unité américaine chargée de la défense du secteur a été bousculée et s'est repliée sur Herbitzheim. On signale déjà l'ennemi sur la Nationale 411, vers Sarreguemines et au sud, au carrefour d'Achen.

« Rassemblez immédiatement votre sous-groupement. Il faut reprendre Gros-Rederching avant la nuit.

Massu grimace. Il regarde sa montre. Elle marque midi.

— Les délais sont courts, fait-il observer : il nous reste à peine quatre heures de jour. Je redoute les méprises. D'autant que nous savons que les Allemands utilisent des uniformes et des matériels américains.

« Nous aurions de meilleures chances de succès si nous montions l'opération à partir de demain matin, à l'aube.

Langlade secoue la tête, avec un peu d'agacement :

— Cela est hors de question. L'ordre est maintenu.

De mauvais gré, Massu s'incline. De retour à Rahling, il fait regrouper ses hommes, organise la colonne, distribue les missions :

— Parcevaux, avec votre 1er escadron de chasseurs, vous occuperez et tiendrez la crête 345, à l'est de Gros-Rederching. Rogier, avec votre 5e compagnie, vous occuperez et tiendrez la cote 367, au sud du village. Vous aurez le peloton Nouveau pour vous appuyer.

« Langlois, avec votre 6e compagnie et le peloton Rives-Henrys, vous prendrez en charge l'effort principal sur le village même.

« Il est quatorze heures. La nuit tombe vers seize heures. L'idéal serait que vous ayez coiffé vos objectifs un peu avant la fin du jour de façon à pouvoir vous organiser convenablement en défensive.

La colonne s'ébranle aussitôt. Il fait un temps épouvantable. Le vent d'est qui s'est levé brusquement à midi balaie la surface de la neige avec une violence de blizzard. Dans leurs chars, les chasseurs ont accumulé les lainages, et jettent des regards de compassion aux fantassins, perchés sur les blindages, les doigts bleus, les yeux injectés, les sourcils poudrés de givre.

La distance qui sépare Rahling de Gros-Rederching n'excède pas douze kilomètres. Il faut plus d'une heure pour la combler. Passé cent mètres, un Sherman n'est qu'une masse grisâtre dont le ronflement du moteur est couvert par le vent.

Peu avant l'orée du village pendant le tir de préparation d'artillerie, les fantassins mettent pied à terre et commencent à progresser, silhouettes fantomatiques enfoncées jusqu'aux mollets dans la neige fraîche, repérables aux guetteurs allemands, s'il y en a.

En tête, le sergent Winder. Un vieux Marsouin, au visage sculpté par le sable et le soleil, que le vent et le froid ont poli comme du marbre. Son groupe s'égaille, obéissant au geste, sans cris ni ordres superflus. Quelques anciens, comme Ewald et Bardin, beaucoup de nouveaux venus, engagés de Normandie ou de Paris. Mais, jeunes ou anciens, ils se ressemblent tous, dans l'effort, gestes ralentis et gauches, gonflés de laine et de peaux de mouton. Ils avancent pourtant, chassant devant eux de gros nuages de vapeur blanche.

En face, rien. Gros-Rederching fait penser à quelque ville fantôme uniquement peuplée d'ombres que le jour a diluées en une brume tenace qui s'accroche au ras des maisons, mêlée à la poussière soulevée par les obus.

Au milieu, le capitaine Langlois, relié comme par un cordon ombilical au poste de son radio, signale d'une voix rauque et essoufflée :

— Plus de Boche à l'horizon. J'entre dans le village...

Les Shermans du peloton Rives-Henrys arrivent, presque silencieusement. Ils glissent dans la rue principale, et se séparent, fonçant aux sorties.

— Dispositif en place, confirme Langlois.

Massu approuve. Voici quelques instants, il a également reçu le compte rendu de ses deux autres détachements, Rogier et Parcevaux, qui ont atteint leurs emplacements, sur les crêtes qui dominent le village.

— Soyez vigilants, fait dire Massu : doublez les guetteurs et conservez les tireurs aux canons des Shermans. C'est une mauvaise nuit à passer. Demain matin, les Américains nous relèveront.

Quelques minutes, puis Langlois rappelle :

— Hier soir, les Américains sont vraiment partis le feu au cul ! Ils ont abandonné trois Shermans lance-flammes intacts dans une grange...

La nuit est tombée. Une nuit de vent et de tempête. Le thermomètre a franchi le cap des — 20°, et, sur la cote 367 où il a installé son poste de commandement, auprès de Rogier, Massu frissonne, les oreilles pleines du sifflement du vent de la plaine. La veille est longue. Dans leurs guitounes individuelles, à demi enfouies dans la neige, les Marsouins ont mangé froid. Du chocolat et du fromage au jambon. Le reste était trop gelé pour être consommé.

De demi-heure en demi-heure, en coupant simplement le bruit de fond de son émetteur, Langlois signale que tout va bien et que rien de suspect ne se passe dans son secteur. Tout à l'heure, il a fait connaître son dispositif, quatre Shermans embossés face au nord, direction probable d'une éventuelle action ennemie, en retrait, face aux autres sorties, les sections de Marsouins.

Vers dix heures du soir, Langlois annonce qu'une section d'infanterie américaine vient d'arriver :

— Le sous-lieutenant qui commande le détachement m'a dit qu'il était l'avant-garde d'éléments plus importants qui arriveront incessamment.

Pour Massu, c'est une bonne nouvelle. Elle indique que les efforts fournis par Langlade pour obtenir des renforts n'ont pas été vains.

Pour son sous-groupement, cette nuit n'aura finalement été qu'un désagrément, somme toute mineur.

— Ici Langlois, chuchote le poste. Nous avons l'impression que des infiltrations se produisent vers le nord-ouest. Nos sonnettes signalent des bruits anormaux.

— Montez bonne garde. Si vous avez besoin d'un coup de main, n'hésitez pas...

— Non, ça ira.

La nuit est opaque, le vent, toujours aussi violent. Il draine une sorte de brouillard laiteux qui empêche presque de deviner une main au bout du bras.

Massu somnolait, une couverture jetée sur ses épaules. Il se réveille soudain. Des rafales trouent la nuit, ponctuées de départs et d'arrivées de canon. On se bat dans Gros-Rederching.

— Langlois ? Langlois, répondez...

Langlois ne peut pas répondre.

Voici cinq minutes, débouchant du sud-ouest par la route de Voelfling, celle-là même par laquelle est arrivée la section d'Américains, une petite colonne de véhicules s'est présentée tous phares allumés. En tête, une jeep depuis laquelle un officier casqué, le visage engoncé dans un passe-montagne de laine kaki, a levé la main en criant :

— *Americans, Americans !*

Les Marsouins ont relevé les canons de leurs armes. D'autant que, derrière la jeep, apparaissaient les silhouettes familières de Shermans timbrés de l'étoile blanche.

Les chars sont entrés dans la rue principale, captant dans la lumière de leurs projecteurs les nids de défense hâtivement installés au soir par les fantassins de la 6e. Au passage, le sergent Winder salue de la main les G.I's frileusement accrochés, en grappes, aux blindages.

Et puis, d'un seul coup, c'est le drame. A peine les projecteurs ont-ils accroché les Shermans du peloton Rives-Henrys, qui leur tournent le dos, canons braqués vers le nord, que les nouveaux venus ouvrent le feu. Un massacre. Les Shermans sont détruits[1], à bout portant, sans avoir eu le temps de réagir.

Les projecteurs s'éteignent tandis que les pseudo-G.I's, sautant à bas de leurs engins, s'égaillent dans le village, tirant sur les emplacements repérés durant leur brève intrusion. L'imbroglio est total. Comment se reconnaître, dans le noir, alors que les silhouettes des combattants sont identiques ? La mêlée est furieuse. Les Allemands s'adossent à leurs chars, avec lesquels ils font le forcing, culbutant les défenses des Marsouins, pris à revers.

— Allô, Langlois ? Que se passe-t-il, répondez ?

Langlois ne répondra pas. Il s'efforçait de coordonner la riposte, courant d'un emplacement à l'autre. Ceinturé par plusieurs Allemands, il a été capturé et aussitôt emmené hors du village.

---

1. *Languedoc, Savoie II, Iseran, Maurienne* du M.d.L. Forest.

La bataille va encore durer près d'une heure. Puis, toujours grimpés sur leurs Shermans qui arrosent le village à la mitrailleuse et au canister, les Allemands quittent enfin Gros-Rederching, ayant semé la mort et la destruction.

— C'est une félonie ! grognent les Marsouins.

Leur amertume, leur colère est grande. Profonde. Plus que le procédé, déjà révoltant, le massacre de leurs camarades chasseurs d'Afrique, tirés au canon, à bout portant, dans le dos, grave dans les cœurs une froide résolution :

— Plus de quartier ! Nous les vengerons.

Ils pleurent le lieutenant Rives-Henrys, tombé le premier, la gorge tranchée d'une balle. Ils pleurent aussi le sergent Winder, l'Alsacien, le rescapé de tant de batailles menées à la loyale, fusillé contre un mur. Ils pleurent les autres, Ewald, Bardin, Parisot, Régis, Meunier...

A l'aube, Massu est sur place. Muet, mâchoire serrée, l'œil dur. En rogne. Comme jamais sans doute.

— Où qu'ils soient, se promet-il, je les retrouverai. Je leur ferai payer ça...

Déjà il distribue ses ordres, rameute ses compagnies. Les Marsouins ont changé de visage. Plus question de se traîner, de gémir sur l'oubli dans lequel les laisse la France. Ils en font une affaire personnelle.

— Vous vous posiez des questions, leur dit Sorret : voici la réponse. Vous allez faire la guerre parce qu'il faut la faire. Et vous gagnerez parce que votre adversaire s'est disqualifié.

Les mitrailleuses sont armées, avec des claquements secs.

Le lieutenant Nouveau a demandé l'honneur d'être en tête :

— Rives-Henrys était mon ami, explique-t-il.

Massu a donné son accord. Sur les blindages de son peloton, Nouveau emmène la 1re section de Langlois.

Massu va ordonner le départ. Par radio, il a rendu compte à Langlade et, sans attendre le feu vert, il a pris ses dispositions de combat. Il est certain que les Allemands n'ont pu aller bien loin. Ils doivent se terrer dans les environs, un proche village à partir duquel ils peuvent lancer leurs raids dans la région.

— Nous les surprendrons au gîte...

Mais Langlade se manifeste bientôt :

— La 44e division américaine prend notre relève dans ce secteur. Nous retournons en réserve.

La mort dans l'âme, Massu doit renoncer à son raid surprise. Il reste persuadé qu'il avait des chances de réussir et peut-être de libérer le capitaine Langlois.

Il le regrette davantage encore lorsque, une semaine plus tard, un colonel allemand révèle que ce que le général Patch et ses troupes prenaient pour une percée allemande, consécutive à l'offensive des Ardennes, n'était en réalité qu'une série de manœuvres audacieuses, menées par quelques centaines d'hommes fanatisés, emmenés par un simple lieutenant-colonel.

— Que voulez-vous, dira le prisonnier : moins on dispose d'effectifs, plus il faut faire de volume...

Mais il est trop tard. Déjà, le G.T. « L » a quitté la zone de Sarre-Union pour retourner vers Strasbourg, menacé par une offensive allemande.

Pendant un mois encore, la 2e D.B., regroupée en plaine d'Alsace, va encore participer aux opérations de nettoyage. Les hommes sont exténués, les officiers n'en peuvent plus.

— On piétine, râlent-ils.

Ils râlent plus encore quand ils se rendent compte que toute la Ire armée française est enfin à pied d'œuvre, épaulée par deux divisions américaines.

— Tout cela pour achever de réduire la poche de Colmar !

A la fin de janvier, c'est chose faite. Mal utilisée, la 2e D.B. n'a servi qu'à appuyer, dans les conditions d'emploi les plus aberrantes qui soient, les attaques des fantassins embourbés dans les marécages, qui commencent à dégeler.

— Le summum du non-sens a été atteint hier, note le commandant Gribius, qui a, sur sa demande, pris la relève du commandant Minjonnet au sein du G.T. « L ».

« Nous devions attaquer et prendre Fessenheim, fortement tenu, paraît-il, par un gros régiment allemand. A l'aube, je commande la préparation d'artillerie sur les lisières du village. Et j'apprends, par la radio, que nos obus tombent sur un bataillon de la 1re D.B. française, qui a reçu la même mission à partir d'un autre axe.

« Leclerc était furieux. Il l'a été plus encore quand il s'est aperçu qu'un groupement tactique de la 1re division d'infanterie du Maroc fonçait à son tour sur Fessenheim !

« Pour ajouter à la confusion, en milieu d'après-midi, tout le monde a été copieusement arrosé par un tir d'artillerie. C'étaient deux colonnes de la 9e division d'infanterie coloniale qui venaient nous attaquer...

— Il y a maintenant trop de monde pour aussi peu d'objectifs, répond Massu. Je ne vois plus ce que nous pouvons faire en Alsace.

Comme la plupart des officiers et des hommes de la division, tous les regards se tournent vers l'est, cette Allemagne où il faudra bien aller porter la guerre pour abattre le IIIe Reich et signer la victoire.

29

BERCHTESGADEN

Allemagne, mai 1945.

Aux façades coquettes épargnées par la guerre pendaient des chiffons blancs et, sur le pas des portes, les civils en costume tyrolien n'osaient pas encore faire les gestes d'amitié. Tout était encore trop frais, trop neuf. Ils se donnaient seulement l'air soulagé. L'hébétude de la catastrophe leur dictait les premiers gestes de la soumission, avant ceux de la fraternisation. Mais cela viendrait, le capitaine Touyeras en était sûr.

Depuis une semaine déjà, l'Allemagne, vaincue, traversée en tornade, offrait à ses conquérants l'affligeant spectacle d'une nation qui mimait le réveil douloureux. Comme une princesse envoûtée par un mauvais génie qui perd la mémoire auprès de son prince charmant, tout se passait comme si en premier lieu la première victime du nazisme avait été la population allemande.

— Hitler ? De qui parlez-vous ? Ah, oui ! Le peintre ?

— Les camps de concentration ? Quels camps ?

Touyeras n'avait ni haine, ni rancune. Il savait d'expérience que dans la défaite, la servilité devient la règle du plus grand nombre. D'abord survivre, même en rampant.

Ici, à Berchtesgaden, la guerre n'était pas réellement passée. C'était le saint des saints, le lieu d'où soufflait l'esprit du IIIe Reich. Le cœur battant de l'Allemagne à croix gammée. On aurait pu croire que ce lieu en aurait été le donjon, l'ultime réduit qu'il faudrait forcer en massacrant les fidèles par le fer et par le feu, jusqu'au dernier. Mais rien. Les quelques SS rencontrés dans les casernes étaient bien propres, bien astiqués, rangés au carré, précédés d'un gradé n'ayant à offrir, au lieu des clés de la cité, que les états dactylographiés des armes et des matériels, soigneusement entreposés à l'écart. Personne n'avait voulu se battre pour ce symbole vide.

Hitler était mort à Berlin le 30 avril dernier sous les ruines de son bunker et Goering, le dauphin déchu, n'avait fait que passer à Berchtesgaden pour y ramasser en catastrophe le testament du Führer, qui le renvoyait au néant.

Ce soir, tout était calme. Il semblait à Touyeras qu'il se trouvait hors du monde, comme cloîtré dans un monastère dont les murs, hauts de près de trois mille mètres, l'isolaient de la planète mieux qu'une mer. D'un côté, l'Allemagne en ruine, sillonnée en tous sens de millions d'hommes et de femmes en transhumance, soldats alliés fonçant vers les frontières ; prisonniers ou déportés errant hors de leurs camps, troupeau hagard et famélique égrenant ses morts au hasard des chemins ; débris des armées allemandes cheminant par les campagnes, tantôt abattus, tantôt saisis d'un lâche soulagement ; civils vêtus de défroques misérables, costumes informes taillés dans des couvertures, retenues par des ficelles, poussant sur des attelages de fortune la brocante sauvée de leurs maisons détruites.

De l'autre, sous un ciel gris fer, un cirque de montagnes qu'une couche de neige mate coiffait d'une carapace d'acier et de silence. Ici, les odeurs étaient saines. Ni charogne, ni cordite, ni gravats. La brise n'apportait que des effluves sylvestres.

Le site lui-même semblait fait pour la méditation et la contemplation. Une majesté sauvage et hautaine. Nietzsche et Wagner. Des falaises verticales plongeant de 2 700 mètres jusqu'au lac de Königssee, des sommets vertigineux, le Watzmann et le Hagen. Et puis, comme le bec d'un oiseau de proie, l'éperon rocheux de l'Obersalzberg, le « nid d'aigle » du Führer. Un décor rêvé pour un combat de titans qui, en ce soir du 4 mai 1945, n'abritait plus que des figurants d'opérette. L'Auberge du Cheval blanc...

Le capitaine Touyeras n'était guère sensible à la beauté sublime du cadre. Il roulait dans sa jeep bardée d'antennes, timbrée aux armes du 11/64e régiment d'artillerie. Officier de liaison et d'observation du sous-groupement Barboteux, appartenant au G.T. « V », il arrivait, au terme d'un rallye de plusieurs jours, au but qu'il s'était fixé voici près de cinq ans déjà.

C'était en juillet 1940. Ou en août, Touyeras ne s'en souvenait plus avec exactitude, tant les jours et les semaines se confondaient dans une même grisaille torturante. Fatigue et faim. Honte aussi. Il était de ceux qui supportaient mal l'amertume de la défaite, inexplicable à ceux qui n'avaient déposé les armes que sur un ordre exprès, et la rage au ventre.

Vaincu, mais pas soumis. Ce matin-là, le triste cortège des officiers prisonniers, capotes kaki maculées en blanc de deux lettres infamantes « K.G. », qui venait de débarquer en gare de Munich se dirigeait par petites étapes vers Salzbourg et quelque Oflag d'Autriche.

En traversant Bad Reichenhall, une trouée de montagne avait

laissé entrevoir, au loin, fermant l'horizon bleu, les sommets aigus qui dominaient Berchtesgaden. L'un des gardiens du cortège calamiteux, bombant le torse dans l'attitude du vainqueur, avait lancé, à haute voix, dans un français rugueux :

— De là-haut, notre Führer domine le monde...

Haussant les épaules, plus sensible que ses camarades à son état, Touyeras s'était fait une promesse :

« Un jour, je ne sais pas quand mais cela se produira, je le jure, je reviendrai ici, à Berchtesgaden. En vainqueur. »

Quelques semaines plus tard, il s'évadait.

Depuis quatre ans, obstinément, Touyeras poursuivait son idée. Un peu de chance, beaucoup d'âpreté.

Après Strasbourg, comme tous les officiers de la division, il avait espéré franchir le Rhin et foncer, au-delà du Danube, en direction du cœur du IIIe Reich. Mais il y avait d'abord eu la longue, pénible, éprouvante campagne d'Alsace, ce piétinement meurtrier devant les villages entre Ill et Rhin. Des villages dont chaque conquête avait été payée au prix le plus élevé. Du sous-lieutenant Lespagnol, vingt ans tout juste, tué devant Kœnigshoffen le 23 novembre, au commandant Putz, tombé à Grussenheim le 28 janvier.

Hébétée, épuisée, exsangue, la division avait été repliée dans les derniers jours de février pour se refaire une santé dans la région de Châteauroux. Cinquante jours de calme, de repos, de bonne chère avaient contribué à cicatriser les plaies, combler les vides, rassembler un matériel nouveau.

Vers la fin de mars, quelques unités s'étaient embarquées vers l'ouest, en direction du front de l'Atlantique. Il s'agissait de réduire la poche de Royan. Une escapade. Une longue mise en place, aux abords immédiats de l'objectif à attaquer, suivie d'une brusque poussée en avant. Trois jours de combats, difficiles en raison de l'inexpérience des F.F.I. mal préparés à lutter aux côtés des Shermans des chasseurs ou des cuirassiers.

Là encore, la division avait payé son poids de morts et de blessés. Blessé, le capitaine de Bort, l'indomptable commandant du 2e escadron, celui de Rouessé-Fontaine et de Dompaire. Blessé grièvement par un sniper, le commandant Gribius, le beau cavalier à la silhouette incomparable.

Mais déjà, à nouveau, les regards se tournaient vers l'est. Les Américains étaient enfin entrés en Allemagne et livraient bataille devant chaque ville dont les ruines étaient autant de bastions farouchement défendus par des SS fanatiques, des gamins de la Jeunesse hitlérienne, des vieillards de la Volksturm.

A Châteauroux où le tiers des hommes étaient restés [1], l'inquiétude s'ajoutait à l'inaction. La guerre allait-elle finir sans eux ? Certes, il y avait eu la Normandie, Paris, Strasbourg et l'Alsace, mais la

---

1. Le R.M.T. au complet, le 501e R.C.C.

boucle ne serait bouclée, les comptes totalement apurés qu'une fois foulé le sol allemand.

Et puis, le 22 avril, les ordres étaient enfin venus. La 2e D.B. était à nouveau rattachée à la VIIe armée américaine, cette vieille connaissance de Lorraine et d'Alsace. En quelques minutes, chars parés, bagages prêts, les premiers éléments se mettaient en route.

Seul alors le G.T. « V » était au complet. Marsouins du IIIe R.M.T. et blindés du 501. Les autres devaient attendre le retour de leurs camarades de Royan, qui, pour leur part, mission accomplie, se hâtaient d'embarquer leurs véhicules sur les plates-formes des trains.

Premiers partis, Guillebon et son groupement tactique franchissaient le Rhin le 27 avril après avoir récupéré leurs chars à Mannheim. Le 29, ils avaient atteint le Danube, à Dillingen. Le même soir, deux mille kilomètres plus à l'ouest, le dernier Sherman du 12e Chasseurs embarquait sur un wagon-plate-forme en gare de Cognac.

Commençait alors pour toute la division le grand rallye à travers l'Europe. La dernière chevauchée.

Déjà, Leclerc s'impatientait. Il lui hâtait de regrouper sa meute pour la lancer dans l'hallali suprême. Son objectif, Berchtesgaden. C'était là, et pas ailleurs, qu'il voulait clore l'épopée commencée quatre ans plus tôt dans les sables de Koufra, jalonnée de symboles dont l'ultime ne pouvait être que le « nid d'aigle » du Führer.

Mais, comme naguère Paris ou Strasbourg, Berchtesgaden ne figurait pas au programme conçu par les Américains à son intention. Compensation des efforts consentis, des sacrifices subis, ils se réservaient ce but.

Leclerc n'avait plus d'autre solution que d'attendre une occasion favorable, plus d'issue que de mettre son intelligence au service de sa volonté. Les événements devaient lui donner raison d'être resté optimiste et vigilant. Le 29 avril, il apprenait que la 12e division blindée américaine n'avait pu récupérer à temps l'une de ses unités de chars, indispensable pour poursuivre l'offensive vers le sud.

— Je dispose d'un combat-command, disait-il aussitôt.

Et voici Guillebon rattaché à la 12e D.B.U.S. Il en avait immédiatement pris l'avant-garde et le grand rush avait alors commencé là, sur le Lech, au sud d'Augsbourg le 30 avril 1945. Spahis, cavaliers et Marsouins avaient contourné l'Ammersee et foncé plein sud, droit devant. En France, ils avaient laissé un printemps précoce, un soleil déjà tiède, des prairies verdissantes. Ici, à Garmisch, au pied des Alpes, c'était encore l'hiver. Un hiver plein de neige, de vent, de nuages bossus et gris accrochés aux parois des montagnes. Mais les hommes étaient devenus insensibles au froid. Plus loin, toujours plus loin...

Le 2 mai, après avoir glissé vers l'est, Guillebon arrivait à Bad Tölz, sur l'Isar. Bad Tölz, sanctuaire de la Waffen SS, école de formation des officiers. De ces bâtiments orgueilleux qui avaient durant dix ans abrité l'élite de la race des Seigneurs, fabriqué des cadres fanatiques bardés d'intransigeance et de discipline, il ne restait plus rien que des ruines. Le monastère de l'Ordre noir n'était plus qu'un chantier de démolition...

A Bad Tölz, les Américains, essoufflés par deux cents kilomètres d'une course effrénée, à court de ravitaillement, s'étaient arrêtés pour respirer. Guillebon avait souri. Maintenant, il avait les mains libres. Le 3 mai, précédé des spahis du capitaine Da, il franchissait la rivière et se portait sur l'Inn qu'il traversait en fin de matinée, à Nussdorf. Là, enfin, il touchait à l'autobahn de Salzbourg, voie directe menant vers le sud-est.

Les Shermans et les blindés s'y engageaient aussitôt, fonçant sur les deux voies, vides de véhicules. Un déboulé mené à près de quatre-vingts à l'heure. Et puis, enfin, le 4 au matin, l'élément de tête du sous-groupement Barboteux, du IIIe R.M.T., après avoir quitté l'autobahn à Bad Reichenhall, s'engageait sur la route en lacet menant à Berchtesgaden.

— Fonce, allez, fonce !

Le capitaine Touyeras jubilait. Il était le premier. Tout à l'heure, en arrivant à Berchtesgaden, pavoisé de blanc, il avait aperçu les jeeps de tête de la 3e division américaine qui se frayaient un lent passage vers le village, venant de l'est. Ils étaient rendus prudents par d'incessants accrochages qu'il leur avait fallu réduire, un par un, tout au long du chemin. Une fois de plus, la chance avait servi la division, fidèle au leitmotiv du général Leclerc, devenu sa règle d'or :

— Ne vous attardez pas sur les résistances rencontrées. Contournez-les... et foncez.

Et, précisément, le capitaine Touyeras fonçait. Derrière lui, cramponnés aux parois blindées de leurs quinze half-tracks, les Marsouins de la 2/12e compagnie du Tchad s'efforçaient de maintenir le train d'enfer de la voiture légère. Par un étrange hasard, cette section n'était pas composée d'anciens d'Afrique ou même de Normandie. Les Marsouins n'étaient à la D.B. que depuis Paris, presque tous F.F.I. engagés à la suite des combats de la Libération. En Lorraine, en Alsace, ils avaient durement conquis l'estime de leurs anciens, et acquis auprès d'eux l'expérience et le style propres aux vieux coloniaux. D'ailleurs, aujourd'hui, rien en apparence ne les distinguait des autres. Mêmes visages tendus, même rapidité d'exécution, même bravoure, mêmes gestes de professionnels. Seule image de marque, une gouaille parisienne et cette décontraction qui trahissait leur jeune âge. Avec, en plus, héritage des années d'occupation, une haine farouche de l'Allemand jointe à une pratique délibérée du système « D ». Depuis Bad Tölz, alors que l'intendance américaine ne suivait plus, c'étaient les gars de la 12e qui assuraient le ravitaillement de la colonne.

C'était fait de main de maître et quand ils s'abattaient sur une ferme comme une volée de rapaces, leurs camarades pouvaient être rassurés, les gamelles seraient remplies. Bien sûr, il y avait des protestations, mais ils avaient une réplique toute prête :

— Que voulez-vous, pendant quatre ans, c'est la Wehrmacht qui a fait notre éducation. Si elle comporte des lacunes, à qui la faute ?

Ils avaient, eux aussi, une revanche à prendre et Messiah, leur lieutenant, plus encore que les autres. Il ne lui déplaisait pas qu'un officier juif figure parmi ceux qui, les premiers, commettraient le sacrilège suprême, violer le sacro-saint refuge du maître du IIIe Reich.

Déjà le capitaine Touyeras atteignait l'Obersalzberg. Le spectacle était hallucinant. Le 24 avril, l'aviation alliée avait effectué un raid d'une violence inouïe sur l'éperon rocheux dominant la vallée, et semé la désolation dans ce qui avait été le domaine le mieux entretenu de toute la guerre. Il ne restait plus rien des pelouses soigneusement peignées, que des cratères où stagnait de l'eau sale. Plus rien des arbres amoureusement plantés de-ci de-là, près des coquettes villas rustiques destinées à abriter les princes du régime. La caserne des gardes, à peu près intacte, insolite même au bord de la falaise, n'était plus peuplée que de chiens errants.

Touyeras avait mis pied à terre. Juste devant, accrochée comme une loge de théâtre, face au décor sublime de la vallée, regardant le nord, l'Empire, la villa du Führer se dressait, bunker aux lignes lourdes, griffée d'éclats et d'impacts, aux abords jonchés de débris lamentables.

Touyeras enjambait des poutres, des débris, escaladait des monceaux de gravats, atteignait enfin la porte d'entrée, dont les vantaux, arrachés par les explosions, avaient volé à plusieurs mètres. Devant lui, dans le hall d'entrée, encombré de meubles éventrés, dégorgeant leurs papiers que le vent soulevait, un grand portrait de Hitler foudroyait d'un regard halluciné cet intrus qui osait.

Le bureau, le célèbre bureau d'où la vue s'étendait à l'infini, évoquait une décharge publique. A droite et à gauche, les fameux fauteuils où tant d'illustres personnages s'étaient assis pour bavarder du sort du monde vomissaient leurs ressorts à travers leurs cuirs crevés. Les tapis, roussis par les bombes, la table de travail même, surchargée de platras, avaient du mal à conserver un peu de majesté aux lieux malmenés. C'était à la fois pathétique et dérisoire. Vaguement inquiétant, comme des catacombes.

Touyeras était ressorti. Par radio, il envoyait au colonel de Guillebon un bref message :

— Suis chez Hitler. N'ai trouvé personne. M'y suis ennuyé. Je redescends.

Dans les heures qui suivent, les unités de la division rallient Berchtesgaden par les voies les plus rapides. Pour être certains d'arriver les premiers parmi les troupes alliées, les chars du 501e ont bloqué la route d'accès en mettant en panne leurs Shermans en chicane. Ils filtrent les passages.

Le 5 au matin, Barboteux et son sous-groupement ont investi l'Obersalzberg, exploré réduits et souterrains. Nouveaux maîtres des lieux, ils en font faire la visite et fouillent sans vergogne dans les armoires et les coffres. C'est dans l'un d'eux qu'ils découvrent un immense drapeau tricolore. Ils le déploient aussitôt, accroché au balcon de la villa de Hitler, pour signaler au monde entier que le nid d'aigle a été conquis par les Français.

Quarante-huit heures encore, les hommes de la 2e division blindée vont occuper les lieux. Un à un, les groupements tactiques rallient le cirque de montagne, accueillis par le général Leclerc qui dit :

— Eh bien, voilà qui est fait. La route a été longue et dure, mais on a bien terminé, qu'en dites-vous ?

Pour tous ses officiers, il a un souvenir, un livre relié en cuir frappé du monogramme A.H., une chope de bière, un diplôme de citoyen d'honneur offert par l'une des villes du IIIe Reich à son « Führer pour mille ans »...

Certains des colonels, comme Dio ou Crépin, les vieux compagnons du Tchad, sont rayonnants de joie. Emus aussi. Leur épopée se termine en apothéose.

D'autres, comme Massu ou Langlade ont vu leur enthousiasme tempéré par une vision d'horreur. Traversant la Bavière à marches forcées, passant près de Munich, leurs pas les ont conduits à Dachau. Spectacle effroyable. Ils garderont encore longtemps l'image de ces cadavres, par milliers, empilés sur les places, pauvres victimes sacrifiées pour on ne sait quelle folie.

— C'était tellement épouvantable, tellement révoltant, que les Américains eux-mêmes, d'ordinaire impavides et paisibles face à ce qu'ils appellent les « querelles d'Européens », en découvrant le gigantesque charnier, ont désarmé les gardes qu'ils ont cloués aux baraques avec leur propre baïonnette, raconte le capitaine Fonde.

Langlade et Massu ont vu. Ils ont écouté aussi. De cette foule au crâne rasé, aux os saillants sous la peau, anonyme sous une loque rayée, quelques mots sont parvenus jusqu'à eux. Quelques visages, entrevus, qui n'avaient plus rien d'humain. Des rencontres aussi, insolites, inattendues, effrayantes. Edmond Michelet, qui a réussi le tour de force de rester lui-même au milieu de la déshumanisation générale. Le père Riquet, méconnaissable sous la défroque de bagnard et que les deux officiers ont fait sortir, en fraude, malgré les consignes sanitaires imposées par les Américains.

De retour parmi les leurs, Langlade et Massu racontent en dépit de l'impossibilité de leurs mots pour décrire l'indescriptible.

— Nous ne pensions pas, nous ne pouvions imaginer qu'une telle chose fût possible, dit Langlade, bouleversé, hanté par ces images de l'enfer.

Guillebon montre les ruines du nid d'aigle :

— Il y a dix ans que tout cela aurait dû être détruit. Maintenant, au contraire, il faudrait le conserver, en faire un musée. Ces murs ont été les témoins de tant de lâchetés, de tant de capitulations... Certes, Hitler et sa clique sont responsables de tout. Que dire de ceux qui les ont laissé faire ?

Une estafette interrompt la conversation. Une estafette au visage épanoui, aux lèvres tremblantes d'émotion :

— Ça y est, bégaie-t-elle. Ça y est. C'est signé...

Tous se regardent, le cœur soulevé d'une intense émotion. Ils sont venus de si loin, ont tant marché, tant souffert, tant espéré cette minute qu'ils n'ont rien à dire. Sans un mot, ils se serrent la main. La paix. Enfin.

La paix. Mais, déjà — ou encore — la hiérarchie américaine se manifeste. Quand l'avant-garde de la VIIe armée s'est présentée, tout à l'heure, dans le village, elle a appris que les lieux étaient occupés depuis quarante-huit heures par les Français. Les Français qui, selon les plans prévus, auraient dû se trouver à plus de cinquante kilomètres de là. Consternation, agacement, fureur.

— Vous avez vingt-quatre heures pour décamper, ont fait dire les Américains.

Alors, la division plie bagage. Elle emporte dans ses G.M.C. une petite partie des trésors récupérés dans les souterrains de la « Caverne d'Ali Baba ». Des objets d'art, des documents, qui seront remis par Leclerc aux musées dont ils proviennent. Mais aussi des vivres rares, champagne, vins fins, foie gras, qui vont pendant quelques semaines soutenir le moral de la 2e D.B., « exilée » au bord de l'Ammersee.

Un exil qui, peu à peu, se teinte de nostalgie.

— La guerre finit toujours mal, observe le lieutenant Sorret, tout le monde rentre chez soi...

C'est vrai. A la joie de la victoire conquise de haute lutte, succède maintenant la hantise des lendemains. La séparation d'abord. Les hommes ont combattu, souffert, espéré, attendu ensemble. Etrangers les uns aux autres voici deux ans à peine, les voilà maintenant plus liés que des frères.

— Nous avons vécu les plus belles heures de notre vie.

— Le vrai combat va commencer ; il va nous falloir nous réadapter à la vie civile.

— Avec un sérieux handicap. En notre absence, les places ont été prises.

Les étudiants envisagent, sans joie, leur retour en faculté, les autres, la reconquête d'un poste, d'un travail.

— Bon, disent les Espagnols, nous avons réglé son compte à Hitler. Quand allons-nous nous occuper de Franco ?

Il est bien question de Franco. Une rumeur court dans les rangs des unités :

— Il paraît qu'on va bientôt demander des volontaires pour poursuivre la lutte contre les Japonais en Extrême-Orient.

Quelques sourires refleurissent. L'Extrême-Orient c'est peut-être une occasion de repousser l'échéance de la séparation, une chance de poursuivre, encore un peu, la route en commun...

Mais tous pressentent que jamais ce ne sera pareil. Où qu'ils aillent, ceux de la 2e division blindée conserveront, comme une relique, pieusement, le souvenir de l'Epopée.

Au mess des officiers, les conversations languissent. Que se dire ? Que se raconter ? La belle aventure s'achève, et déjà interviennent mutations et déplacements. L'équipe, la belle équipe, s'effrite et se disloque.

Un cuirassier s'approche du colonel Rouvillois. Il lui tend un message. Le colonel le prend, le parcourt d'un rapide regard. Un sourire naît sur ses lèvres quand il lit :

« Le Sherman *Istres,* en panne depuis le 5 août 1944 à Sainte-Mère-Eglise (Calvados) attend toujours le dépannage.

« Le cuirassier Ribles, laissé de garde auprès du char, souhaite des instructions et demande s'il doit rejoindre. »

ANNEXES

ANNEXE 1

ORGANIGRAMME DE LA 2e DIVISION BLINDÉE (1.08.1944)

Commandant la division	Général LECLERC
Adjoint-chef d'E.-M.	Colonel BERNARD
Sous-chef d'E.-M.	Lt-Cl DE GUILLEBON

ETAT-MAJOR

1er bureau	Cdt QUILICHINI
2e bureau	Cdt REPITON-PRÉNEUF
3e bureau	Cne GRIBIUS
4e bureau	Cdt LANTENOIS
Base	Cdt FLANDRE

ARMES ET SERVICES

Artillerie div.	Cl CRÉPIN
F.T.A.	Cdt LANCRENON
Génie	Cdt GRAVIER
Transmissions	Cdt TOURNIER
Matériel	Cdt CLERC
Intendance	Int. 3e cl GAMET
Santé	Méd. Cdt RICHET

UNITES

Infanterie

REGIMENT DE MARCHE DU TCHAD (R.M.T.)

Origine : Ier et IIe R.M.T., issus des 1re et 2e compagnies de découverte et de combat (F.F.L.) de la colonne Leclerc, elles-mêmes provenant de l'ancien régiment de tirailleurs sénégalais du Tchad (R.T.S.T. avant 1941) IIIe R.M.T. formé à partir du 3e bataillon de corps franc d'Afrique.

Colonel commandant	Colonel DIO
Adjoint	Commandant VÉZINET

Ier R.M.T.		IIe R.M.T.	
Command.	Cdt Farret (puis) Cne Quilichini		Cdt Massu Cdt de Marcilly
Adjoint	Cdt Corlu (+ 30.08.44) puis Cne Lavergne	5e Cie	Cne Rogier
		6e Cie	Cne Langlois de Bazillac
1re Cie	Cne Grall	7e Cie	Cne Fonde (puis) Lt Ivanoff
2e Cie	Cne de Perceval		
3e Cie	Cne Sanmarcelli	CA2	Cne Eggenspiller
CA 1	Cne Troadec		

IIIe R.M.T.	
	Cdt Putz (+ 28.01.45), (puis) Cdt Fosse
9e Cie	Cne Dronne
10e Cie	Cne Sarrazac
11e Cie	Cne Dupont (puis) Cne Mazieras
CA3	Cne Barboteux (puis) Cne Troadec

Blindés

A) *Reconnaissance.*

1er REGIMENT DE MARCHE DE SPAHIS MAROCAINS (1er R.M.S.M.)

Origine : Escadron Jourdier du R.M.S.M. de Syrie (1940) devenu colonne volante du colonel Rémy, rattachée à la VIIIe armée britannique. (Campagnes : Erythrée, Libye, Tripolitaine. Tunisie avec la « Force "L" ».) Renforcé par les évadés de France et engagés de Tunisie et du Maroc.

Commandant le régiment	Colonel Rémy
Adjoint	Lt-Cl Roumiantzoff

1er escadron	Cne Morel-Deville	Chars légers M1, Automitrailleuses AM M8 et Half-tracks
2e escadron	Cne Pallu	
3e escadron	Cne Da	
4e escadron	Cne Savelli	
5e escadron	Lt Kochanovsky	

B) *Combat.*

501e REGIMENT DE CHARS DE COMBAT (501e R.C.C.)

Origine : F.F.L. La 1re compagnie provient de la 1re compagnie de chars de la France Libre (Gabon, Tchad, Egypte. Les 2e et 3e compagnies ont été formées en Angleterre et rejoignent la 2e D.B. à Sabratha, août 1943.

Commandant le régiment : Cdt Cantarel (du 1.7.43 au 8.8.44) puis
Cl Warabiot (du 8.8.44 au 2.9.44) puis
Cl Cantarel (du 2.9.44 au 25.3.45) puis
Lt-Cl Delpierre

Adjoint	Cdt de La Horie (+ le 2.11.44)

1re compagnie	Cne Buis	17 chars moyens Sherman
2e compagnie	Cne de Witasse	17 chars moyens Sherman
3e compagnie	Cne Branet	17 chars moyens Sherman
4e compagnie	Cne de Gavardie	17 chars légers M1
C.H.R. et Cie de prot.	Cne de Boissieu	

12e REGIMENT DE CHASSEURS D'AFRIQUE (12e R.C.A.)

Origine : Escadrons de Somua regroupés à Thiès (Sénégal) ramenés en A.F.N. pour participer à la campagne de Tunisie (avril-mai 1943).

Commandant le régiment	Cl (puis Gal) de Langlade
Adjoint	Cdt Minjonnet

1er escadron (reconnaissance)	Cne du Hays
2e escadron (17 Shermans)	Lt Coupé (puis de Vandières)
3e escadron (17 Shermans)	Cne de Bort
4e escadron	Cne Hargous
E.H.R.	Cne Baillou

12e REGIMENT DE CUIRASSIERS (12e R.C. ou 12e « CUIRS »)

Origine : Afrique du Nord. Régiment formé à partir d'éléments du 12e R.C.A. et du 1er Chasseurs à base de mobilisés et d'évadés de France.

Commandant le régiment	Colonel Noiret puis Colonel Rouvillois (le 11.11.44)
Adjoint	Colonel Rouvillois puis Commandant Didelot

1er escadron (17 Shermans)	Cne d'Orgeix puis Cne Compagnon
2e escadron (17 Shermans)	Lt Noel
3e escadron (17 Shermans)	Cne Gaudet
4e escadron (chars légers)	Cne de Laitre puis Cne Lenoir
E.H.R.	Cne Thomas

C) *Chasseurs de chars.*

REGIMENT BLINDE DE FUSILIERS MARINS (R.B.F.M.)

Origine : Fusiliers et marins mis à terre après Mers el-Kébir, marins volontaires pour la campagne de Tunisie au sein du « bataillon Bizerte » constitué à base d'engagés de la marine de réserve.

Commandant le régiment	Cne de corvette Maggiar
Adjoint	Cne de corvette Martinet

2e escadron (tanks destroyers)	Lt de vaisseau Pauly
1er escadron (tanks destroyers)	Lt de vaisseau Guillon

3ᵉ escadron (tanks destroyers)	Lt de vaisseau Bonnet
4ᵉ escadron (tanks destroyers)	Lt de vaisseau Richard
E.H.R.	Lt de vaisseau Olieu

Artillerie

1ᵉʳ GROUPE DU 3ᵉ REGIMENT D'ARTILLERIE COLONIALE (1/3ᵉ R.A.C.)

Origine : Forces Françaises Libres (Tchad) complété par des évadés de France.

Commandant le groupe — Chef d'escadron Fieschi puis Chef d'escadron Demarle (le 29.4.45)

1ᵉʳ GROUPE DU 40ᵉ REGIMENT NORD-AFRICAIN (I/40ᵉ R.A.N.A.)

Origine : Ex-régiment d'artillerie hippomobile d'Afrique du Nord.

Commandant le groupe — Chef d'escadron Mirambeau puis Chef d'escadron Weil (21.09.44)

IIᵉ GROUPE DU 64ᵉ REGIMENT D'ARTILLERIE (II/64ᵉ R.A.)

Origine : 64ᵉ régiment d'artillerie motorisé d'Afrique du Nord.

Commandant le groupe — Chef d'escadron Tranié

Forces terrestres antiaériennes (F.T.A.)

22ᵉ GROUPE COLONIAL DE F.T.A.

Origine : Batterie des Forces Françaises Libres du Tchad.

Commandant le groupe — Chef d'escadron Langrenon

Génie

13ᵉ BATAILLON DU GENIE (13ᵉ B.G.)

Origine : Forces Françaises Libres et Syrie.

Commandant le bataillon — Colonel Gravier

Transmissions

97/84ᵉ COMPAGNIE MIXTE DE TRANSMISSIONS (97/84ᵉ C.M.T.)

Commandant Tournier puis commandant David (21.9.44)

Train

Capitaine Dubois

97ᵉ COMPAGNIE DE QUARTIER GENERAL
197ᵉ COMPAGNIE DE TRANSPORT
297ᵉ COMPAGNIE DE TRANSPORT
397ᵉ COMPAGNIE DE CIRCULATION ROUTIERE
497ᵉ COMPAGNIE DE SERVICES

Intendance

13ᵉ GROUPE D'EXPLOITATION (13ᵉ G.E.I.)

Matériel

15ᵉ GROUPE D'ESCADRONS DE REPARATION (15ᵉ G.E.R.)

Santé

13ᵉ BATAILLON MEDICAL (13ᵉ B.M.)

Origine : Forces Françaises Libres. Compagnie médicale du Tchad (de Montfort) et compagnie médicale de la colonne volante.

Médecin-commandant Richet

1ʳᵉ compagnie médicale et groupe d'ambulancières « Rochambeau »
2ᵉ compagnie médicale et groupe d'ambulancières de la marine (« Marinettes »)
3ᵉ compagnie médicale et groupe d'ambulanciers « Quakers » (britanniques)

ANNEXE 2

LES « GROUPEMENTS TACTIQUES » (G.T.)

	G.T. « D » GROUPEMENT TACTIQUE DIO	G.T. « L » GROUPEMENT TACTIQUE LANGLADE	G.T. « V » GROUPEMENT TACTIQUE WARABIOT
Commandant le GT	Colonel DIO	Colonel DE LANGLADE	Colonel WARABIOT puis colonel BILLOTTE puis colonel DE GUILLEBON
Infanterie	Ier R.M.T. (FARRET puis QUILICHINI)	IIe R.M.T. (MASSU)	IIIe R.M.T. (PUTZ)
Blindés			
a) *Reconnaissance*	4e R.M.S.M.	2e R.M.S.M.	3e R.M.S.M.
b) *Combat*	12e Cuirassiers (NOIRET puis ROUVILLOIS)	12e Chasseurs d'Afrique (LANGLADE puis MINJONNET)	501e régiment de chars (WARABIOT puis CANTAREL)
c) *Chasseurs de chars*	3e R.B.F.M.	4e R.B.F.M.	2e R.B.F.M.
Artillerie	1/3e R.A.C. (FIESCHI)	1/40e R.A.N.A. (MIRAMBEAU)	11/64e R.A. (TRANIE)
Génie	2/13e B.G.	1/13e B.G.	3/13e B.G.
Santé	2e Cie médic. Gr. ambulances Marine	3e Cie médic. Gr. ambulances « Quakers »	1re Cie médic. Gr. ambulances « Rochambeau »

Nota : Un 3e groupement tactique est constitué selon les circonstances, en Normandie, à Paris et en Lorraine, avec les escadrons de spahis et du R.B.F.M. non affectés au 3e groupement tactique. Ce groupement tactique sera le G.T. « R » du nom du colonel RÉMY commandant le R.M.S.M. Il comprendra :

E.H.R., 1er, 6e et 7e escadrons du R.M.S.M.
1er escadron du R.B.F.M.
1re batterie du 11/64e R.A.
1re compagnie du IIIe R.M.T.

ANNEXE 3

JOURNAL DE MARCHE DE LA 2e D.B. DANS LA CAMPAGNE DE FRANCE

1-08-1944/28-05-1945

1943

24-08 Par D.M. 1682/E.M.G.G./1/0 du 24 août 1943, la 2e division française libre devient la 2e division blindée.

1944

10-04 Embarquement à Casablanca d'un premier élément (1 094 véhicules lourds et 3 200 hommes) à destination de l'Angleterre.

29-04 Embarquement à Oran et Mers el-Kébir de l'élément « B » (3 100 véhicules et 4 400 hommes).

1-06 La 2e D.B., regroupée, stationne dans la région de Hull. Organisation des « groupements tactiques » (v. organigramme).

3-07 Remise par le général Kœnig des drapeaux et étendards aux unités de la division.

20-07 Mouvement de la division vers les ports d'embarquement du sud de l'Angleterre.

29-07 Embarquement de la division à destination des ports de débarquement en France. Par note 102 du S.H.A.E.F., la 2e D.B. est rattachée à la IIIe armée américaine.

EN FRANCE

1 au 5-08 Débarquement et regroupement de la division dans la zone de La Haye-du-Puits.

6-08 Mouvement de la division en direction du sud. Stationnement à Saint-James (Manche).

7-08 Un élément précurseur se porte à Mortain, en avant-garde de la division qui doit participer à la contre-offensive prévue pour stopper les Panzers qui menacent le sud du Cotentin. Mission modifiée au dernier moment. L'élément précurseur est engagé, mais reçoit l'ordre de rallier le gros de la division qui fait route vers Le Mans.

Itinéraire : Vitré, Château-Gontier, Sablé.

9-08 Le général Leclerc, installé à La Chapelle-Saint-Aubin, reçoit, pour le 10 août au matin, l'ordre suivant : « La 2e D.B., appuyée à gauche sur la Sarthe, à droite sur le méridien de Savigné progressera offensivement vers le nord. »

10-08 Après avoir franchi la Sarthe dans la nuit, les G.T. entament leur progression à 8 heures. A droite, le G.T.L. par Saint-Mars, Congé, Lucé, Rouessé-Fontaine.

A gauche, le G.T:D. sur l'axe Ballon, Coulombiers, Bourg-le-Roi, Champfleur.

Le G.T.V., en réserve de la division, progresse derrière le G.T.D.

11-08 Les groupements tactiques D et L sont accrochés en divers points de leurs axes. Au soir, ils se trouvent à six kilomètres au sud d'Alençon.

12-08 Dans la nuit, le général Leclerc en personne, à la tête d'une reconnaissance, a occupé lui-même les ponts d'Alençon. Au matin, les G.T. s'y portent. Le G.T.V. en tête reçoit mission de foncer vers Argentan par Sées. Il doit se rabattre sur la gauche et arrive à Montmerrei dans la soirée

Le G.T.L. est stoppé au sud de la forêt d'Ecouves. Le G.T.D. s'installe sur ses bases de départ vers Carrouges.

13-08 Le G.T.D. démarre à 6 heures. Il occupe Ciral, puis Carrouges. Le G.T.L. a reçu le même objectif en contournant la forêt d'Ecouves par l'ouest, au plus près. Le G.T.V. pousse une tête de pont au nord, sur l'Orne, à Ecouché, tandis qu'un autre élément achève le nettoyage de la forêt d'Ecouves à partir de Tanville.

du 14 au 16-08 La division s'installe au nord de l'axe Sées-Carrouges en vue de nettoyer le compartiment de terrain situé entre cet axe et l'Orne (Argentan exclu).

17-08 Le G.T.L. se regroupe pour poursuivre l'exploitation vers Trun, afin de boucler la poche de Falaise en appui 80, 90 et 2e D.B.U.S.

20-08 La division attend l'ordre de foncer sur Paris.

22-08 L'ordre de faire mouvement sur Paris est donné à 23 heures.

23-08 La division se porte dans la région de Rambouillet-Dampierre-Saint-Quentin-en-Yvelines. Les ordres pour la journée du lendemain sont donnés à 18 heures.

Mission principale : « S'emparer de Paris. »

24-08 Le G.T.L. s'engage dans la direction de Châteaufort-Chevreuse. De nombreux accrochages à Villacoublay-Jouy-en-Josas. A 8 heures du soir, le G.T.L. tient le carrefour du Petit-Clamart, le pont de Sèvres avec une tête de pont à Boulogne. Le G.T.V. a difficilement progressé le long de la N 20, accroché à Savigny, Wissous, devant la prison de Fresnes. A la nuit, il atteint le carrefour de la Croix de Berny.

Le général Leclerc donne alors l'ordre à un détachement léger (capitaine Dronne) de s'infiltrer en direction de l'hôtel de ville, atteint à 23 heures.

25-08 La division entre dans Paris.

Le G.T.V., vers Notre-Dame par la porte de Gentilly. Le G.T.D., vers la Seine par les boulevards des Maréchaux et les quais rive gauche, et par l'avenue du Maine et Montparnasse

Le G.T.L. (à partir de midi) se porte vers l'Etoile par Boulogne, la porte de Saint-Cloud et l'avenue Mozart. A quinze heures, un élément du G.T.V. parvient au P.C. du général Von Choltitz à l'hôtel Meurice. Le général allemand signe la capitulation du *Gross-Paris.*

26-08 A 15 heures, le général de Gaulle fait son entrée solennelle dans Paris. La division stationne dans Paris, à l'exception du G.T.R. (groupement tactique Rémy) aux ordres du colonel Roumiantzoff, qui patrouille vers le nord (porte de la Chapelle).

27-08 au 30-08 La division va nettoyer les banlieues nord de Paris, toujours menacées par les retours offensifs ennemis. Des combats très durs se déroulent, le 30 août, au Bourget (G.T.D.).

Bilan de la libération de Paris :

1° *Pertes amies :* 71 tués, 225 blessés, 21 disparus, 48 chars, 4 canons, 111 véhicules divers détruits.

2° *Pertes ennemies :* 3 200 tués, 12 600 prisonniers, 74 chars, 64 canons, 350 véhicules détruits.

8-09 La division, regroupée autour de Paris, reçoit l'ordre de faire mouvement vers l'est (sud de Troyes).

9-09 Le mouvement se poursuit. En tête, le G.T.L. (stationnement fin de journée à Bar-sur-Aube) ensuite, le G.T.V. (à Saint-Florentin) ; G.T.D. à Verpillières (à 20 km au sud de Bar-sur-Aube).

10-09 Le G.T.L. doit progresser en direction de la Moselle (axe : Juzennecourt, Andelot, Contrexéville, Vittel, Dompaire jusqu'au méridien de Mirecourt). Le G.T.V. suit, à vingt-quatre heures. Le G.T.D. avance sur un axe parallèle, à 20 km au sud.

11-09 Le G.T.L. déborde Andelot Le sous-groupement Massu réduit une importante résistance à Contrexéville où il s'installe pour la nuit.

Dans la soirée, le G.T.V. fait face à Andelot, toujours fortement tenu.

12-09 La division poursuit la même mission. Au matin, après un essai infructueux, le sous-groupement Massu s'empare de Vittel. Devant Dompaire, il rencontre une forte résistance. En arrière, le G.T.V. s'empare d'Andelot.

Au sud, le G.T.V. passe Châtillon-sur-Seine et fait jonction avec un élément de la Ire armée française qui remonte vers le nord depuis la Provence et Dijon.

13-09 Le G.T.L. se heurte, à Dompaire-Damas-Madonne-et-Lamerey, à la 112e Panzerbrigade (90 Panthers et Mark IV). Le combat dure toute la journée. A quatre reprises, l'Air-Support américain intervient au profit des divers sous-groupements. A la fin de la journée, la 112e Panzerbrigade a pratiquement cessé d'exister.

Le G.T.V. traverse Hymont, s'empare de Remiremont.

Le G.T.D. occupe Chaumont et démine Andelot.

16-09 Un élément du G.T.V. franchit la Moselle à Nomexy et installe une tête de pont à Châtel.

19-09 Le G.T.V. repasse la Moselle à Châtel. Le G.T.D. éclaire la division en direction de la Meurthe.

20-09 La mission de la division consiste à assurer le flanc sud de la IIIe armée U.S. Elle ne pousse pas au-delà des objectifs atteints le 19, à l'est de la Moselle.

du 21 au 30-09 La division conserve sa mission. Le 29 septembre, le 15e corps U.S. (auquel appartient la 2e D.B.) quitte la IIIe armée pour passer aux ordres de la VIIe.

1-10 La division reprend sa progression vers le nord-est. Puis elle se stoppe à l'ouest de Baccarat, au sud de la Vezouze et à l'est de la forêt de Mondon.

Anglemont, attaqué par les Allemands et perdu, est repris le soir par le sous-groupement Putz (G.T.V.)

du 7 au 29-10 La division s'installe en « secteur ». Chaque groupement tactique tient un quartier. Le G.T.V. entre Mortagne et Rambervillers (exclu). Le G.T.D. entre Meurthe et Vezouze. Le G.T.L. entre le G.T.V et la Meurthe.

30-10 Le général Leclerc diffuse l'ordre d'opération n° 150/3 qui conduit à une reprise de l'offensive.

Le but à atteindre : déboucher de la forêt de Mondon à l'aube et, par des itinéraires divergents, se rabattre sur Baccarat et prendre la ville.

31-10 L'attaque est lancée, sans préparation d'artillerie, mais avec de gros appuis de feu. Le G.T.V. débouche à Buriville, l'un de ses éléments s'empare d'Hablainville par erreur, point fort du système défensif ennemi.

Le G.T.D. s'empare d'Azerailles par une manœuvre de flanc. Le sous-groupement Quilichini pousse une avant-garde sur Baccarat et s'empare d'un pont intact. Le sous-groupement Rouvillois pénètre dans la ville en évitant barrages et pièges allemands.

Le G.T.L. dépasse Baccarat, lance des reconnaissances offensives et atteint l'ouest de Badménil.

du 1 au 10-11 Nettoyage du terrain conquis, installation sur les positions défensives à l'est de Baccarat.

11-11 Dans le cadre de l'offensive de la VIIe armée U.S. dont la mission est de libérer la plaine d'Alsace, de Strasbourg à Wissembourg, le 15e C.A.U.S. doit attaquer à partir du 13 novembre en direction de Sarrebourg et de la trouée de Phalsbourg-Saverne.

Dans un premier temps, la 2e D.B. devra :

— protéger le flanc droit et les arrières de l'offensive;

— se porter vers Avricourt en cas de menace venue du nord après la percée.

En fait, la 2e D.B. est en réserve. Deux divisions d'infanterie attaquent, vers le nord-est, à pied.

du 12 au 17-11 L'offensive américaine piétine. La 2e D.B. (qui bénéficie d'un temps favorable, froid et sec) obtient d'escadronner à l'est de l'axe de marche de la 79e D.I.U.S.

Les spahis du G.T.R. attaquent Nonhigny, Parux, Montreux, tandis que le sous-groupement La Horie (G.T.V.) s'empare par surprise de Badonviller. La route de Cirey-sur-Vezouze est ouverte. Elle défile derrière les lignes fortifiées allemandes de la *Vor-Vogesenstellung* sur lesquelles depuis trois jours butent les Américains.

18-11 Le G.T.V. (aux ordres de Guillebon) s'empare de Cirey-sur-Vezouze. Immédiatement, le reste de la division s'y porte, dans la nuit.

19-11 Tandis que le G.T.D. reste à la disposition de la 44e D.I.U.S. pour le suivre et l'appuyer dans sa progression vers Sarrebourg-Phalsbourg et Saverne, le G.T.L. doit tenter de forcer le passage vers la plaine d'Alsace à travers les Vosges, par le col de Dabo.

Au matin, le sous-groupement Minjonnet (G.T.L.) entame sa progression par Bréménil, Parux et Bertrambois. Il est stoppé devant Niderhoff.

Le sous-groupement Massu (G.T.L.) dépasse l'avant-garde du G.T.V. à Lafrimbolle, mais bute à son tour sur un barrage fortifié sur la Sarre Blanche, à Saint-Michel. Il s'y installe pour la nuit.

20-11 A 7 h 15, le G.T.L. passe à l'attaque sur ses deux axes. Minjonnet reprend sa progression et atteint Voyer à la nuit. Pour sa part, Massu force le passage sur la Sarre Blanche. Il passe Saint-Quirin, puis Walscheid et Sitifort. A la nuit, il atteint le carrefour de Rehthal. Le G.T.V. se prépare à suivre le G.T.L. dès que la percée sera réalisée.

Le G.T.D. est engagé sur l'itinéraire nord, par Xouaxange, Haut-Clocher, Kerprich-aux-Bois.

21-11 Le sous-groupement Massu reprend sa progression vers Dabo, atteint à 10 heures du matin. En fin de journée, il s'installe à Reinhardsmunster et Hengwiller. Le G.T.V., qui l'a rejoint dans la nuit, s'installe entre Birkenwald et le col de Wolfsberg.

Le G.T.D. divisé en trois éléments, poursuit son avance. Le sous-groupement Quilichini est arrêté à la nuit devant Phalsbourg. Débordant largement par le nord, le sous-groupement Rouvillois atteint pour sa part le col de la Petite-Pierre.

22-11 Le G.T.L. reçoit mission d'attaquer Saverne à revers, depuis la plaine d'Alsace. Minjonnet directement en direction du col de Saverne, Massu, par Steinbourg. Il y fait jonction avec le sous-groupement Rouvillois, qui arrive du nord. Tous moyens réunis, ils attaquent Saverne et font liaison, en fin d'après-midi, avec les éléments de la 44e D.I.U.S. qui arrive de Phalsbourg.

Au soir, le général Leclerc dicte ses ordres en vue de la prise de Strasbourg. Quatre itinéraires sont prévus. Le sous-groupement Rouvillois progressera sur l'axe A, le sous-groupement Massu sur l'axe B ; les sous-groupements Cantarel et une partie du G.T.V., l'axe C ; le sous-groupement Putz, l'axe D.

23-11 Les G.T. démarrent à 6 h 45. Le sous-groupement Rouvillois pénètre dans Strasbourg à 10 heures. Il essaie vainement de passer le Rhin et d'établir une tête de pont à Kehl.

Le sous-groupement Massu rencontre une forte résistance à l'ouest de la ville, devant les forts Pétain et Joffre. A 11 heures, il se déroute et se rabat sur l'axe « A ». A 13 heures, il est en ville.

Le G.T.V. (sous-groupements Putz et Cantarel) sont arrêtés eux aussi par la ligne des forts, mais Putz réussit à forcer le passage du fort Kléber et parvient à Neudorf à 13 h 30. A la nuit, les deux G.T. sont dans Strasbourg dont le nettoyage se poursuit.

Pour sa part, le G.T.D. (sous-groupement Quilichini) poursuit le nettoyage de la zone de Saverne.

du 24 au 27-11 Le nettoyage de Strasbourg et de ses abords est mené à bien. Le fort Ney capitule devant le G.T.L. et le général Vaterrodt signe enfin la capitulation de sa garnison.

27-11 La 2ᵉ D.B. passe aux ordres du 6ᵉ C.A.U.S. Mission générale, nettoyer progressivement la plaine d'Alsace en direction de Colmar Mulhouse, à la rencontre des éléments de la Iʳᵉ armée française.

du 28-11 au 28-12 Nettoyage et opérations entre Ill et Rhin.

24-12 Visite du général de Gaulle au P.C. de la division stationné à Erstein.

30-12 Pour parer à la seconde contre-offensive déclenchée par Von Rundtedt entre Bitche et Wissembourg, la 2ᵉ D.B. est mise à la disposition du 15ᵉ C.A.U.S. Le G.T.L. repasse les Vosges à la Petite-Pierre et arrive le 1ᵉʳ janvier à Fenetrange.

Dans la nuit, les Allemands attaquent en trois points le front du 15ᵉ C.A.U.S.

1945

3-01 Les Allemands lancent une attaque sur Gros-Rederching qu'ils occupent rapidement et poussent des éléments blindés jusqu'à Achen (7 km au sud-ouest).

A 12 heures, ordre est donné au sous-groupement Massu de reprendre et de tenir Gros-Rederching jusqu'à l'arrivée de renforts américains.

A 16 heures, après une préparation d'artillerie, Massu reconquiert Gros-Rederching.

A 23 heures, une colonne blindée composée de véhicules américains pénètre dans le village. Elle se dévoile au dernier moment : ce sont des Allemands qui ont revêtu des uniformes américains. Quatre Shermans français sont détruits.

4-01 A 1 heure du matin, les Allemands se replient après avoir infligé au sous-groupement Massu de lourdes pertes.

du 4 au 17-01 Le G.T.L. et le G.T.D. restent en réserve du 15ᵉ corps.

18-01 La 2ᵉ D.B. est mise en route dans la région de Molsheim (Alsace) pour être rattachée à la Iʳᵉ armée française et participer à la libération définitive de la plaine d'Alsace.

du 19-01 au 11-02 La 2ᵉ D.B. participe à la défense de Strasbourg, puis à la réduction de la poche de Colmar.

du 12 au 28-02 La 2ᵉ D.B. est rassemblée en Lorraine.

le 28-02 Suite au télégramme 194/E.M.G.G./3 0, la 2ᵉ D.B. commence à faire mouvement dans la région de Châteauroux.

Dans le courant du mois d'avril, certaines éléments de la division sont mis à la disposition de l'armée de l'Ouest (général de Larminat) pour aider à la réduction de la poche de Royan. En revanche, le R.M.T., le R.M.S.M. et le 501ᵉ R.C. demeurent encore à Châteauroux.

21-04 La division est remise à la disposition du 6ᵉ C.A.U.S. pour participer à la campagne d'Allemagne.

La division va être articulée en neuf convois, pour lui permettre d'acheminer ses éléments, soit depuis l'Atlantique soit depuis Châteauroux jusqu'à Mannheim.

27-04 Le G.T.V., en tête de la division arrive à Schwäbisch Hall. Le G.T.D. fait mouvement sur Frankenthal.

Le G.T.V. est détaché à la disposition de la 12ᵉ D.B.U.S. en attendant le regroupement de l'ensemble de la division.

2-05 Le G.T.V. dépasse Bad Tölz où stationne la 12ᵉ D.B.U.S. et se porte sur l'Inn en amont de Rosenheim.

4-05 Le G.T.V. reçoit mission de s'emparer de Berchtesgaden par trois itinéraires :

A : à l'ouest, par Weisbach, Tauben, Au.
B : au centre, par la route de Bad Reichenhall.
C : à l'est, par Grogig.

5-05 Le sous-groupement « B » (détachement Barboteux) arrive à Berchtesgaden à 15 heures. Il se regroupe autour de l'Obersalzberg. Le reste de la division commmence à se regrouper dans la région de Bad Reichenhall.

du 6 au 8-05 La division est regroupée de Berchtesgaden à Bad Reichenhall. Le 8 mai, la signature de l'armistice est rendue publique.

du 8 au 28-05 La division est rassemblée au bord de l'Ammersee.

BILAN DE LA CAMPAGNE :

Pertes amies :

Tués : 1 687 dont 108 officiers
Blessés : 3 300

Pertes ennemies :

Tués : 12 100
Prisonniers : 41 500
Chars Mark IV : 206
Chars Panther et Tigre : 126
Véhicules : 2 200
Canons : 426

Ordre du Jour N° 73

Officiers, sous-officiers et soldats
de la 2e Division Blindée

En cinq jours, vous avez traversé les Vosges malgré les défenses ennemies et libéré Strasbourg.

Le serment de Koufra est tenu !

Vous avez infligé à l'ennemi des pertes très sévères, fait plus de neuf mille prisonniers, détruit un matériel innombrable et désorganisé le dispositif allemand.

Enfin et surtout, vous avez chassé l'envahisseur de la Capitale de notre Alsace, rendant ainsi à la France et à son Armée son prestige d'hier.

Au nom du Général de Gaulle et de la France, je vous en remercie.

Nos camarades tombés sont morts en héros,

Honorons leur mémoire !

Strasbourg, le 24 Novembre 1944.

Le Général LECLERC
Commandant la 2e Division Blindée

L'ALSACE LIBÉRÉE

JOURNAL DÉPARTEMENTAI D'INFORMATION DU BAS-RHIN

N° I — Mercredi 29 Novembre 1944

23 Novembre 1944 — Une Journée historique

La Libération de Strasbourg

par les troupes françaises du Général Leclerc

Le drapeau tricolore flotte joyeusement sur la flèche de notre cathédrale

Proclamation du Général Leclerc aux habitants de Strasbourg

26 ans et un jour après l'anniversaire de 1918, la France a repris STRASBOURG.

Pendant la lutte gigantesque de quatre années menée derrière le Général de Gaulle, la flèche de votre cathédrale est restée notre obsession.

Nous avions juré d'y arborer de nouveau les couleurs nationales, c'est chose faite.

Je vous demande maintenant de saluer avec respect nos compagnons d'arme, officiers, sous-officiers et soldats. Ils ont chargé héroïquement pour franchir les Vosges et libérer Strasbourg.

Je salue avec émotion ceux qui sont tombés.

Habitants de Strasbourg ! La France et ses Alliés ne recommenceront plus la faute d'hier, l'envahisseur ne reviendra pas.

VIVE LE GÉNÉRAL DE GAULLE !
VIVE L'ALSACE !
VIVE LA FRANCE !

Le Général LECLERC

SOURCES BIBLIOGRAPHIQUES

La 2e D.B., général Leclerc, en France, combats et combattants, par un groupe d'officiers et d'hommes de la division, Editions Arts et Métiers graphiques, Paris 1945.

Le Général Leclerc, vu par ses compagnons de combat, Alsatia, Paris.

Les Grandes Unités françaises, historiques succincts, Edité par l'état-major de l'Armée, service historique.

Cortadellas (Y.B.), *les Campagnes de la 2e division blindée du général Leclerc,* Valot, 1952.

Ingold (général), *l'Epopée Leclerc au Sahara,* Berger Levrault, 1945.

Faure-Biguet (J.N.), *le Général Leclerc,* Plon, 1948.

Vézinet (général), *le Général Leclerc de Hauteclocque, maréchal de France,* Presses de la Cité, 1974.

Langlade (général de), *En suivant Leclerc,* Au Fil d'Ariane, 1964.

Gribius André, *Une vie d'officier,* France-Empire, 1969.

Massu (Jacques), *Sept ans avec Leclerc,* Plon, 1974.

Massu (général) *Portrait du lieutenant Henri Leclerc de Hauteclocque,* Association des Anciens de la 2e *D.B.,* 1969.

Maggiar (Raymond), *les Fusiliers Marins dans la 2e D.B.,* Albin Michel, 1948.

Leroy-Thiébaut (Jean), *le 12e Cuirassiers dans la division Leclerc,* Editions du Grillon de France, 1947.

Fonde (Jean-Julien), *J'ai vu une meute de Loups,* Fernand Nathan, 1969.

Branet (Jacques), *l'Escadron,* Flammarion, 1968.

Taittinger (Pierre), *Et Paris ne fut pas détruit,* L'Elan, 1948.

Dronne (Raymond), *la Libération de Paris,* Presses de la Cité, 1971.

Massu (Suzanne), *Quand j'étais Rochambelle,* Bernard Grasset, 1969.

Bervialle (« Zizon »), *Au volant de « Madeleine-Bastille »,* préface de Suzanne Massu, édité par Caravane, 1970.

Granier (Jacques), *Et Leclerc prit Strasbourg,* Edition des Dernières Nouvelles, Strasbourg, 1970.

Dronne (Raymond), *le Serment de Koufra,* les Editions du Temps, 1965.

Fosse (Edouard), *Rallye-Alger, souvenir d'un évadé de France* (chez l'auteur), 1974.

La collection de la revue *Caravane,* bulletin de liaison de la 2e division blindée, puis de l'Amicale des Anciens de la 2e D.B.

L'auteur adresse en outre ses remerciements à Jacques Bervialle, et à ses collaborateurs, qui animent et gèrent les archives du « Fonds historique maréchal-Leclerc » à Saint-Germain-en-Laye.

TABLE DES MATIERES

Cet ouvrage reproduit par procédé photomécanique a été achevé d'imprimer sur presse Cameron par ***Bussière Camedan Imprimeries*** *à Saint-Amand (Cher), le 3 mars 1999 pour le compte des Presses de la Cité*

Numéro d'édition : 4184. – N° d'impression : 990905/1. – Dépôt légal 1er trimestre 1980.